中国共産党成立史

中国共産党成立史

石川禎浩著

岩 波 書 店

凡　例

① 資料の引用にあたっては、漢字を常用漢字に改め、仮名遣いはカタカナをひらがなに改めたり、現代仮名遣いにしたり、また句読点を補うなどの修正をほどこした。

② とくに断らない限り、引用文中の（　）は原注、〔　〕は引用者注である。

③ 出典注のうち、外務省外交史料館所蔵の以下のファイルは、それぞれ次のように略記する。

・「過激派其他危険主義者取締関係雑件　本邦人之部　主義者名簿」（分類項目　四―三―二―一―一―一）→《A》
・「過激派其他危険主義者取締関係雑件　外国人之部　支那国人」（同　四―三―二―一―二―一）→《B》
・「過激派其他危険主義者取締関係雑件　社会運動状況　支那」（同　四―三―二―一―四―五）→《C》
・「要視察外国人ノ挙動関係雑纂　支那国人之部」（同　四―三―一―二―五）→《D》
・「外国人退去処分関係雑件　英国人」（同　四―二―六―二―三）→《E》
・「外国人退去処分関係雑件　支那国人」（同　四―二―六―二―八）→《F》
・「在本邦清国留学生関係雑纂　雑之部」（同　三―一〇―五―三―六）→《G》

④ 出典注のうち、『全連邦共産党（ボ）、コミンテルンと中国国民革命運動』所収の文書は、各国語版（*ВКП(б), Коминтерн и Национально-Революционное Движение в Китае: Документы, T. I.* (*1920-1925*), Москва, 1994; *T. II.* (*1926-1927*), Москва, 1996; *T. III.* (*1927-1931*), Москва, 1999.; ドイツ語版：*RKP*(*B*), *Komintern und die national-revolutionäre Bewegung in China: Dokumente. Band 1.*（*1920-1925*）, München, 1996 ; *Band 2.*（*1926-1927*）, Münster, 1998. ; 中国語訳：中共中央党史研究室第一研究部訳『聯共（布）、共産国際與中国国民革命運動（一九二〇―一九二五）』北京図書館出版社、一九九七年、同訳『聯共（布）、共産国際與中国国民革命運動（一九二六―一九二七）』北京図書館出版社、一九九八年、李玉貞訳『聯共、共産国際與中国（一九二〇―一九二五）』第一巻、東大図書公司、一九九七年）の文書番号が共通なので、単に「文書〇」と表記する。

目　次

目　次

序章

第一節　上海の芥川龍之介と中国共産主義者の面談

一九二一年四月、芥川龍之介は上海を訪れている。芥川が当時上海で訪れた場所の多くは、以後の八十年の歳月のなかで、まったく様変わりしてしまったが、唯一かれが訪れた時のままに復元、保存されている場所がある。現在の地番でいえば盧湾区興業路七六号、旧時の地番でいえばフランス租界望志路（Rue Wantz）一〇六号の建物である。[1] だが、それは上海における芥川の足跡を記念するために復元、保存されているのではない。今日、その場所を訪れる者は、そこに「中国共産党第一次全国代表大会会址」というプレートが掲げられているのを目にするであろう。すなわち、芥川の訪問から間もなく、かれが訪れたまさにその場所で、中国共産党の第一回大会が開催されたのである。[2]

もちろん、芥川は来るべき共産党第一回大会の会場になるであろうことを知った上で、そこを訪れたわけではない。かれがそこを訪れたのは、「『若き支那』を代表すべき一人」である李人傑なる人物と面談するためであった。李人傑は原名李書詩、通常は李漢俊（一八九二～一九二七）という名で知られている。当時の中国における最も優れた社会主義理論家であり、中国共産党（以下、適宜「中共」と略称）の結党時のメンバーの一人である（中共離党後の一九二七年に、軍閥によって逮捕、処刑）。中共の第一回大会は、芥川の訪問の三カ月後、一九二一年七月末にこの李漢俊の寓居で開かれたのであった。芥川は偶然にも、中共第一回大会が開かれることになる場所で、中共の指導者の一人と面会したということになる。

芥川と李漢俊との面談は四月二五日前後のことと推測されるが、その模様は芥川「上海游記」の一節「李人傑氏」

芥川が面会した李漢俊

復元された中国共産党第１回大会会場

に詳しく記されている。

村田君〔『大阪毎日新聞』記者の村田孜郎〕と共に李人傑氏を訪う。李氏は年未二十八歳、信条よりすれば社会主義者、上海に於ける「若き支那」を代表すべき一人なり。……僮あり、直に予等を引いて応接室に到る。長方形の卓一、洋風の椅子二三、卓上に盤あり。陶製の果物を盛る。……この拙き自然の模倣以外に、一も目を慰むべき装飾なし。然れども室に塵埃を見ず。簡素の気に満てるは愉快なり。数分の後、李人傑氏来る。〔以上は会見時の芥川の手控え〕

李氏は東京の大学にいたから、日本語は流暢を極めている。殊に面倒な理屈なども、はっきり相手に会得させることは、私の日本語より上かも知れない。……我々の通った応接室は、二階の梯子が部屋の隅へ、じかに根を下した構造だった。その為に梯子を下って来ると、まず御客には足が見える。李人傑氏の姿にしても、まっさきに見たのは支那靴だった。[3]

「若き支那」とは、Young China の訳語である。改革精神に富む当時の新派一般にたいして内外のジャーナリストが好んで用いた呼称であって、必ずしも社会主義者、共産主義者だけを指すわけではない。李漢俊は中共の指導者の一人ではあったが、芥川はそれと知ってかれに会いに行ったのではないし、また李も初対面の芥川にたいして共産党結党の話などうち明けるはずもなかっただろう。

さて、芥川が描写した李漢俊宅の様子は、今日の「中国共産党第一次全国代表大会会址」のまさにそのままである。復元された大会会議室には長方形のテーブル、洋風椅子が並べられ、二階からおりる梯子状の階段もつけられている。目を慰めるようなものもない簡素なしつらえも変わっていない。恐らく、中共第一回大会は、芥川が李漢俊に会った時のままのこの部屋で行われたのであろう。

芥川は続いて李漢俊の印象、かれとの面談の様子をこう伝える。

氏は小づくりの青年なり。やや長き髪。細面。血色は余り宜しからず。才気ある眼。小さき手。態度は頗る真摯なり。その真摯は同時に又、鋭敏なる神経を想察せしむ。刹那の印象は悪しからず。恰も細且強靭なる時計の弾《ぜん》機《まい》に触れしが如し。……李氏云う。現代の支那を如何にすべきか？　この問題を解決するものは、共和にあらず復辟にあらず。這般の政治革命が、支那の改造に無力なるは、過去既に之を証し、現在亦之を証す。然らば吾人の努力すべきは、社会革命の一途あるのみと。……李氏又云う。社会革命を齎《もたら》さんとせば、プロパガンダに依らざるべからず。この故に吾人は著述するなり。……種子は手にあり。唯万里の荒蕪、或は力の及ばざらんを惧る。吾人の肉体、この労に堪うるや否や、憂いなきを得ざる所以《ゆえん》なりと。言い畢《おわ》って眉を顰《ひそ》む。(4)

上海における共産主義組織の指導者であった李漢俊はこの面談から二カ月ほどのち、コミンテルン(共産主義インターナショナル)からの指令を受け、中共の第一回大会を開くべく、各地のメンバーの招集に取りかかることになるのだが、当時は上海の進歩的新聞、雑誌を中心にして精力的に社会主義学説の宣伝につとめていた。その筆鋒の鋭さ、精緻な理論展開、鋭敏な感覚は、まさに芥川が伝えるかれの相貌のとおりだと言ってよい。それは、かれが初期の共産主義者によって、「我々の中の理論家」「最も理論的修養に富む同志の一人」[5]と言われていたことからも裏付けられるだろう。そのかれが芥川に訴えたのは、中国における社会革命の必要であった。「政治革命が支那の改造に無力」とは、辛亥革命によって誕生したはずの共和制や「民国」がたちどころに形骸化し、軍閥割拠の混乱状態を生み出したことを指す。つまり、中央政府における政権のたらい回しや争奪ではなく、中国の社会そのものの革命、根本的改造が必要なのであって、そのプロパガンダのために自分は「万里の荒蕪」に向かって叫ぶのだ、ということである。そしてそこには、「力の及ばざらんを惧る」「吾人の肉体、この労に堪うるや否や」に見られる悲壮とも言える決意がこめられていた。

両者の会見の終わりに、「プロパガンダの手段以外に、芸術を顧慮する余裕ありや」と問うた芥川にたいして、李は「無きに近し」と答えている。芥川の小説を読んだこともあるという李のこの言葉にたいして、「芸術主義」「芸術派」と呼ばれた芥川がいかなる感想を抱いたかは記されていない。だが、芥川が李漢俊という人物に「好意」をもったことだけは確かなようである。四月三〇日に芥川が上海から沢村幸夫(『大阪毎日新聞』記者)に送った書簡では、上海で会った名士たちのうち、李だけが「李人傑と云う男は中々秀才です」[6]と特記されている。むろんこの時、芥川は同い年の李漢俊と自分とが、奇しくも同じ年(一九二七年)にともに生を全うすることなく、この世を去ることになるとは知るよしもなかっただろうが。

第二節　中国共産党成立をうながしたもの

李漢俊が芥川との面談の中で示した社会革命への半ば悲壮なる決意は、かれのみならず、中国共産党結成に加わった知識人たちのすべてが共有していた思いでもあった。一九一九年の五四運動で示された中国民衆の覚醒と力量は空前のものではあったが、それがある種の明確な指針（例えば社会主義）にしたがって中国社会の根本的改造、社会革命へと向いていくには、なお乗り越えなければならない多くの障害が存在していたからである。その障害の一つは、李漢俊が芥川にたいして「万里の荒蕪」と形容した中国社会の状況であり、中国知識人の知識欲を満たすべき書籍雑誌の不足であった。また、社会革命の基礎となるべき労働運動も、労働争議の多発に比して、その内実はまだまだ旧観念（同郷意識、ギルド的性格など）にしばられたものであった。そして、そもそも中国には社会主義運動、共産主義運動を行いうる社会的基盤があるのか、これらは、李漢俊をはじめとして、共産党を設立せんとしたすべての人士が直面していた難題であった。

だが、にもかかわらず、中国共産党がまがりなりにもそれら困難を克服して、一九二〇年代初頭に誕生したことはまぎれもない事実である。そして、それが幾多の紆余曲折を経て一九四九年の中華人民共和国成立の立て役者となり、爾来今日にいたるまで、世界最大の共産党として君臨していることも周知のとおりであろう。その中国共産党はいかにして誕生したのか。本書は、まさにそれを解明せんとするものである。

中共成立についての研究は、本家中国を中心に膨大な数にのぼる。創立史のみを扱った専著だけでも十指にあまるし、論文にいたっては数百の単位に達するはずで、これにマルクス主義受容史の研究を加えれば、その数はゆうに千から二千に上ろう(7)。汗牛充棟とはまさにこのことである。この結果、中共成立史研究は極度に専門化、細密化され、具体的な個々人の足どりやほとんどあらゆる事柄の日時、場所について考証が加えられている。仮に研究にも労働投下率があるとして中共成立史研究を見た場合、この小さな歴史事象に投じられた研究量は異常なほどだともいえよう。

にもかかわらず、あえて膨大な研究の山にさらに本書を加えんとするのはなぜか。ほかでもない、かかる研究蓄積にもかかわらず、中共成立の過程には未解明の問題がなお多すぎるからである。あるいは、それら膨大な研究が逆に安易な相互参照を招き、推測の上に推測を重ねる傾向が拭いがたく存在しているからである。具体的に言えば、党草創期に存在したとされるさまざまな組織(例えば、「マルクス主義研究会」「社会主義者同盟」「社会共産党」「革命ビューロー」など)が、いったいいかなる組織で、いつできて、相互にどのような関係にあるのかについては、いまだに回想録に依拠した推測をあれこれと並べる諸説が紛々たる状態なのである。ひとつひとつの事柄に先行研究によるそれなりの考証があるため、中共成立史を描こうとすれば、どうしても微細な、あるいは瑣末ともいえる事柄にまで立ち入らねばならない。本書の記述が考証に傾くのは、こうした事情によるということを、あらかじめ諒解されたい。

さて、中国共産党の公式見解によれば、中共の創立は、「マルクス・レーニン主義と中国労働運動の相結合した産物(8)」であるという。この説明は、巨視的に見ればそのとおりであろう。中国共産党結成当時には、一定程度のマルクス・レーニン主義の伝播があったし、一九一九年時点では中国全土に約二百万の産業労働者がいた(うち上海に五十万人前後)と言われているからである。だが、中国共産党結成の具体的過程をたどるとき、とくにそれを日本、朝鮮の共産党結成と比較するとき、我々はひとつの疑問に行き当たる。すなわち、東アジアにおける共産党の結成の順序が朝鮮、中国、日本の順番になったのはなぜかという素朴な疑問である。日本共産党の第一回大会が開かれたのは、中共のそれより一年後の一九二二年であり、高麗共産党の場合はイルクーツクと上海にそれぞれ結成された二派があるので少々複雑だが、いずれも一九二一年五月、つまり中共第一回大会の二ヵ月ほど前であるとされている。共産党の結成が、単にマルクス・レーニン主義と労働運動の相結合した産物であるとするならば、東アジアにおけるその順番は日本、中国、朝鮮になるべきはずであるのに、それが逆になっているのはなぜなのだろうか。

あるいは、そうした時間のずれは無視して差し支えのないくらいの「誤差」にすぎないのであって、日中朝においてはほぼ同時に共産党が生まれたと言い換えてもよいのかもしれない。しかし、その場合、それなら日中朝の共産党がほぼ同時に生まれた理由が求められねばならないだろう。いうまでもなく、ロシア十月革命の衝撃とその後に展開された東アジアにおけるコミンテルンの活動である。そして、そのロシア共産党（ボリシェヴィキ）とコミンテルンの介在こそが、実は日中朝間の共産党結成の逆順時差を生んだそもそもの要因であったということに我々は容易に気づくはずである。日中朝の共産主義運動と共産党の結成は、コミンテルンを結節点として相互に密接な関わりを有する以上、それらを切り離して論ずることはできない。換言すれば、中国共産党の成立は、「マルクス・レーニン主義と中国労働運動の相結合した産物」という狭い枠組みを超える東アジア共産主義運動史の視点から検討されなければならないのである。

このことは、中共結成の要件であるマルクス主義の伝播からして言うことができる。マルクス主義受容は、いずれの国においても、共産党が誕生するための最大の要件のひとつであるが、中国のそれはそもそも、いつ、どこから、どのようにして伝播してきたのか。毛沢東（一八九三～一九七六）は、「中国人がマルクス主義に巡り会ったのは、ロシア人の紹介を通じてであった。十月革命以前、中国人はレーニン、スターリンはおろか、マルクス、エンゲルスさえも知らなかった。十月革命の砲声がとどろいて、我々にマルクス・レーニン主義がおくりとどけられた」(9)と述べている。毛のこの言葉は、ロシア革命に勇気づけられ、共産党に参加した当事者の感覚として、それなりに尊重されねばならないだろうが、もちろん十月革命が成功したからといって、それでマルクス主義がすんなりとソビエト・ロシアから入ってくるはずはなかった。当時の毛沢東も恐らくは知っていただろうが、中共成立に先立って中国に伝播したマルクス主義は、その大半が実は日本経由である。前述の李漢俊も日本語社会主義文献を通じてマルクス主義に接し、それを受け入れ、さかんに翻訳をした代表的人物であった。いうなれば、中国におけるマルクス主義の伝播は、「社会主義冬の時代」を乗り越えた同時期における日本のマルクス主義勃興なくしては語れないのだが、これなどは中国の共産主義運動は東アジアの社会主義思潮の中でとらえなければならないということを、明確に示していよう。さらに言えば、日中間の社会主義思想の連環は、日本を中継所とした東アジアにおける近代西洋思想一般の受容史[10]の脈絡の中で、ひいては世界規模の思想流通の中で理解すべき現象であるということも可能である。その意味でいえば、本書における中国マルクス主義受容史は、中国と日本、世界の間で展開された「思想連鎖」のドラマにほかならない。

共産党結成に先立つ要件であるマルクス主義の受容は、日本と同様に、中国においても、「外来知」獲得の歩みであった。「外来知」たる西洋思想の中でも難解をもって知られるマルクス主義であるから、たとえ日本語文献という助けがあったとしても、その受容には多くの困難があったことは容易に想像される。李漢俊と同じく日本語文献によってマルクス主義に接し、「中国におけるマルクス主義の父」と称される李大釗(一八八九〜一九二七)は、一九一九年にマルクス主義を紹介するにあたって、「もし五十歳以下の人が、マルクスの学説が理解できると言ったら、それはきっとウソだ[11]」というあるドイツ人の言葉を紹介しているが、こうした知識そのものが持つ難解さとその中国の現実社会との乖離は、中国におけるマルクス主義受容を考える場合、とりわけ留意しておく必要があるだろう。にもかかわらず、「共産党」はあくまでもマルクス主義という理論に立脚していなければならないのである。

ただし、共産党成立に必要なマルクス主義理解の具体的水準というものは決まっていないから、日中朝の共産党成立時のマルクス主義理解の度合いには当然にばらつきが生じる。日中朝でいえば、マルクス主義理解の未成熟は、社会主義革命よりもむしろ反日民族解放闘争のために共産党に加わる青年の多かった高麗共産党において顕著だが、同様の事情は、「世界革命」と並んで祖国の「独立」「富強」を追求する党員の多かった中共にも、ある程度あてはまるだろう。「同志のほとんどは、まず共産党員になってからマルクス・レーニン主義を勉強した[12]」という現象が見られたのはそのためである。

では、共産党成立の最後の引き金となるものは何か。マルクス主義受容の水準が充分条件ではなく、またプロレタリアートの数や労働運動の規模が直接に各共産党成立の時期を左右するものでないとすれば、おのずから極東におけるソビエト・ロシア、コミンテルンの活動をクローズアップせざるを得まい。

周知のように、第一回大会(一九一九年)において植民地、半植民地の反帝運動にほとんど言及しなかったコミンテルンは、ヨーロッパにおける革命運動の退潮を契機としてアジアに注目するようになり、その第二回大会(一九二〇年七~八月)においては、「民族問題」「植民地問題」が大きく取り上げられた。コミンテルンの歴史を振り返るさい、必ず言及されるレーニンとロイ(M. N. Roy)の「民族問題」「植民地問題」をめぐる論争が起こったのはこの大会である。世界共産主義運動の将来にとってアジアにおける革命が決定的な役割を果たすというロイの見解は、そのままの形でコミンテルンのテーゼに盛り込まれることにはならなかったが、コミンテルンにアジアの重要性を認識させる上で、大きな要因となった。また、シベリア干渉軍の漸次撤退、極東における反ボリシェヴィキ勢力の衰退によって、ようやく極東を回復しつつあったボリシェヴィキ政権にとって、その前年の一九一九年に発生した朝鮮の三一運動、中国の五四運動は、東方に目を向けるのに十分なインパクトを持っていたはずである。かくて、コミンテルンの主導下に一九二〇年九月にバクーで開催された東方諸民族大会では、『共産党宣言』の有名な字句を発展させて、「万国のプロレタリアートと全世界の被抑圧民族は団結せよ」というスローガンが打ち出されたのであった。(13) ロシア共産党(ボ)とコミンテルンの極東への働きかけは、一九二〇年ごろより任務を帯びた使者を派遣するなどの形で本格化したが、これと並行してロシア領内の中国人、朝鮮人居留民を対象にしても開始された。イルクーツクで成立した高麗共産党はその典型的事例である。つまり、共産主義組織結成の過程の遅速だけをとれば、それは労働運動の存在や社会主義理論の受容の程度よりも、ロシア共産党やコミンテルンとのコンタクトの難易によって規定されていることを否定できないのである。その意味では、地続きである中国へのコンタクトが日本(日本の場合は官憲による厳重な警戒という点を考慮せねばならないが)に比べ、容易であったということは——あまりにも自明のことではあるが——やはり念頭に置かなくてはなるまい。

言うまでもなく、中共の結成とソビエト・ロシア、コミンテルンの関係は、中共成立史研究の中心的課題である。コミンテルンなくして共産党はありえず、少なくとも各国の「共産党」なるものの成立は、第一義的にコミンテルンとの関係(コミンテルンの各国支部)において認知されるものだからである。これまでも多くの研究がその解明につとめてきたが、資料そのものが少なく、さらにそれら資料のうち、コミンテルン関係の文書が長きにわたって未開放であったため、未解明の問題が非常に多い。その上、多言語にわたる重要資料が中国国外に散在し、それら資料が二重三重に錯綜している一方、相矛盾することも少なくないとなれば、一つ一つの事柄を断定することすら容易ではない。近年、いわゆるモスクワのアルヒーフが相当に開放されて、これまで一部のソ連研究者が独占的、断片的に利用してきた文書資料がかなり見られるようになり、(14) また、コミンテルンと中国革命にかんする大型の資料集も刊行されたが、(15) それでも中共創立期の文書は量的に極めて少ない。例えば、一九二一年一月から翌年はじめまでイルクーツクに設立されたコミンテルン執行委員会極東書記局は、コミンテルンの対中国活動の最重要機関なのだが、その活動実態は今日なお謎に包まれている。同様に、中共創立時期に来華したソビエト・ロシア、コミンテルン関係者は、ロシア人、オランダ人、イギリス人、朝鮮人など多数にのぼり、そのうちヴォイチンスキー(G. Voitinsky)、スネーフリート(H. Sneevliet 別名マーリン Maring——本書ではよく知られている「マーリン」という呼称を用いる)らにかんしては、比較的まとまった研究があるものの[16]、回想録などに登場するそのほかの「密使」たちについては、その素性すらほとんどわかっていないのが実状である。

また、一九五六年から翌年にかけて、当時のソ連共産党中央から中国共産党に返還された「コミンテルン駐在中共代表団アルヒーフ(中共駐共産国際代表団檔案[17])」が、北京の中央檔案館に保管されており、その中にはコミンテルンと中共との往復文書など二万件以上が含まれているのだが、そのうち中共創立期文書はごく一部が公表されているだけで、現在、同檔案館は外国人学者はもとより、自国学者にも門戸を閉ざし続けている[18]。かかる状況の下で初期の中共とソビエト・ロシア、コミンテルンの関係を解明するには、大きな困難が予想されるが、本書では現在利用可能な限りの資料を駆使して、ソビエト・ロシア、コミンテルンと中国共産党の人的往来を再現していくつもりである。

そのさい、注意せねばならないのは、回想録の扱いであろう。初期の共産党がごく少人数の秘密組織だったために、直接的な資料が限られている状況では、資料における回想録の比重は、いやが上にも大きくならざるを得ない。例えば、中国で出版された共産党成立時期の網羅的資料集である『〃一大〃前後』(全三冊[19])では、全体の半分以上を回想録が占めている。当然のように、回想録には記憶のあやまりや誤解がつきまとい、さらに主観的判断によるバイアスがかかっているから、当時の雰囲気を知る上では参考になっても、具体的な時期や事柄を確定するには問題が多い。さらに、ある回想録が別の回想録を引き写したり、脚色したりして書かれていることもまま見受けられ、詳細な回想だからといって必ずしも信を置けない場合も少なくない。中共創立時期の資料の扱いについては、森時彦氏がつとに回想録偏重の危険性を指摘し、回想録をいったんすべて清算して第一次資料だけで党史の再構築を試みるべきだと述べているが、[20] その主張は党史関係の第一次資料の公刊が大きく進展した今日にあっても、なお説得力を失ってはいない。本書では、むろん回想録に依拠せざるを得ない部分もあるが、その場合でも、第一次資料によって個々の回想を引照、補訂していきながら、論述をすすめていくつもりである。

さて、中共創立時期の中国の国内状況に目を転じれば、一九一九年の五四運動によって政治の前面へと躍り出た学生を中心とする若き中国知識人たちこそは、中国共産党の人的基盤であった。いくらマルクス主義思想が伝播しようとも、あるいはソビエト・ロシア、コミンテルンの働きかけがあろうとも、肝腎の中国人が共産主義組織結成へと踏み出さなくては、共産党は生まれはしない。その意味では、新文化運動の将星たる陳独秀（一八七九〜一九四二）を中心とするかれら急進的中国知識人こそは、中国共産党成立史の主人公である。最初期の中共には、北京、上海、広州、武漢、済南、長沙、日本、欧州の地方組織があったが、それら組織の各構成員が共産主義組織へと結集していく経過はさまざまであった。ジャーナリストとして社会主義を紹介していく中で党結成の必要を感じた者もいれば、学生運動活動家から転身した者もいるし、無政府主義者だった者もいる。それら初期の党員がその後にたどった道もさまざまで、例えば、第一回大会に顔を揃えた十三人の中国人出席者のうち、一九四九年時点で生存していた者は六名だが、同年一〇月一日に天安門楼上で中華人民共和国の開国式典を見届けることのできた者は、わずかに毛沢東と董必武（一八八五〜一九七五）の二人にすぎない。ちなみに毛沢東、董必武をのぞいた十一人のその後をたどれば、共産党の革命運動に殉じた者三名、病死一名、そしてのちに共産党を離れた者は七名、すなわち第一回大会出席者の半数を超える。[21]
それはともかく、一九四九年以降、中国共産党が鋭意それら初期の党関係者の聞き取りを行うなど党創立史の資料収集につとめた結果、創立時期の地方組織については、雑誌、回想録を中心に比較的豊富な資料が蓄積されている。これらを背景に中国では、総計約五十人ほどの組織としては、およそ不釣り合いなほどの量の研究がなされてきた。中国では、中共創立史の研究といえば、主にそれら初期地方組織（共産主義小組と呼ばれる）の成立史と初期指導者の人物研究を指すと言っても過言ではない。

本書の中共創立時期の地方組織にかんする記述は、それら中国の研究に相当程度負っているのだが、中華人民共和国成立後の観点で整理されたそれら組織史は、のちの中共につながる組織のみを対象としているがゆえに、そこからこぼれ落ちている部分があることを指摘しなければならない。その一例は、今日の中共に直接につながる組織を「正統」中国共産党とすれば、「異端」もしくは「ニセ」の共産党の存在である。「共産主義」という言葉が、その内実は曖昧ながら一部の知識人を強烈に引きつけていた当時、そして「共産党」の名がまだ中国共産党の専有物でなかった当時、今日の共産党を正統とする立場からすれば、「ニセ」ということになる「共産党」が同じく中国にうごめいていたことは、ほとんど知られていない。この「ニセ」共産党は、全国学生連合会の一部の指導者などが中心となって組織されたもので、間もなく正統争いに敗れて雲散霧消してしまったのだが、一時期ソビエト・ロシアや日本においても、その党をもって中国の「共産党」と考えた者がいたことは事実である。「ニセ」共産党の誕生の背景には、ソビエト・ロシア側の対中国活動がある時期まで一本化されていなかったという事情があるのであって、その意味では、各地の共産主義組織もまた、コミンテルンと東アジア共産主義運動という視点から検討する必要があるだろう。また、その指導部の一部が「ニセ」共産党に結集していった全国学生連合会にしても、「正統」中国共産党結成の地ならしをしたとされる五四学生運動のひとつの成果として、一九一九年六月に結成された学生運動のナショナルセンターであったということを勘案するならば、初期中共に多くの人材を供給した五四学生運動と共産党結成の関係は、必ずしも一本の直線ではなかったことが知れるのである。

五四時期に隆盛をきわめた無政府主義を奉じた若者のボリシェヴィズムへの転換や、前述の李漢俊に見られる急進的知識人の抱いた使命感とその半面としての悲壮感、孤立感など、初期共産主義者の内面の葛藤や心性にいたっては、それこそ一本の直線では到底描き得ない。本書では、五四運動の中で成長した草創期中共の党員として、そして無政府主義からボリシェヴィズムに転じた青年として、中共第一回大会時点で日本に留学していた――それゆえに日本の官憲資料が残っている――施存統（一八九九～一九七〇）をとりあげ、その思想、活動のスケッチを試みる。かれは、一九二一年末に共産主義活動のゆえをもって日本の警察に逮捕され、中共創立の現場に立ち会った党員のそれとしては最も早い供述を残している。したがって、かれの当時の事績を追うことは、共産党に結集した五四青年の思想的歩みを知る上で参考になるのみならず、中共成立の具体的過程を検証する上でも、大いに価値があろう。

一九一九年の五四運動と中国におけるマルクス主義の本格的伝播を受け、一九二〇年にわずか数人の知識人の結集によって始まった中共成立への歩みは、一九二一年七月末の第一回大会によってひとつの区切りを迎える。第一回大会の文書によれば、当時の党員はわずか五十三名であったという(22)。その意味では、本書は時間にしてわずか二年ほど、関係者の数にして百人に満たない歴史事象の研究である。また、のちの中共は、質の面でも量の面でも、創立時期の中共とは別物と言ってよいほどの変貌を遂げることになる。にもかかわらず、あえてこの小さな歴史事象をとりあげるゆえんは、大きく言って三つある。ひとつは、いかに小さくても、ある歴史事象の全貌を知りたいという知的好奇心、ひとつはのちの中共が党名変更やさしたる分裂をしておらず、系譜としてはやはりこの初期共産党を唯一の源としていることである。中国には「星星之火、可以燎原」という言葉がある。ほんのわずかな火でも広野を焼き尽くすことができる、の意で、転じて新しく生まれた小さなものが、やがて大きな勢力に成長していくという比喩に用いられる。中共の成立はまさしく「星星之火」であった。いかに小さなものであっても、それは今や六千万党員を擁する巨大執権政党の出発点なのである。

そしていまひとつは、各国共産党の成立、ないしは共産主義運動の興起というものが持っていた二〇世紀の世界史における現代史的意味の重要性である。現代史的意味とは、国際的コミュニケーションとメディアの発達により、世界各地で同時多発的に類似の現象が連動して起こり、そのどれもこれもが一国の枠内ではおさまらない要因により、さらにそのどれもが一国を超える影響を持つということである。政治の場合、それが民衆にあたえる生殺与奪を含む影響力は決定的に巨大であり、主義のために犠牲となり、主義のために人を殺すことが発生する。イデオロギーの時代の幕開けであり、ファシズムの勃興や社会主義運動はまさにその典型的事例である。中国共産党の成立にかんしては、一方でそれの中国伝統社会、伝統思想からの連続性と断絶性をとりあげ、他方でその後の中共の変貌と対比するという中国一国史の長いタイムスパンから検討することも、確かに可能ではあろう。その場合は、例えば旧ソ連の中共党史研究がたびたび言及したように、中国の当時の社会発展段階からして中共は早産児であったか否かということが問題になろう。また、かつての一部の欧米の研究者が行ったように、当時の中国社会思想と中共成立の不似合いをとらえて中共創立をソビエト・ロシアによる強引なる革命輸出の事例とし、その後の毛沢東の中共と対比するというようなアプローチをすることもできよう。だが、本書はそうした通時的対比を行うことはしない。早産児であろうとなかろうと、中国共産党は事実として生まれたのであり、先にも述べたとおり、中共の成立は、多くの国で一九二〇年代の初頭という特定の時期に、共産党なるものが一斉に現れたという現代史的現象の中国における展開だったということに主眼を置くからである。中共成立史を、後世からの評価というくびきから解き放ち、あくまでも当時の現場に置き直すこと、本書の意図のすべてはそこにある。

以上を手短にして本書の構成を示せば、中国共産党の成立を、「天、地、人」とも喩えられる三要素の結実という大枠からとらえると言い換えることができる。すなわち、中国におけるマルクス主義受容の基礎となった同時代の日本社会主義思潮の折からの復活とその中国への流入（天の時）、地続きの隣国であったが故に可能になったソビエト・ロシアからの積極的働きかけ（地の利）、そして五四運動後に共産主義運動を指向していった中国知識人の結集（人の和）である。天地人とはやや陳腐な表現であり、その三つも相互に相かかわるものではあるが、とりあえずはこの三要素をそれぞれの章に当てていくことにする。

第一章　中国におけるマルクス主義受容

第一節　五四時期中国における新思潮

1　知識と革命

一九一九年は周知のように五四運動の勃発した年であったが、また中国における本格的マルクス主義研究が開始された年でもあった。カール・マルクスの名、およびマルクス主義を含む西欧の社会主義は、つとに清末に中国へ紹介されており、当時の一部海外亡命革命家を中心に一定の影響をあたえてはいたが、中国国内で普通に見られる媒体で紹介されるようになるのは、何といっても一九一九年を待たねばならない(1)。一九一九年を境とする社会主義関係文献の急激な流入は目を見張らせるものがあり、全国の主要な新聞、雑誌は社会主義思想の紹介に大きな紙面を割いていた。当時、自らもマルクス主義の宣伝を行っていた周佛海(一八九七～一九四八)は、「社会主義」思潮の隆盛ぶりを次のように伝えている。

この一年来、社会主義を語る雑誌は非常に多い。中には短命に終わるものもあるが、いずれもまるで社会主義を語らねば、新文化運動の出版物と称せないかのような気概がある(2)。

そして、大都市を中心に広まったマルクス主義は、やがてソビエト・ロシア、コミンテルンの強力なあと押しを得て、その後中国共産党誕生へと結実していくことになる。しかし、マルクス主義を受け入れた当時の知識人たちにとって、マルクス主義は同時代の多くの西洋新思想と同様に、まず文字、つまりは書物を通じて学ばれたものであったということには、充分な考察が加えられなければならない。例えば、毛沢東思想研究において、かれがいつ、どのような社会主義文献を目にしてマルクス主義者への転換をなしとげたのかということが考察の対象になるゆえんも、共産主義運動においては知識の獲得が革命運動と不可分の関係にあることを示唆していよう。[3]

その意味でいえば、中国におけるマルクス主義の受容は、単に共産主義運動から共産党の誕生へとつながる革命運動に帰結していったのみでなく、まさに「知の革命」とも呼ぶべき波動を二〇世紀中国に及ぼしたのだった。そして、その「知の革命」は二重の意味であらわれたということができる。

まず第一に、マルクス主義は五四時期中国の混沌とした思想界にたいして、ひとつの包括的思想としてあらわれ、新文化運動以来のさまざまな問題、例えば「人を食う礼教」に代表される中国の伝統思想、女性解放、科学的世界観、文学革命、東西文明比較、実業振興等々の錯綜した諸問題に、唯物史観、階級闘争論、そして革命完成後の共産主義社会出現の予言によって、その抜本的解決策と来るべき時代についての確信をあたえるという「知の革命」を引き起こしたのだった。五四時期には、ありとあらゆる西洋近代思想が堰を切ったように一斉に中国に紹介されたが、その中でもマルクス主義の特徴たる包括的体系性は、いかんなくその威力を発揮したのである。その意味でいえば、マルクス主義はそれを理解した者には「全能の知」を、またそれを信奉する者には「根本的指針」を約束するものであった。旧来の価値の一切が批判にさらされながら、それに代わる新しい基軸が現れない、つまり混沌の極致ともいうべき五四時期の思想状況は、マルクス主義の登場によって、まがりなりにも座標軸を得て、極めて平明になっていく。例えば、しばしば中国マルクス主義の父と称される李大釗の著作は、一九一九年から二〇年にかけてのマルクス主義受容ののち、それまでのある種難解な観念的思惟から脱して一挙に平明になるが、それは文体が単に文語から口語へと変化する以上に、かれの思考自体がマルクス主義の思考様式の中で展開され、マルクス主義の語彙を用いて語られるようになったことに起因していよう。

そして、マルクス主義の受容を「知の革命」と呼ぶいまひとつの意味は、その受容がマルクス主義という「知識」の体系によって指導される新しい形態の革命運動を中国にもたらしたという点にある。それは、準拠理論を持つ革命運動の登場と言い換えてもよいだろう。つとにE・H・カー(E. H. Carr)は、ロシア革命以降の共産主義運動、社会主義革命の持つ特徴を「目的意識性」、あるいは「自己意識性」と呼び、それ以前のブルジョア革命との重要な相違点であると指摘している。(4) つまり、「ロシア革命は、意図をもって計画され遂行された歴史上最初の大革命であった」という言葉に見えるように、一九世紀後半からの社会主義革命運動とは、革命を行う以前にあらかじめ研究され、その研究に基づいてプログラムが策定され、それに依拠して発動されたものであるという点で、それ以前の革命運動とは大きく異なるのである。革命の発動に先だって理解すべき思想、主義という「知識」がある以上、その「知識」の重みを抜きにしては、ロシア革命以降の革命運動を理解することはできまい。当然に中国もその例外ではありえない。中国における共産主義運動もまた、「単に過去を繰り返しただけでなく未来をも計画した知識人、単に革命をやろうとしただけでなく革命をなしうる諸条件を分析し準備しようとした知識人(5)」によって積極的に開始されたものだったからである。

中国のマルクス主義研究は、社会主義研究の充分な蓄積のうえに開花したものでもなく、経済学説発展の帰結として到達されたものでもなく、ましてや労働運動からの体得を契機とするものでもなかった。言い換えれば、それはまさに「学ばれた」ものとしてのマルクス主義にほかならなかった。その中国での受容史は、「学ぶ」という過程で現れてくる外来文化受容の側面において興味をそそるだけでなく，マルクス主義を「学んだ」ことが，その後のコミンテルン影響下の共産主義運動に，「知識と指導」という共産主義政党独特の属性――各国の共産主義運動の指導者が，いずれも著作集や全集という形で革命の理論体系を持たされることを想起されたい――をもたらしたとも言い得るだけに，充分な考察が加えられなければならない(6)。その意味で，一九二〇年代以降の日本においても，マルクス主義の急速な流入ののちには，「知識としてのイデオロギーから出発した社会主義者(7)」が若者を中心に新しい左翼知識人を形成したといわれることは，同時期の中国を考える場合にも示唆的であるように思われる。

2　五四時期の「新思想」と活字メディア

マルクス主義の広範な伝播は，五四時期の洪水の如き新思潮の流入という時代背景を抜きにしては，説明することはできない。外来思想としてのマルクス主義の伝播，受容を考えるにあたっては，まずそれを可能にした当時の文化を取り巻く状況，とりわけ思想伝播の主要な経路となった活字メディアの状況を一瞥しておかねばならない。なぜなら，五四運動をむかえた中国の知識人にとって，いかに海外思潮にたいする関心が高まろうと，また五四運動の結果，社会改造への希求がいかに切実なものになろうとも，新思潮（当然にマルクス主義もそのうちに含まれる）が中国に広範に紹介されるためには，それら新思潮を物理的に運ぶ活字メディアの一定程度の存在が前提となるからである。つまり，マルクス主義のみならず，五四前後の大量の海外思潮の流入そのものも，五四時期の活字メディアの成長に符合したものと考えることができるのである。

中国近現代の出版史を通観するならば，五四時期は雑誌の発行が空前の隆盛を見せた時期であるということができるだろう。当時、日本組合教会から北京に派遣されていた清水安三は、五四運動以来激増したものとして、雑誌とデモとをあげているし[8]、またつとに一九一九年に当時の学生運動家・羅家倫(一八九七〜一九六九)は、中国の雑誌評をするに際し、「近年来雑誌が余りに多く、全てに目を通すことができない[9]」と述べていた。その雑誌急増、氾濫の様子の一端は、今日でも『五四時期期刊介紹[10]』を一読すれば、うかがい知ることができる。五四時期の雑誌の多くは、確かに羅家倫が嘆くように、発刊してはすぐに停刊するといった、いわば泡沫的出版物であったが、全般的に言って、知識を運ぶものとしての雑誌がこの時期に量的に空前の盛況を見せたことは疑いのないところである。

言うまでもなく、これら雑誌発行の隆盛は、それに先立つ「新文化運動」の産み出した成果であった。難解で空虚な文語を排し、口語(いわゆる白話)による新文学を提唱した新文化運動の影響により、五四時期においては白話体が相当の普及を見せ、新出の雑誌は、その多くが白話を採用していた。広大な農村を中心として、非識字者が大多数を占めるという[11]厳然とした事実は依然残されるものの、白話体普及により、書籍の購読者層がひろがりを持ったことは、雑誌隆盛を可能にした大きな要因であるといわねばならないだろう。

五四時期には雑誌、書籍の発行が急速に伸びたが、当然に商業出版界の成長がその背後には存在する。中国における代表的出版社である商務印書館、中華書局等は、確かに五四以前より出版活動を行っていたが、取り扱う書籍は教科書、中国古典、および辞書等の工具書にほぼ限定されていた。しかし、新文化運動を経て、海外の文学作品の紹介、文芸理論書、社会科学関連書、そして青年や婦人向けの雑誌の刊行が始まるようになり、書籍そのものの発行量も大きく増加している。また、五四時期にマルクス主義をはじめとする社会主義関係の書籍を出版するのに功のあった亜東図書館、泰東図書局等にしても、編集部体制の確立などに見られる出版の近代化を進めたのは五四時期であった[12]。総じていえば、五四運動前後の時期に中国での商業出版界が確立したといってもよいだろう。

それら膨張した書籍、雑誌の流通において、出版社と読者とを結びつける上で看過することのできない位置を占めたのは、各地の高等教育機関に設けられた書報販売部（書籍・雑誌取次所）である。全国規模での書籍の流通体制が整備されていなかった五四時期の中国においては、多くの学生が書籍を購入するに際して、各学校内に設けられた書報販売部を利用していた。書報販売部を利用することによって、地方の都市であっても、北京や上海の出版になる新聞や雑誌、書籍を予約、購入することが可能になっていたのである。また、それら書報販売部は単に書籍の取り次ぎをするだけでなく、販売部の責任者（多くは活動的学生）が、書籍の予約購読の状況から学生の思想状況を把握し、学生同士を結びつける場所を提供したのであった。当時、杭州の浙江第一師範学校で教鞭を執っていた革新派の教師は、書報販売部について次のような回想を残している。

「五四」ののち、宣伝活動は一般に新聞や雑誌を通じて行われた。新聞や雑誌の影響は大きく、青年にたいしては啓発や教育の役割を果たした。我々は一方で文章を書き、他方で多くの場所に書報販売部を組織して、進歩的な書籍や雑誌をどんどん売っていった。そして、書籍や雑誌の販売を通じて購読者と話をし、組織を発展させたのである。この書報販売部というやり方は、学校ではとても流行したが、書籍や雑誌を販売したのは、みなわりに進歩的な青年であった。……当時は友人を紹介するにも、かれは新文化をやっているんだと言えば、それでもう身内であった。(13)

五四時期の学生たちが、書報販売部の活動を通じて互いに結びついていたことがうかがわれる。そして、これらの書報販売部が五四運動ののちに拡充、活性化されたことはいうまでもない。中国の最高学府であり、のちに多くの共産主義者を輩出した北京大学においても、学内の出版部書籍代售所(つまり書報販売部)は、『北京大学日刊』に取り扱い書籍、雑誌の広告を掲げていた。

活字メディアの空間的ひろがりという面から言うならば、とりわけ注目されるのは、それら書報販売部が雑誌だけでなく、他都市の新聞も取り扱っていたことである。例えば、毛沢東らは新文化を普及させるという目的のもと、一九二〇年七月に湖南省の長沙で「文化書社」なる書報販売部を設立したが、そこでは実にさまざまな書籍、雑誌が取り扱われている。中でも目を引くのは、雑誌『新青年』の販売部数の多さ(一九二〇年九~一〇月で計三二〇部、一九二一年三月までの累計で二千部)とともに、上海の日刊紙『時事新報』と北京の『晨報』とが、一九二〇年一〇月時点でそれぞれ毎日六十五部、四十二部も購読されていたことである。[14] 当時の新聞界においては、いまだ全国紙は存在せず、『時事新報』『晨報』両紙もそれぞれ上海、北京の地方紙であったが、この時期、書報販売部という媒介を得て、長沙でも上海、北京の新聞を購読することが可能になっていたのである。そして、それが当時の雑誌、新聞の常として、さかんに回し読みされたわけだから、その影響力は取り扱い部数の数倍にも達したことだろう。マルクス主義が短期間に、北京、上海といった大都市だけでなく、地方の都市にも広まっていったことの背景には、このような事情があったのだった。

『時事新報』や『晨報』が長沙の青年たちの間で読まれたのには理由があった。それぞれ「学燈」、「晨報副刊」という副刊を持ち、読者からの投稿を受け入れる一方、積極的に社会主義の諸学説を紹介していたからである。副刊とは、五四時期以降に顕著に現れ、一般化した中国の新聞の付録で、いわば「文化面」に相当するものだが、当時雑誌と並んで新思潮の紹介に努めていたのがこの「副刊」であった。[15] 副刊の開設は、新文化運動ののち、世界の新思潮への関心が中国社会の中でかつてないほどの高まりを見せ、新聞の側もそれに応えざるを得なかったことのなによりの証左だが、また他方、中国の新聞、ジャーナリズム自身も従来の党派色濃厚な政論新聞から読者の関心を積極的に掘り起こし、吸収する商業新聞へ転換しつつあったことの反映でもあった(16)。中国で俗に「四大副刊」と呼ばれていたものは、『晨報』の「晨報副刊」、『京報』の「小京報」、『民国日報』の「覚悟」、『時事新報』の「学燈」であったが、これらの副刊は「小京報」を除いて、いずれも五四時期の社会主義学説紹介の有力な推進者となったのである。副刊の登場によって、新文化運動の成果である小説や詩は言うに及ばず、海外の様々な思想、ルポルタージュ、旅行記の翻訳が発表の場を得たのであった。知識の市場は五四時期において画期的に拡大したのであり、マルクス主義も多くの新思潮とともに、その恩恵を受けたもののひとつであった。

第二節　北京におけるマルクス主義の伝播

1　『晨報』副刊と陳溥賢のマルクス主義紹介

活字メディアの発達によって新思想は広範な読者を獲得したとはいえ、マルクス主義を読解、摂取するその紹介者たちの苦労は並大抵ではなかった。マルクス主義学説の摂取は、言語の面でも、また文献そのものの入手の面でも、今日的状況とは比べものにならないほど困難だったからである。では、五四時期にマルクス主義の伝播にかかわり、共産党の創立メンバーとなった初期共産主義者において、マルクス主義はいかにして学ばれたのか。かれらはマルクス主義を知ろうとして何を読んだのか。そして、その書物はどのようにして手にいれたのか。五四時期中国のマルクス主義受容をとりまくこれらの疑問は、残念ながら、多くが今なお回答されないままになっている。例えば、当時において数多くの社会主義関連書籍が刊行されたことは誰しもが認めるところだが、いつ、誰によって、どのようなものが翻訳、出版されたかについては、マルクス、エンゲルス、レーニンの著作をのぞけば、いまだにまとまった解題すら見られない。[17] 当時の社会主義思想にかんする著作でいえば、実はマルクス、エンゲルス、レーニンらの経典著作自体よりも、カウツキー(**K. Kautsky**)や日本人社会主義者の解説書の翻訳、および「正統派」マルクス主義以外の社会主義文献の方がはるかに多いのである。ここではまず、中国共産党創立前後における社会主義学説流入の経緯、とくにその入手経路、翻訳、出版の諸状況を検証していこう。

中国における先駆的マルクス主義者にして、中共創立の中心的メンバーとなる李大釗(当時、北京大学図書館主任)は一九一九年夏、北京を逃れて滞在した昌黎で、かれの記念碑的論文「私のマルクス主義観」(我的馬克思主義観)を執筆した。[18] その中で、かれはマルクス主義の梗概を紹介し、同時に批判的視点を含むマルクス主義にたいする見解をあきらかにした。従来、五四時期中国におけるマルクス主義伝播を検討する際には、李大釗のこの文章を取り上げるのが通例であったが、研究の進んだ今日においては、マルクス主義学説の紹介という点では、北京の日刊紙『晨報』の第七版、即ち「晨報副刊」や、上海の日刊紙『時事新報』の副刊「学燈」の記事などが、それに先行するということが周知の事実になっている。[19]

中でも、「晨報副刊」の「マルクス研究」欄は、早くも五四前夜にマルクス主義紹介の第一声をあげ、その記事が間髪を置かず『民国日報』『時事新報』『新青年』等の進歩的有力新聞、雑誌に次々と転載され、五四時期のマルクス主義伝播の幕開けを告げたという意味で、マルクス主義伝播史上において重要な位置を占めている。また、「晨報副刊」のマルクス主義研究は、後述のように、先駆者李大釗のマルクス主義受容[20]そのものにたいしても、少なからぬ関連を持つことになるのである。

さて、『晨報』は北京で発行されていた日刊紙であり、その発行部数は一九一九〜二〇年時点でおよそ五千〜八千部を数え、(21)北京では大手の新聞に属していた。すでに述べたように、当時の新聞界においては、いまだ全国紙は存在していなかったから、『晨報』の流通もほぼ北京周辺に限定されていた。しかし、副刊を創設してのちには、当時中国各大都市に続々と設立されていた書報販売部等の書籍仲介所を通じて、定期購読者を獲得するに到っていた。また直接の購読だけでなく、「晨報副刊」の記事はその新鮮さゆえに全国の主要地方紙、雑誌にもしばしば転載されており、その影響力は一地方紙の枠を超えるものであった。

その「晨報副刊」は、一九一九年二月より文化面にあたる副刊（第七版）の面目を、「自由論壇」「訳叢」の二欄を加えることで一新し、さまざまな海外思潮の紹介を始める。そして、四月一日から淵泉訳「近世社会主義鼻祖馬克思《マルクス》之奮闘生涯」（河上肇「マルクスの『資本論』」（河上『社会問題管見』一九一八年刊所収）の抄訳）を掲載し、マルクスの人となり、およびその生涯にたいする紹介を行った。続いて五月五日には、マルクスの誕生日を記念する形で、淵泉訳「馬克思的唯物史観」（原著は河上肇「マルクスの社会主義の理論的体系」〔『社会問題研究』第二冊、一九一九年二月〕、および河上「マルクスの唯物史観」〔『社会及国体研究録』一巻一号、一九一九年四月〕）が、次いで九日には食力訳「労動與資本」（原著はマルクス『賃労働と資本』であるが、食力訳は『社会問題研究』第四冊所収の河上肇訳「労働と資本」からの重訳である）が掲載された。さらに六月にはいると、淵泉訳「馬氏資本論釈義」（原著はカウツキー『カール・マルクスの経済学説』であるが、淵泉訳は高畠素之訳『マルクス資本論解説』売文社出版部、一九一九年五月刊からの重訳である）の訳載が始まり、これは途中の中断を挟んで一一月まで延々と連載された。また、同様に七月には訳者無署名「馬氏唯物史観概要」（原著は堺利彦「唯物史観概要」〔『社会主義研究』第一号、一九一九年四月〕）を掲載しているが、訳文の専門用語の訳語からこれも前述の淵泉の手にかかっていることが推定される。[22] このほかにも七月には、訳者無署名「馬氏唯物史観的批評」(原著は『改造』一九一九年七月号所収の賀川豊彦「唯心的経済史観の意義」)を掲載しているように、「晨報副刊」は一九一九年五月からほぼ連日マルクス主義紹介の翻訳記事を陸続と掲載し、五四時期のマルクス主義紹介の幕開けを告げたのだった。

上記「晨報副刊」連載の淵泉訳稿は、単に時期的にもっとも早いだけでなく、「生産手段」「社会意識形態」「上部構造、下部構造」「社会存在が人間の意識を決定する」といった当時の中国に初めてお目見えする社会科学の用語に注釈を加えた点においても、一頭地を抜く水準を持っていた。それらが、ほどなく絶大な影響力を有する『新青年』や『民国日報』『時事新報』、はては遠く四川の『国民公報』にまで転載されたゆえんである。[23] とりわけ一九一九年六月から足かけ半年にわたって連載されたカウツキーの「馬氏資本論釈義」は、そのドイツ語版や日本語版が当時の欧米、日本において、マルクスの経済学説をうかがい知るのにもっとも平明かつ正確な著作であるとされていたものであった。例えば、高畠素之の翻訳にかかる日本語版の『マルクス資本論解説』は、「何人が翻訳するとも、恐らくこれ以上に理解し易くすることは、殆ど困難であろう。この訳文を読みて理解し難しと思う者は、仮《たと》い独逸の原文を読むとも、同様の感を為すを免れぬであろう」[24]と絶賛されていたものなのである。残念ながら、中国語訳「馬氏資本論釈義」やその単行本である『馬克斯《マルクス》経済学説』[25]は、日本語版のような爆発的反響を呼びはしなかったが、マルクス主義経済学紹介の皮切りとして同書が選ばれ、半年にもわたって連載されたことは、「晨報副刊」編集者の見識の高さをうかがわせるものだった。

五四時期に刊行された雑誌の総合的研究書である『五四時期期刊介紹』をはじめ、李大釗の年譜の類にも見られるように、この時期の「晨報副刊」の編集には、李大釗が関与していたと言われている。[26] さらには、これらマルクス主義紹介を指導したのが李大釗本人であったという説さえある。確かに李大釗は一九一六年時点で、『晨報』の前身である『晨鐘報』の編集主任を務めたことはあった。だが、同年九月には、就任以来わずか二十日余りで、新聞の発行の後盾であった研究系と衝突して編集主任を辞し、『晨鐘報』を去っている。[27]その後、『晨鐘報』が『晨報』と改まってのちも、李大釗はおりにふれて「晨報副刊」に寄稿してはいるが、実は五四時期の「晨報副刊」の編集そのものに李大釗が直接に関与していたことを示す原資料は確認されていないのである。[28]とすれば、五四時期の「晨報副刊」紙上で積極的にマルクス主義紹介をリードしたのは李大釗ではなく、前述の日本語社会主義文献を翻訳、紹介した「淵泉」であると考えなければなるまい。

「晨報副刊」にそれら社会主義文献を次々に翻訳、発表したこの「淵泉」とは一体誰か。「淵泉」は李大釗の筆名であるという説明がなされたこともあるが、それは正しくない。筆者の考証によれば、「淵泉」とは、当時『晨報』記者であった陳溥賢（一八九一～一九五七）の筆名である。[29]

陳溥賢、字は博生、福建省閩侯の人。十三歳の時に日本に留学、早稲田大学政治経済科卒業後さらに欧米に遊学し、一九一六年前後に帰国、『晨報』の前身である『晨鐘報』に入社し、のち『晨報』の主筆となる。一九一八年暮れ、『晨報』の特派員として再度日本に渡り、以後「黎明会」や日本社会主義思想の現状を精力的に取材する。五四運動以前には帰国し、四月より「淵泉」の筆名で日本の社会主義思潮の紹介、マルクス主義の紹介を積極的に展開する。一九一九年五月の時点では、『晨報』編集長の任にあって、五四学生運動を積極的に支持。一九二〇年暮れ、中国新聞界初のヨーロッパ特派員として渡英。のちに、『民言報』主筆、東北辺防軍司令官公署顧問等を歴任。三〇年、北平晨報社社長、のち国民党系の南京中央通訊社に加わり、三六年その東京特派員となる。一九三八～四八年、国民参政会議員、四〇～五〇年中央通訊社主筆、四八年以降国民政府立法委員、一九五七年八月、台湾において死去。[30]

この陳溥賢は、五四時期のマルクス主義紹介の先導者としても充分に注目されなければならないが、かれの果たした役割は、その前半生が多くの点で李大釗のそれに重なっている点で一層重要である。陳溥賢と李大釗とは同じ時期(一九一五～一六年)に早稲田大学に在学し、留日時期にはともに袁世凱の帝制運動に徹底して反対し、留日学生総会や、その機関誌である『民彝』を舞台に活躍したのであった。『民彝』創刊号(一九一六年五月)には、留日学生総会文事委員会成立の記事が出ているが、李大釗、陳溥賢ともに委員として名を連ねている。また、二人は帰国後そろって『晨鐘報』の編集に参加しているように、一九一六年以降も、同僚としてかなり親密な関係にあったと推測される。これまで、この陳溥賢と李大釗の関係について触れている研究は全くなく、両者の関係はごくわずかの回想録において曖昧に言及されているにすぎない(31)が、実は五四時期の李大釗のマルクス主義受容は、この陳溥賢の存在を抜きにしては語れないのである。まずは、現在目にしうる資料からうかがわれる陳溥賢の当時の活動をかいつまんで紹介しておこう。

前述のように、陳溥賢は一九一八年暮れから数ヵ月間、『晨報』特派員として東京に派遣されている。当初、かれの主な関心は、きたるパリ講和会議に臨む日本の朝野の態度を探ることにあった。かれが淵泉の署名で『晨報』に送った「日本之講和態度」(一九一九年一月一日)、「原内閣之第一次中日借款」(同一月二一日)等の記事はそのことを物語る。当然に、中国世論の主要な関心事であった山東問題の帰趨がかれの念頭にもあったのであろう。しかし、おりから日本の言論界に大きな波紋を投げかけていた吉野作造らの「黎明会」の活動が、またたく間にかれの注意を引きつけ始める。「日本之黎明運動」(一九一九年一月二八日)、「黎明運動之第一声」(同二月一四日)において、かれは満腔の期待をこめて黎明会を声援している。そして、いったん新思潮に向いたかれの関心は、普通選挙運動から労働運動へと展開し、ついに、「冬の時代」をくぐり抜けて息を吹き返しつつあった日本の社会主義運動の動向へと向かっていったのだった。

帰国ののち、かれは一ヵ月にわたって「晨報副刊」に連載した「東遊随感録」において、その第一七回を「日本の言論界」とし、その中に「社会主義研究の雑誌」の項を立て、河上肇の『社会問題研究』(発行部数二万余りと紹介)、堺利彦、山川均らの『新社会』『社会主義研究』(同じく七、八千部)を雑誌の性格とともに紹介していた。[32] そして続く第二六回をとくに「日本の社会主義運動」と銘打ち、「東洋社会党」に始まる日本社会主義運動史を振り返る一方、現時の社会主義者を、堺利彦らの「純粋 Marxism」派と高畠素之らの「National Socialism」派、および大杉栄らの「無政府共産主義」派の三派に分類した。そして、欧州大戦以来一瀉千里の勢いにある日本社会主義運動が「障害に遭うことなく、順調に目的地に到達する」ことを願っていた。[33] かれがそれら社会主義思潮の中でも、とりわけマルクス主義思潮の動向に注目していたことは、一九一九年三月二〇日の「日本之新潮流」や、同四月二四日の「日本之馬克思《マルクス》研究熱」という記事[34]からだけでも、充分にうかがうことができる。それらの記事で日本のマルクス研究熱を「誠に学術界の一巨観なり」と嘆じたかれは、日本で社会主義運動、労働問題に触れたことが契機になったかのように、帰国後それら新思潮を大々的に紹介していったのであった。

淵泉こと陳溥賢の日本についての考察の対象が、当初の軍部、政党、議会といった統治機構から次第に労働運動、社会運動へと推移していったことには、かれなりの必然性があった。一九一九年、かれの最大の関心は当然のように山東権益をめぐる日中関係にあったが、かれは日本の軍部、大政党、実業家の中国政策を通観したうえで、日中の「真の親善」は日本の労働階級が政治の主導権を握ったあとでなければ実現され得ないと断言するのである。かれはいう。

わたしの見るところでは、中日両国がもし真の親善を増進し、互助の精神を発揚せんとするならば、軍閥の時代では絶望的であるし、資本家の時代でもさらに望みはない。日本の労働階級が台頭し、主人公となることができた時、中日両国の関係ははじめて我々が理想とする境地に達することができる。ゆえに我々は日本の労働階級に無窮の期待を抱くのである。[35]

かれが日本の労働運動や社会主義思潮に関心を寄せるのは、その動向や学説自体への興味もさることながら、それが日中関係の根本的変革をもたらし、究極的には中国の「改造」に資するからだった。日本における社会主義運動の進展を日中問題解決の大前提とみなして、日本の社会主義思潮に接近していった点は、次節でのべる戴季陶とも共通する興味深い認識である。

陳溥賢の社会主義にたいする親近感は、当然のように、その延長線上にあったロシア革命や中国の労働問題にも及んでいる。例えば、革命後のボリシェヴィキ政権にかんしては、四月一三日に淵泉署名で「各国はレーニン政府を承認せんとしている」と題する論評を掲げ、欧米の一部列強に追従してボリシェヴィキ政権否認策をとる北京政府に疑問を呈し、きわめて積極的にボリシェヴィズムの研究、革命政権承認をするよう訴えていた。また、一九一九年五月一日の晨報副刊を「労動節〔メーデー〕紀念」号と銘打ち、自ら「人類三大基本的権利」の一文を発表して、労働者としての人類が「生存権、労動権、労動全収権」を持つことを訴えた。そして、北京政府が無政府主義、社会主義を危険思想とみなして取り締まろうとすることにたいしては、「資本階級が危険とみなす思想は、労働階級から見れば正当に防衛すべき権利なのだ」[36]と述べて反対するなど、言論弾圧の苛烈であった北京で、敢然と「危険思想」の紹介を続けていた。

2　陳溥賢と日本の革新運動

陳溥賢の五四時期における活躍は、活字のうえでのマルクス主義紹介だけにとどまるものではなく、この時期に光芒を放つ日中知識人交流運動へも及んでいる。五四運動直前の時期に、吉野作造と北京の李大釗の間で、吉野ら「黎明会」の『黎明会講演録』と陳独秀、李大釗の主編になる『毎週評論』の交換が行われていたことはよく知られている。[37] 李大釗は黎明会を率いる吉野らの動向に大きな関心を寄せ、自らも吉野に倣って中国版「黎明会」を組織し、頑迷思想にたいする共同戦線たらしめようという意図を持っていたほどだったが、[38] 李大釗が黎明会について述べた文章を見ると、[39] かれの黎明会にかんする情報のほとんどは、実は陳溥賢の取材記事に拠っていることがわかる。李大釗と吉野作造との五四時期の交流は、一九二〇年五月の北京大学学生団の日本訪問として結実したが、[40] 実は両者の間に立ってこの橋渡しに尽力したのも、陳溥賢その人であった。

吉野は一九二〇年五月一日付『大阪毎日新聞』に、中国学生の訪日計画について談話を載せ、この計画には「北京大学側では必ず李大釗、陳啓修氏等の教授の外に晨報の有力なる記者陳溥賢氏等が大に斡旋しつつあることと思う」と述べている。[41] 陳溥賢は晨報特派員として東京に滞在していたころ、黎明会をはじめとする日本の新思潮の状況をつぶさに観察するのみならず、吉野個人にも親しく接しており、[42] 他方、北京にあっては李大釗とも旧知の間柄であったから、この両者を仲介するには最適の人物であった。そのことは、この北京大学学生訪日団が一九二〇年五月に日本に携えていった宮崎龍介宛の紹介状に、李大釗とならんで陳溥賢の署名があることからも裏付けられよう。[43]

陳溥賢がとりしきっていた「晨報副刊」上のマルクス主義研究関係の記事が、日本の雑誌、書籍からの翻訳で占められていたことからもわかるように、五四時期中国のマルクス主義は、同時代の日本のマルクス主義研究の動向を抜きにしては語ることができない。これが単に「晨報副刊」の陳溥賢だけの特殊例ではなかったことは、その後中国の雑誌に続々と発表されたマルクス主義関係の論文の多くが、日本のマルクス主義研究の成果を受けたものであることを確認すれば充分にあきらかであろう（本書付録一「日中社会主義文献翻訳対照表」を参照）。さらに言えば、五四時期の中国におけるマルクス主義の流入とは、後述する上海の状況からもわかるように、日本の社会主義思潮の横溢であったと言うことさえ可能なのである。そしてその横溢とは、日中文化交流史上において二度目の横溢であった。一度目の横溢とは、五四時期の十数年前、すなわち清末革命運動における社会主義思潮の伝播である。

つまり、中国において最初に「社会主義」が喧伝された時期（一九〇〇年代）が、日本の「大逆事件[44]」以前の社会主義思潮の時期と重なること、また幸徳秋水らの影響が清末における社会主義の紹介に顕著に見られたのと同様に、五四時期中国の社会主義、マルクス主義の伝播も、大正デモクラシー期の日本社会主義運動の復活と五四時期中国との重なりあいの中で起きたのであった。その間の事情にかんしては、つとに馮自由（一八八二～一九五八）が一九二〇年に次のように述べている。

〔日本では〕幸徳秋水が殺されてより、この種の危険な説をあえて唱道するものはいなくなった。中国の新学の書籍は大半が日本語から翻訳される。日本でこの種の印刷物がそもそも少なくなったのだから、中国にどうして訳本が出てこようか。……〔そして今や、〕わが国で社会主義を主張する者は、多くの日本語訳本という新たな味方を得て、各種の書籍、新聞を発行し、この種の主義の宣伝に全力をあげているのである。[45]

三一運動、五四運動に見られる朝鮮、中国の反帝国主義運動の高まりは、まぎれもなく日本の自由主義者、社会主義者にとって、自らの内に巣食う帝国意識払拭のための試練、試金石であったが、その一方、日本における社会主義研究の発展は、まぎれもなく中国、朝鮮における社会主義運動の勃興を促進したといえるのである。時に相矛盾する過程を含みつつも、日本の社会主義運動と中国、朝鮮の反帝国主義、社会主義運動は相互に影響をあたえあいながら発展、深化していったダイナミックなうねりとして理解できよう。例えば、五四時期の中国で積極的に社会主義を受容した知識人にとって、社会革命による軍国主義日本の大改造があってこそ、中国の軍閥支配打破が容易になるとの認識があったように、日本の社会主義運動の進展は、単に日本一国の社会変革以上の意義を持つという熱い注目を浴びていたのであった。

他方、文化受容史の視点から見るならば、清末以降の中国において、近代西洋思想を紹介する場合、日本において翻訳、紹介されたものを選択的に中国語に重訳するということはしばしば起こったことであり、清末における西洋起源のいわゆる文明用語の翻訳や、共和思想の紹介の際にも、それらの思想、語彙は日本経由で紹介されたものが優勢を占めた。中国において、マルクス主義研究の前史が、一部国民党系人士をのぞいて欠如していた歴史的背景の下では、多くの中国知識人にとって、「マルクス主義」は未知に近い代物であった。また、マルクス主義文献に頻出する社会科学にかんする用語も、多くは接したことのないものであってみれば、五四時期のマルクス主義の受容が日本の文献を通してなされ、それに付随する社会科学の用語が日本語を直輸入する形で採用され、定着していったことは極めて自然なことであった。

ここで簡単に同時代の日本の社会主義運動の概況を述べておこう。一九一九年という年は、日本のマルクス主義史の中でも特筆すべき年であった。一九一〇年の大逆事件以来、日本の社会主義運動はいわゆる「冬の時代」を迎えることとなり、堺利彦らの日本国内の社会主義者は、「売文」をもってかろうじて孤塁を守っていたが、ロシア革命の勃発、日本国内における社会問題の深刻化を契機に、社会主義は再び多くの人々の関心をひき始めていた。堺利彦、高畠素之らの雑誌『新社会』が、官憲側の反応を探りつつ、マルクスにかんする紹介記事を掲載し始めたのは、このころのことである。そして、一九一九年になると、マルクス主義はいよいよ青年たちの熱い注目を集めるところとなった。マルクス『資本論』第一巻の的確な紹介書と言われた前述のカウツキー著、高畠素之訳『マルクス資本論解説』は一九一九年五月に出版されるや、初版の二万部が飛ぶように店頭から消え、たちまち十数回の増刷を数えていた。また、河上肇が一九一九年一月に創刊したマルクス主義研究の個人誌『社会問題研究』の第一冊が十二万部、第二冊が八万部という驚異的な売れ行きを示せば、堺利彦らの『新社会』も一九一九年には一万五千部以上を発行するようになっていたし、ついで創刊された山川均らの『社会主義研究』も堅実な売れ行きを示していた。[46] さらに、革新的総合雑誌である『改造』『解放』がともに同年に創刊され、とくに『改造』はその年後半から社会問題、労働問題、社会主義思想を取り上げて飛躍的に発行部数を伸ばすなど、[47] 日本には、「マルクスでさえあれば、糞も味噌もゴチや混ぜにして、みな相当に歓迎されると云う実に恐しい世の中」[48] と評される思想状況が現出していたのであった。陳溥賢は東京特派員時期(かれは一九一九年初頭に続き、同年の七月から八月にかけて再び特派員として東京に赴いている)に、そうした日本の社会主義思潮復活の息吹をいち早く捉え、日本でのそれら社会主義文献の出版ののち、間髪を置かず「晨報副刊」紙上でその翻訳を行ったことになる。

『晨報』の編集長として、五四時期のマルクス主義伝播の先駆者となった陳溥賢はその後、一九一九年後半に急進的青年たちが参加した「工読互助団運動」(働きながら学ぶ共同生活運動)の発起人に名を連ね、それを支持した。[49] また、かれは一九二〇年暮れに、中国新聞史上初の欧州常駐特派員[50] としてイギリスへ渡ったが、渡英後も共産主義運動に注意を払い、『晨報』紙上に「英国共産党大会記」や「第三国際共産党底組織」（コミンテルンの組織）の記事を送るなど、国際共産主義運動への関心を持ち続けた。しかし、かれが五四運動から国民革命の時期にかけて、工読互助団運動以外に、何らかの社会運動に参与した形跡は管見の限り見られず、したがって中国共産党の活動にかかわったという事実もない。略歴を追う限りでは、李大釗亡きあと、かれが国民党との関係を強めていることを確認できるのみである。だが、かれが五四時期にマルクス主義の中国への紹介（とりわけ中国語として未消化の語句に注釈を加える等の学説を紹介するにあたって）の先駆者であったという事実は、当時のかれの李大釗との交流とともに、尊重されなければなるまい。なぜなら、マルクス主義はまず解説の必要な学説として、かれによって中国にもたらされたのであり、そのうえにたって革命の学説に転化していったからである。

3　李大釗のマルクス主義受容と陳溥賢

陳溥賢は、吉野作造ら日本知識人と李大釗とを結ぶ仲介役としての役割を果たしたが、その役割はそのまま李大釗のマルクス主義受容の過程においても見受けられる。周知のように、李大釗は一九一九年夏から秋にかけて、かれの記念碑的論文とされる「私のマルクス主義観」を執筆したが、その論文は、すでに指摘されているように、河上肇「マルクスの社会主義の理論的体系」や福田徳三『続経済学研究』（同文館、一九一三年）などに大きく依拠したものだった。[51] そして、その河上論文は、前述のように、陳溥賢が「淵泉」の筆名でそれ以前に「晨報副刊」上で翻訳、紹介していたものである。李大釗と『晨報』、および陳溥賢との密接な関係を考えれば、李大釗がそれら「晨報副刊」上の記事を知らなかったはずはない。李大釗のマルクス主義受容にあたっては、陳溥賢の資料上の、あるいはマルクス主義解釈上の援助があったと見るのが正確であろう。

中国においては、社会主義にたいする関心は高まりつつも、中国語の社会主義文献は言うに及ばず、外国語のマルクス主義関係文献さえ入手が困難であったということを想起するならば、李大釗個人が一九一九年半ばという極めて早い時期にマルクス主義学説の紹介をなしえた背後には、かれ自身のマルクス主義への興味という内発的要因のほかに、陳溥賢のような日本の社会主義関係の最新の文献を提供してくれる支援者がいたという今ひとつの要因を指摘すべきであろう。(52) そして、陳溥賢の五四時期の積極的な著訳活動と李大釗の言論の陰に絶えず見え隠れするのが、中国マルクス主義の伝播のための先行条件となった日本における社会主義思潮の勃興、およびマルクス主義研究の進展なのである。

繰り返すまでもないことだが、五四時期北京におけるマルクス主義の紹介、受容という過程は決して李大釗ひとりの作業ではありえなかった。つまり、李大釗の受容した一九一九年のマルクス主義学説とは、河上肇、福田徳三によって解釈され、そのうえで若干の疑問点を付けられ、そして陳溥賢によって李のもとにもたらされたものだったわけである。そして、「私のマルクス主義観」の中でマルクス主義学説を批評するにあたって、李大釗はその河上らの観点をほぼそのまま踏襲していたのだった。(53)

当時の中国の知的状況のもとで、未知の、しかも難解極まるマルクス主義を理解しようとする時、それはほとんど不可避のことであり、李大釗の歩みを未熟、模倣と論断してしまうことは、容易なことではあるが、何ら積極的意義を持つまい。それよりむしろ、李大釗のマルクス主義受容の過程で我々が注目しなければならないのは、一九一九年の中国でマルクス主義に接するということが、必然的に日本におけるマルクス主義研究をとり巻く知的状況に、何らかの形で巻き込まれることを意味した、という外来思想受容の構造の方であろう。別の言い方をすれば、李大釗が同時代のマルクス主義研究を中国に紹介しえたということは、「内的契機」をしばし置くとすれば、かれが陳溥賢という友人を得て、日本の「知」に近いところに位置していたことに由来するということも可能なのである。李大釗が日本の論壇から受けた影響は、マルクス主義学説に限ったものではなく、それ以前にも、例えば茅原華山（茅原廉太郎、明治・大正期のジャーナリスト）からかなりの影響を受けていたが(54)、マルクス主義受容にいたって、外来の「知」への距離の持つ重要性、そして外来の知識というものが李大釗にあたえた衝撃力は、今まで以上に大きくなっていたと言えよう。

李大釗は、一九一九年後半の「私のマルクス主義観」や、翌年一月の「経済から中国近代思想変動の原因を解釈す」（由経済上解釈中国近代思想変動的原因）では、なおマルクス主義の唯物史観や「経済決定論」にたいして疑問を感じていたが、一九二〇年を通して唯物史観への疑念を払拭し、同年末までにはマルクス主義の基本的観点である階級闘争論、唯物史観、剰余価値論等を受け入れるにいたっている。この時期には、河上肇だけでなく、堺利彦、山川菊栄らの雑誌や単行本も李大釗の手に渡るようになっていた(55)。そして、マルクス主義受容の進展と歩調を合わせるかのように、李大釗と日本社会主義運動のつながりはさらに強くなっていく。その例として、次項では李の「日本社会主義同盟」加入を手がかりに、李大釗と北京在住日本人との結びつきを見ることにしよう。

4　李大釗と日本の社会主義運動

一九二〇年一二月、東京において堺利彦、大杉栄らを中心にして社会主義者の大同団結を図る「日本社会主義同盟(56)」が結成されたが、興味深いことに、この同盟には李大釗が加わっている(57)。李大釗はついに積極的に日本社会主義運動の同志に加わったのであった。今日残されている社会主義同盟名簿（故向坂逸郎氏旧蔵、現法政大学大原社会問題研究所所蔵）によると、中国人（あるいは朝鮮人）とみられる参加者は数名いるが、李大釗のほかには著名な人物はいない。[58]李大釗は一体どのようにして社会主義同盟のことを知り、そしてどのような経緯で同盟に名を連ねるようになったのだろうか。その疑問は、同盟名簿に李大釗とともに北京在住者として名前の載っている丸山幸一郎の経歴を調べると氷解する。丸山幸一郎とは、北京の日本語新聞『日刊新支那』、同週刊誌『週刊新支那』、同『北京週報』の記者、編集者（筆名は丸山昏迷、昏迷、昏迷生）である。[59]当時、北京にあった清水安三は後年、丸山と李大釗に触れて次のような述懐を残している。

北京の思想家や文士達に最初に近付いた者は実に丸山昏迷君であって、多くの日本からの来遊の思想家や文士達を、或は周作人さん、或は李大釗先生の家々へ案内した者は丸山昏迷であった。実を言うとかく言う私自身も、同君の同道で周作人や李大釗を訪ねたのであった。[60]

〔李大釗は〕民国五年〔一九一六年〕早稲田大学を出て北京に帰り、白堅武氏と共に晨鐘報という小っぽけな新聞を出し自ら編輯主任となっていた。のち当時の北京大学文科学長陳独秀の斡旋で図書館主任となった。その頃、私は丸山昏迷君や、鈴木長次郎兄と共に、よく彼を訪れたのであるが、北京で訪れて一番、愉快なる家の一つであった。鈴木兄はまもなく東京に去ったが、兄の如きは李君の思想を左行せしめるに預って貢献のある方だから……。[61]

丸山とともに李大釗の思想を「左行」せしめたという鈴木長次郎がいかなる人物であったのかについては不明であるが、五四運動の前後に、李大釗が、丸山をはじめとする北京の進歩的日本人と交流していたことがうかがい知れる。丸山が編集に携わっていた『北京週報』は、たびたび李大釗の談話や論文に紙面を提供していた。主なものでは、「支那労働運動の帰趨」（八号、一九二二年三月）、「宗教は進歩を妨ぐ」（一二号、同年四月）、「支那統一方策と孫呉両氏の意見」（三三号、同年九月）、「実際的改造の中心勢力」（六六号、一九二三年五月）等を挙げることができる。そして、「李大釗氏」なる紹介記事（三三号、一九二二年九月）で、丸山は李大釗を、「マルキスト」にして「労働運動の真の理解者」と呼び、「此新思想家で且つ新運動のリーダーである氏の言動は新しい支那の将来にかなり大きな刺激と影響とを与えるように思う。故に将来何んな思想を持ち何んな運動を起すかを僕等は多大な興味を持って見つめたい」とエールを送っていた。これらの記事からしても、上記の李大釗談話を取材し、かれの論文掲載に便宜をはかっていたのは、北京での李大釗の支援者にして理解者であった丸山にほかならない、とほぼ断定できるのである。

丸山昏迷、本名は丸山幸一郎。内務省の要視察人一覧名簿によれば、一八九五年に長野県に生まれ、一九一六年暮れに上京、中央大学英語科夜間部に通うかたわら、大杉栄や堺利彦ら「主義者と交際し」、要視察人の乙号に指定されるに至っている。[62] かれが中国に渡った時期はあきらかではないが、かれが中国に渡ってのちも日本の社会主義運動と連絡を保っていたことは、前述日本社会主義同盟の機関誌『社会主義』第三号（一九二〇年一二月）に「支那社会主義に就て」という通信を送っている（すなわち北京にあっても日本から『社会主義』を取り寄せ購読していた）ことからも十分にうかがわれる。李大釗の日本社会主義同盟加入の手引きをしたのは、この丸山であると言ってほぼ間違いなかろう。また、李大釗が一九一九年一二月に発表した「物質変動と道徳変動」は、堺利彦の『唯物史観の立場から』（一九一九年八月）に収められている三篇の翻訳、論文をもとにして書かれたものであるが、[63] 堺と李大釗との間に丸山の仲介を想定することは、必ずしも無理ではあるまい。李大釗は、丸山という友人を得て、日本における社会主義運動の主流であった堺利彦ら「マルクス主義派」の活動をあと追い、それに加わることができたのである。

李大釗が日本の社会主義運動の実際に、これ以上の関わりを持ったということは確認されていないが、日本の社会主義運動に単なる知的関心以上のものを持っていたことはうかがわれる。「日本社会主義同盟」への参加に顕著に見られるように、李大釗においても社会主義研究にかんしては、日本と中国とはとりたてて分けて考えられていたわけではなかった。これは当時のインターナショナルな雰囲気(「世界はみな光明だ！ 人類はみな同胞だ！ わが全アジアの青年が努力せんことを願う！」[64])もさることながら、中国のマルクス主義研究が日本のマルクス主義研究なしには考えられなかったことを想起するならば、至極当然のことであった。

李大釗の社会主義思潮、マルクス主義学説にたいする関心は、一九一九年以降、その周辺ともいうべき女性解放問題についての階級的視点の導入や、労働問題についての観察へとひろがっていくが、ここにも日本の影響が見てとれる。例えば、女性問題の根本的解決を社会主義革命に求めていることに李大釗の思想の発展があると言われている「戦後之婦人問題」[65]は、ほぼ山川菊栄の「一九一八年と世界の婦人」(『中外』一九一九年二月号)の翻訳からなり、労働運動論である「「五一」May Day運動史」[66]も、山川菊栄「五月祭と八時間労働の話」(『解放』一九一九年六月号)、および『改造』一九一九年九月号所載の新妻伊都子「不真面目なる労働論の一種」、山川菊栄「新妻氏の所論に答へて」を参照して書かれたものである。その面でも日本の「知」が占める役割はいよいよ大きかった。

このほかにも、文献収集と社会主義研究にまつわる話は、かれの周囲に事欠かない。李大釗の指導の下に、一九二〇年三月に北京大学内で発起されたという学術団体「馬克斯《マルクス》学説研究会」の活動はその一例である。まず第一に社会主義関係の書籍の収集を目標にかかげた同会[67]は、収集した書籍、雑誌を閲覧に供し、それについて討論する場所として「亢慕義斎」(コミュニズム室)なる図書室さえ開設したと言われているが、一九二二年時点での研究会の蔵書目録(68)を見ると、社会主義文献がいかに渇望されていたかがわかるし、同時にかれら会員が書籍収集にかけた熱意が伝わってくる。このことは当時のマルクス主義研究を取り巻く資料状況の厳しさを示す反面、その文献の欠如という状況下において獲得された李大釗のマルクス主義にかんする知識が、当時いかに先進的なものであったかをより一層浮かび上がらせてくれる。

李大釗は、一九二〇年後半から活動が本格化した北京の共産主義グループの中心的存在として、上海の陳独秀と連絡を取りながら、マルクス主義の学習会や労働者向けの通俗雑誌『労働音』の発行、労働補習学校の開設等の活動を陰から支えることになる。北京でのかれの声望は高く、マルクス主義の研究会で講演したり、学生たちにマルクス主義学説の指導をしたりすることによって、学生たちの間では尊敬を集めていた。そして、北京のマルクス主義研究、共産主義運動の中で李大釗が占める権威はかれの人望だけではなく、おりに触れて発表されたかれのマルクス主義にたいする知識によって、より堅固なものになったようである。その情景の一端は、北京の共産主義グループの一員であった朱務善(一八九六〜一九七一)の回想からうかがうことができる。社会主義にかんする討論会に際して、李大釗がその審査員をつとめた時の模様である。

今でもおぼえているのは、審査員〔李大釗〕が、河上肇のよく使う比喩を用いてこの点〔社会主義の必然性〕を説明したことであった。つまり、ニワトリの雛は孵化する以前は卵の殻の中にとどまるが、その孵化が成熟していけば、雛は必ず卵を破って出てくる、これは必然の理である、ということだった。李大釗同志は最後に言った、賛成派〔社会主義についての賛成派〕がもし唯物史観の観点をもってこの問題に答えていたら、さらに説得力があったでしょう。……李大釗同志は話す声も大きくなく、落ち着いていたが、それはかれの一種揺るぎない自信を表し、最も聴衆の注意を引きつけ、人を心服させるのだった。[69]

共産主義運動における指導者は理論家でもあらねばならなかったが、すでに見てきたように李大釗のマルクス主義にたいする知識は、多くを日本のマルクス主義研究の成果に負っていた。この討論会での李大釗の発言も、かれが河上肇の著作を随意に引用できることによってより説得力を高めたという点で、五四時期のマルクス主義受容をとりまく知的状況をよく物語っていよう。

以上に述べた李大釗のマルクス主義への接触過程を確認するならば、一九一九年においてマルクス主義を紹介したのが、無国家、無家庭、無宗教の「三無主義」を唱え、中国社会党を結成したことのある江亢虎(一八八三～一九五四)や、最高学府で経済学の教鞭を執る経済学者ではなく、李大釗や陳溥賢、邵飄萍[70](一八八六～一九二六)といった人物であったことの理由は、もはやあきらかであろう。科学的社会主義研究の前史が、またさらに広く言うならば、社会科学研究の基盤がかなり欠落していた中国にあっては、ロシア革命をはじめとする世界規模での社会変動や、日本での社会主義思想の流行といった外国の新思潮の動向に常に注意をはらい、それを中国語に翻訳できる語学力と活字メディアを持っていた人物でなければ、マルクス主義文献を読解することはもちろんのこと、その文献に接すること自体も極めて困難だったのである。その意味でいえば、一九一九年における日中両国でのマルクス主義の同時流行は、まさしく起こるべくして起こったものだった。

第三節　上海におけるマルクス主義の伝播

1　国民党系人士のマルクス主義研究

一九一九年から一九二一年までの期間、北京と並んでマルクス主義が盛んに紹介されたいま一つの都市は上海である。一九二〇年初頭に中国知識界の急進派の筆頭である陳独秀が北京を逃れて上海に居を移し、北京の『晨報』の陳溥賢が一九二〇年暮れに欧州特派員として中国を離れてのちは[71]、むしろ上海がマルクス主義紹介、および初期共産主義運動の中心となっていく。また、上海においては、社会主義出版物にかんする言論弾圧が中央政府のお膝元である北京に比べてやや緩かったことも、その背景として指摘しておくべきであろう[72]。本節においては、北京と同様に、上海でもマルクス主義の紹介、受容が日本の社会主義と密接なつながりがあったこととあわせて、中国共産党結成のための思想的地ならしとなるソビエト・ロシアにかんする情報、あるいはレーニン、トロツキーらロシア革命指導者の著作、すなわちボリシェヴィズムがどのようなルートで入ってきたのかを検討する。

さて、一九一九年後半において、上海で社会主義学説の紹介に最も積極的だったのは、国民党系[73]の知識人であり、新聞、雑誌でいえば『民国日報』『星期評論』『建設』などの国民党系の刊行物だった[74]。その代表的人物としては、戴季陶(一八九一～一九四九)、沈玄廬(一八八三～一九二八)、胡漢民(一八七九～一九三六)、邵力子(一八八二～一九六七)、朱執信(一八八五～一九二〇)、廖仲愷(一八七七～一九二五)らの名を挙げることができる[75]。首領孫文(一八六六～一九二五)の掲げる民生主義が社会主義学説の流れを汲むものであれば、これを科学的に補強するために、かれらがマルクス主義の研究にとり組む姿勢を見せたのも当然だったといえよう。また、つとに清末革命運動の時期に、梁啓超(一八七三〜一九二九)ら保皇派と、革命か改良かの論争を展開する中で、マルクス主義を含む西洋社会主義の思想を紹介した経験のある国民党系の理論家にしてみれば、五四運動という未曾有の大衆運動が高揚を見せたこの時期に、再び社会主義思想に注目したことは故なきことではなかった。

北京での「晨報副刊」のマルクス主義紹介に刺激されたかのように、上海で出版されていた『建設』『星期評論』『民国日報』副刊「覚悟」といった国民党系の期刊は、一九一九年の夏ごろから積極的に社会主義諸学説の紹介を始めた。上海の社会主義思潮で興味深いのは、日本留学中に社会主義学説に触れ、帰国後に孫文や戴季陶のもとに出入りしていた李漢俊、あるいはつとに土地問題に研究を重ね、孫文三民主義の民生主義にたいする理解者であった胡漢民や廖仲愷が、当初社会主義の理念を中国の伝統の中に見いだそうとしたり、唯物史観にもとづく所有制の歴史を中国古典のなかに求めたりしたことだった。東京帝大に学び、留学時代から日本の社会主義研究に触れていた李漢俊でさえ、社会の全面改造を人に語る場合には、例えば、孔子を否定するものとして墨子の「兼愛」に理念を求めなければならなかったし[76]、胡漢民や廖仲愷は『孟子』に見える古代土地制度の理想「井田制」の存在を主張し、私有制にさきだつ共有制の一形態を中国古代の制度のなかに見いだそうと試みていた[77]。清末、辛亥時期にみられた、井田制＝社会主義の理想＝中国の伝統という単純な図式[78]はこの時期にはもはや克服され、一歩すすんで、唯物史観による中国古代史の解釈が図られてはいるが、やはりなお、かれらの旧来の知識体系が社会主義理解の上に反映されていたのである。

このことは、社会主義学説の中国での受容が、旧来の思想的枠組みにとり込まれかねないこと、裏を返せば、「社会主義」という概念が定着する以前の段階では、その社会主義のイメージ、理念を中国古来の伝統の中に投影することでその理解を容易にしようとする異文化受容が、海外思潮に比較的深い造詣を持つ留学生や国民党系の知識人にすら避け難いことを示していた。まこと「社会主義」という西洋起源の概念の即自的摂取は容易ではなかった。墨子の「兼愛」や孟子の「井田制」の存在へのこだわりは、社会主義にかんする豊富な情報がはいって来るにしたがって逓減していく。しかし、かつて中国での社会主義紹介の皮切りをつとめた孫文周辺の知識人でさえ、社会主義という概念の理解はともかく、それを他者に伝えようとする場合には、何らかの媒介なしにはその紹介が困難だったことをこの事実は暗黙のうちに示している。さればこそ、同時代の日本での社会主義研究の成果が、ここ上海においても、片言から大著まであらゆる回路を通じて奔流の如く流れ込んでくるのである。

国民党系の雑誌『建設』一巻六号（一九二〇年一月）に掲載されている「通訊」欄のやりとりは、かれら国民党系知識人が日本の論壇の動向に注意を払い、とりわけ社会主義思潮の趨勢にかんしては、日本の読者の如くに精通していたことを示してくれる。すなわち、商務印書館の出している『東方雑誌』が日本の北昤吉（北一輝の実弟、当時早稲田大学教授）の「社会主義の検討」なる論文を訳載したが、この誤謬だらけの社会主義反対論をいまさら中国で紹介する必要があるのだろうか、という一読者劉鳳鳴の質問に答えて、『建設』の同人である「民意」は、北論文をめぐる日本の論壇の反響を詳細に述べているのである。いわく、『中外』一九一八年八月号に掲載された北昤吉の論文については、河上肇、山川均、茅原華山、高畠素之がそれぞれ『中外』『新社会』等の雑誌で痛烈なる批判を加え、ために北氏は『中央公論』に「懺悔——代筆事件の告白」なる謝罪文を発表した。かくて、日本においては北論文が一文にも値しないことが公然の事実になっている、と。あたかも、社会主義の当否にかんする議論は日本において決着済みであるから、中国において繰り返す必要はまったくないと言わんばかりの自信であった。「民意」なる筆名は、この時期においては朱執信のものではないかと考えられる[79]。いずれにせよ、『建設』の編集陣が日本の論壇、とりわけ河上、山川、高畠ら社会主義派の執筆したものを細かく追っていたことは容易に見てとれよう。

2　戴季陶のマルクス主義研究

これらの雑誌に参集した国民党系人士のうち、五四時期の上海で社会主義学説紹介の中心に位置したのは、かつて清末革命運動の中で社会主義学説の紹介に熱意を示した胡漢民や朱執信よりも、むしろ戴季陶であった。戴季陶にとって、社会主義学説研究の動機となったのは、一九一九年六月の三罷闘争――すなわち、五四運動の最高潮となった上海での罷課(学生スト)、罷工(労働者スト)、罷市(商人スト)――の威力を目のあたりにし、中国における社会問題、労働問題を解決するための方策を、真剣に探索する必要を痛感したことだったと考えられる。そして、国民党内きっての理論家として、かれは雑誌『星期評論』『建設』を舞台に、社会主義学説研究の必要性を訴え、自らも広く海外の社会主義文献を収集し、すすんでその紹介を行ったのだった。[80] その代表的なものは、一九一九年一一月から『建設』と『民国日報』副刊「覚悟」に翻訳、連載された「馬克斯《マルクス》資本論解説」と「商品生産的性質」――共にカウツキー著、高畠素之訳『マルクス資本論解説』(北京では陳溥賢が翻訳した)からの翻訳――である。[81] 一九二〇年前後において、上海で最もマルクス主義学説、とくに日本の社会主義研究の動向に通暁していたのは、この戴季陶、および中国語版『共産党宣言』の校訂をした李漢俊であった。そして、一九二〇年初頭に上海に移った陳独秀にマルクス主義の豊富な知識を伝え、かれとともに上海共産主義グループの中心的メンバーとして、マルクス主義研究に尽力したのは、とりわけこの戴季陶である。[82]

戴季陶は一九一九年夏より、革命ロシアの状況やマルクス主義学説の紹介を始めるが、そのマルクス主義学説理解の水準は、同時代の他の先進知識人をはるかに凌駕していたと言うことさえ可能である。その一例としてここでは、一九一九年後半以来中国の進歩的青年の熱い注目を浴び、陳独秀、李大釗、および前述の陳溥賢らの支援を受けながら、一九二〇年三月に失敗、解散した北京工読互助団の活動にたいする戴季陶の論評を、李大釗や陳独秀と比較して論じてみよう。

工読互助団運動とは、一九一九年八月以来、主に王光祈(一八九二〜一九三六)らによって提起され、李大釗や陳独秀らの支持を得た急進的青年の運動で、トルストイ的汎労働主義思想や無政府主義的互助思想、日本の「新しい村」運動等の影響を受け、「働きながら学ぶ共同生活」の理想を実行せんとして発起されたものであった(83)。しかし、最初に組織された北京の工読互助団は、一九二〇年三月には経済的にも人間関係の面でも破綻し、解散へ追い込まれていた。この工読互助団運動にたいして、自らも資金援助をし、社会改革への第一歩として期待をかけていた李大釗は、失敗の主な原因を、「都市での工読団が共同生産の組織を取ったこと」と考えていた。なぜなら、都市では「土地や家賃がかくも高く」、「資本家が労働者にあたえる賃金とささやかな商売のあがりに頼っては、半日学習半日労働の生活を維持することは」とても不可能であるからだった。したがって、李大釗の考える打開策とは、「純粋の工読主義を採り」、そして「田舎で廉価な土地を買い、まず農作から手をつける」べきだというものであった(84)。資本家、労働者といった言葉は出てくるものの、かれは工読互助団失敗のそもそもの原因を都市の持つ非人間性に求めている。ゆえに、かれの考える打開策とは、都市の運動では失敗は不可避ゆえ、農村へ向かうべし、というものであった。

一方、陳独秀は、基本的に工読互助団の失敗が、参加した青年たちの堅固な意志、労働の習慣、生産技能の三者の欠如によると考え、組織の問題というよりもむしろ人の問題であると述べている。そして、北京以外で工読互助団を発足させようとしている青年にたいしては、その轍を踏まぬよう訴えていた(85)。五四時期にあっても一貫して中国人の怠惰、無気力の気質を批判していた陳独秀にしてみれば、この批評は当然かもしれなかったが、社会経済的な面からの考察はほとんどなされていない。前年一九一九年の一二月に「告北京労動界」を執筆し、その中で「無産的労動階級」の存在について触れ、「中国の産業界には純粋の資本の作用がないとは言えないし、中国の社会経済の組織が資本制度でないとは決していえない(86)」と述べて、社会科学の領域への関心を示した陳独秀ではあったが、この時期には人心改造の第一歩としての工読互助団運動や、中国訪問中のデューイ(John Dewey)の民治論(民主的自治論)を中国に応用することに関心が強く(87)、それに比較してマルクス主義にたいする関心は、なお低かったといわざるを得ない。

それにたいして、同じ時期の戴季陶はどう考えていたのだろうか。かれは『星期評論』四二号(一九二〇年三月)に「工読互助団に対する我が一考察」(我対於工読互助団的一考察)の一文を発表し、その中で次のように述べていた。

政府とは有産階級の擁護を受け、同時にまた有産階級を保護する機関である。……このような生産制度の下で、わずかに一部分の人の能力を使って生産の仕事をし、同時に学問をする目的に到達しようということは、実際できないことである。さらに、不熟練の仕事能力と、不完全なる幼稚な生産機関で、資本家生産制が侵蝕した「剰余労働時間」を独力で取りもどそうとしても、それはなおさらできることではない。

そして、かれの掲げる打開策は「一切の「独善」の観念を捨てて、……普遍救済の目的をしっかりと持って、資本家生産制下の工場へ投ぜよ」という極めて理知的かつ煽動的なものであった。もちろん、前述の李大釗や陳独秀の文章の中に、それぞれかれらの特徴をなす農村、農民への指向や伝統的中国人気質への批判を認めることはできる。だが、工読互助団の失敗の必然性を当時の社会経済から照射する戴季陶の水準が、マルクス主義理解の面からいえば、はるかに李大釗や陳独秀を凌いでいることは明瞭であろう。陳独秀は「戴季陶のマルクス主義にたいする信念は強く、かつ相当の研究をしている」という意のことを述べていたというし[88]、一九二〇年夏、アナキズムからマルクス主義への模索をしていた施存統も「戴季陶の感化を最も多く受け、近来の思想は、ほとんどすべてかれの影響を受けていた」[89]が、上記の戴季陶の理論展開を見るならば、それらの言の妥当性がわかるだろう。

3 戴季陶と日本の社会主義運動

先にも述べたとおり、戴季陶はマルクス主義研究の恰好の入門書であったカウツキーの『カール・マルクスの経済学説』(邦訳書名『マルクス資本論解説』)を日本の高畠素之訳から重訳していた。このことは、かれのマルクス主義にかんする知識が、やはり日本の社会主義文献に由来するものだったことを推測させるが、かれが一九二〇年一月に堺利彦に宛ててしたためた書簡は、その推測が妥当なものであることを教えてくれる。日本語の水準の高さをうかがわせるその書簡において、戴季陶は堺に次のように述べていた(かれの日本語の水準を示すため、若干不自然な日本語の言い回しには、いちいちママと注記しない)。

日本は東洋における先進国である。Political Revolution に於いて誘導者先駆者であった日本は、Social Revolution に於いても依然誘導者先駆者であらねばならぬと信じて疑わないのであります。而して此の大改造事業は、世界の平民と共に協力するのみ完成せられる事であり、特に東洋に於ける此の大改造事業は、軍国主義的の日本をば撤廃して後、始めて完成せられる事であると信ずる故、日本に於ける諸同志の活動は実に世界に対し東洋に対して大なる援助になるのであると信じ、且祝福して止まぬのであります。今や吾々の夙に奉じてきた「三民主義」――民族、民権、民生――の終局的目的たる「民生主義」Socialismに基く世界的改造期が熟して来たと信じ、昨年から微力ながら、同志を糾合して此れが宣伝事業に尽くして来ました。文化程度の至って低い民族間に於ける宣伝は頗る困難を感ずるけれども、黎明期に際会しての我々の宣伝は各方面に強く反響を引越して居ります。……終りに臨んで特に御願い致すのは、先生等の熱力の結晶たる著作と雑誌等の目録御紹介であります。それから御翻訳であったKarl Kausky《ママ》の『社会主義倫理学』(友人李君佩氏が尊訳本を翻訳致して居りますが、同氏は相等に筆力のある人でありますから、大なる誤訳がなからんかと思います。何卒予め御允許を得ない事を御宥恕し下さい)の英訳本が御手元に御座いますれば、御翻訳本の削除した部分の対照として、一週間でも結構で御座いますから、御貸し被下さることが出来れば大いに有難仕合であります。若し東京の本屋で売本にでもありますれば、本屋の名だけでも御教え被下さい。(90)

この書簡でまず注目すべきは、かれが日本の社会主義運動に関心をよせるのは、中国を含めた東洋の大改造事業において、日本の同志の活躍が不可欠であるという認識によるものだったということである。前述の陳溥賢同様に、この戴季陶も日本の社会革命と中国の社会革命とが相互に進展してこそ、真の中日親善の前提となると考えていたのだった。このことは、かれの「資本主義下の中日関係」なる文章からも明白である。すなわち、かれによれば、両国の親善と結合を妨げているのは、単なる「官僚、軍人、商人」たちではなく、「これら近代の種々の罪悪をなす資本主義」であり、「中日両国の革命――生産、交換、分配の制度を変える革命――がもし成功しなければ」、両国の人の親善と連帯は「まったく望みがない」(91)のであった。かれにおいても、日本と中国の革命は相互に深く関連しあうものとしてとらえられていたのである。

しかし、それ以上に興味深いのは、この書簡が当時の戴季陶の社会主義研究をとり巻く資料状況の一端を示している点である。この書簡の文面を見るかぎり、戴季陶は堺や山川夫妻とは直接の面識はなかったようだが、日本における社会主義運動の中心であった堺にたいして戴季陶が望むことは、何にもまして日本の社会主義書籍、雑誌の紹介、そしてその書籍を手にいれる際のつてを示してくれることであった。その背景にはマルクス主義を学ぶにあたっての書籍の欠如があり、これが中国国内では解決困難な問題であったことは想像に難くない。

当時、中国に社会主義関係の洋書を扱う書店はなかったのだろうか。戴季陶が東京の本屋の名前だけでも教えてほしいと懇請せねばならないほど、上海の洋書事情は寥々としたものだったのだろうか。同時代にアメリカ留学帰りの知識人として名を馳せた胡適(一八九一～一九六二)の体験は、この問いに答えてくれる。胡適は、上海の代表的洋書取扱い書店である伊文思書館や商務印書館に並んでいる洋書が、欧米の思想潮流からははなはだしく懸隔していることを嘆いて、次のように語っている。

> 私はここまで書いてきて、たちまち東京の丸善書店の英書目録を思い出した。そこには、およそイギリス、アメリカの一年以前に出版された新しい書籍は、大抵掲載されていた。私は、この目録と商務印書館および伊文思書館の書目を比べてみて、ほとんど恥ずかしさに死なんばかりだった。(92)

胡適の求める哲学、文学関係の書籍にしてかくのごとき惨状であれば、社会主義関係の書籍は推して知るべしである。戴季陶の書中での懇請に見られるように、上海での社会主義研究の第一人者たるかれにしても、なお社会主義関係の書籍を意の如くに集めることはできなかった。さらに言えば、中国でもっとも海外に開かれていた上海でさえ、このありさまなのだから、地方都市においては洋書の社会主義文献を求めるなど、そもそもが不可能であっただろう。逆に言えば、五四時期に中国各地において大量の社会主義文献の紹介がなされたこと自体が驚異的であったともいえるのである。そして、それを可能にしたのが外的条件としての同時代の日本での社会主義ブームであったことを、戴季陶の書簡は暗示しているのである。

堺が社会主義関係の文献を求める戴季陶の要請にたいして、いかなる援助を行ったのかはわからないが、堺本人がこの書簡を雑誌に掲載しているところからして、恐らくは戴季陶の望む目録をはじめとする関係文献を送ったと見られる。また実際、戴季陶は日本の出版社から直接に社会主義関係書籍を送ってもらっていた。そのことは、一九二〇年暮れに書かれたと見られるもう一通の日本語書簡にあきらかである。かれは、日本語訳『資本論』(高畠素之訳、大鐙閣、一九二〇年)を寄贈してもらったことに感謝して、発行元の大鐙閣に次のような書簡を送っていた。

貴訳の慎密なるに加えて、更に著名学者の校閲を経たるは、又た能く人をして未だ之れを通読せざるに先ちて、信頼すべきものなることを覚えしめます。我が国の青年にして能く日語に通じ、英仏訳書を手にして通読し易からざるものも、此の訳本によってマルクス学説の真相を窺うことを得るに至るであろうと存じます。(93)

漢訳『資本論』の刊行を一九三〇年代まで待たなければならなかった中国の知識人にとって、外来知の、とりわけ日本社会主義の知の重みは、圧倒的なものだったはずである。このことは、戴季陶が主編していた『星期評論』所載の社会主義関係の文章を一瞥するならば、より一層明瞭になる。そこには『新社会』『批評』『社会主義研究』『大阪毎日新聞』『大阪朝日新聞』『デモクラシイ』『改造』『東洋経済新報』『経済論叢』等の日本語雑誌、新聞を参考にした記事、論文があふれかえっていた。また、上海の戴季陶、李漢俊のもとには、社会主義への志向を持った東京帝大の「新人会」会員、宮崎龍介、平貞蔵らが訪れていた(94)ように、いわばかれらは日本の新思潮にもっとも近い位置にあったのだった。こうしてみると、次項で検討するように、中国初のマルクス・エンゲルス著作の完訳たる陳望道訳『共産党宣言』のテキストとなった同書の日本語版を提供したのが、戴季陶であったことは何ら異とするに足りず、むしろ当然のなりゆきであったとさえ言えるだろう。

さて、その戴季陶は、上海の共産主義者のグループが陳独秀を中心にして共産党の設立へ動き出していた一九二〇年夏以降、自身が側近として仕えていた孫文の反対もあり、共産主義グループの活動から遠ざかる。また、五四時期に発表された戴季陶の論文の意図するところから見てもわかるように、戴季陶をはじめとして、胡漢民、沈玄廬ら国民党関係者の言論活動は、中国における社会問題の発生、階級闘争の激化を未然に防止しようという意図から出たマルクス主義学説の紹介であった(95)。つまり、唯物史観や剰余価値説といったマルクス主義学説を、中国の社会問題の平和的解決や孫文三民主義の補強のために紹介したのである。

周知のように、戴季陶はのちに反共に転じ、中国共産党のソ連・コミンテルン追従を激しく批判することになる。だが、共産主義運動を批判する場合にも、マルクス主義の理論を踏まえた批判を行った(96)ことにうかがえるように、かれのマルクス主義理解およびその批判は決して浅薄なものではなかった。それだけに、中国におけるマルクス主義受容を考察する場合には、かれの果たした役割というものを看過することはできないのである。戴季陶が上海共産主義グループの運動の初期において指導的役割を演じたことの理由は、何よりも、当時におけるかれのマルクス主義理解がほかの活動家のそれをはるかに上回っていたからにほかならなかった。戴季陶の念頭に、いずれ中国にも起こるであろう階級闘争をそれが激化する以前に防止しようとする意図があったこと、そして、かれが孫文三民主義の中の民生主義学説の科学的根拠のひとつとして、マルクス主義学説を位置づけていたことは疑いない。しかし、マルクス主義を革命の理論にしようとした者にとって、マルクス主義が知識人の間で当時持っていた吸引力(かのロシア革命やドイツ革命を指導した思想である)と、実際にその学説を学ぶことの困難とのあいだの溝は、海外思潮に深き洞察を持ち、日本の社会主義文献に通じた戴季陶によって埋められるほかなかったのである。

4　中国語訳『共産党宣言』

中国において、最初に単行本の形で翻訳されたマルクス、エンゲルスの著作は、かれらの著作の中でもとりわけ重要な「経典」的地位をあたえられる『共産党宣言』であった。よく知られているように、『共産党宣言』は、つとに清末にはその概要が紹介されていた。とくに有名なのは、朱執信が一九〇六年に中国同盟会の機関誌『民報』に発表した「ドイツ社会革命家小伝(甲　マルクス)」(徳意志社会革命家小伝(甲　馬爾克))での引用紹介である。[97] その後、十数年を経て一九一九年には二種の翻訳もあらわれたが、それらはいずれも抜粋紹介、あるいは抄訳にとどまっていた。[98]『共産党宣言』が雑誌『新青年』の同人である陳望道(一八九一〜一九七七)によって完訳され、はじめてその全文が中国知識人に知られるようになったのは、一九二〇年のことである。陳望道は『共産党宣言』の翻訳と前後して上海の共産主義グループに加わった初期の中共党員でもある。かれはその後間もなく離党し、言語学者、修辞学者の道を歩んだが、後年の文化大革命の嵐の中で他の離党者がひどい迫害を受けたのにたいし、かれがまがりなりにもそれをくぐり抜けられたのは、多分に『共産党宣言』の最初の翻訳者だったということがあずかっていよう。[99]

さて、『共産党宣言』の欧米各国語訳については、多くの研究があり、[100] 日本語版翻訳史についても相当に研究がなされているが、[101] 中国最初の全訳本である陳望道訳『共産党宣言』(以下、陳訳本と略称)のもとのテキストが何だったかについては、中国でもいまだ十分にはあきらかにされていない。戴季陶の中国マルクス主義史へのかかわりを照射する意味でも、そのテキストの来源にかんして、ここで詳しく考察をくわえておく必要があろう。

『共産党宣言』翻訳の経緯については、陳望道自身が回想録を残しており、つぎのように述べている。

帰国〔一九一九年六月〕ののち、わたしは杭州の浙江第一師範学校で教鞭をとった。ところが、学生の施存統が「非孝」と題する文章を書いたために頑迷勢力の猛烈な攻撃をうけ、その累がわたしに及んできた。わたしも「非孝、廃孔、公妻、共産」という罪名を負わされ、まもなく第一師範を追われて故郷の〔浙江省〕義烏にもどり、『共産党宣言』を翻訳した。わたしは日本語版から転訳したが、その本は戴季陶がわたしに提供してくれたものだった。翻訳を終えると、上海の共産主義グループが出版の方法を講じてくれた。[102] この本は『星期評論』がわたしに翻訳を依頼したもので、本来は同誌に発表するつもりであった。[103]

郷里での翻訳を終えた陳望道が上海に出てきたのは一九二〇年六月ごろ、六月末には陳独秀がその訳稿を受け取っている。[104] そして、陳独秀と李漢俊の校訂を経たその中国語版が刊行されたのは、八月(上海、社会主義研究社刊)のことであった。[105] さて、陳望道は、戴季陶が提供した「日本語版から転訳した」と述べているが、一説によれば、かれは陳独秀が北京大学図書館からとりよせた英語版も参照したという。[106] ただし、その根拠はあきらかではなく、陳望道自身の回想も英語版に触れていないので、どの程度それを参考にしたのかは不明である。それはともかく、問題は戴季陶が提供したという日本語版のほうであろう。なぜなら、当時の日本においては、マルクス主義の流行にもかかわらず、『共産党宣言』だけは公刊を許されていなかったからである。

当時、『共産党宣言』が日本の店頭に並ぶことはなかった。だが、それ以前に『共産党宣言』が翻訳されていなかったわけではない。日本での『共産党宣言』の翻訳は、一九〇四年一一月一三日付『平民新聞』第五三号に掲載されたのが最初である。訳者は堺利彦（枯川）と幸徳伝次郎（秋水）の二人、サミュエル・ムーア（Samuel Moore）の英訳本からの重訳であった。ただし、これは「新聞紙条例」により発売を禁止され、堺と幸徳は『平民新聞』の発行兼編集人であった西川光次郎とともに起訴されることになる。それから一年あまりして、堺は「学術研究の資料」と銘打って再度その翻訳をおおやけにした。かれの主編になる『社会主義研究』創刊号（一九〇六年三月）の幸徳秋水、堺利彦合訳「共産党宣言」がそれである。『社会主義研究』所載の「共産党宣言」は、『平民新聞』掲載時には省かれていた第三章をおぎなった完訳であった。これは発売禁止にはならなかったが、一九一〇年に大逆事件がおこって以降は、『共産党宣言』をふくむほとんどの社会主義文献が日の目をみないという事態になってしまう。いわゆる「社会主義冬の時代」である。のち、一九一〇年代後半に社会主義文献がポツポツあらわれるようになってからも、『宣言』だけは発売を許されなかった。ただし、一九二〇年前後に『宣言』がまったく姿を消してしまったわけではない。堺利彦らの周辺では、日本語訳の手抄本が密かに回覧、筆写されていたらしいからである。現に、「大正九年」の書き付けのある日本某氏訳『共産者《ママ》宣言』（幸徳、堺訳を基礎にしたもの、謄写本、出版年未詳、京都大学人文科学研究所所蔵）が存在しており、当時の社会主義者たちの努力のあとをしのばせてくれる。また、堺本人も旧訳の不備をおぎなうべく、一九二一年前後には再度『共産党宣言』の翻訳に着手していた。

陳訳本のテキスト探しは、これらの日本語版との対照作業をつうじておこなわれることになる。まずは陳訳本であるが、その初版本と一九二〇年九月の再版本が、現在それぞれ上海図書館と北京図書館に所蔵されている。それら原本は長らく簡単には見ることができなかったが、『陳望道文集』第四巻（上海人民出版社、一九九〇年）に再版本の『共産党宣言』が収録され、容易に陳訳本の訳文を目にすることができるようになった。この陳訳本を訳文からみていくと、依拠したテキストとしてもっとも可能性が高いのは、『社会主義研究』創刊号所載の幸徳、堺合訳の「共産党宣言」である。両者の体裁や文体の相似（翻訳語として未定着のものに欧文綴を付けている箇所、例えば自由民〔Freeman〕、奴隷〔Slave〕、貴族〔Patrician〕、平民〔Plebeian〕等）はあきらかであり、陳望道が翻訳のさいに依拠したテキストは、基本的に『社会主義研究』創刊号所収の日本語版であったと考えられる。

日本語版の提供者である戴季陶が一九一九〜二〇年の時点で、それより十数年も前の『社会主義研究』の創刊号を持っていたということは、やや奇異に属するかもしれないが、かれがまちがいなくその創刊号を持っていた証拠がある。すなわち、かれの主編していた『星期評論』三一号（一九二〇年一月）には、戴季陶訳「馬克斯《マルクス》伝」が掲載されているが、それは同じく『社会主義研究』の創刊号に訳載されたW・リープクネヒト（W. Liebknecht）原著、志津野又郎訳「マルクス伝」の重訳なのである。戴季陶がその同じ号に「共産党宣言」が載っているのを知らなかったはずはあるまい。陳望道の回想にいう戴季陶の提供した日本語版とは、ほぼまちがいなく『社会主義研究』創刊号のそれなのである。

だが、話は簡単ではない。ふたたび陳訳本と幸徳、堺合訳の比較に目を転じると、両者の大きな違いは二つ、ひとつは陳訳本には幸徳、堺訳に付けられていたエンゲルスの「英語版への序」がないということ、いまひとつは、いくつかの訳語に差異（例えばBourgeois〔幸徳、堺訳：紳士、陳訳本：有産者〕、Proletariat〔幸徳、堺訳：平民、陳訳本：無産者〕）が見られることである。これにたいして、当時日本で密かに流布していたいくつかの手抄本、謄写本の中には、陳訳本のスタイルに近いものが存在する。例えば、先にあげた謄写本の『共産者宣言』や堺が一九二一年ごろに改訂した訳稿(未刊稿、現法政大学大原社会問題研究所所蔵)には、「英語版への序」はついておらず、Bourgeois と Proletariat は、それぞれ「ブルジョア」「有産者」、「プロレタリヤ」「無産者」という訳語があてられているのである。とすれば、陳望道が戴季陶から提供されたのは、そもそも「英語版への序」がついておらず、訳語も改められた秘密流布本の日本語版であったということも、可能性として完全に排除することはできないということになる。

しかし、手元に『社会主義研究』の幸徳、堺訳がありながら、戴季陶がわざわざ秘密流布本を取り寄せたとは、常識的に言って考えにくい。陳訳本に「英語版への序」がないのは、恐らく陳望道が最も重要な『宣言』本文のみを翻訳することで十分だと考えて、幸徳、堺訳にあった序は翻訳しなかったからであろう。当時のおおざっぱな翻訳事情から考えても、その可能性は高い。また、Bourgeois と Proletariat の訳語にしても、当時の中国では、例えば河上肇らの著作を翻訳紹介した前述の陳溥賢が、河上の訳語である「有産者」「無産者」をそのまま中国語の訳語として採用しているように、陳望道が翻訳をした時期には、「有産者」「無産者」が広く通用していたのであった。陳望道は『社会主義研究』の幸徳、堺訳によりながらも、その訳語(「紳士」「平民」)をそのまま採用するのではなく、適宜中国で通用していた訳語に改めながら中国語版の『共産党宣言』にしていったのであろう。

中国語訳『共産党宣言』は中国史上初のマルクス・エンゲルス著作の完訳本として、社会変革をこころざす初期社会主義者に広くもてはやされ[107]、共産党結成の思想的基盤をととのえる大きな役割をはたした。若き日の毛沢東も、そうした初期社会主義者の一人である。かれは、二度目の北京滞在のさい(一九一九年一二月〜翌年四月)に「頭に刻みつけられ、マルクス主義の信念を植えつけた」三冊の本のひとつとして、陳望道訳の『共産党宣言』を挙げている[108]。ただ、かれが二度目に北京を訪れていた時期には、陳訳本はまだ刊行されていない。『共産党宣言』の中国語訳は陳訳本のほかに、当時北京大学の「マルクス学説研究会」がドイツ語から翻訳した謄写本のものもあったといわれており、同研究会のメンバーだった羅章龍(一八九六〜一九九五)は、毛沢東が目にした『共産党宣言』はその謄写本ではなかったかと考えている。(109)残念ながらその謄写本版は伝存しておらず、したがって事の真偽も歴史の彼方だが、いずれにせよ、陳望道が日本語から重訳したわずか五六頁の『共産党宣言』が、形をかえながら一九三八年まで版を重ね、共産党員の必読文献となったことだけは確かである。

5　留日学生グループによるマルクス主義研究

戴季陶ら国民党系人士とならんで、上海の論壇にマルクス主義研究の隆盛をもたらしたのは、日本留学の経験を持つ若きジャーナリスト、あるいは留日学生たちである。数度にわたる日本渡航経験をもつ陳独秀を筆頭として、前述の李漢俊、陳望道以下、施存統、周佛海、李達(一八九〇〜一九六六)などがそれにあたる。かれらが執筆した社会主義関連の文章は、頻繁に国民党系の新聞、雑誌に掲載され、さらには例えば李漢俊のように国民党系人士の血縁にあたる者もおり、かれらと国民党系とを画然と分かつことはできないが、基本的には辛亥革命後に教育を受けたより若い世代に属する。共産党の前身となった上海の共産主義グループのメンバーの大半が日本留学の経験者だった(110)ことからも容易に察せられるように、かれらの言論活動も日本の社会主義研究と緊密な関係を持つものであった。

上海共産主義グループの関係者は、いずれも当時の中国のマルクス主義受容における日本留学経験者の寄与を認めている。例えば、邵力子は次のように述べている。

マルクス主義研究会が始まったころは、翻訳や文章を書いてマルクス主義を宣伝するだけだった。李漢俊、李達、陳望道の三人がわりと多く書き、のちに周佛海も少し書いたが、かれらはみな日本留学生であった。当時、マルクス主義書籍は、主に日本からはいってきたのである。[111]

また、当の留日経験者の一人であり、中共第一回大会で宣伝主任に推された李達も、次のような回想を残している。

当時、マルクス、エンゲルスの著作はほとんど翻訳されておらず、我々は日本語からその一端を知るのみだった。中国のマルクス主義受容において、日本から得た助けは大きかった。それは、中国には翻訳する人がおらず、ブルジョア学者は全然翻訳せず、我々の側の人間も翻訳しきれなかったからである。[112]

この時期、日本留学を経て、日本語文献を媒介に社会主義学説、およびマルクス主義にふれ、初期共産党の理論家的存在となったものを挙げるとすれば、まず序章でふれた李漢俊に指を屈するべきだろう。

李漢俊、本名は李書詩、字は人傑、または仁傑、号は漢俊、筆名は海鏡、厂晶、汗、均、人杰、先進等、湖北省潜江の人。一九〇四年に十二歳で日本に留学、東京の暁星中学に学び、のち第八高等学校(名古屋)から東京帝大工科に進むが、次第に社会科学に興味を持つ。一九一八年暮れに帰国し、戴季陶らと雑誌『星期評論』を編集し、陳独秀、李達とともに「上海共産主義グループ」の中核となり、主に言論活動を通して建党活動に寄与する。中国共産党第一回全国代表大会の上海代表となったが、のちに離党。国民党の重鎮である李書城の実弟にあたる。

かれが上海共産主義グループの理論的先駆者の一人であったことは、同じく中共第一回大会の出席者である包恵僧

（一八九五～一九七九）の「中共が結成された当初、李漢俊の党内での地位は陳独秀に次ぐものだった」[113]という言葉からもうかがえる。日本語のほかに、英、独、仏の諸語にも通じていたかれであったが、その理論の来源はやはり日本の社会主義文献であった。それは、張東蓀（一八八六～一九七三、上海の日刊紙『時事新報』の主編者、当時社会主義に関心を寄せていた）への反論の形で書かれた「素朴なる社会主義者の特殊な労働運動意見」（渾朴的社会主義者底特別的労動運動意見）[114]におびただしく引かれている日本語文献（北沢新次郎『労働者問題』、窪田文三『欧米労働問題』など）からもうかがえるし、またかれの翻訳にかかる『馬格斯《マルクス》資本論入門』（原著は Mary. E. Marcy, *Shop Talks on Economics*）が、英語版原著からではなく、日本語版（遠藤無水訳『通俗マルクス資本論』文泉堂、一九一九年）から行われていることからもあきらかである。そして、かれがとりわけ堺利彦、山川均、河上肇らマルクス主義研究者の動向を逐次追っていたことは、かれが几帳面にも論文のあとに付す参考図書目録に明瞭に表れている。例えば、唯物史観にたいするさまざまな誤解に答える「唯物史観は何ではないか」（唯物史観不是甚麼？）[115]には、参考文献として「経済学批判」「空想的與科学的社会主義」「唯物史観解説」といった漢訳文献のほかに、堺利彦『恐怖・闘争・歓喜』、同『唯物史観の立場から』、河上肇『唯物史観研究』、高畠素之『社会主義的諸研究』が挙げられている。また、マルクス主義の体系を述べた「マルクス学説研究の必要性、および我々の今日の着手方法」[116]（研究馬克思学説的必要及我們現在入手的方法）では、マルクス主義を支える三大要素として「唯物史観説」「経済学説」「社会民主主義」を挙げ、それを貫く一本の「金線」として「階級闘争」を位置づけているが、それは前述の李大釗と同様に、河上肇の見解（前掲「マルクスの社会主義の理論体系」）をそのまま踏襲したものであった。

当時の李漢俊がマルクス主義理解にかんして一頭地を抜く存在だったことは、かれがマルクス主義初学者にむけて、社会主義研究のための読書案内を執筆していることにもうかがうことができる。一九二〇年当時、かれが「マルクス社会主義について語ったり、マルクス社会主義に通じようとする人」にたいして、「詳細に読まなければならない」文献として提示できたのは、「マルクス社会主義の三つの経典(共産党宣言、空想より科学へ、資本論)」だけだった[117]が、その二年後に執筆した文献案内では、その書目は日本語からの訳書を含め、格段に豊富になっている。そのさい、かれはマルクス主義研究のための読書の望ましい順序を示すだけでなく、「このように二、三遍反復して読み、体得すれば大したもので、以後書を読むのもきっと容易になるだろうし、あるいは選ぶまでもなく自由に読んでも差し支えないだろう[118]」と述べるほどの自信さえ漂わせていた。こうした自信は、「これも、この一、二年来の日本の言論界の状況をわずかなりとも知りさえすれば、理解できることである[119]」と断言できるほど、日本の社会主義文献に通じていたことに裏打ちされたものであっただろう。

前記の李達がいう日本から得た助けとは、単に日本語雑誌、書籍の翻訳だけを指すのではなかった。上海共産主義グループの陳望道、施存統らは、すでに日本留学時に堺利彦や山川均と接触していた[120]というし、李達や李漢俊も留学中に日本の社会主義思潮に共鳴し、中国に帰国する際に多くの日本の社会主義文献を持ち帰ったという。そしてついには、茅盾の弟沈沢民(一九〇二~一九三三)や張聞天(一九〇〇~一九七六)のように、社会主義関係の文献を求めることを第一の目的に、日本に留学する青年さえ現れるにいたるのである[121]。かれらにとっては、日本語を習得することと社会主義学説の研究とはほとんど同義であった。そして、前述の戴季陶の堺利彦宛書簡からうかがわれるような上海の社会主義者と堺らとの交流は、戴季陶が共産主義グループを離れたのちも、施存統や陳望道を窓口に続けられ[122]、のちには雑誌『新青年』のために、山川均が論文を執筆するほどにまで深まっていたのである。

『新青年』九巻一号(一九二一年五月)に訳載された「科学の社会主義から行動の社会主義へ」という山川の論文は、その訳者付記によれば『新青年』同人、つまり上海の共産主義グループの要請に応じて書きおろされたものであった[123]。

そこでは、山川の略歴と代表的著作も紹介されており、病弱なからだに鞭打って社会主義運動に奔走する山川の声望が中国にまで及んでいたことが知れる。また、施存統は留学中の東京より、山川が編集していた雑誌『社会主義研究』を紹介する文章を『民国日報』の副刊「覚悟」に寄せ、「『解放』、『改造』〔ともに日本の革新的総合雑誌〕を買うより、これを買う方がよい」という推薦の辞とともに、既刊号の目次、購読の際の連絡先、価格等を掲げていた(124)。

これら外来の社会主義学説にたいする注目、翻訳は、単に文字の上のこととして看過されてはならない。なぜなら、一九二〇年より上海では共産主義グループによる共産党結成のための活動が開始されていたが、その活動の第一はそれら社会主義、マルクス主義の紹介、翻訳、およびサークルによる学習会であり、実際に共産主義グループの活動の中心となったのは、外国の文献を通してマルクス主義学説に通暁していると目されていた人たちであったからである。一方に社会主義学説研究の空白、そして他方には実行以前に学習、研究すべき主義、学説を持つ革命運動の新しい形態の流入、この二つが中国の初期共産主義運動における外来知とその外来知を理解することのできる知識人の役割を極めて大きなものにしていったといえるだろう。中国における初期共産主義運動の中心であった上海共産主義グループの中核が陳独秀、李漢俊、李達、陳望道ら外来知の紹介者、解釈者であったことは、決して偶然ではなかったのである。とりわけ、新思潮のるつぼであった五四時期の中国においては、例えば董必武にとって、「無政府主義、社会主義、日本の合作運動等々があって、頭の中で喧嘩をしていた」時に、李漢俊がかれの頭を整理して、マルクス主義へ導いてくれたように(125)、思想の水先案内人が要請されていたのである。

第四節　ボリシェヴィキ文献の伝播――新たなる外来知の登場

1　雑誌『新青年』の変化

一九一五年に陳独秀が上海で創刊した『新青年』（創刊時は『青年雑誌』、翌年より『新青年』と改称）が、近代中国思想界に及ぼした影響は絶大であった。「孔教批判」「文学革命」を中心とするその衝撃力の大きさ、西洋個人主義、科学主義の紹介に見られる先駆性については、改めて説明するまでもないだろう。『新青年』は一九二〇年より、陳独秀を首魁とする上海共産主義グループの事実上の機関誌になっていくのだが、その転換は、一九二〇年五月（七巻六号）以降の暫時停刊を挟んで、同年九月に同誌が装いも新たに再刊（八巻一号）された時に起こった。すなわち、同号には陳独秀のマルクス主義への転換宣言ともいえる「政治を語る」（談政治）が掲載され、以後の号には革命ロシアの紹介である「ロシア研究」（俄羅斯研究）専欄が設けられてボリシェヴィキ文献が訳載されるなど、雑誌の性格は鮮明に変化したのである。

一九一七年に起こったロシア十月革命や革命後のソビエト・ロシアの状況、あるいはレーニン、トロツキーらボリシェヴィキ領袖の演説、著作など、ボリシェヴィキにかんする情報は、マルクス主義学説に比べ、なかなか中国には伝わらなかった。もちろん、十月革命の報やそれに引き続く革命政策や内戦の様子は、新聞の外電を中心に報道されてはいたが、その憶測、偏見を交えた断片的報道は、ロシア革命に共感を覚えた中国知識人たちを到底満足させるものではなかった。当初、中国でロシア革命を高く評価したのは、劉師復(一八八四〜一九一五)の流れを汲む無政府主義者たちであって、かれらの雑誌、例えば『労働』には「ロシア過激派の施行せる政略」「ロシア社会革命の先鋒レーニン事略」などの文章が掲載された[126]が、同誌はわずか五号が出ただけで、一九一八年七月には停刊してしまった。また、レーニンの著作、演説を例にとれば、『新青年』がいったん停刊した一九二〇年五月以前に中国語に翻訳されたものは、管見の限りでは、わずかに四篇(外国記者との会見記事は含まない)で、いずれも部分訳であった。[127]このように、ボリシェヴィキ文献にかんする翻訳がまだまだ不充分であった原因のひとつは、中国社会主義者の主要な情報源である日本の社会主義者が、情報統制などのために、なかなかロシア革命やボリシェヴィズムを解釈、理解できないでいたということに求められるであろう。[128]はたして、日本語文献に通じていた先の戴季陶は、一九一九年に次のように述べている。

　ロシアの現状は複雑異常であり、わずかばかりの参考材料を手に入れようとするのも容易ではない。かつまた、ボリシェヴィキの方面にかんする記事はことに入手しにくい。これは、我々がロシアの現状を研究するさいの最大の困難である。[129]

こうした中、ロシア革命の精神を目に見える形で中国知識人に知らしめたものは、何よりまず、一九一九年七月にソビエト政府外務人民委員カラハン(**L. Karakhan**)の名で発表された「中国人民、および中国の南北両政府にたいする声明」、いわゆる「第一次カラハン宣言」であった。旧帝制ロシアが中国から不当に獲得した利権を無条件に返還するということを主な内容とする同宣言の詳細が中国に伝わったのは、宣言発表から半年以上もたった一九二〇年三月末から四月初めのことだった。[130] この宣言は、その中の最も重要な条項である中東鉄道(中国東北部を横断する旧シベリア鉄道の一部)無償返還の字句の有無をめぐって、のちに中ソ間の外交問題となるのだが、[131] それが伝わった当時、この画期的な宣言は「空前の美挙」[132] と称えられたのだった。これ以後、ロシア革命やボリシェヴィキ指導者にかんする関心は一挙に高まることになる。そして、それに応えたものこそが、再刊後の『新青年』に設けられた「ロシア研究」欄であった。

「ロシア研究」欄は、主に欧米の雑誌に掲載されたロシア革命関係の文章を翻訳したものであったが、その最大の情報源は、その名も『ソビエト・ロシア』(*Soviet Russia*)という雑誌であった。『ソビエト・ロシア』は、ニューヨークにあったロシア・ソビエト政府代表部(**Russian Soviet Government Bureau**)の機関誌(週刊)で、一九一九年六月に創刊されたものである(**図1**参照)。これによって、レーニンの「過渡時期の経済」、トロツキーの「何から始めるべきか」などが翻訳されるなど、革命後のロシアの状況を伝える多くの文章が紹介された(**表1**の『新青年』「ロシア研究」—『ソビエト・ロシア』翻訳対照表参照)。また、「ロシア研究」欄ではないが、八巻三号(一九二〇年一一月)には、レーニンの演説「民族自決」[133](震瀛〔袁振英〕訳)が掲載されている。「ロシア研究」欄開設後の『新青年』の変化は、雑誌主編の陳独秀本人が、「『新青年』の色彩が鮮明に過ぎ、私もこのごろ良くないと思っています。陳望道君〔当時、編集代行〕も内容を少し改めるよう主張しています」[134] と述べて、その反響に驚くほどであった。その意味では、『新青年』の同人であった胡適が他の同人に宛てて、「今や『新青年』は、ほとんど *Soviet Russia* の漢訳本となってしまった」[135] と書き送り、不快の念をあらわにしたのは、当然だっただろう。

『ソビエト・ロシア』の漢訳本と化すほどの変化を視覚的に示したものが、復刊後の『新青年』の表紙である。雑誌の性格につれて表紙図案もこの八巻一号から変化し、茅盾のことばを借りれば、「一つは東から、一つは西から、二つの大きな手が出ていて地球のうえでしっかりと互いに握手しているもの[136]」になった（図2参照）。あまりにも有名なかの図案である。その図案は、「中国の革命人民と十月革命後のソビエト・ロシアとはしっかりと団結せねばならない」ということと、「全世界のプロレタリアートよ、団結せよ、ということを暗示していた[137]」という。また、ややのちのことになるが、同じ図案は一九二二年に上海の共産党員らによって創刊された「新時代叢書」（商務印書館刊）の刊行物（例えば、高畠素之著　夏丏尊、李継楨訳『社会主義與進化論』一九二二年）の表紙にも使われていた[138]。つまりは、この図案は初期共産党のシンボルマークともいえる代物なのである。

だが、この図案は『新青年』の同人たちが考え出したものではなかった。それは実は、アメリカ社会党（**Socialist Party of America**）のシンボルマークのコピーなのである（**図3**参照）。通説によれば、アメリカ社会党は一九〇一年結成、社会主義諸勢力を吸収し、一九一〇年代に最盛期を迎える。いくつかの地方議会や首長選挙で勝利を収め、一九一二年の大統領選挙では社会党候補デブス（**Eugene V. Debs**）が米国社会主義政党史上最高の六％の一般投票を獲得する。第一次世界大戦に際しては主流派が反戦の立場を堅持し、一部幹部が逮捕、投獄された。ロシア革命後、一九一九年に三派（社会党、共産党〔**The Communist Party**〕、共産主義労働党〔**The Communist Labor Party**〕）に分裂し、次第に衰退した、とされる。どうやら、上海の『新青年』同人たち――それは共産党結成に向かって歩みだしていたメンバーだが――は、何らかのつてで手に入れ

図1

表 1 『新青年』「俄羅斯研究」——*Soviet Russia* 翻訳対照表

Soviet Russia 巻-号 刊行年月	2-15 20.04.10	2-19 20.05.08	2-24 20.06.12	2-25 20.06.19	3-1 20.07.03	3-4 20.07.24	3-5 20.07.31	3-6 20.08.07	3-7 20.08.14	3-8 20.08.21	3-9 20.08.28	3-10 20.09.04	3-13 20.09.25	3-16 20.10.16	不明
新青年 8-1 1920.09															
8-2 1920.10															
8-3 1920.11	(1)		(2)			(3) (4)		(5)	(6)						
8-4 1920.12	(7)				(8) (9) (14) (15) (16)		(10)			(11) (12)					(13)
8-5 1921.01							(17)			(18)	(19) (20) (25)	(21)		(22)	(23) (24)
8-6 1921.04	(26)												(27)		

(1) 震瀛訳「列寧 最可悪的和最可愛的」 Lenin: Best Hated and Best Loved, by George Lansbury
(2) 杜洛斯基著，震瀛訳「我們要從那裏做起？」 What should we begin with ?, by L. Trotsky
(3) 震瀛訳「全俄職工聯合大会」 The All-Russian Trade Union Congress, by Jakob Friis
(4) 震瀛訳「労農協社」 Agricultural Cooperation, by V. Milyutin
(5) 震瀛訳「俄羅斯的我観」 Russia: As I saw it, by Robert Williams
(6) 雁冰訳「羅素論蘇維埃俄羅斯」 Bertrand Russell in Soviet Russia, by Jacob Wittmer Hartmann
(7) 震瀛訳「蘇維埃的教育」 Lunacharsky on Soviet Education
(8) 震瀛訳「蘇維埃俄羅斯的労働組織」 Organization of Labor in Soviet Russia
(9) 震瀛訳「蘇維埃政府的経済政策」 The Economic Policy of the Soviet Government
(10) 列寧原著，震瀛訳「過渡時代的経済」 Economics of a Transition Period, by N. Lenin
(11) 震瀛訳「批評羅素論蘇維埃俄羅斯」 Editorials
(12) 袁振英訳「羅素——一個失望的游客」 Concerning a Disappointed Traveler, by J. B.
(13) 震瀛訳「俄羅斯的教育状況」

(14) 震澤訳「文芸和布爾塞維克」　Art and the Bolsheviki
(15) 震瀛訳「赤軍教育」　Cultural Work in the Red Army
(16) 震瀛訳「中立派大会」　Non-Party Conferences, by A. Myasnikov
(17) 震瀛訳「俄国「布爾塞維克主義」和労動的女子」　Russian "Bolshevism" and the Working Women, by N. Buqharin
(18) 震瀛訳「蘇維埃俄羅斯的労動女子」　Working Women in Soviet Russia, by Helen Blonina
(19) 震瀛訳「蘇維埃俄羅斯的女工」　Women Workers in Soviet Russia
(20) 震瀛訳「俄国赤軍中的女子」　Russian Women in the Red Army
(21) 震瀛訳「羅素與哥爾基」　Editorials
(22) 震瀛訳「俄国女工的状況」　The Condition of Working Women in Soviet Russia
(23) 震瀛訳「家庭和雇傭的女工」
(24) 震瀛訳「俄国底社会教育」
(25) 震瀛訳「蘇維埃政府底保存芸術」　The Soviet Power and the Preservation of Art, by A. Lunacharsky
(26) 震瀛訳「列寧與俄国進歩」　Lenin and Russian Progress
(27) 震瀛訳「俄羅斯」　Russia, by Georg Brandes

たアメリカ社会党関係の刊行物で同党のシンボルマークを目にし、それが気に入ったようなのである。

アメリカ社会党のシンボルマークは、その準機関誌『インターナショナル・ソーシャリスト・レヴュー』（*The International Socialist Review*　発行地：シカゴ）等に挿絵のようにして掲載されることはあったが、一九一七年に同誌が発禁処分をうけて以降（一九一八年二月号をもって停刊）[139]は、チャールズ・H・カー出版社（Charles H. Kerr & Co.）[140]のごく一部のパンフレットの表紙に使われるにすぎなかった。一九二〇年前後の時点で入手可能なパンフレットでは、例えばカー（Charles H. Kerr）の『社会主義とは何か』（*What Socialism is*）[141]が表紙に社会党のシンボルマークを使っているので、恐らく上海の陳独秀ら『新青年』同人はそれらパンフレットを参考にしたのであろう。一九一〇年代のアメリカ合衆国では社会主義、共産主義運動が活況を呈し、それに伴って社会主義関係書籍、雑誌の発行もさかんであった。また、欧米先進国中においてとりわけ早くにロシア革命の影響を受けて共産主義労働党と共産党が

図3

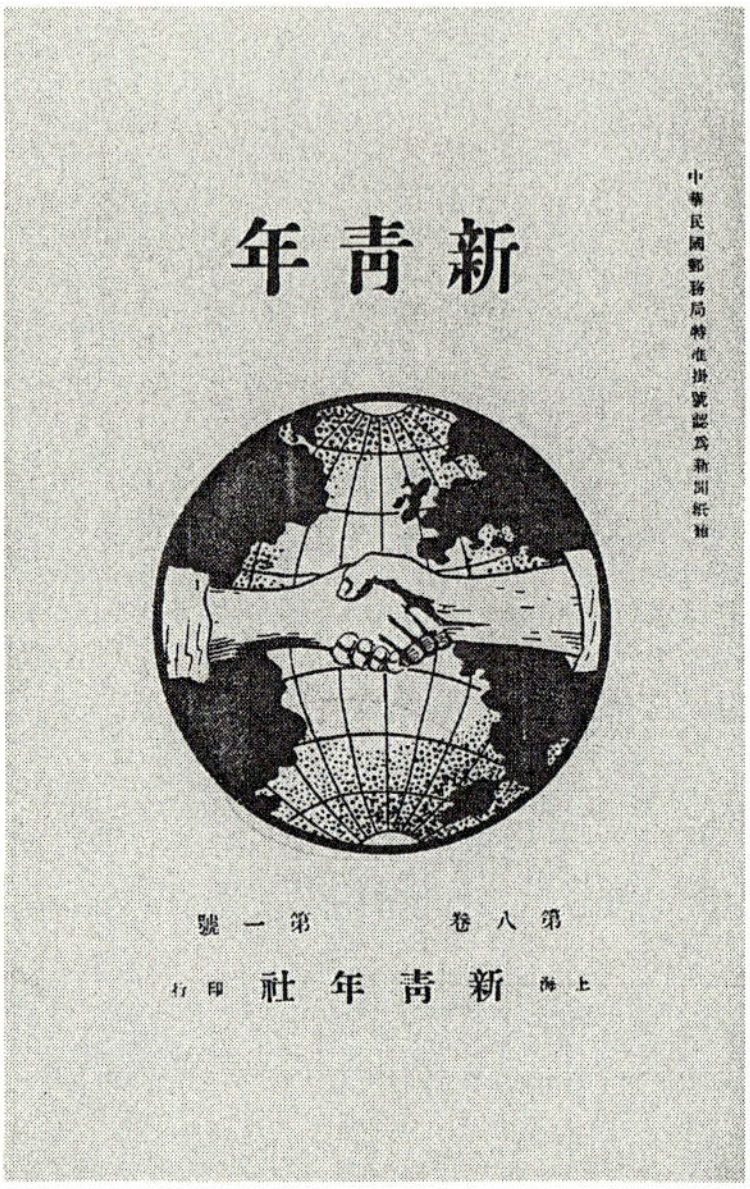

図2

結成された（一九一九年八月と九月）[142]ことからもわかるように、ロシア革命への関心が強く、またそれら共産主義政党の母体となったアメリカ・レフトウィングも、社会主義関係の文献を取り扱う出版社を早くから整備していたのであった。その代表的なものが、シカゴのチャールズ・H・カー出版社である。

一九一〇〜二〇年代の日本においても、社会主義者たちは英語の文献を、主にそのチャールズ・H・カー出版社から購入していた。山辺健太郎は当時の様子を次のように述べている。

> 社会主義の本といったって、十冊あるかないかの時代で、あとは英語の文献を読まねばならなかった。英語の文献はアメリカのシカゴにあったチャールス（以下不明――原注）書店から。ずっと明治から大正まで日本の社会主義文献というのは、みんなそこからきた。[143]

また、中国においても、一九二〇年代半ばにマルクスの著作の翻訳にあたった柯柏年(本名は李春蕃、一九〇四〜一九八五)は、当時「マルクス主義の著作を専門に出版していたシカゴのカー書局(Charles H. Kerr & Co.)から英訳の『資本論』を含む何冊かの本を買った[144]」と述べて、中国の社会主義者もチャールズ・H・カー出版社から文献を購入していたことをあきらかにしている。さらに例を挙げれば、陳独秀は一九二〇年後半に、武漢にいた惲代英(一八九五〜一九三一)にカウツキーの『階級争闘』(*Das Erfurter Programm*)の英語版を送り、その翻訳を依頼したという[145](惲代英の中国語訳の出版は翌年一月)が、同書の英語版でもっとも普及していたのがカー出版社版[146]であったことから見て、それもシカゴのカー出版社から取り寄せたものであったろうと推測される。

以上を総合するに、一九二〇年九月の再刊以後の『新青年』の変化には、日本の社会主義文献に代わるアメリカの社会主義文献の影響が明確に認められるのである。そして、同年後半以降、急激に中国に流入した英語版ボリシェヴィキ文献は、共産党設立への歩みが本格化するのと歩調を合わせるかのように、中国共産主義者の主要な情報源になっていったのだった。

2　雑誌『共産党』に見える欧米社会主義文献

雑誌『共産党』は、陳独秀ら上海の共産主義グループが非公開の党内誌として、一九二〇年一一月に創刊した月刊誌である。同誌の創刊は、その『共産党』という誌名からしても、中国共産党成立過程の上での画期となるものだった。その画期の意味は後述(第三章第三節)することとして、ここでは、同誌がボリシェヴィキ文献受容の上で果たした役割を、先の『新青年』同様に、欧米の英語版社会主義文献との関連を中心に考察していこう。

THE COMMUNIST

共産党

第一號　一九二〇年十一月七日　實價一角

図4

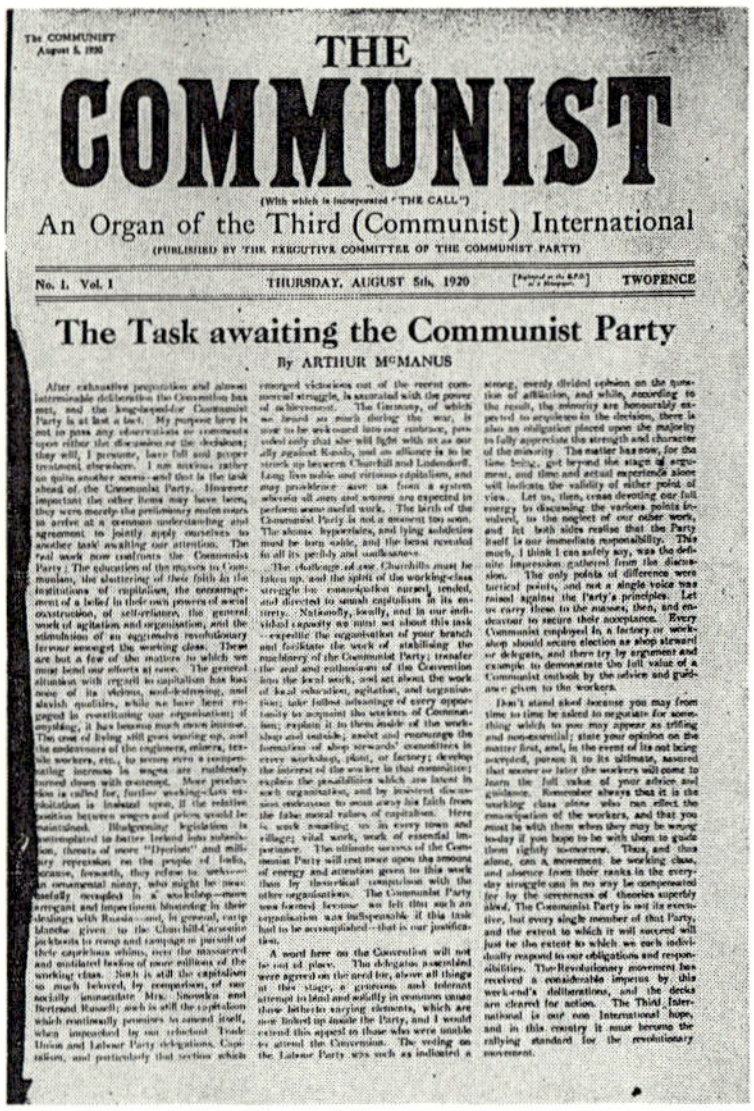

The COMMUNIST
August 5, 1920

THE COMMUNIST

(With which is incorporated "THE CALL")

An Organ of the Third (Communist) International

(PUBLISHED BY THE EXECUTIVE COMMITTEE OF THE COMMUNIST PARTY)

No. 1. Vol. 1　THURSDAY, AUGUST 5th, 1920　TWOPENCE

The Task awaiting the Communist Party

By ARTHUR McMANUS

図5

まずは、その体裁（図4参照）である。雑誌『共産党』は、第一面の上辺に大きくThe Communistという英語を配し、その下に巻頭言を載せている。大きな英語題字は言うまでもなく、表紙に巻頭言を載せるというスタイルも、当時の中国雑誌としては、かなり変わった形式である。実は、先の『新青年』の表紙と同じく、これにも依拠したモデルがあった。すなわち、当時ロンドンで刊行されていたイギリス共産党の機関誌『コミュニスト』(*The Communist*)がそれである（図5参照）。両者のスタイルの相似は、見る者に、まるで『共産党』が『コミュニスト』の中国版であるかのごとき印象さえあたえる。第一面に巻頭言を載せるという形式も、『コミュニスト』のそれに倣っていることは明白だろう。これが偶然の一致でないことは、『共産党』に『コミュニスト』からの翻訳が載っていることからも裏付けられる[147]。すなわち、『新青年』と同様に、陳独秀ら『共産党』編集陣は、これまた何らかのつてで手に入れたイギリス共産党の機関誌を目にし、そのスタイルを自派の雑誌に採用したようなのである。

一方、その内容に目を転じると、そこでは欧米の社会主義雑誌、文献からの翻訳が相当の分量を占めていた。その来源のひとつは、『新青年』でも訳載されていた『ソビエト・ロシア』であり、革命ロシアの状況やボリシェヴィキ指導者の動静が詳しく紹介されている（**表2**の『共産党』―『ソビエト・ロシア』翻訳対照表参照）。とくに目を引くのは、第一号に訳載された「レーニンの著作一覧表」である。レーニンの著作目録が、比較的まとまった形で中国に紹介されたのは、これが最初であった。

また、レーニンの代表的著作である『国家と革命』（第四号、同書第一章のみの翻訳）、「アメリカ共産党綱領」「アメリカ共産党宣言」（ともに第二号）、「第三インターの加入条件」（第三号）なども、共産党結成への重要な指針となったことだろう。それら中国語訳のもとになったと考えられる英文テキストを示せば、『国家と革命』は『クラス・ストラグル』（*The Class Struggle*）一九一九年二月号掲載版[148]、「アメリカ共産党綱領」（美国共産党党綱）と「アメリカ共産党宣言」（美国共産党宣言）は、『コミュニスト』（*The Communist* アメリカ統一共産党の機関誌）一九二〇年六月一二日号[149]、「第三インターの加入条件」（加入第三次国際大会的条件）は『ネーション』（*The Nation*）一九二〇年一〇月一三日号、そして「コミンテルンからＩＷＷへのアピール」（共産党国際聯盟対美国ＩＷＷ的懇請、第二号）は『ワン・ビッグ・ユニオン・マンスリー』（*The One Big Union Monthly*）一九二〇年九月号である[150]。こうして見ただけでも、上海の共産主義者たちが、リベラル派の『ネーション』から共産主義派の『クラス・ストラグル』『コミュニスト』にいたるまで、実にさまざまなアメリカの雑誌を入手していたことがわかる。

上記の英語文献を翻訳したのは「Ｐ生」、すなわちのちに中国文学にその人ありとして知られることになるかの茅盾こと沈雁冰（一八九六～一九八一）であった。かれはこの時期、商務印書館の雑誌『小説月報』の編集にたずさわる一方、得意の語学を生かして共産主義グループの活動にも加わっていたのである。かれは、レーニンの『国家と革命』

表 2 『共産党』所載記事——*Soviet Russia* 翻訳対照表

Soviet Russia 巻-号 刊行年月	2-14 20.04.03	2-15 20.04.10	2-19 20.05.08	2-24 20.06.12	2-25 20.06.19	3-1 20.07.03	3-4 20.07.24	3-5 20.07.31	3-6 20.08.07	3-7 20.08.14	3-8 20.08.21	3-9 20.08.28	3-10 20.09.04	3-13 20.09.25	4-1 21.01.01	4-2 21.01.08
共産党 1 1920.11		(1) (2)		(3)							(4)	(5)				
2 1920.12																
3 1921.04	(6)		(7)		(8)								(9) (10)			
4 1921.05															(11)	(12)
5 1921.06																
6 1921.07																

〔補注〕『広東群報』の 1921.6.20 の広告に「共産党月刊第四期已到了，第三期快速到了」とあるところから見て，第 4 期の実際の刊行は 6 月中旬ごろ，第 3 期は第 4 期よりもさらに遅れて(！)刊行されたようである。『広東群報』に『共産党』第 3 期からの転載記事が載るのは，1921.7.27 の「加入第三次国際大会的条件」が最初であり第 3 期は 1921 年 7 月ごろに刊行されたと見られる。

『広東群報』の 1921.9.2 の広告に「共産党月刊第五期到了」とあるところから見て，第 5 期の実際の刊行は 8 月下旬ごろであろう。また，第 6 期の実際の刊行は 1921 年 8 月下旬から 9 月にかけてだと言われている(姜沛南，陳衛民「中国労動組合書記部成立於“一大”以後」『近代史研究』1987-2)。

(1) 震寰訳「為列寧」 For Lenin, by Georges Sorel
(2) 震寰訳「列寧的著作一覧表」 A List of Lenin's Works
(3) 震寰訳「共産党第九次大会」 Ninth Congress of Communist Party
(4) 列寧演説，震寰訳「俄羅斯的新問題」 New Problems for Russia, by N. Lenin
(5) 震雷訳「俄羅斯的共産党」 The Communist Party in Russia, by Arvit Hansen
(6) 震寰訳「赤軍及其精神」 The Red Army and its Spirit, by Lt. Col. B. Roustam Bek
(7) 震瀛訳「中国與俄国」 Our Neighbor China, by Lt. Col. B. Roustam Bek
(8) 震寰訳「無産階級的哥薩克兵忠告世界的工人」 Appeal of the Proletarian Cossacks to the Workers of the World
(9) 震瀛訳「莫斯科第一次工人的自由市府」 The First Workers' Commune in Moscow
(10) 震瀛訳「波蘭共産党忠告世界工人」 A Polish Communist Appeal
(11) P生訳「労農俄国的教育」 The Educational Work of Soviet Russia (An Interview with Lunacharsky), by W. McLaine
(12) 吉生訳「労農俄国的労動婦女」 Working Women in Soviet Russia (Seamstress Nikolayeva), by N. N.

の翻訳にかんして、次のような回想を残している。

わたしはレーニンの『国家と革命』の第一章を翻訳したが、それは英訳の『国家と革命』から重訳したものである。わたしは第一章を訳しただけで、マルクス主義の経典著作にかんしていくらも読んでいない自分が当時『国家と革命』を翻訳し、それもうまく訳すことは難しいということがわかった。それでその困難を知って退き、続けて翻訳はしなかった(151)。

茅盾は回想で、若干の思い違いをしているようである。かれは、第一章だけしか翻訳しなかったことの理由を、自らの能力不足に帰しているが、実はかれが当時参考にしたであろう『クラス・ストラグル』には、そもそも第一章しか掲載されていなかったのだった。それはともかく、茅盾が語るように、レーニン著作を理解するにはマルクス主義にかんする相当程度の知識を必要としたわけで、そこには単なる英語力以上のものが要求されていたに違いない。

こうした困難はあったものの、上記のボリシェヴィキ文献が翻訳、紹介されたことの意味は大きい。この点について、茅盾は、「こうした翻訳活動を通じて、共産主義とは何なのか、共産党の党綱領や内部組織はいかなるものなのか、ということが初歩的に理解できたと言えるだろう(152)」と述べている。つまり、こうした英文のボリシェヴィキ文献に接することによって、日本語社会主義文献からは知り得ない共産主義運動のありようや「共産党」なる組織のイメージを、曲がりなりにも描くことができたということである。雑誌の表紙、体裁の模倣が端的に示すように、上海の共産主義グループは、中国国内では誰も手をつけたことのなかった共産主義運動や「共産党」なるもののイメージを外国の共産党（アメリカ共産党やイギリス共産党）の中に求めていたということは、当然なことではあるが、注意されてもよいことだろう。事実、ボリシェヴィズムの影響をいちはやく受け、「プロレタリア独裁」「政治運動」を強調するにいたったアメリカ共産党の規約、綱領の精神は、翻訳を通じ、上海の共産主義運動をマルクス学説の研究から、レーニン流の運動論、組織論の摂取へと変えていったのであった。

以上で考察したように、一九二〇年後半以降に流入したボリシェヴィキ文献とは、ソビエト・ロシアから直接に伝来したものではなく、欧米の英語文献を経由したものであった。山内昭人氏の言葉を借りれば、「国際化したボリシェヴィズム」(153)の中国への流入ということになるだろう。今一度その歴史背景を概括すれば、以下の四点に集約することができる。すなわち、①当時の中国―ソビエト・ロシア間の交通・通信が、シベリア、極東での内戦のためにしばしば途絶を余儀なくされたこと、さらに北京政府の革命ロシアにかんする情報統制がロシアにかんする文献の流通を阻害したこと、②アメリカにおいては、ロシア系移民、革命家亡命者が多かったこともあって、ロシア革命にかんする情報、知識が比較的迅速に伝播し、その結果として共産党の結成(分裂、再統合を含むが)も早かったこと、③これにたいして日本の社会主義者は、社会主義、マルクス主義一般にかんする知識に比べて、ロシア革命やボリシェヴィズム理解がやや立ち後れていたこと、④当時の中国社会主義者にはロシア語を解する人材がほとんどおらず、英語文献からロシア革命の情勢やボリシェヴィキ指導者の思想を知るよりほかに方法がなかったこと、である。

このほか、中国でかくも急速にボリシェヴィズムが紹介、受容されたことの今一つの理由としては、中国の初期共産主義者がそれ以前の国際社会主義運動、すなわち第二インターの運動とほとんど関係を持っていなかったために、コミンテルン、ボリシェヴィキ派の国際共産主義運動が、選択の余地のない新たな、そして唯一のインターであったということが考えられるだろう。(154)欧米、あるいは日本における共産党設立が、程度の差はあれ、いずれも何らかの形で第二インターからの継承と決別を経たものだったのにたいして、中国の共産主義運動はその初発からコミンテルンの思想的影響のもとで展開していったのである。次項では、それを草創期中共の中心人物であった陳独秀を例にとって検討していこう。

3 陳独秀とボリシェヴィズム

一九二〇年の上海で、共産主義グループの首領と自他共に認めていたのは、陳独秀であった。かれは、一九一九年六月に北京の繁華街で「北京市民宣言」[155]と題するビラを散布したかどで逮捕され、北京大学文科学長の職を辞したのち、翌年二月に上海(フランス租界環龍《ヴァロン》路老漁陽里二号)に住まいを移し、以後同年一二月に広州に移るまで、ここを拠点にして共産主義運動を進めることになる。

先に考察したように、一九二〇年前半の陳独秀は、マルクス主義学説の研究という面から見れば、必ずしも抜きん出た存在ではなく、またそれに全面的に傾倒していたわけでもなかった。そのかれが、共産主義者としてはっきりと自己規定したのは、表紙の変わった前記『新青年』八巻一号に発表した「政治を語る」(談政治)[156]においてである。かれはこの文章の中で、「政治を語ろうと語るまいと、深山幽谷、人跡未踏の地にでも逃れない限り、いずれにせよ政治は我々を追いかけてくるのだ」と述べて、自分がマルクス主義者としてふたたび政治を語ることを宣言した。この「政治を語る」は、それまでの『新青年』にたいする大きな挑戦であったと言うことができる。なぜなら、雑誌『新青年』はそもそも、「けだし青年の思想を改造し、青年の修養を輔導するを本誌の天職となす。時政を批評するは、その旨に非ざるなり[157]」というスタンスで出発した雑誌だったからである。そして、政治批評ではなく、思想、意識の劇的改造の鼓吹こそが、同誌が多くの青年の心をとらえた理由であった。かかる前史を考えるならば、「政治を語る」

は陳独秀のマルクス主義者への転換宣言であると同時に、雑誌『新青年』の内的変容を示す決意書であったとも言えるだろう。

「政治を語る」の内容はいささか唐突である。そこでは、マルクス主義がいかなるものか説明されないまま、「レーニンの労働専政」が承認され、「階級戦争」と「政治的法律的強権」でブルジョアジーの古き政治を打ち壊すことが主張されている。かれは言う。

労働階級がかれら〔各国のブルジョアジー〕を征服しようとしても、もとよりそれは難しい。征服ののち、永久にかれらを制圧して消えた灰が再び燃え出すことのないようにするのは、さらに容易ではない。この時にあたり、政治の強権によってかれらの陰謀活動を防ぎ、法律の強権によってかれらの懶惰、掠奪を防ぎ、かれらの習慣、思想を矯正することは、みな極めて必要なことである。……このたびのロシアが、もしクロポトキンの自由組織をもってレーニンの労働専政に代えていたなら、ブルジョアジーがたちどころに勢力を回復するどころか、帝政の復活すら免れなかったに違いない。

極めて荒削りながら、ボリシェヴィズムのもっとも基礎的な概念が、疑いようのない明瞭さで示されていることが見てとれよう。そして、さらに注目すべきは、アナキズムとともに、中国にはまだ実体もなかったドイツ社会民主党流の社会民主主義勢力（修正主義、議会主義）が、マルクスの意思を歪めたものとして、延々と批判されていることである。かれによれば、ベーベル（A. Bebel）死してのちのドイツ社会民主党は、革命の代わりに議会主義を主張することによって権力に「投降」し、マルクスの「階級戦争説」に激しく反対しているのであった。むろんかれは、「中国では、現時点ではこの派の人が本当にいるというところまでは行っていない」とはするものの、「ただ、その種の傾向はあるのであって、将来にはこの種の人々が間違いなく力を持ち、我々を唯一の敵とすることだろう」とその警戒感をあらわにしていた。

陳独秀がこの文章の中で、引用を明示している社会主義文献は、翻訳されたばかりの『共産党宣言』や英訳のW・リープクネヒト『妥協を排せ、政治取引を排せ』(158)などであり、いわゆるボリシェヴィキ文献にあたるものは含まれていない。にもかかわらず、ボリシェヴィズムの理念が基本的に把握されていたわけだから、これ以前に、引用を明示しないまでも、何らかの文献を読んでいたのかも知れないし、あるいはかれは鋭敏な知覚によってボリシェヴィズムの精神をつかみ取っていたのかも知れない。いずれにせよ、この文章は、陳独秀にあってはかれの受容したマルクス主義が最初の一歩からレーニン流のマルクス主義であった、ということをよく物語っているだろう。事実、かれがマルクス主義学説を本格的に解説、紹介するのは、「政治を語る」から四カ月余りたってのち、翌一九二一年一月になってからである(159)。いわば、そこには、マルクス主義にかんする本格的研究がボリシェヴィズム受容ののちに始まるという、一見奇妙な逆転が起きていると言えよう。そして、この逆転現象の背後にあるものこそが、中国におけるボリシェヴィズム受容を容易ならしめた旧来の社会主義インターとの関係不在であったことに、我々は容易に気づくだろう。

日本の場合、例えば堺利彦は一九二〇年に、第二インターと第三インターに言及して、「此の二種の国際社会主義が今後如何に反発し、或は如何に融合するかが、亦実に大いなる見ものである(160)」、「露西亜のボルシェヴィキを中心とし、本山とする国際共産党が新に起こり、それが第三インターと称している……反対するにも、賛成するにも先ず内容を知ることが大切である(161)」と述べていたが、陳独秀ら中国の社会主義者にはそのような顧慮をする必要はなかったのである。一九二一年一月の陳独秀の演説「社会主義批評」では、中国がなすべき選択はロシア共産党の道以外にはあり得ず、ドイツ社会民主党の道など論外だった。いうなれば、陳独秀ら中国の社会主義者は、アメリカ社会主義運動が一九一九年に紆余曲折を経たのちに到達した地点から出発しているのである。

4　李大釗とボリシェヴィキ文献

李大釗は、本章第二節で述べたように、日本語文献に依拠して早くからマルクス主義紹介をした人物であったが、極めて早い時期からロシア革命に共感を寄せ、その世界史的意義を高く評価した第一の人物でもあった。一九一八年に執筆された「仏露革命の比較観」(法俄革命之比較観)、「庶民的勝利」、「Bolshevism 的勝利」[162]などがその代表であることはよく知られていよう。こうしたかれのロシア革命評価の背後には、かれ独特の地理史観や文明観(東西文明の視点より見るロシア理解)があるのだが[163]、当然にそれだけでかれのロシア革命観を理解できるわけではない。本章のむすびとして、かれが利用していたロシア革命にかんする文献を一瞥し、もって当時の中国における英語版ボリシェヴィキ文献の大まかな状況とそれら文献の性格について述べることにする。

「仏露革命の比較観」を執筆した一九一八年前半の時点では、当然に、ボリシェヴィキ文献といってもほとんど参考にできるものはなく、直感的、印象的記述が文章の基調をなしている。引用が確認されるものも、茅原華山『人間生活史』(弘学館書店、一九一四年)、P・S・ラインシュ『世界政治』[164]、昇曙夢「民族性より見たる露国革命と其将来」(『日本評論』二五号、一九一七年五月)ぐらいであって、いずれもボリシェヴィキ文献とは到底言えないものである。[165]これにたいして、同年一一月に執筆された「Bolshevism 的勝利」になると、英紙『タイムズ』(*The Times*)に掲載されたH・ウィリアムズ（Harold Williams）の通信記事（原載日未詳）や『隔週評論』（*Fortnightly Review*：London）に掲載されたF・ハリソン（Frederic Harrison）の文章（巻頭言、一九一八年一月）が引用されているが、とくに注目されるのは、トロツキーの『ボリシェヴィキと世界平和』、すなわち、L. Trotzky, *The Bolsheviki and World Peace*（New York: Boni and Liveright, Jan. 1918）が相当に引用され、それによってロシア革命の性質が理解されていることである。『ボリシェヴィキと世界平和』のアメリカでの出版や大急ぎで出された日本語版（室伏高信訳『過激派と世界平和』上田屋、一九一八年五月）の出版、およびそれらの翻訳がはらんでいた問題点については、すでに山内昭人氏が論じているので(166)、それによりながら、李大釗の同書の読み方を検討してみよう。

まずは、李大釗が依拠した版であるが、対照してみると、それは英語版のようで、室伏訳の日本語版を参照した形跡はない(167)。日本語版が誤訳だらけで、出版後間もなく室伏自身によって絶版とされたということもあろうが、李大釗自身が英語版を持っていたのであろう。それは、かれの同書にかんする説明、つまり「かれのこの書はスイスで書いたものである。大戦の開始後に執筆にとりかかり、その主要部分はロシア革命勃発以前に完結した」という部分が、英語版に付されていたステフェンズ（L. Steffens）の序文の翻訳であることからもあきらかである。

実は、この英語版の序文の記述は正確ではなく、英訳文や構成（コマーシャリズムに迎合するような改編）にも問題があることが、当時すでにアメリカでは指摘されていた。それらアメリカ社会主義者の書評は、「トロツキーは当時、自らをボリシェヴィキとはみなさず、ロシアについてはボリシェヴィキとメンシェヴィキより、むしろナショナリストとインターナショナリストの間に線を引いた。……〔トロツキーのこの書に〕一つの意味があるとすれば、トロツキーがドイツの手先ではなく、インターナショナリストで革命的社会主義者であることが本書によって知られることである」というものであったが、実は英語版の持っていたその「一つの意味」こそが、そのまま李大釗のロシア革命理解の基調となったのである。すなわち、李大釗は同書から導き出される結論として、以下のように述べていた。

トロツキーの主張はロシアの革命を世界革命のひとつの導火線とするものであることが理解できる。ロシアの革命は世界革命のひとつにすぎないのであって、さらに無数の国民の革命が続けて起こるであろう。トロツキーは欧州の各国政府を敵としたため、一時は親独という疑いをかけられたが、実際は親独でないどころか、親連合国でもなく、ロシアを愛してすらいないのである。かれが愛するところのものは、世界の無産階級の庶民であり、世界の労働社会なのである。(168)

すなわち、李大釗にあっては、こうした革命前のインターナショナリストとしてのトロツキー像が、ボリシェヴィキ政権の一員としてのトロツキーと重ね合わされ、そこからロシア革命の性質が理解されているのであった。ボリシェヴィキ政権の指導者のかつての言論の中から適当な部分をピックアップして、ロシア革命を都合よく解釈しようとすることは、中国に限らず当時の一般的傾向であって、それはトロツキーの同書がアメリカの商業ジャーナリズムで非常にもてはやされた理由のひとつでもあった。その解釈の方向は違うとはいえ、李大釗もロシア革命前のトロツキーの言論(恐らく李大釗は、トロツキーが同書執筆時点では、まだボリシェヴィキではなかったということを知らなかったはずである)をボリシェヴィキ政権の性格に投影することによって、ロシア革命に共感を寄せたのだった。こうした読み方(単純に誤解とは言えまい)が、かれのロシア革命理解を特色あるものにしているのである。

その後、李大釗は既述のように、マルクス主義の研究を始め、日本語文献を介してその紹介をすることになるが、それと並行して、ボリシェヴィキ指導者についても英語文献を収集するなど、関心を持ち続けたようである。一九二一年に書かれた「俄羅斯《ロシア》革命的過去及現在」[169]には、そのころまでに目にしたレーニン、トロツキーの著作（英語版）として、それぞれ三種類ずつが挙げられている。レーニンのものとしては、①『無産階級的革命』（紐約共産党印書社印行）、②『蘇維埃政府的要図』（紐約Rand School印行）、③『国家與革命』、トロツキーのものとしては、④『多数派與世界平和』、⑤『俄国革命史』、⑥『無産階級革命』であるが、①と⑥とは同じものだから、合計五種ということになる。[170]このころになると、例えば、トロツキーがかつてはメンシェヴィキであったことも知られるようになるなど、李大釗のボリシェヴィキにたいする知識も格段に豊富になっている。それら英語文献読解の結果であろう。

上記五種のボリシェヴィキ文献の中で注目に値するのは、①である。ひとつには、同書がアメリカ社会主義者によるロシア革命、ならびにボリシェヴィズム把握の一大集成といわれるほど、当時アメリカで普及していた文献の中で質量ともに抜きん出ていたものであり、山川均ら日本の社会主義者にとってもロシア革命理解の最良の参考書となったものだったからである。[171]そして、今ひとつには、同書に収める「活動中のソビエト」（The Soviets at Work）などの文章が、一九二一年から翌年にかけて、中共が人民出版社より刊行した「列寧《レーニン》全書」「康民尼斯《コミュニスト》特叢書」シリーズ（詳しくは、本書付録二「中国社会主義関連書籍解題」〔A三四、三五〕を見よ）のテキストとなっているからである。日本と同様に、この書が中国のボリシェヴィズム理解に大きな役割を果たしたことは、ほぼ間違いあるまい。

小結

本章で検討したように、中国におけるマルクス・レーニン主義の伝播は、同時代の日本、欧米（とくにアメリカ）の社会主義思潮の影響を強く受けながら進行したものだった。マルクス主義の受容と日本との関係でいえば、それはおりから復活した日本の社会主義思潮の中国への横溢といえるものであって、広くいえば、日本を中継所とした東アジアにおける近代西洋思想一般の受容史の重要なひとこまであった。また、ボリシェヴィズムの受容と欧米社会主義との関係は、世界規模で展開された「思想連鎖」のドラマの一シーンにほかならないと言えるであろう。共産主義運動が国境を越えた運動であったというならば、中国の共産主義運動はその第一歩である社会主義学説の受容や、ロシア革命、革命指導者にたいする情報、そして共産主義運動のイメージにいたるまで、世界の社会主義思潮と世界的な共産主義運動に大きく巻き込まれていたのである。

ごく大まかにいえば、共産主義運動のテキストの転換(日本語文献中心から英語のボリシェヴィキ文献の出現へ)に明白に表れているように、従来の日本経由のマルクス主義研究に加えて、アメリカの共産主義運動を経由したソビエト・ロシアの影響が次第に中国の共産主義運動を理論的に支えることになっていく、というのが中国マルクス主義受容史の骨格である。臆断を恐れずにいえば、日本を経由して世界の新思潮に接していた中国の初期社会主義者は、ここにソビエト・ロシアを通して世界を見るに至ったといえよう。そして、その転換は、雑誌『新青年』の体裁、内容の劇的変化に顕著に見えるように、一九二〇年後半に上海で起こった。今一度、雑誌『ソビエト・ロシア』からの翻訳対照表(**表1**、七二～七三頁)を見てもらいたい。この表からすぐにわかることは、中国語訳の発表の順序が、原文の『ソビエト・ロシア』での発表の順序と符合していないどころか、しばしば順序の逆転が起きているということである。この事実が示唆するところはただ一つ、すなわち『新青年』の同人たちが参照した『ソビエト・ロシア』誌は、かれらが定期購読していたのではなく、ある時期(恐らくは一九二〇年後半以降)に数度にわたってまとめて取り寄せたものであったということである。

では、一九二〇年後半の『ソビエト・ロシア』の取り寄せに見られるような、急激な欧米ボリシェヴィキ文献の流入を可能にしたものは、何だったのだろうか。中国の社会主義者たちは、アメリカからボリシェヴィキ文献を送ってくれた日本における片山潜のごとき人物を持ってはいなかった。むろん、上海は当時東アジア随一の国際都市であったから、そこに社会主義やボリシェヴィキの外国人シンパがもともといた可能性はある。例えば、雑誌『星期評論』にメーデーにかんする記事を寄せた上海在住のロシア系イギリス人リゼロヴィチ(Jack Lizerovitch)などは、欧米の社会主義者と交流を持つ社会主義者だったといわれている。(172) だが、それ以上に注目すべきは、やはりソビエト・ロシアからの直接的働きかけ、すなわち一九二〇年四月にロシア共産党(ボ)極東州ビューロー・ウラジオストク分局から派遣されて来華したヴォイチンスキーにはじまるソビエト・ロシア、コミンテルンの使者たちの影響であろう。かれらの活動こそ、ボリシェヴィキ文献の伝播は言うに及ばず、中国の社会主義者たちの活動をボリシェヴィズムにのっとった実際活動へ、そして共産党結成へと導いていく最大の要因となるのである。

第二章　ソビエト・ロシア、コミンテルンと中国共産主義運動

第一節　知られざる「密使」たち

1　ソビエト・ロシアの極東へのアプローチ

ロシア共産党（ボ）（以下、ロシア共産党と略称）、コミンテルンの中国への本格的働きかけは、一九二〇年春にウラジオストクからグリゴリー・N・ヴォイチンスキー（Grigory Naumovich Voitinsky, 1893-1953）ら一行を派遣したときに始まるといわれる。ただし、それは中国社会主義運動への働きかけの始まりであると同時に、それ以前から始まっていたロシア共産党、コミンテルンのシベリア、極東へのアプローチのひとつの結果でもあった。まずは、ヴォイチンスキー派遣の前史を振り返っておこう。話はコミンテルン第一回大会（一九一九年）にさかのぼる。

十月革命につづく内戦、干渉戦争がまだ激しかった一九一九年三月、従来の社会主義インターに代わる新たなインター、すなわち第三インターナショナル（コミンテルン）の創設のための世界大会がロシア共産党の主導により、モスクワで開催された。この記念すべき大会は植民地問題や東方問題について、ほとんど時間を割かなかったし、これといった議論も行われなかったが、そこには二名の中国代表がいた。劉沢栄（劉紹周、一八九二～一九七〇）と張永奎（一八九三～一九七七）の二人である。(1)劉はレーニンの接見を受け、大会で発言もしている。(2)かれらは、「中国社会主義労働党」（Chinese Socialist Labour Party）(3)の代表という肩書をもっていたが、それは中国本土の組織ではなかった。かれらはロシア在住の中国人で、「中国社会主義労働党」は、大会に参加するために作られた、いわば紙の上の組織であった。

当時、ロシア領内には四十万とも五十万とも言われる中国人がシベリア、極東を中心に居住していた。かれらの多くは第一次世界大戦にともなう戦時工としての出稼ぎ労働者であって、ロシア革命当時、モスクワだけでも三千人もの中国人がいたと言われている。(4) 革命ののち、これら中国人居留民の一部は、革命に呼応する形でさまざまな組織を結成したが、その中でも目立った活動をしたのは、先の劉沢栄と張永奎ら留学生が組織した「中華旅俄聯合会」(Союз Китайских Граждан в России 一九一七年四月にペトログラードで成立)であり、十月革命ののちにそれが発展してできた「旅俄華工聯合会」(Союз Китайских Рабочих в России 一九一八年一二月にモスクワで成立、会長は劉沢栄)であった。この聯合会はソビエト政府の承認を受け、困窮した中国人労働者の帰国業務にあたる一方で、事実上の中国人共産主義組織として活動していた。(5) コミンテルン第一回大会で劉沢栄らがその代表を名乗った「中国社会主義労働党」とは、実体としてはこの「旅俄華工聯合会」にほかならなかった。

「旅俄華工聯合会」はその後、活動規模を拡大、ソビエト政府にたいして中国に代表を派遣するよう建議する一方、一九二〇年六月二五日には同会内に「ロシア共産党(ボ)中国人共産主義者中央組織局」(Центральное Организационное Бюро Китайских Коммунистов при РКП(б) 漢語名称：俄国共産華員局)を設けて(七月一日にロシア共産党中央委員会が承認)事実上の党組織に衣替えし、七月に開催されたコミンテルン第二回大会にも、引き続き「中国社会主義労働党」の代表として劉沢栄と安龍鶴の二名を送った。(6) さらに、劉沢栄は同大会期間中の七月二五日には、モスクワでマーリン(H. Maring)、朴鎮淳(D. Pak)と、上海にコミンテルン執行委員会極東局を設立することを協議している。(7) コミンテルン第二回大会は、「民族問題」「植民地問題」が大きく取り上げられ、コミンテルンが東方に目を向けた大会として知られている(8)(大会後の九月には、コミンテルンの主導によりバクーで「東方諸民族第一回大会」が開催)が、それと並行して在露中国人共産主義者は、自ら共産主義組織をつくってコミンテルンの活動に参加し、極東、中国国内に向けての活動の準備を着々と進めていたのであった。

他方、目を東方に転じれば、激しい内戦と列強のシベリア干渉軍駐留の続くシベリア、ロシア領極東でも、極東諸国へのアプローチは一九一九年初めあたりから試みられていた。一九一九年三月末にシベリアで秘密裏に開催されたロシア共産党第二回シベリア代表大会は、極東にロシア共産党中央委員会シベリアビューローの情報宣伝部門を設置することを提起し、同部門は「東方、およびアメリカの共産主義者と連絡を保持し、かれらへの情報の伝達とかれらからの情報の受理を組織し、口頭および文書による煽動を組織する」こととされていた。(9) また、同年六月一八日に同ビューローの一員ガポン(**F. I. Gapon**)が書いた覚え書きは、シベリアビューローのもとに極東各国人(中国を含む)の代表が参加する東方局を設置すべきであると述べていた。そして、そのガポンの計画には、極東各国の革命勢力と緊密な関係を樹立し、それら諸国での共産党組織の設立を援助することが含まれていた。(10)「一九一九年という年は、ソヴェト・ロシアが外部世界からもっとも完全に孤立した年であった(11)」といわれる。シベリアでいえば、確かにトムスク、オムスク、イルクーツクといった拠点都市は当時まだ、反ボリシェヴィキ勢力の制圧下にあったが、シベリアのボリシェヴィキたちの目は、徐々に極東に向きつつあったのである。

こうした中、一九一九年八月、ロシア極東、シベリアでの活動家(ボリシェヴィキ)であったヴィレンスキー＝シビリャコフ(**V. D. Vilensky-Sibiryakov**)は、退避先のモスクワで、ロシア共産党中央委員会に東アジアでの共産主義工作にかんするテーゼを提出し、間もなく政治局の批准を得て外務人民委員部の極東事務全権代表としてモスクワを離れた。赴任にさいしてかれに与えられた使命は、①日、米、中三国の利害が対立していることに鑑み、あらゆる手段を用いてその対立を激化させること、②中国、モンゴル、朝鮮の広範な人民大衆にたいして、外国資本家の圧迫から逃れんとする自覚的行動をとるよう喚起すること、③東アジア各国人民の革命運動を支援し、日本、中国、朝鮮の革命組織と強固な関係をうち立てること、④ゲリラ組織を建設せんとする朝鮮人、中国人を援助すること、であった。(12)ヴィレンスキー＝シビリャコフは九月にシベリアに入り、年末までシベリアで活動したのち、イルクーツクでソビエト政権が樹立(一九二〇年一月)されたのを受けて、二月一四日にヤンソン(**Ya. D. Yanson**)とともにイルクーツク入りし、その後さらにウラジオストクに赴いてそこに駐在した。(13)おりから、ウラジオストクのロシア共産党極東州ビューロー(なお地下状態に置かれていた)は、党中央委員会に送った一月の書簡の中で、中国の革命家との不断の連絡を確立するつもりであるむねを伝えていたところであった。(14)こうした中、ヴィレンスキーは、ニコリスクで開催された党極東地方協議会(三月一六～一九日)に出席したり、駐ウラジオストク日本軍司令官に日本とソビエト・ロシアとの国交樹立を提案したりするなど、(15)極東における懸案の解決に奔走するのみならず、のちには自ら中国を訪れることになる(後述)。同年四月にウラジオストクから中国へ派遣されたヴォイチンスキー一行は、このヴィレンスキー＝シビリャコフの命を受けたものであった。

2　ヴォイチンスキー以前の「使者」(一)――ブルトマン

ヴォイチンスキーの訪中について述べる前に、かれ以前に中国で活動したとされている幾人かの革命派ロシア人(非ボリシェヴィキを含む)の存在について、検討しておく必要がある。それら革命派ロシア人にかんしては、その多くが官憲側の記録や回想録などで言及されているだけで、その実態については謎に包まれているといってよい。当然に、必ずしも組織的な活動ではないために、かれらにかんする公式の記録はほとんど残っていない。また、シベリア、極東での政治・革命情勢が極めて錯綜していたため、かれらの背後関係も複雑であるが、断片的な記録を結び合わせていくことによって、その姿をおぼろげながらも描くことは可能である。

中国の社会主義者（李大釗）に最初に接触したロシア人使者として、しばしば名前が挙げられるのは、ブルトマン（N. G. Burtman）というロシア人である。ブルトマンの存在を研究として最初にとりあげたのは、ガルシャンツ（Garushiants）の旧ソ連時代の研究[16]で、それが一般研究者に知られるようになったのは、アメリカにおける李大釗研究の草分けとなったメイスナー『李大釗と中国マルクス主義の起源』[17]によってである。ガルシャンツ、メイスナーのブルトマンにかんする記述は、いずれもかれと共に中国で活動したというミュレル（A. A. Muller）の一九五七年の回想録[18]を根拠にしているのだが、その回想録は次のように言う。

> ブルトマンは、わたしが到着する以前にも、天津と北京の高等教育機関や大学の進歩的中国人学生とかなり広く連帯しており、また李大釗教授とは個人的に接触していた。ブルトマンは、かれのことを優れたマルクス主義者であると語った。……一九一九年九月にわたしがブルトマンに会った時、学生たちとの連帯は依然として維持されていて、さまざまなグループがほとんど毎晩、次々に我々のアパートを訪れた。
>
> 我々は中国人学生にレーニンの『帝国主義——資本主義の最高段階』を、中国に関係する問題にしばしば触れながら紹介した。……我々が中国を去る前の一九二〇年初めには、四人の学生グループがすでに港湾労働者との連帯を確立し、労働組合の実現にとりかかっていた。[19]

ミュレルの当時の足どりが不明なので、時期の詳細は確定できないが、どうやら一九一九年前後に、ブルトマンらが李大釗ら中国の先進知識人と接触していたらしいのである。

その後に出されたブルトマンの伝記[20]によれば、ブルトマンは一九〇〇年にオデッサに生まれた。一九一五年ごろに家族とともに中国のハルビンに移り、そこで学生生活を送る中で十月革命の報に接し、一九一八年の夏にロシア共産党のハルビン秘密支部のメンバーになった。その後、ウラジオストク大学に学んだが、一九一九年二月に学生運動の首謀者として学校を追われ、ハルビンにもどって地下活動を続ける一方、三月にはハルビンのボリシェヴィキ組織から華北に派遣されて、革命活動に従事した。天津に着いたかれは、ロシア籍のアメリカ人スタインバーグが経営する会社（恐らくは石徳洋行〔Steinberg & Co.〕）で働く一方、天津、北京の学生たちや李大釗、鄧中夏らと接触（一九一九年春）し、一九二〇年一月一五日に組織の決定を受けて天津を離れたという。先のミュレルの回想録などをもとにしたこの伝記は、李大釗との接触については、それを二回として具体的数字をあげているが、根拠は示されていない。

この伝記は、ブルトマンの中国内地への派遣が、ボリシェヴィキの組織的活動の一環であったかのような印象をあたえるが、これには疑問が残る。ブルトマンの死（一九二一年初め）の直後に書かれたかれへの追悼文では、ウラジオストクの大学を追われたあと、「ハルビンにもどり、鉄道労働者の中で非合法の宣伝活動を行いながら、一九一九年初めにロシア共産党のメンバーに加わった。一九一九年の中ごろ、コルチャークの軍事行動によって、かれは中国へ逃走せざるを得なくなった[21]」としか書かれていないからである。また、この追悼文には、李大釗との接触を含め、中国人との交流については、まったく何も記されていない。

さらに言えば、ブルトマンもその一員であったロシア共産党中央委員会シベリアビューローの東方民族セクションが一九二〇年一二月に作成した報告[22]には、それまで中国で活動してきたロシア人が何人か紹介されているが、そこでは、当然あってしかるべきブルトマンの活動は、一言も言及されていないのである。先のミュレルの回想録が、中国革命の半ばに斃れた李大釗が「中国におけるマルクス主義の父」という名声をあたえられたのちに書かれたものであることを勘案すれば、ブルトマンやミュレルの接触したのが、間違いなく李大釗その人であったとは断言できないように思われる。かりに中国知識人との何らかの交流があったとしても、それは組織的な活動ではなく、ブルトマンらの個人的活動の域を出るものではなかっただろう。

ちなみに、ブルトマンは一九二〇年初めにモンゴル経由で帰国の途につき、三月にヴェルフネウジンスク(現ウラン・ウデ)に到着、極東共和国政府の一員として活動したのち、同年六月にイルクーツクに到着、ロシア共産党中央委員会シベリアビューローで活動、同ビューローに東方民族セクションが設立(一九二〇年八月)されると、セクションの議長に就任し、以後その死まで東方民族セクションの日常業務をとりしきった[23]。かれのセクション議長就任は、ハルビン、中国内地での活動歴が考慮された結果であろうが、のちに同セクションでの活動実績があったため、それ以前から中国社会主義者と交流があったという遡及的解釈が生み出されることになったのであろう。

3 ヴォイチンスキー以前の「使者」(二)——ポポフ、アガリョフ、ポタポフ

ブルトマンが華北で活動したとされる謎の「使者」であるとすれば、上海を中心にして暗躍したとされるのが、ポポフ、アガリョフ、ポタポフの三人のロシア人である。まずは、ポポフなる人物から見ていこう[24]。

ソビエト・ロシアの密使「ポポフ」(M. Popov)の名が、初めておおやけに知られるようになるのは、H・O・チャップマンが一九二八年に出版した『中国革命』においてである。同書によれば、ポポフは一九一九年にソビエト・ロシアから中国の状況を調査するために派遣されて来華、数カ月後に帰国してその状況を報告したために、一九二〇年

にソビエト・ロシアから使者がやってきて、中国共産党の結成が進められたのだという。[25] この見解はその後、例えば駱伝華『今日中国労工問題』（青年協会書局、一九三三年）に引き継がれ、「一九一九年、ロシア人包樸甫《ポポフ》（M. Popoff）が上海に来て、中国における共産主義宣伝の可能性の有無を調査した。かくて、一九二〇年にソビエト・ロシアの共産党は中国に人を遣わし、中国共産党を組織するのを援助したのである」（三九頁）と言われるようになった。

英米の外交文書や上海共同租界工部局の文書によれば、ポポフ（別名スモルスキー〔Smolsky〕）は四度にわたり上海に来ている。一九一八年五月にポドヴォイスキー（Podvoisky）なる者とともにロシアから上海に到着したのが最初で、以後一九一九年の五四運動のころに一度、一九二〇年に二度（年初めと七月）である。来華以前の身分は、ロシア・アムール軍区の現役軍人で、同軍区のボリシェヴィキ組織の派遣、あるいはソビエト政府外務人民委員部の東方課長ヴォズネセンスキー（A. Voznesensky）の派遣によるという。上海では情報局の設立をもくろんで、主に張墨池、景梅九ら無政府主義系の人士と接触したが、その一方で、当時上海に住まいしていた孫文とも接触したらしい。[26] 日本の外務省文書でも、[27] 上海の「過激派の機関新聞 *Shanghai Life*」（ロシア語新聞『上海ライフ』については後述）と関わりがあると報告されているのみならず、一九二〇年一〇月の時点では、日本の社会主義運動との連絡を担当していたという情報さえある。

ポポフの活動にかんする情報は以上の官憲側記録だけで、かれを派遣したはずのロシア側の文書は確認されていない。官憲側の資料は、ロシア人と見ればすぐにボリシェヴィキや「過激派」扱いする傾向があり、それら情報がポポフの活動を正確に伝えているとは即断できないが、かれがヴォイチンスキーの来華以後に本格化した上海における共産主義運動に、ある程度かかわっていたことだけは確かであろう。ただし、一九一八～一九年の来華時点で、すでにかれがボリシェヴィキ組織の命を受けた正式の「使者」であったとは断言できない。先のブルトマン同様、かれの来華と活動は組織的な活動というよりも、当初は個人的関心からなされたものではなかったか。ちなみに、かれは一九二一年春に上海から北京に行き、さらにウラジオストクにもどったらしい[28]が、その後かれが再度中国を訪れることはなかったようであるし、またロシア共産党やコミンテルンの対中国工作に加わった形跡もない。

このポポフとほぼ同じ時期に活動したのが、アガリョフ(A. F. Agarev)である。まずは、官憲資料から見てみよう。日本の上海駐在武官の一九二〇年三月の報告は、ロシア駐在武官からの情報として、「露人アガリオフが李仁傑〔李漢俊〕、呂運亨らと謀り、露支両文の『労働』なる雑誌を発刊する」計画をすすめていると伝えている[29]。李漢俊はいうまでもなく、のちの中国共産党創立の立て役者の一人であり、呂運亨(一八八五〜一九四七)は当時上海にいた著名な朝鮮独立運動の志士である。また、五月の駐上海日本総領事の報告では、「元ウラジオストク市長のアガレフ」は、二月にいったん上海より天津経由でウラジオストクへ行き、数日後に再度来華、五月一五日にはまたも上海を離れ、今度は北京経由でウラジオストクに向かったとされており[30]、かれがこの時期、盛んに極東各地を行き来していたことがうかがえる。かれの肩書は、「元ウラジオストク市長」になっているが、確かにかれは、一九一八年六月末の政変でソビエトが打倒されてのち復活したウラジオストク市会の市長をつとめたことがあり、党派的立場でいえばメンシェヴィキであった[31]。一九二〇年一月に革命諸派による沿海州ゼムストヴォ政権が成立したのち、かれはその臨時政権によって、外交交渉をするために中国に派遣され[32]、どうやらそのかたわら上海の社会主義者たちとも接触していたらしいのである。現に、一九二〇年一二月にロシア共産党側の作成した報告でも、アガリョフの名はヴォイチンスキー派遣以前に個別に活動していたロシア人居留民の一人として登場する[33]。ただし、ヴォイチンスキーの活動との関連はまったく不明である。

これにたいして、ポタポフ(A. S. Potapov)は、のちのヴォイチンスキーの中国での活動の地ならしをした人物として注目に値する。[34] ポタポフ（生卒年不明）は、もと帝政ロシアの高級将官（少将）で、二〇世紀初頭より極東で勤務していた。一九一七年の二月革命のあと、五月に中国に派遣され、十月革命時には中国にいたが、革命後、ボリシェヴィキ擁護に転じ、ソビエト政権にたいして極東の軍事情報を提供するようになった。一時は日本にも滞在したようであるが、一九一九年一二月に日本政府より退去を命じられ、以来中国に滞在していた。[35] 上海逗留期間（一九一九年一二月一七日～一九二〇年四月二三日）[36]の活動としては、一九二〇年三月に上海で陳家鼐、姚作賓、曹亜伯、戴季陶、孫伯蘭らの名士と接触し、「過激主義之書報」の発行を計画したという。[37] また、四月末には朝鮮人社会運動家として知られる呂運亨を伴って、当時「社会主義将軍」として知られていた陳炯明（一八七八～一九三三）の支配する福建省漳州（閩南護法区）[38]をおとずれ、二九日には陳炯明と会談し、陳の革命活動に援助を申し出ている。[39] さらには、同年五月二二日には、中国の無政府主義者、共産主義者の組織「大同党」（後述）にも加入しているのである。

ポタポフの当時の身分について、上海でかれと接触のあった米人新聞記者ソコルスキー（G. Sokolsky）は、駐上海アメリカ領事のカニングハム（E. S. Cunningham）にたいして、ポタポフは「ボリシェヴィキを装っていたが、正式に信任を受けたものではなかった」と内報している。[40] その意味では、かれも先のブルトマンやポポフと大差ないのだが、ポタポフがポポフらと決定的に違うのは、かれの活動によって得られた中国の情報が、間違いなくソビエト・ロシアにもたらされ、それがその後のソビエト・ロシアの対中活動に少なからず影響をあたえたという点である。すなわち、ポタポフの訪問をうけて書かれた陳炯明のレーニンへの書簡は、かれを通してモスクワにもたらされ、「陳炯明は最も傑出した軍人の一人であり、人民の賞賛を受けている共産主義者である」という注釈を付してソビエト政府の『外務人民委員部通報』（一九二一年三月一五日号）に掲載されたのだった。[41] その後のソビエト・ロシアの中国における最初の提携対象が陳炯明だったことは、よく知られていよう。本書では孫文、陳炯明ら国民党とソビエト・ロシアソビエト側の陳への高い評価を生んだことだけは間違いあるまい。

ポタポフが上海、漳州で収集した情報は、中国共産主義運動の動向自体にも及んでおり、それもソビエト・ロシア側に提供されていた。例えば、かれが漳州に滞在していた一九二〇年五月一日には、同地で盛大なメーデー祝賀行事が行われたが、その模様はかれを通じて前述のヴィレンスキー＝シビリャコフに伝えられ、同じくかれが接触した上海の学生運動家の状況とともに、ヴィレンスキーの文章にそのまま紹介されているのである。[43] また、一九二〇年四月に来華した「正式」の使者ヴォイチンスキーが上海から送った報告には、「ポタポフとは、かれがヨーロッパに行ってしまったか、ロシアに帰ってしまったため、連絡がとれない」[44]というくだりがあり、どうやらかれがポタポフの協力を前提にして来華したことがうかがえるのである。果たして同時期、日本の在上海諜報機関は、「ポタポフ」は「支配人「タラソフ」〔ヴォイチンスキーの変名〕なる者より資金を受け、当地過激共産党首領として活動しつつあり」[45]と報告している。つまり、かれは、中国共産主義運動への働きかけの正式ルートであったヴィレンスキー―ヴォイチンスキー・ラインの活動の一翼を担っていたと断定して、ほぼ間違いないのである。

さらに、中国知識人へのボリシェヴィキ文献の供給ということでいえば、かれはそれにも関与していた。かれは、「わたしはパンフレットをリ・リェニェに渡した。かれは、それを中国語に翻訳して、わたしが手に入れたトロツキーの文章と一緒にかれの共産主義出版物に発表した」[46]と報告している。ここでいうパンフレットが何を指すかは不明だが、リ・リェニェ（Li Rienie, Ли Риение）とは、李人傑（Li Renjie）、つまり李漢俊を指し、共産主義出版物に発表されたトロツキーの文章とは、『新青年』八巻三号（一九二〇年一一月）に翻訳された「何から始めるべきか」[47]を指していると考えてよかろう。

漳州から上海にもどったポタポフは、六月初旬ごろに孫文とも会見、ソビエト・ロシアの状況を説明したが、孫文の態度は陳炯明とは違って慎重なものであった。かれが上海を離れたのは、その後間もなくのことで、ヨーロッパ経由でモスクワにもどったのは、一九二〇年秋のことである。[48]

4　シベリア、極東における対中工作機関

一口にソビエト・ロシアの中国への働きかけと言っても、その系統は実にさまざまに分かれる。国際共産主義組織としてのコミンテルンの系統もあれば、外交ルートとしての外務人民委員部の系統もあるし、党組織としてはロシア共産党の系統もある。それらが互いに複雑に入り組むのみならず、内戦の状況に応じてたびたび組織改編されているのだから、それを跡追うだけでも容易なことではない。その上さらに、旧ロシア極東領に緩衝国として極東共和国（**Far Eastern Republic**）が一九二〇年四月に成立すると、同国の外交ルートや地方党組織も、相互の連絡を欠くまま対中工作に加わったから、その混乱に拍車がかかるのは当然であった。前述のブルトマン、ポポフ、ポタポフら「知られざる密使」たちの活動の背景がはっきりしない一因は、そうした組織的混乱に求められるだろう。一九二〇年四月に中国に派遣されたヴォイチンスキーですら、かれが党の使者だったのか、あるいはコミンテルンの使者だったのか、かつては長らくよくわからなかったのである。[49] 党、政府、コミンテルンの諸系統が入り乱れるこうした状況は、ヴォイチンスキーの来華後もしばらくのあいだ続き、中国共産党結成の過程を複雑なものにしていくのだが、それの背景を理解しておくためにも、シベリア、極東におけるロシア共産党地方組織と対中工作機関の沿革をまとめておくことは、必ずしも無駄ではあるまい。[50]

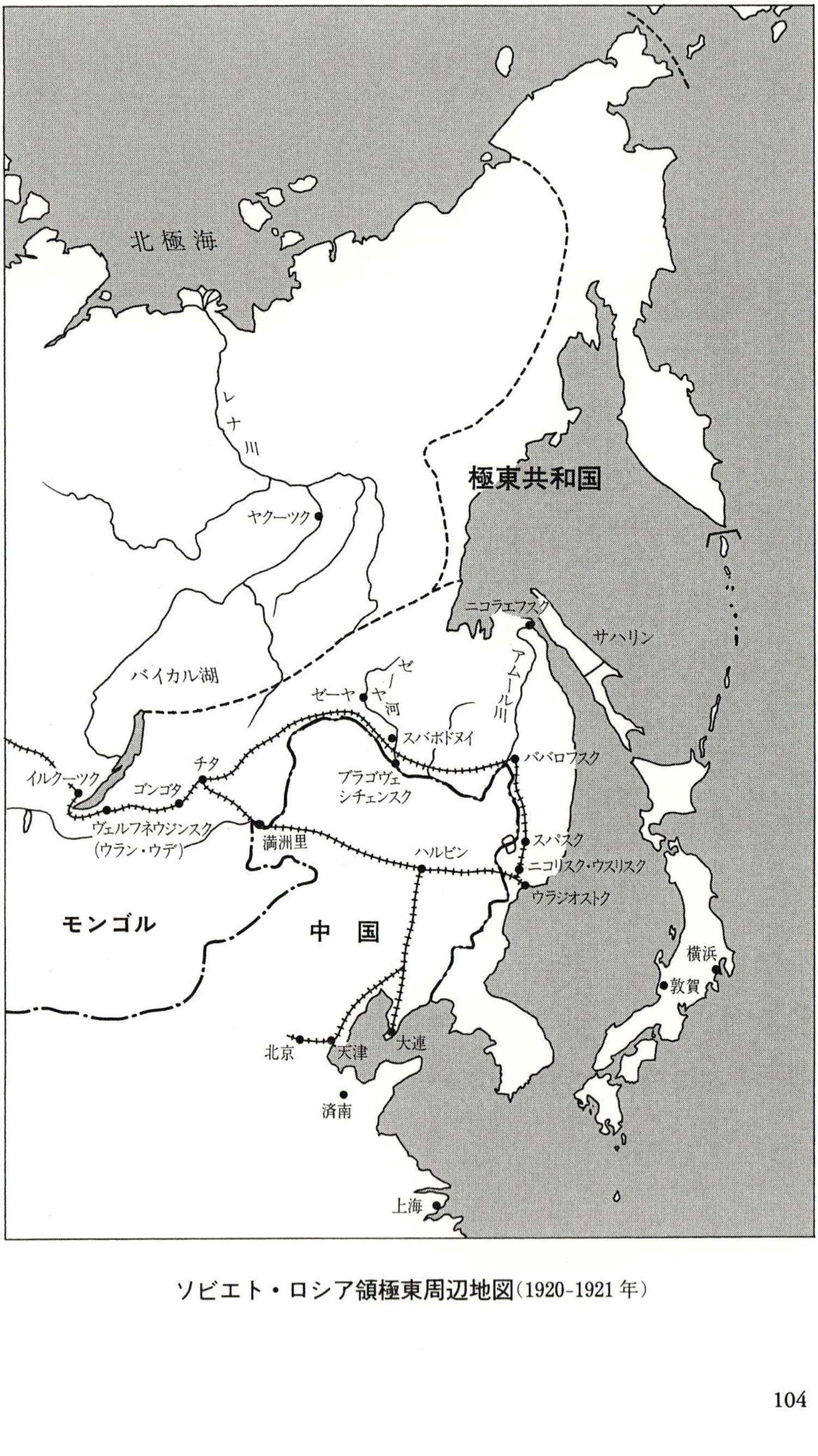

ソビエト・ロシア領極東周辺地図(1920-1921 年)

まず、ロシア共産党の党組織であるが、一九一八年一二月一七日に成立したロシア共産党中央委員会シベリアビューロー（以下、党シベリアビューローと略称）と一九二〇年三月三日に成立したロシア共産党極東州ビューローが挙げられる。前者は、シベリアにおける全活動の遂行のために、党中央の直属部局として、後者は、成立を間近にひかえた極東共和国領内の党組織を管轄するために、それぞれオムスクとヴェルフネウジンスク（現ウラン・ウデ）に成立したものであるが、のちに軍事情勢の好転にともなってそれぞれノヴォニコラエフスク（現ノヴォシビルスク）とチタに移転した。極東州ビューローは設立当初、党シベリアビューローの下級組織であると同時に、極東全域が統一されていなかったため、ウラジオストクに分局を置いていた。このウラジオストク分局は、対外的な活動機関として、外国セクションを設置している。極東州ビューローが格上げされ、党シベリアビューローと対等のロシア共産党中央委員会極東ビューロー（以下、党極東ビューローと略称）に改組されるのは、一九二〇年八月のことである。[51]

これにたいして、トムスクにあった党シベリアビューローは、一九二〇年八月、イルクーツクに東方民族セクションを設け、これを対外的活動の窓口とした。当時、イルクーツクにはロシア領在住の中国人、朝鮮人が多く居住し、かれらが共産主義組織結成に向けて動き出していたことがその背景であると言われている。東方民族セクションの構成員は、ゴンチャロフ（N. K. Goncharov）、ブルトマン、ガポンらで、のちにブロンシュテイン（M. N. Bronshtein）が加わったが、その日常業務を主宰したのは、ブルトマンとブロンシュテインの二人であった。同セクションは、当初より民族別のサブセクション（科）を設けるなど、それなりの陣容をととのえている。サブセクションには、中国科（アブラムソン〔M. M. Abramson〕、ホフロフキン〔V. Hohlovkin〕）、朝鮮科（ゲルシェヴィチ〔Gershevich〕）などがあったが、日本科は語学の人材を得なかったため、当面組織されなかった。[52] 中国科で言えば、中国人が含まれていないのが目につく。アブラムソン、ホフロフキンは、ともに中国語には堪能であったと言われているが、居留民の多さにもかかわらず、現地には適当な中国人共産主義者は見当たらなかったのであろう。ただし、同セクション(さらに言えば党シベリアビューロー)と党極東ビューロー(あるいは同ビューローが指導する極東共和国政府)の連係は、それぞれの部局のセクショナリズムも手伝って、円滑とは言えないものであった。同セクションはたびたび、極東ビューロー(あるいは極東共和国政府)の妨害のために極東地域との連絡がとれないという不満をモスクワに書き送り、同年秋には直接コミンテルンにたいして、極東共和国政府の介在、阻害を解消するために、同セクションをコミンテルンの所属に吸収するよう求めている。(53)

このようにシベリア、極東の地方党組織の対外工作機関が、まがりなりも整備されていくのと呼応するかのように、ロシア共産党中央委員会は一九二〇年九月二日に、在露中国人グループがモスクワで設立していた前述の「俄国共産華員局」の極東への移駐と「極東俄国共産華員局」への改称を決定し、イルクーツクの東方民族セクションと直接連絡をとって活動するよう命じている。(54) これは同セクションの人員拡充を念頭に置いたものであろうが、モスクワ産の中国人共産主義組織は、これによってついに極東地区に活動の場を得たのである。

一方、コミンテルンの系統に目を転じると、これまた一九二〇年後半より、対中工作の準備が本格的に始まっていた。同年七月にマーリン、劉沢栄、朴鎮淳らがモスクワで、上海にコミンテルン執行委員会極東局を設立することを協議したことはすでに述べたが、その後、コミンテルン第二回大会で選出された執行委員会は、八月に入って世界の重要な地域に在外代表(エージェント)を置くことを決定し、上海駐在の代表としてマーリンを指名したのである。(55) さらに、九月一五日には、同執行委員会は極東にコミンテルン書記局を設立する決定を下している。(56) そして、先の党シベリアビューロー東方民族セクションは、この決定を受けて、コミンテルン書記局の受け皿となるべく働きかけを重ねることになった。当初、新設されるコミンテルン書記局は、極東共和国の首都にして、党極東ビューローの所在地でもあるヴェルフネウジンスク(あるいはチタ)に置かれる予定であったらしい。[57] その間、極東の書記局をどこに置くか、あるいは相互に連絡を欠くまま分立している諸機関をいかに統合していくかについては、さまざまな模索が行われた——その詳細はここでは省く——が、結論だけをいうと、一九二一年一月に、ロシア共産党中央委員会の決議(一月五日)とコミンテルン執行委員会の決定(一月一五日)により、コミンテルン執行委員会極東書記局(Дальневосточный секретариат ИККИ)がイルクーツクに設置されることになった。この決定により、東方民族セクションは解消されてそのスタッフは同書記局に編入され、ソビエト・ロシアの外務人民委員部のシベリア代表団の人員の多くも、書記局の機構に入ることになった。かくて、コミンテルン、東方ソビエト・ロシアの外交組織、党組織の対中国工作機関は、基本的にコミンテルンの系統に一本化されたのである。

ただ、これによって東方民族セクション(イルクーツク)と党極東ビューロー、極東共和国(ヴェルフネウジンスク、チタ)のそれまでの摩擦が完全に解消されたわけではない。極東共和国は、ソビエト・ロシアの影響下にあったとはいえ、独立国として対中交渉をしていたからである。[58] 極東共和国の公式の対中外交交渉は、一九二〇年八月二六日に北京入りしたユーリン(M. I. Yurin)を代表とする使節団(名目は商務代表団)によって始まるが、ソビエト・ロシア、コミンテルンが中国で活動をするためには、文書のやりとりや送金などの技術面を含め、当面は北京で合法的に活動していたユーリン使節団にある程度依存せざるを得なかった。資金や情報が北京—チタを経由するということは、そこに極東共和国政府、さらには党極東ビューローの介在を発生させることになる。最初の「使者」ヴォイチンスキーが中国を訪れたのは、ソビエト・ロシアの対中工作窓口がまだ一本化されていないころのことだった。

第二節　ヴォイチンスキーの活動

1　ヴォイチンスキー一行の来華

ソビエト・ロシアからの最初の「使者」として、そしてその後の数度にわたるコミンテルン中国駐在代表として、中国共産主義運動に大きな影響をあたえたグリゴリー・N・ヴォイチンスキーがウラジオストクから中国に派遣されたのは、一九二〇年四月のことである。当時、かれはようやく二十七歳になったばかりであった。かれを派遣したのは、ロシア共産党極東州ビューローウラジオストク分局外国セクションである。

前節で述べたソビエト・ロシアの対中工作機関の変遷に照らしていえば、かれの来華は、それら対中工作機関の主流となる党シベリアビューロー東方民族セクションの成立以前のことであるから、極東州ビューローウラジオストク分局が独自に行った対外工作の一つであっただろう。現に、のちにヴォイチンスキー一行の中国行きの件をモスクワに伝えた東方民族セクションの報告[59]（以下、「報告」と略称）は、それをロシア極東、東シベリアの都市が独自に行ってきた極東での活動として数えている。「報告」では言及されていないが、一九二〇年四月といえば、ロシア共産党の政治局から「東アジア各国人民の革命運動を支援し、日本、中国、朝鮮の革命組織と強固な関係をうち立てること」を命じられた極東事務全権代表のヴィレンスキー＝シビリャコフがウラジオストクに駐在していた時期であった。ヴォイチンスキー一行の派遣に、ヴィレンスキーが関与していたことは間違いあるまい。また、当時の極東州ビューローウラジオストク分局は、ウラジオストクの沿海州政府に議長ニキーフォロフ、運輸相クシナリョフを入閣させるなど、相当程度の力を有していた[60]。このほか、「使者」の派遣が、内地イルクーツク、チタに先んじてなされた背景としては、日本軍の駐留が続いていたとはいえ、当時のウラジオストクが依然として対外交通の拠点であったことも、重要な要因であった。

ヴォイチンスキーは一八九三年に、ロシアのヴィチェフスク県ネーヴェルに生まれた。一九〇七年に学校を卒業して植字工や事務会計等の職を経たのち、一九一三年に生活の糧を求めてアメリカに渡り、一九一五年にはアメリカ社会党に入党している。五年ほどのアメリカ、カナダでの生活ののち、一九一八年春に帰国。ウラジオストクでロシア共産党に入党、シベリアと極東での闘争に従事して捕えられ、サハリン流刑となったが、服役中に反乱を起こし、一九二〇年一月にウラジオストクにもどり、ボリシェヴィキの活動に参加した人物であった[61]。中国語はできなかったらしいが、北米での生活で養った英語力と政治センスを買われて中国への使者に抜擢されたのであろう。

「報告」によれば、ヴォイチンスキーの一行は、全権代表のかれと「二名の助手、ティトフ（Titov　東方学院卒業生）とセレブリャコフ（**B. I. Serebryakov**　著名な朝鮮社会活動家）」からなっていた。ティトフの経歴はウラジオストクにあった東方学院[62]の卒業生であること以外は不明だが、セレブリャコフとは朝鮮共産主義運動史にしばしばその名前が見える金万謙である[63]。三人はいずれも共産党員であった。「報告」は、ヴォイチンスキーらにあたえられた任務については、明確には記していないが、その後のかれの活動から推して、日中朝における社会運動の調査と社会主義者の物色、そして可能ならば共産主義組織の設立援助であったことは疑いを容れない。

また、「報告」は、かれらがウラジオストクから「中国（上海）」に派遣されたと伝えるだけで、そのルートについては——当時の交通事情からすれば海路であったことは確かだが——言及していない。先に天津、北京に行ってからさらに上海に足をのばしたとも考えられるし、直接に上海へ赴いた可能性もある。ただ、ヴォイチンスキーが上海から送った書簡[64]には、北京経由で電報を受け取ったことが記され、天津の連絡所の住所も報告されていることから、まず天津、北京に立ち寄った可能性が高い。当時、ヴォイチンスキーに接触した中国人の回想録でも、かれはまず北京で李大釗と会見し、その勧めにしたがって上海に向かったことになっている[65]。ここでは、まず北京に立ち寄ったと考えて話を進めよう。

ところで、従来、ヴォイチンスキー一行には、通訳として山東省出身のロシア居住中国人楊明斎（一八八二〜一九三八）とママエフ（I. K. Mamaev）が同行していたと言われてきたが、この二人の名前は「報告」には見えないので、ここで検討しておこう。一行の中に楊明斎とママエフがいたという説は、そもそも、中共第一回大会の出席者である包恵僧の一九五〇年代の回想録がもとになっている[66]。まず、楊明斎だが、かれは山東省平度県の生まれ、一九〇一年に生活の糧を求めてロシアにわたり、ロシア領極東、シベリアでさまざまな仕事を転々とした。一説によれば、十月革命前後にボリシェヴィキ組織に加入して中国人労働者の組織などにあたり、中国帰国以前には、ウラジオストクで「華僑事務責任者」としてロシア共産党の秘密工作をしていたという[67]。

楊明斎については、包恵僧以外の回想録でも、しばしばかれがヴォイチンスキーとともに北京にやって来たと記されており、その中には、楊明斎本人からヴォイチンスキーと李大釗の接触の経緯を聞かされたというものもある[68]。また、後述のように、上海においてもヴォイチンスキーとともに中国共産党の結成の活動に加わっていたことはあきらかであり、当初からの正式のメンバーではなかったかも知れないが、ヴォイチンスキー一行が北京で活動した時点では、かれがそれに加わっていたことは事実であろう。楊明斎がのちに書いた自己経歴書では、自身の来華を一九一九年末のこととしており[69]、もしそれが正しいとすれば、ヴォイチンスキーの来華以前に何らかの理由で帰国していて、ヴォイチンスキーの来華後にそれに合流したと考えられる。

ママエフについては、二説がある。すなわち、ヴォイチンスキーらが北京から上海に向かったさいに、かれは華北にとどまったとする説と、[70] かれは当初は一行には加わっていなかったという説である。[71] 恐らくは、後者が正しいであろう。なぜなら、「報告」では、ママエフは、ヴォイチンスキーの出発後にウラジオストクにとどまった外国セクション員の中に入っており、その後アブラムソンとともに、ハルビンでの活動に従事したと記されているからである。ママエフの同行に言及する包恵僧が、当時、実際には北京にはいなかったことを勘案すれば、かれの回想の信憑性には疑問が残ろう。ただし、かれの回想がまったく根拠のないものかと言えば、そうとも言い切れない。すなわち、かれは一九五三年の回想録では、一九二〇年の秋ごろにママエフがかれのいた武漢にやってきたと述べており、これと符合する武漢関係者の回想録もあるからである。[72] ママエフが中国内地にやってきたという公式記録は確認されていないが、実際には来華して、武漢で包恵僧らと接触したために、包はそれを、直接には知らないヴォイチンスキー一行の来華と同一視したのかも知れない。

さて、ヴォイチンスキーが北京でまず接触したのは、李大釗であった。この時、すでにロシア革命への共感を示し、マルクス主義の研究もしていた李大釗であるから、両者の出会いはごく自然な成り行きのように見えるが、ヴォイチンスキーにしてみれば、これが最初の中国訪問であるから、当然に李大釗を紹介してくれる人がいたはずである。それは、おそらく李のロシア人同僚で、北京大学でロシア語、フランス語講師をしていたイワノフ（A. A. Ivanov, 1885-1942）か、同じくロシア語講師をしていたポレヴォイ（S. A. Polevoy 生卒年未詳）であろう。

イワノフ（中国名：伊文）は、ロシアに生まれたが、革命運動によりフランスに逃れ、一九〇七年から一九一七年にかけてクロポトキン系の無政府主義者と活動を共にしたといわれる。一九一七年の二月革命後にいったん帰国、同年九月、ケレンスキー政府の外交使節団の一員として来華。十月革命後は革命政権擁護の立場に立ち、北京のフランス語新聞『北京報』(*Journal de Pekin*)でソビエト・ロシア擁護の論陣を張る一方、一九一九年九月より北京大学のフランス語、ロシア語講師をつとめたという。[73] このイワノフがヴォイチンスキーを李大釗に紹介したという説は、この時期に極東で活動したロシア人ダーリン(S. A. Dalin)が一九七五年に発表した回想録に基づいている。[74]

イワノフが両者を仲介したという説は、突きつめればすべてダーリンの回想録に行きつくのであるが、文書の面でかれの介在を示唆するものが若干ある。すなわち、「報告」では、ヴォイチンスキー来華以前に個別に活動したロシア人居留民の一人として、「パリからやって来たアナルコ・サンディカリスト」にして、「フランス語社会主義新聞 *Journal de Pekin* の実質上の編集者」のかれの名前が挙がっており、ヴォイチンスキーが上海から送った報告にも、北京の *Journal de Pekin* 経由でシベリアからの電報を受け取っていたことが記されているのである。[75] かれとヴォイチンスキーの関係を示すものはこれだけだが、通信ひとつとってみても、活動の足がかりさえないヴォイチンスキーにとって、「社会主義新聞」の編集者イワノフの存在は、心強い支えだったに違いない。イワノフがヴォイチンスキー一行の任務をどの程度知っていたかはわからないが、かれは李大釗とは同僚でもあったわけだから、ヴォイチンスキーを李に紹介したことは、大いにありうることであろう。

これにたいして、ポレヴォイ(中国名:柏烈偉)が果たした役割は、イワノフ以上に重要だったようである。ポレヴォイがヴォイチンスキーを李大釗に紹介したという説は、これまた先の包恵僧の回想録に起源するものだが、かれは次のように述べている。

かれら〔ヴォイチンスキー一行〕は北京に着いたばかりのころ、不案内であったため、活動を展開することができなかった。その後、ソビエト・ロシア大使館の関係を通じてようやく北京大学のロシア語教授だったポレヴォイにめぐり会ったのである。ポレヴォイはもともとは、白系ロシア人だったが、十月革命に共感していたのだった。……かれ〔ヴォイチンスキー〕はポレヴォイの紹介で李大釗同志に会見し、その他の五四運動に関係のある人士とも会見した。[76]

この回想は、当時はまだ存在しなかったソビエト・ロシアの大使館の介在を示唆するなど、若干の問題があるが、ヴォイチンスキーの北京での活動にはやはり現地のロシア人の協力が不可欠であったことやポレヴォイの政治的立場を伝えている点で、興味深いものである。ポレヴォイの来華の経緯、時期については、一九一八年後半にウラジオストクから来華し、天津の英字新聞『華北明星』(*North China Star*)と関わりがあった[77]、あるいは十月革命後にコミンテルンの天津駐在の文化連絡員におさまった[78]、との説があるが、それがどの程度正しいかはわからない。当時の中国官憲側資料からわかるのは、かれが当時天津に居住し、ロシア語の授業をするために、週に何度か北京大学に出講する人物だったということである[79]。

先に引いた包恵僧の回想録が、当時北京にいなかった人物のものであるのにたいして、北京の共産主義グループの中心的メンバーであった張国燾(一八九七〜一九七九)は、やや詳細な回想を残している。かれは言う。

当時、中国のロシア人居留民の中にもソビエト・ロシアに共感する人物がいたが、北京大学露文系のロシア籍の教員ポレヴォイはその一人であった。かれは李大釗先生と頻繁に往来し、しばしばモスクワで出版されたパンフレットなどを提供することができた。……〔ヴォイチンスキーは〕ジャーナリストの身分で、ロシア在留の華僑(ロシア共産党の党籍を持つ）楊明斎を助手として伴い、北京に立ち寄り、ポレヴォイの紹介で李大釗先生と接触した。……まず李先生と知り合い、さらに李先生の紹介状を持って上海に向かい、陳独秀に会った。(80)

また、「報告」では、ポレヴォイはイワノフと並んで、ヴォイチンスキー来華以前に個別に活動したロシア人居留民の一人として数えられ、「天津大学教授《ママ》」で共産党員であるとされている。さらに、来華後にヴォイチンスキーが上級組織に送ったいくつかの書簡(81)でも、ポレヴォイが積極的に協力していることが報告されているだけでなく、のちに在北京のユーリン使節団ら極東共和国関係者からヴォイチンスキーに活動資金の送金がなされたさいには、その仲介者となっている(82)。ヴォイチンスキーの来華以降、かれが紹介者以上の働きをしたことは明白だろう。

ただし、かれのその後について言えば、その活動ぶりはあまりほめられたものではなかったらしい。かれと共編でロシア語文法書などを出した張西曼によれば、ポレヴォイは「敗類」（変節者）で、ロシアへの入国希望者に秘密入国証を発給するかたわら、コミンテルンからの公金をしばしば横領、のちに公金横領が発覚して召還命令を受けると、処罰を恐れてアメリカに逃亡したとされている(83)。また、当時北京大学ロシア語系に在籍していた学生の回想録も、ポレヴォイはソビエト・ロシアの威を借りた勝手なふるまいが多く、ロシア語系の実質的責任者であったイワノフからたびたび叱責されていたと伝えている(84)。こうした悪評が単なる風聞でないことは、ポレヴォイの機密漏洩などの問題行為を指摘してモスクワへの召還、処罰を要請したユーリンの書簡（一九二一年）(85)からも裏付けられる。ソビエト・ロシアからの秘密資金のずさんな運用などは、高麗共産党関係者の一部にも見られたように、この時期には決して珍しくなかった(86)。要は、一口に共産主義者とは言っても、実にさまざまな資質の者が初期の活動には加わっていたということである。

2　北京におけるヴォイチンスキーの活動

さて、ヴォイチンスキーはイワノフ、ポレヴォイといった協力者の紹介によって李大釗に接触したわけだが、李大釗との間では何が話し合われたのであろうか。李大釗がのちに中共結党の北京での中心的存在となったため、両者は最初の接触の時点で、中国における共産主義運動の組織化について話し合ったかのような印象をあたえ、実際にもしばしば、「李大釗はヴォイチンスキーらと北京大学紅楼の図書館で、数度にわたり中国共産党結成の問題を討議した」(87)とされている。もちろん、両者の会談の記録など残っていないから、こうした記述はあくまでも推測の域を出るものではない。ただし、そうした推測を可能にするひとつの説があるので、両者の接触の具体的内容を推測する前に、それを検討しておこう。その説とは、李大釗と陳独秀とはヴォイチンスキーが来華する以前に、すでに共産党の結成を話し合っていたという説、すなわち俗に言う「南陳北李、相約建党説(88)」である。つまり、李大釗らはつとに共産党結成を考えていたから、ロシア共産党の代表ヴォイチンスキーとの会談は当然に共産党結成を内容とするものだったはずだ、と推測するのである。

いわゆる「南陳北李説」には、さまざまなバリエーションがあるが、一九二〇年初め(二月ごろ)に密かに北京を離れた陳独秀が天津に向かう途中で(あるいは天津で)、同行してくれた李大釗と共産党の結成について話し合ったということでは、ほぼ一致しており、中国共産党中央の党史研究部門もこの説を採っている(89)。この説は主に中国大陸で言われているものであって、そこには、中共の創立はコミンテルンやソビエト・ロシアの差し金ではなく、中国共産主義者自身の努力によるものだという意図が込められている。言うなれば、一見些細なことがらのようだが、事は中共の創立がソビエト・ロシアの革命輸出の結果だったのか、それとも中国人自身による革命運動の産物だったのか、という本質にかかわる問題を含んでいるのである。

この「南陳北李説」の根拠はいくつかの回想録だが、もとをたどれば、李大釗の友人であった高一涵〔一八八四〜一九六八〕のいくつかの回想に収斂する。まずは、かれが一九二七年五月の李大釗の追悼式典で述べた以下の演説である。

陳独秀先生は段祺瑞に刃向かったため三ヵ月入獄したが、出獄ののち、先生〔李大釗〕とともに武漢に講演に赴いた。すると、北京の各新聞がその講演文を掲載したため、先生は大いに政府の怒りに触れることになった。そこで北京にもどると、変装して一緒に先生の実家〔河北省楽亭県〕に避難したが、その途中で中国共産党の組織の件を計画したのである。(90)

当時の新聞で紹介されたこの回想演説には、若干の事実誤認(あるいは演説記録者によるミス)が含まれているので、当時の状況を補って説明しておこう。陳独秀が一九一九年六月に「北京市民宣言」なるビラを撒いて逮捕され、九月まで獄中にあったことは第一章で述べたところだが、かれは出獄後の翌年一月末に監視の目を逃れて上海経由で武漢に向かい、二月四日から数日間武漢に滞在して幾度かの講演をおこなった。北京の新聞が掲載したという講演文は、この時のものである。ただし、その武漢行には李大釗は同行していない。陳独秀が汽車で北京にもどってきたのは二月九日だったが、その日に許可なく北京を離れたとして、警察の尋問をうけたため、危険を察知したかれは、『新青年』の同人であった胡適や李大釗にいったんかくまわれて、間もなく北京を脱出したのであった。(91) 李大釗との話し合いがあったといわれるのは、この時のことである。

高一涵はこの演説とほぼ時を同じくして、李大釗の追悼文を執筆している。[92]この追悼文も陳独秀と李大釗の北京脱出行に言及しており、その際の乗り物や変装のありさまもリアルに描かれているが、不思議なことに、共産党結成の話し合いのことだけは記されていない。さらに後年、中華人民共和国成立後に補訂された回想録[93]になると、両者は北京から李大釗の実家ではなく、直接に天津に行ったことになっているが、そのほかは一九二七年の追悼文とほぼ同様である。もちろん、共産党結成の話し合いのくだりはない。追悼式典での演説にあった両者の共産党結成の話し合いの一段が、ほぼ同時に書かれた高一涵の追悼文やその後の回想録で抜け落ちている理由はさだかではない。最初の追悼演説の内容は、高一涵自身ではなく新聞側の記録者が筆記したものだから、そのさいにいい加減な要約があったとも考えられる。いずれにせよ、高一涵の一連の回想が中国での「南陳北李、相約建党説」の根拠として利用されていることには変わりない。

高一涵の一連の回想が正しいとすれば、「南陳北李、相約建党説」の根拠となるのだが、残念ながら、かれの回想には問題が多いと言わざるを得ない。高自身の手になる回想録に結党相談のくだりが抜け落ちているのもさることながら、その最大の理由は、回想で高は自らも当時北京にいて、陳独秀の脱出行に協力したと述べており、これが高一涵回想の信憑性の高さを裏付けるものとされてきたのだが、実は一九二〇年の当時、かれは日本に滞在中で、到底陳独秀と李大釗の北京脱出行を知り得る状況にはなかったことである。[94]小説のごとくにリアルな脱出行の様子は、悪く言えばすべて脚色、好意に解釈してもまったくの伝聞である。

陳独秀と李大釗が共産党設立時の指導者であったということは、高一涵が演説をおこなった一九二七年であれば、広く知られていたことだったし、胡適や李大釗が危険を冒して陳独秀をかくまったり脱出を助けたりしたことは、北京の知識人の間では美談として伝えられていたから、高一涵はそのエピソードを適当につなぎ合わせたとしか考えられない。したがって、高一涵回想に基づいて、陳独秀と李大釗がヴォイチンスキー来華以前にすでに共産党結成を話し合っていたと言うことはできないのである。(95)当然に、根拠の薄弱な「南陳北李、相約建党説」の上に成り立つ前述のヴォイチンスキーと李大釗の会談内容の推測も、再検討されなければならないだろう。

北京におけるヴォイチンスキーと李大釗の関係については、李の側近的存在であった張国燾の回想がむしろ参考になる。

李大釗先生は、ヴォイチンスキーや楊明斎に陳独秀先生を紹介したが、かれらの秘密の使命を知っていたわけではないようである。というのは、李大釗先生もヴォイチンスキーも、かれらの間で何らかの初歩的相談があったということをのちに言ったことがないからである。恐らく、李はヴォイチンスキーがジャーナリストだと、本当に思っていただろう。ヴォイチンスキーは陳独秀先生と最初に接触したときも、自分の本当の身分を隠していた。当時の李の紹介状も単にごく一般的なものだったと推定できそうである。(96)

ヴォイチンスキーがこの年の六月と八月に上海から送った報告を見ても、その記述は上海が中心で、陳独秀の名前は出てきても、李大釗の名前はまったく出てこない。(97)こうした点から見ても、北京での李大釗との接触は、張国燾の述べるように、あくまでもソビエト・ロシアからやって来た一人のジャーナリストと革命ロシアに関心を持つ一中国知識人との情報交換以上のものではなかったと見られる。おりからヴォイチンスキーがやって来た一九二〇年四月は、ソビエト・ロシアのまさに革命的な第一次カラハン宣言が中国新聞によってようやく報道され、それが中国世論に熱烈な反響を呼んでいた時であった。張国燾は言う。

この宣言は一九二〇年の初めごろにやっと中国の新聞に発表された。北京の学生界や文化団体がまず歓迎の意思を表明し、上海の全国各界連合会や各派の人士もみなこれに興奮し、共同で賛同の文書を発表した。わたしもそれに加わった一人である。一般の青年にとっては、日本やほかの列強がそろって中国に屈辱を強いる中、ソビエト・ロシアだけはその例外だった。(98)

ヴォイチンスキーは、はからずもこうした時期に北京を訪れたのである。かれがソビエト・ロシアからやって来た人士として、まず熱烈な歓迎を受けたであろうことは容易に想像される。むろん、かれは革命ロシアの現状や前途について説明したであろうし、「カラハン宣言」を生み出したソビエト政権についても話したに違いない。その過程でロシア共産党やコミンテルンのことも話題に出ただろうが、だからといって、その短い北京滞在の間に、李大釗と中国共産党の結成にかんする意見交換をするところまで話が進んだと言うのは、いささか性急に過ぎるであろう。両者の接触は、やはり張国燾の言うように、ごく一般的なレベルにとどまったと見るのが妥当ではあるまいか。中国社会主義者の結集をうながすヴォイチンスキーの活動が本格的に始まるのは、かれが上海に到着してからである。

ところで、ヴォイチンスキー一行の来華とほぼ同時に、北方のハルビンからストヤノヴィチ（K. A. Stoyanovich 別名：ミノール〔Minor〕）という人物が天津に派遣されている。その派遣を伝える党シベリアビューロー東方民族セクションの「報告」によれば、ストヤノヴィチはフランス語を解する労働者出身の共産党員であった。ハルビンは中東鉄道沿線の最大の都市にして、中国でロシア人居留民の割合がもっとも大きい異国情緒の街であった。一九一七年六月には該地のボリシェヴィキ組織が秘密裏にハルビン労働者・兵士代表ソビエトを樹立し、一一〜一二月には十月革命に呼応して、実質的なハルビンの統治機構である中東鉄道管理局（ロシア人の運営）にたいして奪権闘争に乗り出す（間もなく鎮圧される）など、ボリシェヴィキ組織が強い基盤を持っていた[99]。中国領でありながら、半ばロシア人の街であり、ボリシェヴィキの極東での拠点でもあったのである。ストヤノヴィチがハルビンでいかなる活動をしていたのかはよくわからないが、東方民族セクションの報告では、その中国への派遣はウラジオストクの活動の一つとして挙げられており、ヴォイチンスキーを派遣したロシア共産党極東州ビューロ－ウラジオストク分局の活動の系列に属するものであろう。天津、北京でヴォイチンスキーと行動を共にした形跡はないが、ヴォイチンスキーが上海で活動を始めたあとには、かれの命を受けて天津から広東に派遣され、「ダルタ通信」（the DALTA News Agency 極東共和国の通信社）の特派員という肩書で活動する一方、広州での共産主義運動に関与することになる（後述）。

3　ヴォイチンスキーの身分と活動拠点

李大釗の紹介状を持ったヴォイチンスキーらが上海に到着したのは、一九二〇年の四月末、ないしは五月と考えられる[100]。ヴォイチンスキーの上海での表向きの身分は、北京と同様にジャーナリスト、さらに正確に言えば、極東共和国の通信社であるダルタ通信の記者であっただろう。そのことは、ヴォイチンスキーの六月の活動報告を手がかりに推測することができる。かれの報告は次のように言う。

そちらの提案に基づいて、我々は報道宣伝に力を入れることになろう。むろん、やるべきことはすべてやっているが。六月一日の『チャイナ・プレス』には、緩衝国〔極東共和国〕にかんする論評が載ったが、それはわたしがかれらに書き写してやった材料をもとにして書かれたものである。今日の号には「世界の労働大衆へのアピール」が全文掲載された。[101]

『チャイナ・プレス』とは、当時上海で出ていた英字新聞 *China Press*（『大陸報』）のことである。まず、この報告書簡には宛先も日付もついていないが、内容から推して、かれの派遣元である党極東州ビューローウラジオストク分局、さらに言えばヴィレンスキー＝シビリャコフらに宛てて書かれたものだろう。そして、その日付は、『チャイナ・プレス』にかれが提供した「世界の労働大衆へのアピール」が掲載された日ということになる。この書簡を収める資料集の編者注では、当該日の『チャイナ・プレス』未発見のため、日付不詳とされているのだが、実は、外務省外交史料館の所蔵資料の中に、偶然にも、『チャイナ・プレス』の当日の当該記事の切り抜きが存在する。[102]その日付は六月九日である。これによって、ヴォイチンスキーの報告書簡の日付も六月九日と確定されるのだが、より興味深いのは、『チャイナ・プレス』がこの記事を「北京ダルタ通信社上海支局」（**the Shanghai branch of the Dalta News Agency of Peking**）からの配信として掲載していることである。つまり、これによって、『チャイナ・プレス』側がヴォイチンスキーをダルタ通信の関係者と考えていたことがあきらかとなるのである。かれの報告書簡はさらに、対外的に発表すべき文書、記事を送ってくれるよう求めているが、これもかれがまずはジャーナリストとして活動していたことを裏付けるものであろう。情報収集とソビエト・ロシアにかんする報道、宣伝は、革命活動の重要な一部だったから、ジャーナリストとしての肩書とロシア共産党の密使としての活動が、不可分の関係にあったことは言うまでもあるまい。[103]

ダルタは一九二〇年に極東共和国が設立した通信社で、その中国での活動には不明な点が多いのだが、その六月初めには北京支局が業務を開始した模様で、ホドロフ（A. E. Hodorov）なる人物が、北京ダルタ通信社の主任（支局長）をつとめていた(104)。このホドロフは、東方民族セクションの「報告」によれば、もとからの社会民主主義者で、ウラジオストクで『遠き辺境』（*Далекая окраина*）という新聞の編集者をつとめたことがあり、ヴォイチンスキーの来華以前から中国で個別に活動してきたロシア僑民の一人であった。ダルタ通信はその後、ソビエト・ロシアのロスタ通信社（the ROSTA News Agency タス通信社の前身）に吸収され、さらにのちにはソビエト・ロシアの中国駐在機関の重要な連絡拠点となるのだが、ヴォイチンスキーらがホドロフと連絡をとりつつ、その端緒を開いたと言えるであろう(105)。

図6

さらに、かれが上海で拠点としたソビエト・ロシア関係機関としては、党シベリアビューロー東方民族セクション宛の書簡で連絡先に指定した全ロシア協同組合中央連盟《ツェントロソユーズ》事務所（実態としては、公営商社）と、ダルタ通信社上海支局と同じ建物にあったロシア語新聞『上海の生活』（*Шанхайская Жизнь* まま *Shanghai Life* と記される）社があげられる(106)。とくに、『上海の生活』（一九一九年九月創刊）は、「カラハン宣言」をいち早く伝えるなど、「純粋の過激派の機関新聞(107)」と呼ばれたものだった（図6参照）。その編集者の一人ゴールマン（M. L. Goorman）は、その後、上海に派遣されたコミンテルン駐在員と日本との連絡係を担当するなど、積極的にソビエト・ロシアのエージェントとして働いた人物である。[108] つまり、先に見たポポフ、アガリョフ、ポタポフの如き「知られざる密使」も含め、当時の国際都市上海には、純粋のボリシェヴィキとまでは言えないにしても、相当数のボリシェヴィキ・シンパが活動していたのである。ヴォイチンスキーは決して孤立して活動していたわけではなかった。

この時期の上海には、およそ五千人にのぼるロシア人居留民がおり、ロシア革命前の十数倍に達していた。[109] むろん、その多くは、ボリシェヴィキ勢力の東進に伴う難民である。だが、当然その中には、ボリシェヴィキにくみする者たちも現れていたのであり、白軍の衰退とソビエト政権の安定に伴って、上海にあった旧ロシアの在外機関などは、新たにやってきた新政権の要員やボリシェヴィキ政権支持の居留民によって、徐々に接収されていたのだった。極東共和国やソビエト・ロシアを容易に承認しなかった北京政府[110]のお膝元では、そうした交代がなかなか進まなかったのにたいし、上海では、ヴォイチンスキーらが活躍する条件はかなり整いつつあったと言えるだろう。これらが交通上の利便とあいまって、上海を拠点とするヴォイチンスキーの活動を可能にしたのである。

4　上海におけるヴォイチンスキーの活動

ヴォイチンスキーの上海での活動に関連する文献としては、まずウラジオストクからヴォイチンスキーを派遣したヴィレンスキー＝シビリャコフの報告（一九二〇年九月）があり、次のように述べている。

今年〔一九二〇年〕の五月に、すでに展開していた活動を指導するために、臨時の集団指導センターが成立した。このセンターの駐在地は上海で、「コミンテルン東アジア書記局（Восточноазиатский секретариат III Коминтерна）」と呼ばれた。(111)

つまり、コミンテルンの在外機関が、ヴォイチンスキーの上海到着後、すぐに設置されたということになる。この報告には、ヴォイチンスキーの名前は挙がっていないが、かれを派遣したのがヴィレンスキーである以上、この「コミンテルン東アジア書記局」の設置が、上海におけるヴォイチンスキーの存在を前提としていたことは、ほぼ間違いない。そもそも、モスクワから極東に派遣されたヴィレンスキーは、「東アジア各国人民の革命運動を支援し、日本、中国、朝鮮の革命組織と強固な関係をうち立てるべきである」という指令を受けていたわけだから、それをヴォイチンスキーの上海到着にあわせて、「コミンテルン東アジア書記局」の設置という形で実行に移したのであろう。ただし、この「コミンテルン東アジア書記局」なるものが、コミンテルン中央によって正式に承認され、その組織的系統に組み入れられたものだったかとなると、少々怪しい。つまり、先に見たように、これより二カ月ほどのちの時点でも、モスクワのコミンテルン中央では、極東局の設置は討議の最中であり、それが「コミンテルン執行委員会極東書記局」（イルクーツク）という形で実現されるのは、一九二一年一月だからである。(113) 当時、上海にできた「コミンテルン東アジア書記局」なるものは、あくまでも便宜的に設けた「臨時」の機関にすぎなかったであろう。

さて、上海にツェントロソユーズ、ダルタ通信といった拠点を得たヴォイチンスキーは、同行した通訳の楊明斎の助けや、在上海のボリシェヴィキ支持ロシア人居留民の支援を受けながら、上海の各界人士と広範に接触するのみならず、上海を拠点にして北京、天津、南京、漢口、広州など中国諸都市、さらには朝鮮や日本の情報も収集した。上海の各界人士との交流の中心に置かれたのは、言うまでもなく陳独秀である。この年の二月に北京から上海にやってきたかれは、『新青年』の編集部(実質的にはかれ一人の編集であったが)も上海に移し、おりからその七巻六号(奥付では発行は五月一日)を、メーデーを祝う「労動節紀念号」と銘打って労働問題一色にするなど、急進化の度合いを強めていたところだった。また、カラハン宣言とこれにたいする各界の好意的反響を集めて紹介したのもこの号である。むろん、これらは、ヴォイチンスキーの上海到着を予期した上でのことではあるまいが、かれを迎える素地は充分にできあがっていたと言ってよい。

陳独秀ばかりでなく、上海にはヴォイチンスキーが連携できるような人士、団体が目白押しであった。陳独秀の周辺でいえば、『新青年』と同様にメーデー特集を組んだ雑誌『星期評論』の李漢俊、戴季陶ら社会主義者、副刊「覚悟」に社会主義文献を次々に紹介していた『民国日報』の邵力子ら国民党系人士、そして国民党とは一線を画していたが、社会主義文献の紹介ではひけをとらなかった研究系の日刊紙『時事新報』の張東蓀らジャーナリストたちが挙げられる。また、団体としては、労働者諸団体の糾合をめざして中国労働運動史上最初の本格的メーデー行事を企図した国民党系の労働界団体「中華工業協会」[114]、五四運動の成果である学生運動のナショナルセンター・全国学生連合会と上海学生連合会などがそれにあたる。この点でも、上海の社会運動の基盤は北京とは比べものにならないほど充実していたのである。そして、そこには中国の各地と同じく、カラハン宣言に見られる革命ロシアの精神を歓迎する空気が充満していたのであった。

それら人士、団体との接触は順調にいったようで、早くも、六月九日にヴォイチンスキーが上海からウラジオストクに送った書簡は、「現在、我々は実質上、中国革命運動のすべての指導者と関係をうち立てている」と述べ、とくに「高い声望と大きな影響力を持つ教授、陳独秀」がその中心になって、ともに活動していることを報告している[115]。

そして、この書簡には、かれの表の顔であるジャーナリストとしての活動と並んで、本来の使命である中国での社会主義運動の組織化の進展が報告されていた。上海到着からひと月ほどの間に、陳独秀との接触を足がかりとして、共産主義組織結成への歩みが急速に進展していったことがうかがえる。

ヴォイチンスキーが上海から送った報告は、この六月九日のものと八月一七日のものの二通が確認されているだけで、六月九日以前に少なくとも一通の報告があったことは確かだが、それは発見されていない[116]。このほか、ヴォイチンスキーの上海での活動を跡づけられる文書資料としては、それら報告をうけて書かれたと見られるヴィレンスキー＝シビリャコフの九月一日のコミンテルン執行委員会あての報告[117]がある。ヴォイチンスキーの活動、および共産主義組織の経緯をその現場から生々しく伝えるこれら報告は、少なからぬ新事実を提供してくれるのだが、実はいくつかの点で、長らく利用されてきた中国人の回想録と符合しない内容を含んでいる。それは、中国人共産主義者の目に映った党の設立過程と、かれらを指導したロシア人の目に映った設立過程が別様のものだったということをあらわし、その不一致自体、本来一つしかないはずの歴史事象が置かれた立場や環境によってさまざまに見えるという、歴史にはしばしばつきまとう現象にほかならない。中国共産党草創期のメンバーとヴォイチンスキーら「使者」との共同作業であった共産党結成というひとつの事柄が、どのように違って見え、なぜ違って見えたのかは、各地の共産党組織の具体的成立過程を追う次章で検討することとし、ここでは主にソビエト・ロシア側の報告者の目に映った共産主義組織の結成過程を見ることにしよう。

まずは、ヴォイチンスキーの報告である。六月九日のかれの報告[118]は、すでに中国革命運動のすべての指導者と関係をうち立てていることを伝えたあとで、「かれらは漢口、広州、南京などの地方では、まだ代表部を置いていないが、我々のそれら地方での活動は、友人たち——すなわち当地の革命家を通じて、すぐに立ち現れるであろう」と述べている。そのために漢口で協力してくれるのは、前述の「ポレヴォイ教授」、すなわちかれを李大釗に紹介してくれたポレヴォイの推薦してくれた「ある非正規の副教授」[119]であった。この時期、在華ロシア人協力者の援助を受けて、活動が上海だけでなく、すでに中国の諸都市にも及んでいたことが知れる。かれはさらに言う。

現在、我々が主に従事している活動は、各革命グループを連合して一個の中心組織をつくることである。「合同出版局ビューロー（Объединенное издательское бюро）」は一つの中核として、それら革命グループをその周りに結集させることができるだろう。中国の革命運動の最大の弱点は、その活動の分散性である。各組織の活動を協調、集中させるために、目下、中国北方の社会主義者と無政府主義者の連合代表会議を招集する準備をすすめている。……陳独秀教授は、各都市の革命家に書簡を送り、その会議の議題、および場所と日時を確定しようとしている。したがって、この会議はおそらく七月初めごろに挙行されることになるだろう。我々は会議の準備作業（日程と決議文の制定）に加わるだけでなく、会議にも参加することになるはずである。

これによれば、出版機関を核にして各地のさまざまな組織をたばねることと、無政府主義者を含む社会主義者の大同団結をうながす会合の開催が当面の活動目標であり、その中心にいたのが陳独秀であったことは間違いない。だが、その統合の中核として想定されている「合同出版局ビューロー」が具体的にはいかなる組織だったのか、つまりその中国名はわからない。それを、雑誌『新青年』の発行元である上海の群益書社とする解釈[120]もあるが、別に確たる証拠があるわけではなさそうである。この報告でもそうだが、一般にロシア人側の報告には、人名、地名、組織名といった固有名詞が少なく、これをそのまま当時の中国の事物に比定するのには、困難がともなう。また、地理的観念も今日のそれとはやや異なるようで、例えば、報告の中に見える「中国北方」も、北京、天津一帯を指すかに見えて、実は、そのほかの報告の例を見ると、上海など江南地域を含んでいることが多い。広東を中心とする当時の南方政府の領域が「中国南方」なのであって、それ以北はおおむね「北方」と考えられているわけである。いずれにせよ、この時期、ヴォイチンスキーらの働きかけが上海の中国人活動家を中心としながら、漢口、広州、南京などにも及ぼうとしていたこと、そして無政府主義者を含む社会主義者の統合のための正式手続きである会合すら、日程にのぼっていたことが見てとれる。

中国人社会主義者と無政府主義者の会合が、計画どおりにおこなわれたか否かは判然としない。別のロシア側文献には、一九二〇年七月一九日に上海で「もっとも積極的な中国の同志たち」の会合が開かれたという記載があり、(121)あるいはそれがこの会合にあたるのかも知れないが、残念ながら確証はない。ただし、その会合に向けて、あらかじめ決議文すら用意されていたのだから、社会主義者の統合が、陳独秀、ヴォイチンスキーらの主導で始まっていたことだけは、疑問の余地のないところであろう。

興味深いことに、こうした活動の進展を後押しするかのように、ヴォイチンスキーを派遣したヴィレンスキー＝シビリャコフがこの前後に中国を訪れている。中国外交部側の記録によれば、かれはユーリン使節団の秘書として、「工商実業の状況を視察」するという名目で、六月下旬に使節団に先だってウラジオストクから中国に向かったとされており、(122)はたしてその後、七月四日に北京入りしている。(123)北京入りしたかれは、さっそくその翌日(五日)から七日にかけて、すでに電報で招集していた天津、上海などの在華ロシア共産党員による最初の公式会議を開き、意見を交換した。北京での会議には、当然に上海で活動していたヴォイチンスキーも出席したであろうし、天津のストヤノヴィチ、ポレヴォイらも参加したであろう。ヴィレンスキーの報告によれば、会議の席上、「中国共産主義組織、すなわち間もなく開催される代表大会と中国共産党の成立」についても意見の交換がおこなわれ、「すでに組織建設の最初の基礎が築かれていること」、「現在の組織がすでに積み重ねてきた経験を利用して党設立の活動を継続すること」、「現地の広範な労働大衆を計画的に党の建設に参加させることによって、現在の組織活動をかれらの中に拡大していくよう努めること」が確認されたという。(124) 当然に注目すべきは、ヴォイチンスキーらの「積み重ねてきた経験」が評価され、中国共産党の設立がすでに近い日程に上っていることである。一言でいえば、この会議は中国共産党の結成へのゴーサインを出したと見てよいだろう。

この会議のあと、上海でのヴォイチンスキーの活動はどのように進展していったか。かれの八月一七日の報告を見てみよう。まず、指摘しておくべきは、この報告が六月九日の書簡とは違って、党シベリアビューロー東方民族セクションに宛てて書かれていることである。先に指摘したように、シベリア、極東のロシア共産党の対中国工作機関は、紆余曲折を経て、一九二〇年八月にイルクーツクに設置された同セクションにおよそ一元化されたのだが、ヴォイチンスキーは上海にあって、それを知っていたわけである。ちなみに、イルクーツクの東方民族セクションののちの報告によれば、同セクションがかれから受け取った報告は、この八月一七日のものが最初で最後であった。(125)

この報告で興味を引くのは、何といっても、「革命ビューロー」の成立を伝える冒頭の部分である。

この間、当地でのわたしの活動は以下のようにまとめることができる。上海に五人のメンバーからなる革命ビューロー(うち四人は中国の革命家で、それとわたし)を設置した。ビューローは、三つのセクション、一、出版セクション、二、情報煽動セクション、三、組織セクションからなる。

この「革命ビューロー」(Революционное бюро)の四人の中国人構成員の氏名は記されていないし、それが中国語で何と呼ばれたのかはわからないが、そのメンバーに少なくとも陳独秀と李漢俊[126]が含まれていたこと、そしてこの「革命ビューロー」なるものが、のちの共産党設立の母体となった上海の共産主義グループにあたることだけは、ほぼ間違いあるまい。報告によれば、「革命ビューロー」は上海に設けられただけでなく、北京にも同様のビューローができていて、前述のミノールことストヤノヴィチとポレヴォイがヴォイチンスキーの指示に基づいて活動を展開しており、さらにストヤノヴィチは、広州にも「革命ビューロー」を設けるべく天津から広州に派遣されていた。また、漢口にも「革命ビューロー」の設置が予定されている。他方、これら中国革命ビューローのほかに、上海に居住していた朝鮮独立運動の志士を対象とした「朝鮮革命ビューロー」があって、中国のそれと協力しながら出版活動をしていたことも報告されている。

上海の「革命ビューロー」の三つのセクションの活動にかんする記述は、相当に具体的である。まず、出版セクションについては、こう述べている。

すでに自前の印刷所をもっており、各種のパンフレットを印刷している。ウラジオストクから送って寄こしたあらゆる資料(書籍をのぞく)は、ほとんど中国語に翻訳されて発表されている。『共産党宣言』が発行されたほか、現在十五種のパンフレットとビラが印刷を待っている。付言すれば、『共産党とは何か』『ロシア共産主義青年運動』『兵士の話』(これはある中国革命家の手になるもの)などがすでに発行された。……今週の八月二二日に我々の出版セクションは、中国語の『労働者のことば』(Рабочее слово)を出版する予定である。予定では月刊で、二千部の印刷、一部一セント〔銅銭一枚〕である。これは自前の印刷所で印刷する。

『共産党宣言』とは、言うまでもなく、陳望道の翻訳にかかるもので、陳独秀と李漢俊の校訂をへて同年八月に出版されたばかりであった。題名の挙げられているパンフレット、ビラについては、はっきりしない点もあるが、『共産党とは何か』は『誰是共産党』[127]のことで、『兵士の話』は『一個兵的説話』[128]のことを指しているのであろう。いずれも一九二〇年前後に上海の共産主義グループによって散布されたと言われているパンフレットである。一方、『労働者のことば』は、上海の共産主義グループが刊行した週刊雑誌『労動界』(一九二〇年八月一五日創刊)のことであろう。八月二二日には第二号が出ており(価格は銅銭二枚)、陳望道や李漢俊、陳独秀の文章が掲載されている。『共産党宣言』の発行元は「社会主義研究社」になっており、『宣言』のほかに『馬格斯資本論入門』(マーシー著、李漢俊訳、一九二〇年)を出しているので、この「社会主義研究社」、すなわち新青年社(『労動界』の総販売元も新青年社)が「革命ビューロー」の出版セクションに相当するものと考えられる。

ついで、情報煽動セクションについては、次のように記されている。

情報セクションは「露華情報ビューロー」(Русско-китайское информ бюро)を設立し、現在、中国新聞三十一紙に記事を提供している。その範囲を拡大するために、すでに北京に分局を設けた。情報セクションの資料は、ある中国人同志が責任を持っているが、その資料ソースの主なものは、ロシア極東の新聞、および『ディリー・ヘラルド』(*Daily Herald*)、『マンチェスター・ガーディアン』(*Manchester Guardian*)、『ネーション』(*Nation*)、『ニュー・リパブリック』(*New Republic*)、『ニューヨーク・コール』(*New York Call*)、『ソビエト・ロシア』(*Soviet Russia*)、そして我々のグループが提供した文章である。ソビエト・カレンダー(Советский календарь)の文章、例えば「十月革命は何をもたらしたか」[129]も全文発表された。

「露華情報ビューロー」とは、ヴォイチンスキーとともに上海にやってきた楊明斎が中心となって設立した「中俄通信社」(「華俄通信社」と表記されることもある)である。情報セクションの資料(翻訳)を担当していた「ある中国人同志」とは、楊明斎あたりを指しているのであろう。現在確認される限りでは、同通信社のもっとも早いニュース原稿は、この年の七月二日に『民国日報』に掲載されている(「遠東俄国合作社情形」)から、「露華情報ビューロー」なるものは、それ以前には設立されていたことになる[130]。「中俄通信社」は、実体としては、ダルタ通信社、ロスタ通信と一体であったようで、のちに広東を訪れた前述のホドロフは、「華俄通信社はダルタ(本社はチタ)とロスタ(本社はモスクワ)の二つの通信分社からなるものである[131]」と述べている。ダルタやロスタがおもに外国向けの配信をおこなったのにたいして、中俄通信社は翻訳をした中国語ニュースの配信を担当していたのであろう。

この報告は、かれら情報ビューローの資料の来源をあきらかにしているが、その中でも注目すべきは、アメリカの左翼雑誌である『ニューヨーク・コール』とならんで、『新青年』「ロシア研究」専欄の主たる情報源となった『ソビエト・ロシア』が挙げられていることだろう。前章で述べたように、この報告から間もなく再刊された『新青年』は、『ソビエト・ロシア』をはじめとするアメリカの雑誌から次々とボリシェヴィキ文献の翻訳をおこなうなど、一挙にアメリカ社会主義運動の影響を見せはじめるのだが、こうした英語文献の仲介をしたのがヴォイチンスキーらであったことが裏付けられるのである。

いま一度ヴォイチンスキーの前半生をふりかえれば、かれはその北米移民時期(一九一三〜一九一八年)にアメリカ社会党に入党した経歴があった。当然に、アメリカにおける社会主義文献の出版事情(雑誌の傾向、出版社など)には、少なくとも在上海の中国人社会主義者に比べれば、格段に通じていたはずである。とすれば、この報告で言及されている雑誌類はもとより、一九二〇年の後半に中国語に翻訳されたアメリカ社会党系の出版社(例えば、シカゴのチャールズ・H・カー出版社)の刊行物を提供した、もしくはその購入にあたって口利きをしたのは、このヴォイチンスキーであったとほぼ断言してもよいだろう。陳独秀ら上海の『新青年』同人は、ヴォイチンスキーとの接触ののち、雑誌の表紙をアメリカ社会党のシンボルマークに改めることになるが、その理由もヴォイチンスキーとアメリカ社会党とのつながりを考慮に入れれば、容易に理解されよう。実際の共産主義運動の組織化だけでなく、その理論的支えとなるボリシェヴィキ文献の伝播という面でも、ヴォイチンスキーの果たした役割は大きかったのである。

三番目の組織セクションにかんする部分は、かれらの働きかけの対象とその進行状況を伝える。

組織セクションが従事しているのは、学生工作であり、その意図はかれらに宣伝をおこない、かれらに労働者や兵士と連携するよう仕向けることにある。この面での活動は、今のところ別に成果をあげてはいないが、能動的なグループがいくつかあり、我々はかれらと協力しはじめている。今週、我々の組織セクションは、十個の労働団体からそれぞれ二名の代表を参加させる代表会議を招集し、労働団体中央ビューローを成立させることにしている。その中央ビューローは、一名の代表を我々の上海革命ビューローに派遣することになるだろう。わたしは英語でこの会議のために決議文を起草したが、それは上海革命ビューローで討議、採択された。この決議はすでに中国語に翻訳されているが、目下、そのテーゼは労働団体で宣伝をおこなうさいの材料である。

報告は、各種労働団体の統合による「労働団体中央ビューロー」の設立が予定されていて、その決議文まで用意されていると述べているが、『労動界』をはじめとして、当時の新聞記事などを追っても、八月下旬に上海でこれに類する会議が開かれたり、労働団体のセンターが結成されたりした形跡はない。この時期、陳独秀らが「真の労働者団体を組織せよ」[132]と呼びかけていたのは事実であり、前述の中華工業協会や上海船務桟房工会連合会、上海工商友誼会などの労働団体に接触したりもしているが[133]、それら雑多な団体が結集することはなかった。あるいは、陳独秀らがこの年の九月ごろから設立に乗り出すことになる「上海機器工会」(一〇月三日に発起会、一一月二一日に正式成立[134])のことを指すのかも知れないが、それとて「十個の労働団体からそれぞれ二名の代表を参加」させたような大がかりなものではなかった。陳独秀によって、「新しい工会の大半は下劣な政客がでしゃばっている[135]」と評された在来労働団体の統合は、この報告のとおりには進展しなかったのであろう。

以上の「革命ビューロー」の活動を見る限り、その成果といえるものは、労働団体の糾合といった組織面よりも、むしろ出版、宣伝の方面に顕著だが、いずれにせよ、北京の在華ロシア共産党員会議によって、中国共産党設立へのゴーサインが出たあとの一九二〇年七月から八月にかけて、共産党の結成への歩みが「革命ビューロー」を核として加速されたことはまちがいない。そして、この報告は今後の予定として、次のような展望を示していた。

今月のうちに、各種の革命的学生団体を組織して、統一した社会主義青年同盟(Союз социалистической молодежи)を設立したいと思っている。この青年同盟は我々の上海、北京、天津の革命ビューローに代表を参加させることになるだろう。……この二週間の間に、我々の参加の下、上海、北京、天津で一連の学生の会議をおこない、あらゆる急進的団体を連合させることが話し合われた。今日、北京では中国(北京、天津、漢口、南京)の諸都市の学生の代表会議がおこなわれているが、その目的は連合の問題に最終的に決着をつけることである。今日の会議では、連合による社会主義青年同盟設立を主張する流れは強いはずである。なぜなら、ここ数日、わたしはこの会議に参加する影響力のある代表とこの問題について協議をおこない、最終的に合意に達したからである。

ここで注目されるのは、革命的学生団体の統一組織として「社会主義青年同盟」の設立が予定されており、事前の打ち合わせを経て、「今日」すなわち八月一七日に北京でそれに向けての代表大会が開かれていると報告されていることである。北京、天津等の代表を集めて北京で開かれた会議とは一体何を指すのか。考えられるのは、八月一六日から一八日にかけて、北京の少年中国学会、曙光社、人道社、天津の覚悟社、および青年互助団の五団体が北京の陶然亭、北京大学図書館で開催した「改造聯合」発起の会合である。少年中国学会とは五四運動直後に結成され、そこで発揮された中国青年の奮闘の精神を受け継いでいこうとする当時最大の青年組織(李大釗、鄧中夏、張申府といったのちの中共党員を含む)、曙光社は一九一九年一一月に北京に学ぶ山東出身の学生(宋介、一八九三～一九五一――のち中共党員)を中心にして結成された青年組織(雑誌『曙光』を刊行、一九二〇年よりさかんにソビエト・ロシアの紹介記事を掲載)、天津の覚悟社は周恩来(一八九八～一九七六)、劉清揚(一八九四～一九七七)――ともにのち中共党員――らを中心にして一九一九年九月に結成された進歩的青年団体、人道社は、雑誌『新社会』を発行していた鄭振鐸、瞿秋白ら北京YMCAに関係のあった青年たちが一九二〇年八月初めに結成した青年組織(雑誌『人道』を刊行)である。青年互助団については、その所在地やメンバーは不明だが、当時簇生していた無政府主義系団体と推定される。

これら五団体の会合は、天津の覚悟社が音頭をとって、各地に分散する進歩的団体を連合させるために開催されたもののようだが、一六日の茶話会で、少年中国学会を代表して出席した実質的呼びかけ人の李大釗は、対内一致のために主義を明確にする必要性を訴え、それに基づいて各団体の連絡をすすめるよう提起している。そして、一八日に各団体からの代表によって北京大学図書館で開催された連絡準備会（少年中国学会からは李大釗、張申府らが出席）において、統一団体の名称を「改造聯合」とすることが決められ、活動内容と組織大綱の作成が議決された[136]。さらにその翌日の北京の少年中国学会の茶話会では、李大釗が「対内的にも、対外的にも本会の主義をあきらかにする必要がある。なぜなら主義があきらかでなければ、内にたいして全体の意思を統一できないだけでなく、外にたいしても他と連合した行動をとることができないからである」と述べ、その方針について全体で討議することが決定されている[137]。

この会合の模様を伝える短い記事には「社会主義青年同盟」という字句は見えず、また五団体によって結成された「改造聯合」も一時的な組織であったらしく、その後いかなる活動をしたのかを伝える資料もほとんどない。唯一、この「改造聯合」の会合に参加した人物の回想に、会合ののち、「北京にとどまった覚悟社の会員のうち、数人が李大釗先生の指導のもと、労働者、婦女、青年学生運動に加わった。内二名の社員が李大釗先生の紹介で、ソ連《ママ》の国際通信社である「華俄通信社」の活動に加わった[138]」という記述があるのみである。ただし、前述のように、「華俄通信社」は、「革命ビューロー」の情報セクションの一部だったから、この点でも「青年同盟は我々の上海、北京、天津の革命ビューローに代表を参加させることになるだろう」というヴォイチンスキー報告にも符合する。「社会主義青年同盟」発起のための会合が、この「改造聯合」の会合に相当することは、ほぼ間違いなかろう。「改造聯合」というような進歩的小団体の統合への動きが、ヴォイチンスキー報告では、「社会主義青年同盟」の結成というやや大げさな表現になったと考えられるのである。

以上で見たように、ヴォイチンスキーの報告は、一部にやや誇大な表現が散見され、また具体的な組織名や人名については、その中国名を比定しにくいものがあるものの、かれの上海到着後、その主導のもとで中国、とくに上海の共産主義運動が相当に進展したことを物語っている。中国各地での具体的な結党過程は次章で詳しく検討することとして、以下かれの帰国（一九二一年はじめ）までの足どりを簡単に述べておこう。ただし、現存するヴォイチンスキーの報告は上記の二つしかないので、八月以降の活動は、断片的な資料からうかがうしかない。

まずは、かれの任務のひとつであった朝鮮、日本の社会主義運動との接触であるが[139]、一九二〇年一〇月ごろに、日本を脱出して上海にやってきた大杉栄と会見したようである。大杉の『日本脱出記』によれば、八月の末ごろ、大韓民国臨時政府（上海）の要人M（いわゆる馬某）がかれに上海行をすすめるために来訪し、それをうけて大杉は一〇月に上海に渡った。かれは上海で、L（李東輝）、C（陳独秀）、R（呂運亨）らと会見している[140]。そこに出てくる「ロシア人のT」とは、おそらくヴォイチンスキー（変名：タラソフ）であろう[141]。大杉によれば、かれはその「T」から運動資金として二千円を受け取り、帰国している。

他方、中国の政界人士との接触としては、一〇月九日に北京で、ポレヴォイとともに、進歩的軍閥の評のあった呉佩孚の幕僚白堅武と会見して、中国の現状と将来について意見を交換し、革命ロシアのさまざまな組織について紹介している[142]。ジャーナリストとしての取材をかねて、今や北京政府を支える直隷派有力軍人となった呉佩孚の動向を知ろうとしたのであろう。さらに翌一一月には、陳独秀のすすめにしたがって、上海に滞在していた孫文とも会見している[143]。この会見のさい、孫文は自らの革命活動の歩みについて詳細に説明するとともに、ロシア革命の状況について色々と質問し、かれの拠点である広州は地理的条件からいってロシアと連絡しにくいから、ウラジオストクか満洲里に強力な無線通信施設を設置して広州と連絡を取りあうようにはできないか、と語ったという[144]。これにたいしてヴォイチンスキーがどのように応対したのかはわからない。恐らく、この訪問はその評価が褒貶相半ばしていた孫文の動向をさぐるためのものだったのであろう。

ついで、この年の暮れには、広州を奪回した陳炯明の招請に応えて広州に赴いた陳独秀と相前後(あるいは同伴)して、広州にしばらく滞在した。その間、すでに広州に派遣されていたストヤノヴィチらと広州共産主義グループ(ヴォイチンスキーの言い方を借りれば「広州革命ビューロー」)の活動を援助するとともに、陳独秀をともなって陳炯明とも会談している。(145) 広州での党組織結成への活動は次章で後述することにするが、この広州行は北京にいた極東共和国の外交使節団の長であるユーリンの命によるもので、同伴者にはさらにポレヴォイがいたことが確認されている。(146) 北京政府との外交交渉がなかなか進展しなかったことに業を煮やしたユーリンが、広州にあった南方政府の意向を探るために派遣したのであろう。ヴォイチンスキーが広州から上海にもどってきたのは、一九二一年一月一二日のことで、(147) その後、間もなく北京経由でロシアにもどったが、帰国のさいの経路や詳しい日時はわからない。ただ帰国後、この年の一月にイルクーツクに設置されたコミンテルン執行委員会極東書記局にしばらくいたことは、確かなようである。(148) その後、モスクワのコミンテルン第四回大会(一九二二年一一～一二月)やウラジオストクなどでキャリアを積み、極東問題の専門家としての地位を確立したかれが、コミンテルン執行委員会の代表として再び中国を訪れるのは、この帰国から三年後の一九二四年四月のことになる。(149)

5　あいつぐ使者の来華

ソビエト・ロシア、コミンテルンの中国への初期の働きかけの中で、ヴォイチンスキーの活動が大きなウェートを占めたことは、疑問の余地のないところだが、かれの中国滞在時期において、ロシア側の対中国工作の窓口は、必ずしもヴォイチンスキー一行に一本化されていたわけではない。シベリア、ロシア領極東のロシア共産党組織の対極東工作を一元化すべく一九二〇年八月にイルクーツクに設立された党シベリアビューロー東方民族セクションにしても、八月から一二月まで、ヴォイチンスキーから受け取った活動報告は、わずかに一通のみであったし[150]、ヴォイチンスキーへの送金も、同セクションの財政難から、党極東ビューローに依存するありさまだった[151]。依然として続いたかかる連絡体制の不備の結果、ヴォイチンスキーの来華期間中も、系統を異にするさまざまな「使者」たちの来華があいつぐことになった。その代表的な人物が、ホフロフキン（V. Hohlovkin）とフロムベルグ（M. Fromberg）である[152]。

まず、ホフロフキンであるが、かれの来華について、中共の初期の党員であった彭述之（一八九六〜一九八三）は、一九二四年に李大釗から聞いた話として、大要次のように述べている。一九二〇年初頭にイルクーツクのコミンテルン極東書記局（?）の依頼をうけて、ホフロフキン（荷荷諾夫金）が北京に李大釗を訪ねて共産党組織の打診をした。北京を訪問したホフロフキンは、李大釗、および陳独秀から共産党結成に好意的な返事をもらったので、喜んでイルクーツクにもどり、それからしばらくしてヴォイチンスキーが正式に派遣されてきた。ハルビンで生まれ育ったホフロフキンは、中国語が流暢で、のちにモスクワの東方大学〔東方勤労者共産主義大学、クートヴェ〕で教鞭をとった、と[153]。この回想が正しいとすれば、このホフロフキンはヴォイチンスキーに先立つソビエト・ロシアからの使者ということになる。ただし、かれがのちにクートヴェの極東部主任となったことは確かだが[154]、ソビエト・ロシアからの最初の使者ではなかったようである。なぜなら、かれを派遣した党シベリアビューロー東方民族セクションの報告は、ホフロフキン（同セクションの中国科書記）の中国訪問を、一九二〇年八月に成立した同セクションが中国に派遣した最初のメッセンジャーと記しているからである。その報告によれば、かれにあたえられた使命は、換金可能な宝石と書籍、および上海支部（ヴォイチンスキー）への詳細な指示の運搬であった[155]。中国との連絡が、極東共和国、あるいは党極東ビューローの介在によってスムーズに運ばなかったため、直接に人員を派遣したのであろう。かれの中国派遣が八月以降であったことは間違いないが、派遣や帰国の具体的日時や上海にいたヴォイチンスキーとの接触の成否については、記録が残っていない。

もう一人のフロムベルグは、ヴォイチンスキーが帰国を目前に控えていた一九二一年一月に、チタの国際労働組合評議会極東ビューローのスムルギス（Yu. D. Smurgis）[156]から満洲里経由で上海に派遣された人物である。[157]フロムベルグは、それまで党シベリアビューロー東方民族セクションの情報部門の仕事をしていたらしい。かれの中国派遣の目的は、主には上海のヴォイチンスキーと連絡を取りあい、中国の労働運動の支援をすることであったとされる。スムルギスの一九二一年六月三日の報告は、極東ビューローから派遣した代表（恐らくはフロムベルグ）がすでに上海に到着したことを告げているが、その到着がいつのことだったかについては、はっきりとは述べていない。ただし、かれは別の報告で、フロムベルグの紹介状を持った二十名ほどの中国人が六月一〇日にチタに到着したと述べており、当時の上海―チタ間の交通事情を考慮すれば、その数カ月前にはフロムベルグが上海に到着していたことになる。このフロムベルグにしても、果たして予定どおりに上海でヴォイチンスキーと接触したか否かは不明である。スムルギスの七月六日の報告は、上海のフロムベルグと共に活動を展開している同志として、ヴォイチンスキーの名前を挙げているが、この時期、ヴォイチンスキーはすでに中国を離れているのだから、これは何らかの誤解であろう。あるいは、一九二一年六月に上海についたマーリン、ニコリスキーと混同しているのかもしれないが、[158]いずれにしても、フロムベルグがほぼヴォイチンスキーと入れ替わる形で上海に現れ、中国人社会主義者と交渉をもったことはほぼ確実である。[159]一九二〇年末の時点では、中国で活動するこれらロシア共産党員は、全部で十名あまりに達していたと言われている。[160]

ホフロフキン、フロムベルグらの来華とその中国での活動は、結果はともかく、その意図がヴォイチンスキーの活動に連なるものであったため、まだしも理解しやすいが、実はヴォイチンスキーのロシア帰国の前後から、かれとはまったく別のルートからの対中工作が進行していた。それは、まさにソビエト・ロシア、コミンテルンの対極東工作の不統一を如実に反映したものなのだが、その別ルートからの働きかけは、陳独秀らの共産党とは別の、もうひとつの「中国共産党」を生みだし、ヴォイチンスキーによっていったん軌道に乗った中国共産主義組織結成の歩みを錯綜したものにしていくことになる。

第三節　中国「ニセ」共産党始末

1　近藤栄蔵の接触した中国の「共産党」

一九二一年の初めにヴォイチンスキーが――恐らくは中国での活動を報告するため(161)――中国を離れたあと、ソビエト・ロシア、コミンテルンからの要員派遣は、同年六月のマーリンらの上海到着までの間、しばし途絶えるとされる。先にも述べたように、実はヴォイチンスキーの帰国後も、フロムベルグらソビエト・ロシアの関係者の一部は上海に駐在し続けるのだが、中国共産主義組織の結成に大きな役割を果したヴォイチンスキーの帰還は、上海の共産主義者にとっては、少なからぬ打撃であったようで、それ以後、マーリンの来華までの一時期、上海共産主義グループの活動は、資金難から停滞してしまう。また、上海での活動の中心であった陳独秀が一九二〇年暮れに広州へ移ったことも、停滞の原因のひとつであった。例えば、かれらの機関誌であった『新青年』(月刊)は、一九二一年一月に八巻五号が出たあと、四月まで発行が途絶えてしまう。同様に、雑誌『共産党』(月刊)も一九二〇年一二月に二号が出たあと、半年以上も発行されなかった。(162) これら出版活動の停滞が、単に官憲側の妨害(163)によるものでないことは、のちのマーリンの報告からもあきらかである。

ヴォイチンスキー同志が上海で活動していた時期、陳独秀同志の指導のもとに、中国の共産主義グループが形成された。陳独秀同志は、数年来、雑誌『新青年』を編集してきた人物である。このグループは、七つか八つの地方に支部を有しているが、そのメンバーは中国全土で五、六十人にも達していない。かれらは、労働者学校の援助をうけて活動したが、ヴォイチンスキー同志が帰国してしまうと、経費不足におちいり、それも中断してしまった。(164)

ヴォイチンスキーの帰国がそのまま活動資金の途絶を意味したことは、当時の共産主義グループの一員であった包恵僧が、「のちにヴォイチンスキーが帰国し、陳独秀が広東に行ってしまうと、臨時中央の財源は断たれ、あらゆる活動がその影響をこうむった。『共産党』月刊も何カ月も編集、刊行が止まった(165)」と述べていることからも見てとれる。陳独秀グループの活動がこのようにいったん停滞していた時期、実は中国では、ソビエト・ロシアからの働きかけを受けた別系統の中国共産党結成の動きが進行していた。これまでほとんど知られることのなかったもうひとつの「中国共産党」である。そして、一九二〇年代の初頭に一瞬の光芒をはなち、まもなく歴史の闇に姿を消したこの「中国共産党」こそが、実は一九二一年五月に日本の共産主義組織から上海に派遣された近藤栄蔵が接触した中国の共産党だったのである。

近藤栄蔵（一八八三～一九六五）は草創期日本共産党の一員であり、一九二一年春に密かに来日した朝鮮人李増林（あるいは林某）の働きかけののち、五月にいわゆる「日本共産党暫定執行委員会」の委託をうけて単身上海にわたり、かの地の国際共産主義組織に接触して、コミンテルンとの連絡や資金授受にあたったことで知られる。だが、かれが上海で接触した国際共産主義組織とはいかなるものであったのか、あるいは、そこで同席した中国の共産主義者とは一体いかなる人物であったのかについては、不明な点が多々残されている。近藤の後年の回想録[166]によれば、上海でかれを歓迎してくれたのは李東輝、朴鎮淳ら朝鮮人共産主義者と、中国人では「北京大学の講師で、中国共産主義者の草分け」の「黄某」（すなわち黄介民[167]）であり、またかれの警察側への供述にもとづくとおぼしき官憲文書[168]では、そこに居合わせたのは金河球、朴致順〔朴鎮淳〕、李東輝、金立ら朝鮮人と中国人の「姚作賓」だったと記されている。

ここで名前の挙がっている者のうち、朴鎮淳（一八九七～？）や李東輝（一八七三～一九三五）らはいわゆる上海派高麗共産党と呼ばれる組織の指導者であるから一応はよしとしても、問題は中国人の「黄介民」や「姚作賓」のほうである。かれらは一体何者なのか。当時、上海にあっては、こんにちの中国共産党の前身である、いわゆる「上海共産主義グループ」が、李漢俊や李達らを中心に中国共産党結成に向けて活動していたわけであるが、かれらの中には「黄介民」や「姚作賓」の名は見当たらない。とすれば、近藤が上海で出会った中国人共産主義者が、なぜ李達や李漢俊といった「本物」の中国共産党員ではなく、その素性すらよくわからぬ「黄介民」や「姚作賓」らだったのかという疑問がわき起こってくる。かれらは一体何者なのか。そして、かれらはいかなる資格でそこに居合わせたのだろうか。

そもそも中国に「中国共産党」なる名称が現れたのは、実は辛亥革命直後の一九一二年にさかのぼる。一九一二年三月に上海の『民権報』に掲載された「中国共産党」の党員募集広告、および同年四月二八日の『盛京時報』（奉天）に載った「中国共産党」の政治綱領がそれである。ただし、この「共産党」は紙の上の政党であったらしく、その具体的活動を伝える資料は残っておらず、その構成員などもまったく不明である。[169]その後、ロシア革命後の中国においては、「共産」の二字は、守旧的な人々によって「不道」のレッテルを貼られる一方、一部の急進的知識人を引きつけたようで、陳独秀らのグループのほかにも、「共産主義」を掲げる結社が一九二〇年から一九二二年にかけて、ポツポツと現れるようになった。当時、「共産党」なる名称は、まだ陳独秀らの組織の独占物ではなかったのである。それら組織自身の手になる宣言や報告が残っているものとしては、一九二〇年三月に重慶でできたとされる「共産党」や、一九二二年二月に北京でできた「中国共産主義同志会」をあげることができるし、現にそれら組織にかんしては初歩的な研究がなされている。[170]だが、それら「雑派」共産党がいわば時流に棹さして結成されたものだったのにたいして、黄介民、姚作賓の組織した共産党は、コミンテルンの働きかけを受けて結成され、実際に陳独秀らの共産党と正統争いをしたという点で、前者と大きく異なっている。そして、かれらの共産党の結成は、この時期のソビエト・ロシア、コミンテルンの対中工作が必ずしも一本化されたものでなかったということの結果として生じたものであった。

2　一九二一年のモスクワに参集した中国の「共産党」

「正宗」中国共産党創立史関係資料に比べれば、「雑派」共産党にかんする資料などは無に等しい。当然に、自己の報告さえ残っていない黄介民、姚作賓の「共産党」にかんして、まとまった資料などあるはずもないが、いくつかの資料をつなぎ合わせてその顚末を描くことは可能である。まずは、かれらの共産党が一九二一年のモスクワでいかに扱われたかを先どりして見てみよう。同時代資料として、一九二一年のモスクワにおける姚作賓のコミンテルンとの接触工作を示すものは以下の三つである。

そのひとつは、この時期にモスクワにいた中国人無政府主義者である抱朴〔秦滌清〕が一九二四年に発表した「赤俄遊記」の一節であり、そこには大要次のように記されている。コミンテルンから四、五十万元の活動費を受け取った上海の朝鮮人金某〔金立?〕は、姚作賓を通じて中国人無政府主義者と接触した。そして、会議費用として千元を提供したので、一九二〇年五月には上海で無政府主義者大会が開催された。無政府主義者大会の大勢は、コミンテルンの大会に代表を派遣することには反対だったが、一部の人士が派遣に固執し、その結果、一九二一年に姚作賓がヨーロッパ経由でモスクワのコミンテルン大会に参加しようとした。姚作賓はロシア人の前では共産党の代表者だと自称し、自分たちがどれほどの軍隊を擁しているかを吹聴した。モスクワの社会主義青年団はこの知らせを受けると、直ちにコミンテルンに宛てて抗議書を送り、学生全体のストライキを以て迫り、一方では代表を派遣して姚、張〔張民権〕を監禁した、と。(171)

第二は、民国初期に中国社会党を結成した経歴をもつ江亢虎が、一九二一年のモスクワ行を記した旅行記の一節「中国の五つの共産党のことを記す」で、そこにはこうある。一九二一年のコミンテルン第三回大会に出席するために、「上海の学生姚君が朝鮮人とともに西欧から入露した。その言うところによれば、すでに東方共産党の組織があり、しかして自分はその専使であるということだった」と。(172) ちなみに、江亢虎の記す残りの四つの入露した「共産党」とは、①社会主義青年団より来た学生の「張君〔張太雷〕、于君〔兪秀松のことであろう〕」、②同じく社会主義青年団より大挙やってきた留学生たちで、「張、于の代表者たることを承認しない」「少年共産党」、③黒龍江省黒河の中国社会党の旧支部の「龔君、于君」が改組した「中国共産党」、④単身で入露した杭州の「張君〔張民権〕」がその代表を自称した「支那共産党」、の各組織であった。江は、この五つの党はそれぞれが自己の正統性を主張したが、②の党が人数的にもっとも多く、他党の「共産党」僭称を非難する中でも「とりわけ姚にたいして激昂していたが、その結果がどうなったかは知らぬ」と述べている。

そして、いま一つは極東諸民族大会[173]に参加したとおぼしきCPなる人物が一九二二年に書いた文章「われの観察したるロシア」[174]で、そこにはこうある。モスクワで、「中国人の劣等性質をもっともよくあらわしたのは、中国学生連合会長とかいう廖某〔姚某、すなわち姚作賓のことであろう〕と張某〔張民権〕が中国共産党代表を詐称したことである。元来、この廖某はかつて高麗人金某〔金立?〕と謀ってロシアの資金をだまし取り、中国で共産党を組織するなどともっともらしいことを言っていた。のちになり、中国に共産党の影さえなくなると、今度はこの張某とロシアにやってきて、同じような詭計を弄したのである。しかし、かれらは当地の中国学生によって大きな打撃を加えられ、すぐに中国に帰って行った」。

これらを総合すると、姚作賓の組織した中国の共産党とは、どうやら朝鮮人共産主義者の働きかけをうけて成立したものであるらしいということ、そしてその共産党が、一九二一年の六月から七月にかけて開かれたコミンテルン第三回大会をめがけてモスクワにやってきたさまざまな中国の「共産党」とともに、コミンテルンのお墨付きをもらうべく互いに暗闘していたらしいということがうかがえる。ちなみに、姚作賓とならんで「共産党」を詐称したとされる張民権(生卒年未詳)は、この時期に上海、福建、東南アジアを股にかけて活動していたエスペランティスト、無政府主義者で、「中国の改革を志す各地の青年が集会を開いたさい、一部の推挙をうけてコミンテルン大会に出席する」[175]ために、一九二一年六月に上海を発ち、イルクーツク経由でモスクワ入りしたとされる人物[176]だが、どうやらかれも姚作賓と同じく、自ら「共産党」の旗を掲げていたらしい。「上海派」と「イルクーツク派」の内訌を引き起こした高麗共産党の例[177]を引くまでもなく、各国の自称「共産党」が「本物」の「共産党」になるためには、何といってもコミンテルンの承認が不可欠であったから、姚作賓の共産党もその承認をかち取るべく画策していたのであろう。そしてそれにたいする風当たりが相当のものであったことが知れる。

それでは、姚作賓のコミンテルンへの働きかけはどうなったのであろうか。北京の中央檔案館に残されているひとつの資料がその結末を推測させてくれる。それは、先に引いた抱朴「赤俄遊記」がいう、姚作賓の代表権問題のために中国社会主義青年団がコミンテルン宛に送った抗議書とおぼしき声明文である。すなわち、当時ロシアに派遣されていた中国社会主義青年団の代表である兪秀松は、一九二一年九月二八日付でコミンテルン執行委員会極東書記局にたいして声明を送り、次のように述べていた。

先ごろモスクワに到着し、中国共産党の代表を自称せる中国公民姚作賓は中国共産党員ではない。したがってコミンテルンと連絡をとるいかなる資格も持たない。コミンテルンがかれと検討し、さらには決定したいかなるもの(姚作賓の建議にもとづき、コミンテルンが資金を提供する等のこと)も、中国共産党は承認しない。なぜなら、周知のように、姚作賓は第二次全国学生大ストライキの時期には、すでに中国学生の卑しむべき叛徒となっていたからである。(178)

この声明より先に開かれたコミンテルン第三回大会において、中国代表として承認されたのが張太雷と兪秀松の二人、すなわち陳独秀らの中国共産党である以上、この声明が姚作賓の工作に大きな打撃をあたえたであろうことは想像に難くない。事実、その後にコミンテルンが姚作賓を相手にした形跡はなく、その三カ月のちに開催された「極東諸民族大会」の中国代表団の中にもかれの名前を見いだすことはできない。(179)かれの「共産党」はついに正統たることを得なかったのである。

では、勇躍モスクワに乗り込んだかれの行動は、そもそもが資金欲しさの場当たり的な行動だったのであろうか。仮にそうだとすれば、「正宗」中国共産党をはじめとしてモスクワに参集した中国の各種共産党による非難を受けていた姚作賓の共産党にたいし、兪秀松の声明が伝えるように、コミンテルン側が資金提供をはじめとする話し合いをしていたことはどう解すればよいのだろうか。また、近藤栄蔵がコミンテルンとの連絡のために上海に赴いたさい、その会合の場に姚作賓らが立ち会っていたことは、どのように解釈すればよいのだろうか。実は、コミンテルン側にとって、姚作賓らの共産党はそれなりに対応するに値する共産主義組織として映っていたものであった。

3　大同党——黄介民、姚作賓の「共産党」

ヴォイチンスキーを中国に派遣し、自らも一九二〇年七月に北京を訪れたヴィレンスキー＝シビリャコフのことは前に述べたが、かれは帰国後の同年一二月にモスクワで、「中国共産党成立前夜」[180]なる中国革命情勢の報告を執筆している。「中国共産党成立前夜」は、中国を訪れたかれの目がいかなる社会主義勢力に注がれていたかを我々に伝えてくれる。五四学生運動や各地の労働運動、民初以来の既成政党の動向を概観するその文章の「中国の革命組織」の項の中で、かれが「ロシア大革命の発生の瞬間から、中国ではより新しい党派(政党)グループの成立が開始された」としてとくに名を挙げるのは、福建の陳炯明を首領に戴く「真理社」(Tchen-Li-Tche)と、「社会民主主義的な、しかし徐々により多くの共産主義的理念が取り入れられた」「大同党」(Da-Tun-Dan)の二つであった。それらはともに「学生運動のネットワーク」から生まれたとされている。不思議なことに、当時活動を展開しはじめていたはずの陳独秀らの上海共産主義グループについては一言も触れられていない。そして、興味深いことに、「社会主義者、国際主義者」の党派であると高く評価されたその「大同党」のメンバーとして「Jao-Tso-sin」[181]、すなわち姚作賓の名前が挙げられているのである。姚作賓は、当時、上海に本部を置いた中華民国学生連合会(以下、全国学連と略記)の理事の一人であった。

この報告を読むと、ヴィレンスキー＝シビリャコフの関心は、もっぱら福建の漳州を根拠地にしていた陳炯明の社会主義的施政と五四運動後に全国的ネットワークを形成していた学生組織に注がれていたこと、そしてそれらの情報が本章第一節で言及したポタポフからの報告によっていることがわかる。ソビエト・ロシアからのさまざまな「使者」の中国派遣が、そもそも全国的な学生運動の高揚である五四学生運動への驚きと関心をひとつの契機とするものであったことを思い起こすならば、かれらソビエト・ロシアの要員たちが、陳独秀一派とはまたべつに、中国学生運動のナショナルセンターであった上海の全国学連をもって連携するに足る対象と見なしたことは容易に推測される[182]。事実、一九二〇年三月に、姚作賓が戴季陶らとともに、フランス租界の貝勒路義和里一四号の全国学連の事務所でロシア人(恐らくは前述のポタポフ)と過激主義宣伝のための会合を開いたとの記述が、中国側の官憲文書[183]に残されている。

これがあながち虚報でないことは、姚作賓が同年五月に、全国学連を代表してロシア共産党組織と接触すべく、密かにウラジオストクを訪れたことからあきらかである。すなわち、ロシア共産党側の文書は、「今年〔一九二〇年〕五月に中国学生連合会の代表である姚作賓同志が上海からウラジオストクにやって来た。姚同志とは中国革命運動にたいするソビエト・ロシアの支援問題、新聞の創刊を通じて我々の中国での影響力を強化する問題、およびソビエト・ロシアにあこがれる中国学生に援助を提供する問題を話し合った[184]」と述べ、かれを「同志」と見なしているのである。

一九二〇年五月といえば、ヴォイチンスキーが中国に派遣された直後であり、いうなれば、姚作賓はヴォイチンスキーと入れ違いでウラジオストクを訪れたことになる。当時の全国学連や上海学連は、おりからウラジオストクの革命派学生から寄せられた書簡に返信を送ったり[185]、第一次カラハン宣言にたいして、熱烈な賛意を表明したりしていたから、かれのウラジオストク行きは、こうした学連の態度を行動に移したものであったと推測される。いずれにせよ、かれが一九二〇年の春ごろより、ソビエト・ロシアの革命運動との連携を模索していたこと、そして全国学連に期待するヴィレンスキーらロシア共産党関係者もその志向を確かに評価していたことは、疑うべくもない。

姚作賓らをメンバーとするという「大同党」については不明な点が多いが、諸資料を総合すると次のことがわかる。まずは創立時期だが、日本の官憲資料は、それを「四海同胞主義を主張する黄界民〔黄介民〕発起の下に」、「民国六〔一九一七〕年中創立せら」れたものとする[186]。また、その発起人であった黄介民の述べるところによると、大同党の前身は、一九一五年七月に当時日本留学中のかれが、朝鮮人留学生の申翼熙、張徳秀や中国人留学生の陳其尤、王希天らと組織した「新亜同盟党」であった[187]。申翼熙は、早稲田大学学生、のちに大韓民国臨時政府の閣僚となり、解放後は国会議長、大統領候補、張徳秀も早大生、朝鮮留学生学友会の幹部で、一時中国に渡って大韓民国臨時政府設立に参画、のち『東亜日報』副社長となり、解放後は韓国民主党の幹部と、いずれも朝鮮独立運動史に名を残す活動家である。他方、陳其尤は黄花崗蜂起にも参加したことのある国民党系革命家で、当時は中央大学在学中、のちに陳炯明の幕僚となり、先に述べたポタポフの漳州訪問のさいには、その接待にあたることになる[188]。王希天は中国人留学生の活動拠点となった中国YMCAの幹事で、のち関東大震災のさい、日本陸軍の手にかかって殺されてしまう[189]。中朝の留日学生の国際連帯への志向は、ややのちのことになるが、堺利彦、吉野作造らがかれらとともに設立した「コスモ倶楽部」[190]にも見られるように、根強いものがあったから、黄介民らの「新亜同盟党」もそうした連帯運動を先どりしたもののひとつであったのだろう。この大同党がいつごろまで活動を続けていたのかは、よくわからないが、一九二二年に中国を訪れた日本の無政府主義者、エスペランティストである山鹿泰治(一八九二〜一九七〇)は、同年に上海で大同党に加入したと述べており、[191]少なくともそのころまでは存在した模様である。

ついで、その名称である「大同」だが、これが『礼記』礼運篇に由来する理想社会の状態を指すものであることは言うまでもあるまい。もっとも、『大同書』を著した康有為流の「大同」にまで引きつけて解釈することもできないわけではないが、例えばモスクワの中国人居留民が組織した前述の「旅俄華工聯合会」の機関誌『大同報』(*Великое Равенство*)は、康有為の「大同」を意識することなく、単純に「社会主義世界における人の平等という意味を表した」[192]とされていることから見て、それと同様に漠然とした社会主義的理想社会を念頭に置いたものであっただろう。さらに大同党の政綱、基本方針であるが、それは、「人類平等、世界大同」であり、具体的には、「某国が韓国ならびに台湾を統治する権を有することを否認し、某国がインドを統治する権を有することを否認し、某国がベトナムを統治する権を有することを否認する」という被抑圧民族の連帯を正面に押し出すものであった。[193]大同党の前身である「新亜同盟党」のそれも、「強権に反対して相互に助け合い、時機を審察して前後して各地の独立を謀り、一大同盟を締結してアジアの大局を主持し、世界の平和を維持する」[194]というものであったというから、いわば反帝国主義を主軸とする一種の国際的革命組織だったと言えるだろう。そして、興味深いことに、ヴォイチンスキー以前に来華した「密使」の一人であるポタポフは、一九二〇年五月にこの大同党に加入しているのである。[195]つまり、ポタポフにとっても、その報告をうけたヴィレンスキー＝シビリャコフにとっても、「社会民主主義的な、しかし徐々により多くの共産主義的理念が取り入れられた」大同党は、顧慮するに値する革命組織だったのである。

大同党の首領の一人であった黄介民(一八八三〜一九五六)は、原名を黄覚といい、江西省清江の人である。[196]若くして中国同盟会に加入して江西での辛亥革命に参加し、一九一三年には日本の明治大学に留学、孫文の中華革命党に加わるとともに、前述の陳溥賢、李大釗らと中華留日学生総会の雑誌『民彝』の編集に参与した。それと前後して、一九一五年に「新亜同盟党」を組織したことは前述のとおりであるが、興味深いのは、「新亜同盟党」の結成後まもなく、その主旨を実行するために、朝鮮人留学生らとともに朝鮮にわたり、かの地で趙素昂[197]をはじめとする朝鮮の独立運動家や社会主義者たちと広く交わりを結んだことである。[198]先に見たように、近藤栄蔵が上海を訪れたさい、黄介民はソビエト・ロシア、コミンテルンとコンタクトを持つ朝鮮人共産主義者とともに登場するわけであるが、黄介民とかれらの絆はこの時以来のものだったのである。一九一八年に日中共同防敵軍事協定にたいする留日学生の反対運動が起こると、かれはそれに参加、学生たちが組織した留日学生救国団[199]の主要メンバーとなるとともに、運動の機関紙であった『救国日報』の編集に加わった。さらに翌年、五四運動が起こると上海を中心に活動、とくに国民党系の労働団体である中華工業協会の幹部となるなど、多方面で活躍している。前述のように、中華工業協会は一九二〇年に、中国労働運動史上最初の本格的メーデー行事を企図したが、それを積極的に推進したのはかれであった。[200]他方、かれは上海に置かれていた大韓民国臨時政府の朝鮮独立運動にも積極的に協力している。当時の上海には、新亜同盟党以来の盟友である申翼熙や趙素昂ら朝鮮独立運動の志士が、臨時政府や中韓互助社[201]を拠点にしてさかんに活動していたから、被抑圧民族の連帯を掲げる大同党の指導者でもある黄介民がかれらに協力することは、主義の上からも当然のことであっただろう。いわば、黄介民は、五四時期上海において、学生界、労働界の顔役であっただけでなく、朝鮮独立運動にもパイプを持つ活動家であって、それら活動を組織的に体現したものこそが、かれや姚作賓の大同党であったと考えられるのである。[202]

大同党の党員数については、それを「印度人、朝鮮人、支那人、日本人等合して約三千人」[203]とする日本官憲側の報告があるが、いくら同党が「党員は何の負担もなく……ただ各自の良心に従って行動すればよいというつかみどころのない純粋の秘密結社」[204]であったとしても、これは誇大の嫌いを免れない。このほかには党員数をうかがわせる資料がないので、その実数を推測することはできず、また黄介民、姚作賓のほかにどんな中国人が加入していたのかもよくわからないが、諸資料を総合すると、かれらのほかに、康白情、王徳熙、温立といった学連関係者が大同党の主要メンバーだったようである。[205]

4　大同党にたいするソビエト・ロシアからの働きかけ

さて、ヴォイチンスキーが一九二一年の初めに帰国してのち、「正統」中国共産党につながる上海共産主義グループの活動が一時停滞したことは前に述べたが、実はそのヴォイチンスキーと入れ替わるかのように、コミンテルンから一人の朝鮮人共産主義者が上海に渡来、黄介民らの大同党と接触していた。一九二〇年のコミンテルン第二回大会に朝鮮代表（韓人社会党）として参加し、大会後に成立したコミンテルン執行委員会の極東代表に選出された朴鎮淳である。朴は同大会期間中に、モスクワでマーリンらと上海にコミンテルン執行委員会極東局を設立することを協議しており、[206]来華の目的は――それがコミンテルンの正式の批准を経たものであったかは不明だが――その極東局の設立と韓人社会党の共産党組織（高麗共産党）への改組であっただろうと推測される。[207]朴が巨額の活動資金を携えて上海に到着したのは一九二〇年末ごろと言われている。[208]そして、コミンテルン執行委員である朴鎮淳が上海で、韓人社会党のメンバーにして大韓民国臨時政府の国務総理でもある李東輝とともに接触したのが、黄介民、姚作賓らの大同党だった。

中国人共産主義者の回想で、朴鎮淳の中国での共産党結成活動に言及したもののうち、もっとも早いものは、王若飛(一八九六〜一九四六)が一九四三年に延安でおこなった報告であろう。その報告は次のように述べている。

一九一九年になり、コミンテルンは中国に人を派遣してきた。最初はソ連の華俄通信社の社長で、その後、朝鮮人のパクチンチュン〔巴克京春〕が中国にやってきて党を組織した。当時、上海には黄介民一派がいて、陳独秀と接触し、広州では区声白、黄凌霜(黄は無政府主義者で、ソ連に行ったことがある)と接触した。[209]

ここに見える「巴克京春《パクチンチュン》」こそは、朴鎮淳にほかならない。[210] ちなみに、最初にやってきたとされる「華俄通信社の社長」とは、前述のダルタ通信社北京支局長ホドロフを指すものと見られる。ただし、朴鎮淳が上海で活動した時期、王若飛は留仏勤工倹学(フランスで働きながら学ぶこと)の学生としてフランスにいたから、朴鎮淳が中国にやってきて党を組織した云々は、かれが直接に見聞したのではなく、他の党員からの伝聞であろう。黄介民を対象とするコミンテルンからの働きかけについては、一九六〇年代に周恩来も言及しているから、[211] 創立期から党に加わっていた一部の人士の間では、比較的よく知られていたのであろう。張国燾も、黄介民が「大同党」なるものを組織してすべての中国社会主義者との連携を主張し、朝鮮の革命派と協力してロシアとわたりをつけようとしていたと述べており、[212] コミンテルンと中国共産主義運動の仲介役に上海在留の朝鮮人士が深く関わっていたことを伝えている。

中国における朝鮮人共産主義者の活動は、例えば中朝の共産主義組織が上海に共同の印刷所を持っていたように、[213] 中国の共産主義運動の生成にも密接に関係しているのだが、運動資金をめぐる内紛や運動の主導権争いによって極めて複雑に展開したため、その全貌をうかがい知ることは今日でも容易なことではない。[214] ただ、中国にやってきた朴鎮淳らの活動にかぎって言えば、それは必ずしもソビエト・ロシア側の全面的承認を得たものではなかったようである。

すなわち、ヴォイチンスキーの活動を指導する立場にあったイルクーツクのロシア共産党シベリアビューロー東方民族セクションは一九二〇年一二月に、朴鎮淳の中国派遣について、以下のように明確に不満を述べているのである。

クラスノシチョーコフの手先・協力者の朴鎮淳とその活動家である朴愛は、東方民族セクションと朝鮮共産主義組織中央委員会にたいして、絶えず反対活動をおこなっている。……コミンテルン、党中央委員会、外務人民委員部、極東ビューローは、それぞれ独自の任務をもって活動家（必ずしもその使命に堪える人物ではない）を派遣しているが、それは全体的計画を持っておらず、当地の状況を理解した上でのものではない。例えば、コミンテルンは朴鎮淳を中国に派遣し、かれは上海で朝鮮社会党〔韓人社会党〕の大会を招集しようとしているが、当地での朝鮮人大衆の力は弱く、その大会は朴の知り合いの朝鮮人インテリの個人的選抜にほかならない。……外務人民委員部も、東方民族セクションの助力に頼る一方で、しばしばセクションとの調整なしに、革命・政治的な活動をおこなっている。例えば、朝鮮の真の共産党組織が資金を必要としている時に、同部はセクションの頭越しに朴鎮淳に四百万ルーブルを支給し、朝鮮社会党に使わせているのである。[215]

この報告に見えるクラスノシチョーコフ（A. M. Krasnoshchekov）とは、当時の極東共和国の閣僚会議議長兼外相、ロシア共産党での地位で言えば、党極東ビューローを指導する立場にあった人物である。[216] ソビエト・ロシアの極東工作の窓口が相互に連絡を欠くまま、いくつかの系統に分かれていたこと、東方民族セクションの上級機関である党シベリアビューローと党極東ビューローおよび極東共和国の間に、対極東工作の一元化をめぐって主導権争いがあったことは先に述べたが、この報告を読む限り、朴鎮淳の活動は党極東ビューロー、コミンテルン、外務人民委員部の信任を背景にしていたものの、極東工作の一本化をめざす党シベリアビューロー東方民族セクションからは、不信の目で見られていたことは確かである。のちに、マーリンが高麗共産党の内訌(上海派とイルクーツク派)について、いみじくも「朝鮮人両派の間のくいちがいは、実際にはイルクーツクとチタとの間のくいちがい、とくにシュミャーツキーとクラスノシチョーコフとの間のくいちがいにほかならない」(217)と評したように、高麗共産党の分立と内部抗争は、イルクーツクの党シベリアビューロー(その指導者がシュミャーツキー B. Shumyatsky)とチタの党極東ビューローがそれぞれ独自に朝鮮人共産主義者を組織、支援したことに起因するものであった。そうした色分けからいえば、朴鎮淳はチタの党極東ビューローの系統に属するものであり、つまりは、かれはそれまでのヴォイチンスキーのラインとはやや異なる組織的背景をもって中国へやってきたのである。

一九二〇年末に上海にやってきた朴鎮淳が、自分が置かれていたそうした微妙な立場や、かれ以前になされていた中国共産主義組織にたいする働きかけに、どれほど自覚的だったかはわからない。ただし、コミンテルン執行委員会の極東代表委員の肩書を持つかれが、当然に中国人も対象にして共産主義組織の発展を図ったであろうこと、そして中国知識人に特別のパイプを持たないかれが、大韓民国臨時政府内の共産主義シンパである上海在留朝鮮人の人脈に沿って中国人共産主義者を物色したであろうことは疑いを容れない。その結果としてかれが接触の手を伸ばしたのが、鮮明な反帝国主義意識を持ち、それゆえに朝鮮独立運動の志士に近いところにいた黄介民、姚作賓らの大同党だったのである。

黄介民らの大同党(あるいは「正宗」中国共産党以外の「共産党」的組織)にたいするソビエト・ロシア側からの接触の試みは、実はこの朴鎮淳によるものだけではなかった。一九二〇年九月に極東に移駐した前述の「俄国共産華員局」、すなわちモスクワ産の中国人共産主義組織と、それに連なるロシア領極東在住の中国人共産主義者たちによる接触である。なかでも中国内地の共産主義組織との接触に積極的だったのは、ロシア共産党アムール州委員会（所在地は、アムール川をはさんで中国領黒河と向かい合うブラゴヴェシチェンスク――当時のブラゴヴェシチェンスクには、多数の中国人移民が居留しており、同地のロシア共産党組織であるアムール州委員会には中国支部が設けられ、同支部の中国語旬刊誌『共産主義の星』（*Коммунистическая Звезда*）が発行されるほどであった）[218]所属のフェドロフこと劉謙（**Liu Qian, S. Fedorov** 生卒年未詳）なる人物であった。劉謙の活動や経歴は、他の知られざる「密使」たちのそれと同様に、多くの謎に包まれているが、一九二〇年後半に中国での共産主義運動の組織化に関わったことは、いくつかの記録からうかがうことができる。

まず、俄国共産華員局の一員でもあった劉謙は、一九二〇年七月二八日に、「中国共産党」の名義で中国共産主義者への書簡をおくり、華員局の委任をうけて中国にもどった江亢虎（同年九月にアメリカより帰国）の消息を尋ねるとともに、中国の同胞が江を「親密な同志」とするよう希望している。[219]また、かれは同年の夏から秋にかけて中国を訪れ、上海で孫文と接触、ブラゴヴェシチェンスクにもどってのち、一九二〇年一〇月五日にはその会談結果と大胆な中国内地進攻計画を「中国共産党代表」の名義をもちいてロシア共産党アムール州委員会に報告、提案している。[220]ここで注目すべきは、かれが「中国共産党」の名称を用いていることである。本章第一節で述べたように、俄国共産華員局は、モスクワで誕生したとはいえ、コミンテルンの大会にも代表を送る事実上の共産党組織であったから、そのメンバーである劉謙が自らの組織を「中国共産党」と呼んだとしても不思議ではない。そして、実は劉謙のその「中国共産党」に大同党の姚作賓が加入していたことが確認されるのである。[221]姚作賓が劉謙の共産党に加入した場所や時期は不明であるが、どうやら劉謙らはロシア領在住の中国人共産主義者を核とし、さらに中国内地における社会主義運動の草分け的存在である江亢虎や全国学連の指導者である姚作賓らを糾合して「中国共産党」を結成しようとしていたらしい。劉謙の報告には、直接に姚作賓、あるいは大同党の名前は出てこないが、中国の学生組織については高い評価があたえられており、かれにとっても、革命ロシアへの共感を示し、かつ動員力を持つ全国学連が共産党の有力な母体と考えられていたことがうかがわれる。

ロシア産中国共産党を中国に移植せんとした劉謙の構想は、ロシア共産党極東ビューローにおいては一定の評価を受けたようで、極東ビューロー所属の俄国共産華員局は一九二〇年一二月六日の会議で、共産党支部組織の必要性と上海、天津の青年組織と連絡をとることを協議して「劉同志(Федоров)をただちに三ヵ月間派遣することを批准」[222]、さらに翌年一月一六日には、中国に宣伝活動家を派遣して孫文の勢力下にある地域で共産主義の宣伝をおこなう計画を立案している[223]。こうした計画は、一九二〇年暮れか二一年初めに劉謙が急死したり[224]、同じく俄国共産華員局のメンバーであった前述の劉沢栄がコミンテルンの命を受けて帰国(一九二〇年一二月)したにもかかわらず、帰国ののち理由もなく共産主義運動から離脱してしまったりした[225]ため、実行には至らなかったようである。こうした独自の対中工作の動きにたいして、先の朴鎮淳派遣の場合と同様に、党シベリアビューローの東方民族セクションから苦情が寄せられたことは言うまでもない。同セクションの報告はいう。

コミンテルンは劉紹周〔劉沢栄〕を信任し、かれを中国での活動に派遣したが、かれは充分な政治的素養を持ち合わせていないし、その思想や信念をとってみても、まったく社会主義運動と相携えていける人物ではない。……ロシア共産党中央委員会は、東方に中国人共産主義者中央組織局〔俄国共産華員局〕を派遣しているが、そのメンバーは党員としての自制力に欠け、政治的資質も低く、中国人の中で革命活動を組織することはまったくできない[226]。

すなわち、黄介民、姚作賓ら大同党系の中国人共産主義者が接触したソビエト・ロシア側の使者は、先の朴鎮淳にしても、この劉謙ら俄国共産華員局系統の対中工作にしても、いずれもコミンテルン中央やロシア共産党中央といった組織につながりのある人士ではあったものの、その後の対極東工作の主流（コミンテルン執行委員会極東書記局）を形成することになる党シベリアビューロー東方民族セクションによって、不適格者の評価を受けていた人々であった。いわば、黄介民や姚作賓の共産主義組織は、そうした複雑な事情のもとで展開されたさまざまな対中工作のうち、傍系たることをまぬがれないルートに組み込まれていたわけである。かれらがのちにモスクワでの「共産党」正統争いに敗れざるを得なかった理由のひとつは、まさにそこにあったと言えるだろう。

とはいえ、黄、姚ら大同党の首領たちにしてみれば、朴鎮淳や劉謙らの中国派遣の背後にあるソビエト・ロシア側の錯綜した思惑や意思の不統一など知るよしもなかったから、朴の来華はまぎれもないコミンテルンの使者の来訪であり、その執行委員の肩書をもつ朴らとの接触を拒む理由などあろうはずもなかった。当然に、黄、姚らの「中国共産党」は、かれら自身にとっても、またそれに働きかけた朴鎮淳にとっても、コミンテルンに連なるれっきとした共産主義政党だったのである。少なくとも、日本の官憲にとっての当時の「支那共産党」「上海共産党」とは、陳独秀一派のそれよりも、むしろ黄介民一派のものだったことは確かであり(227)、現に上海の朝鮮人共産主義者の動向を逐一監視していた日本の在上海総領事館は、かれらと黄介民、姚作賓らの接触、連携に警戒の目を光らせていた(228)。また、陳独秀一派の共産党関係者で、当時日本に留学していた施存統も、警視庁の取り調べにたいして、「上海に於ける共産党に二種あり。一は陳独秀の創立に係るものにして純マルクス主義を奉じ、他は黄界民〔黄介民〕一派の組織するものにしてマルクス主義に無政府主義を加味せるもの奉じ居れり(229)」と供述し、黄介民らのそれが陳独秀系とは別の「共産党」であったことを述べている。

朴鎮淳、李東輝ら上海の朝鮮人共産主義者は、一九二一年五月に「韓人社会党」を「高麗共産党」（いわゆる上海派高麗共産党）と改称し、ついで六月には朴鎮淳、李東輝らがまもなく開かれることになっていたコミンテルン第三回大会に出席すべく上海を発ち、ヨーロッパ経由でモスクワに向かったが、その一行には姚作賓も含まれていた。(230) 姚作賓と朴鎮淳ら朝鮮人共産主義者がこのような関係にある以上、同年五月に、「日本共産党暫定執行委員会」の委任をうけて近藤栄蔵が上海を訪れた時、朴を「座長」として開かれたコミンテルンの会合の席上に、姚作賓や黄介民がいたとしても、それは不思議ではなかった。その場の姚作賓がはたして「大同党」党員を名乗ったのか、それとものちにモスクワで自称したように中国の「共産党」党員を名乗ったのか、それを知る術はない。だが、かれが自分自身を中国の、半ばコミンテルンに認められた、もしくは少なくとも間もなく認められるはずの「共産党」の一員と自負して、その席に連なっていたことは間違いない。そうでなければ、かれはコミンテルン第三回大会出席のためにモスクワに向かう朴や李（近藤の回想によれば、その会合のさい、まもなく開かれるコミンテルン第三回大会に日本からも代表を派遣するよう勧められたという。(231) とすれば、朴や李、そして当然に姚作賓もコミンテルン大会開催の予定を知っていたはずである）に同行などしないはずだからである。その意味では、来るべきコミンテルン大会は、かれの「共産党」の国際共産主義運動への正式デビューになるはずだった。

姚作賓が同道した朴と李は、運悪く途中コロンボで足止めされたため、モスクワ到着は九月ないしは一〇月になってしまい、肝腎の第三回大会には出席できなかったという。(232) 前述の『江亢虎新俄遊記』によれば、「上海の学生姚君」は「朝鮮人とともに西欧から入露した」といわれ、またこれも前述一九二一年九月二八日付の兪秀松の抗議声明でも、姚は「先ごろモスクワに到着」とあることからして、どうやら姚作賓も朴、李とともに足止めを食い、めざす第三回大会には間に合わなかったと見られる。その遅着は致命的なものだった。単に大事なコミンテルン大会が終わっていたからばかりでなく、その大会に、すでに中国の正式代表として、張太雷、兪秀松という二人の「中国共産党」員が出席してしまったあとだったからである。

また、かれの同道者も良くなかった。コミンテルン執行委員会極東書記局の母体となった党シベリアビューロー東方民族セクションは、前述のように、朴鎮淳にたいして信頼の置けぬ人物という烙印を押していたからである。さらに、遅着した朴、李を尻目に朝鮮代表として第三回大会に出席し、朴に代わって大会後のコミンテルン執行委員におさまったのは、かれら上海派高麗共産党を排撃する立場にあったイルクーツク派高麗共産党の南万春（南満春）であった。イルクーツク派高麗共産党は[233]、コミンテルン執行委員会極東書記局（イルクーツク）の指導者シュミャーツキーの人脈関係の下に結集された党派（その第一回大会——一九二一年五月初め——には、シュミャーツキーに引き立てられ、同書記局で活動していた張太雷も参加し、祝辞を述べている[234]）である。極東におけるコミンテルン組織の大物であるシュミャーツキーの後押しを得て誕生したイルクーツク派が、第三回大会で朝鮮の代表をつとめたあとだけに、それと対立する上海派高麗共産党の首領とともにモスクワ入りした姚作賓の立場もまた危ういものであっただろう。それも、シュミャーツキーとの関係からそのイルクーツク派高麗共産党に肩入れしていた張太雷らがすでに中国の「共産党」の代表となったあとであれば、なおさらである。姚作賓のコミンテルンとの接触に神経をとがらせていた「中国共産党」側の抗議（前述一九二一年九月二八日付の声明）が、シュミャーツキーのコミンテルン執行委員会極東書記局に向けて発せられていることも、そうした中朝各共産党相互の正統性獲得のための綱引きを暗示するものだろう。

むろん、コミンテルンは高麗共産党の内訌問題について、一方的にイルクーツク派に軍配をあげたわけではなく、コミンテルンの主導による高麗共産党両派統合への模索は、両派の暗闘を経つつ、その後さらに続くのだが、姚作賓が頼りにしたはずの朴鎮淳の凋落ぶりは覆うべくもなかった。かくして、姚作賓はモスクワにおいて、何とかコミンテルンとの話し合いをしたようなのだが、その結果はかんばしいものではなかったはずである。コミンテルン第三回大会開会の時点(一九二一年六月)ならいざ知らず、かれがモスクワに着いた時には、すでに明確なるコミンテルンの使者マーリンらの出席を得て第一回代表大会を開いた中国共産党が上海で誕生していたからである。中国の革新運動において陳独秀や李大釗がもっていた声望も、後ろ盾となる強力な組織も、姚作賓はもってはいなかった。かくて、姚作賓、黄介民の「共産党」はその短い活動を終えることになるのである。

5　姚作賓と全国学連――ポスト「五四」の学生運動

一九二一年後半のモスクワに、「我こそは中国の共産党なり」としてあらわれた大同党の学生運動家である姚作賓とは一体いかなる人物であったのだろうか。そして、かれはいかなる動機からソビエト・ロシアに接近し、「共産党」を結成するという挙に出たのであろうか。本節をむすぶにあたり、一九二〇年初頭から翌年にかけて、彗星の如く上海の学生運動界を駆け抜けた姚作賓の学生運動家としての事跡をたどることにより、ポスト「五四」の学生運動の展開、とくに全国学生連合会の消長を一瞥しておこう。全国学連は、五四学生運動の大きな成果として、その「成立」にかんしては多くの研究書が言及しているのにたいし、その後の一九二〇年から二一年にかけての動向、すなわち中国での共産主義運動が勃興した時期の動向がほとんどあきらかにされていない。[235] つまり、五四学生運動が中国共産党成立のひとつの契機となったとされているにもかかわらず、ポスト「五四」の学生運動は、ほとんどかえりみられていないのである。反日愛国運動として始まった五四学生運動の一部が、共産党の結成に見られるような社会改造へと踏み出していくには、それなりの内的、外的要因が存在したに相違ないのであって、ここではそれを、ポスト「五四」学生運動の指導者であって、また同時にもうひとつの「共産党」の立て役者でもあった姚作賓の軌跡を手がかりにして、検討していくことにしよう。[236]

姚作賓（一八九三～一九四九）は四川省南充の人である。一九一八年春の時点では、私費留学生として東京に滞在、すでにひとかどの留日学生闘士であったようで、同年四月八日、四川省の私費留学生約五十名が、中国公使館で学費貸与をめぐって公使館職員と乱闘を演じたさい、日本側警察によって検束されている。警察側が作成した検束中国人学生名簿によれば、「姚作賓（当二四年）学校未定」とあるから、当時はまだ就学先が正式には決まっていなかったのだろう。[237] その翌年に官憲側が作成した留日学生の調査書では、[238] かれは明治大学在籍中となっており、四川省同郷会の有力者にしてその影響下にある留学生約二十人と認められている。すなわち、五四運動勃発当時、かれは東京にあって、留学生界において、すでにそこそこの影響力を持っていたようである。

管見のかぎりでは、姚作賓が上海の学生運動界に姿をあらわすのは、全国学連総会の茶話会に、退任する留日学生代表の理事劉振群の後任として出席した一九二〇年一月一日が最初である。[239] 全国学連とは、いわずと知れた中国学生運動のナショナルセンターであり、「五四」後に簇生した各地の学生連合会の連絡疎通のため、一九一九年六月一六日に上海で成立したものであった。その成立は、全国レベルの組織連合体の先駆けをなすものであり、五四時期学生運動の高揚のひとつの到達点であったことは間違いない。当時の傘下学連数は大小含めて六十余り、全国で五十万の学生を動員しうる一大勢力であったといわれる。[240] だが、多くの連合組織がそうであるように、各地の学連からの代表者からなるこの全国学連も、運動が運動を呼んだ一九一九年が終わろうとするにいたり、次なる活動方向や運動方針をたずねあぐねて活動が沈滞することになる。

現実問題としても、各地の学生代表が上海に長期常駐することは難しく、必然的に頻繁な役員交代と離任役員の未補充が常態化していた。さらには全国学連の健将として名をあげた段錫朋、康白情らが上海財界人の潤沢な奨学金を得、学連を離れて欧米に留学(当時の学生界では清末の故事にならって「五大臣出洋」と揶揄されたという)[241]するような状況であれば、組織の弛緩は避けられなかったであろう。姚作賓が勇躍上海の全国学連に登場したのは、そんな時期のことだった。だが、かれはその退勢を巻き返すべく学連の活動に邁進した。現に、嵐のごとき一九一九年は過ぎ去ったとはいえ、学連にはとり組むべき課題がまだ残っていたのである。

それは、中国がヴェルサイユ講和条約への調印を拒否したために、未解決のまま残された山東問題の処理をどうするか(すなわち、日本が継承するとされた山東省のドイツ権益の処理を北京政府と日本との直接交渉――つまりは二国間交渉――に委ねるか否かをめぐる問題、学生運動側はむろん直接交渉には絶対反対)という、言ってみれば大問題だった。学連の理事就任早々の一月から三月にかけて、かれは学連の総会理事会に随時出席する一方、学連の代表として、上海でたびたび挙行された山東問題国民大会の臨時主席を何度かつとめている。[242]当然に全国学連にしてみても、この度の「山東問題直接交渉」の件は一度冷めかけた学生愛国運動の熱誠を全国的に盛り上げる願ってもない好機であった。おりもおり、その直接交渉反対運動にとり組んでいた天津学連が一月二九日に流血の弾圧をうけ、ためにその戦闘性をもって知られた天津学連は壊滅的打撃をこうむってはいたが、[243]それが逆に運動の全国的高まりの呼び水になる可能性もあった。ここに、全国学連の執行部は二月二七日、全国各省区の学連にたいし、山東問題直接交渉の反対運動の進め方を話し合う会議を緊急に招集すると通達した。[244]姚作賓ら全国学連執行部の胸はさぞや高鳴ったことであろう。

だが、かれらの期待に反して、各地からの代表はなかなか揃わなかった。学連に好意的だった上海の『民国日報』によれば、ようやく到着しはじめた傘下学連の代表らによる会議が予定されたのは三月二〇日だったが、当日までに集まった者が予定数の半分にも達しなかったため、評議会がにわかに談話会に変更されるありさまで、結局評議会開会にこぎ着けたのは、それからさらに一週間もたった三月二七日、北京政府にたいして、日本との直接交渉反対、日中間の密約破棄をもとめる「最後通牒」を出したのは三月三一日であった[245]。こうした学連の動向を伝える新聞記事も、この時期には以前ほど多くはなくなる。一九一九年後半であれば、上海各紙の「本埠新聞欄」(地元ニュース欄)のトップ記事はほぼ毎日「学連」の動向であったことを思えば、それらマスメディアにたいする影響力の面から言っても、全国学連はあきらかに往時の力を失っていた。

しかし、事ここに至って、学連に退く道は残されていない。北京政府が当然のように学連の「最後通牒」を無視するにおよび、学連本部は各地の学連にたいし、四月一四日をもって一斉罷課(学生スト)に突入するよう呼びかけた。すなわち、一九一九年の大罷課につづく、第二次大罷課の幕開けである。「法を毀《やぶ》り国を売る悪政府をこれ以上存続させることはできない」として、「最後の決戦」を呼号する学連のスト指令[246]に、姚作賓ら学連執行部の意気込みのほどを見てとることができよう。第二次大罷課の特徴は、何といっても、北京政府の打倒を掲げたことである。ストの開始日である一四日に上海の公共体育場でおこなわれた上海学連の集会に参加した全国学連の代表も、その演説で「売国政府を転覆させること」をハッキリと口にしていた[247]。

だが、ここでも全国の学生の足並みは揃わなかった。上海、江蘇、浙江、安徽、江西など東南諸省の学連はスト指令を受けて、順次罷課に突入したものの、政府のお膝元である北京、天津の学連は、それ以前の弾圧で大きな痛手を負っていたこともあり、すぐには一斉罷課に同調しなかった。また、北方の学連には、北京政府そのものを敵視する上海の政治ストの方針を必ずしも良しとしない反発もあったらしい。[248] 北京政府の否認は、当時の政治の文脈でいえば、孫文ら国民党に同調するというニュアンスを持ち、学生たちはそれら政争レベルの問題に巻き込まれることを極端に忌避する傾向にあったからである。これを裏打ちするかのように、この間、マスメディアで学連の罷課の方針に賛意を表したのは、孫文・国民党系の『民国日報』などごく一部で、『時報』『時事新報』『益世報』等の大手新聞はいずれも、北京政府を標的とする学生ストの動きには批判的であった。

四月二二日、北京学生がようやく重い腰をあげて罷課にはいったが、その二日後に淞滬護軍使によって上海に戒厳令がしかれた結果、学生に同調して一部の労働者、商店が始めたストライキも二六日にはまったく鳴りをひそめてしまうなど、運動は終始盛り上がりを欠いた。そして、こうした学連側の退勢にとどめを刺したのが、五月六日のフランス租界当局による学連本部の封鎖だった。[249] 追い込まれた学連執行部は五月一四日に、一七日をもって罷課を中止するという悲痛な通電を発する。[250] 学連が総力を傾けた「最後の決戦」は、こうして大きな犠牲を払いながら、所期の目的をまったく果たすことができず、結局みじめな敗北に終わったのだった。

姚作賓が学連の理事として、日中直接交渉反対運動と第二次大罷課の指導にあたったことはほぼ間違いない。だが、兪秀松がコミンテルン執行委員会極東書記局におくった前出の声明は、「周知のように、姚作賓は第二次全国学生大ストライキの時期には、すでに中国学生の卑しむべき叛徒となっていた」と指弾している。いやしくも学連の幹部である以上、その熱意とは別に、かれが学生スト失敗の責任の一端を負わねばならないことは当然としても、それがはたして「卑しむべき叛徒」と呼ばれる筋合いのものであったかは、にわかには結論できない。兪秀松の声明がその「卑しむべき」行為の内容には触れていないので何ともいえないが、あえて推測すれば、「第二次大罷課」が北京政府否認を掲げる国民党系の党派的主張にくみする形ですすめられたことが問題視されたのかもしれない[251]し、あるいは姚作賓が学生ストのさなかにウラジオストクに赴いてソビエト・ロシア側組織と接触したことが、「目立ちたがり屋で業績を作りたがった」[252]というかれの抜け駆け行為と見なされたのかもしれない。いずれにせよ、当時の新聞報道を見る限りでは、兪秀松が指弾するような姚作賓ら全国学連幹部の「卑しむべき」行為を見いだすことはできないし、前述ヴィレンスキー＝シビリャコフの報告も、この学生ストを発動した当時の学連執行部の活動を高く評価していたことは確かである。

第二次大罷課失敗ののちの一九二〇年七月、学連総会理事の任期満了にともない、姚作賓は理事を退任し、後任留日学生代表理事には、間もなく帰国する李達が就任することになった[253]。実はこの理事引き継ぎも当初七月一日に予定されていたのだが[254]、ここでも各地の学連が矢の催促を受けながら[255]、一向に後任を選出してこなかったため、実際に李達ら第二期の理事が顔を揃えて理事会を開催したのは、それから三ヵ月もあとのことだった[256]。もっとも、姚作賓らは七月二九日に旧役員歓送会に出席したのを最後に[257]、しばらく学連本部を離れたようである。付言すれば、中国共産党の有力発起人の一人でもある李達が、学連第二期の理事であったことは、その伝記の類にもごく簡単にしか触れられていない。学生運動家の間には、「全国学連の第二期、第三期は右派によって牛耳られていた」[258]という評もあるところから見て、その幹部であったということは、あまり名誉なこととは見なされていないのであろう。李達の自伝[259]も自身と学連との関わりについては触れていない。当然にかれの前任であった姚作賓についても、まったく言及するところはなく、そこから姚の学連理事退任の事情やその後の活動について知ることはできない。

李達が主席をつとめた第二期の学連理事会は、なんら目立った活動をすることもなく日を送るのだが、奇妙なことに翌一九二一年の一月に、姚作賓は李達に代わって学連理事に返り咲き、その理事長に就任している[260]。無為に日を過ごす学連理事会に李達が愛想をつかしたのか、それとも姚作賓に学連の活動への未練があったのか、そのあたりはよくはわからないが、その四月に姚作賓が東京の留日学生総会、およびその関係者である龔徳柏に宛てた書簡[261]は、李達の退任についてこう述べている。「李達今回辞職の第一原因は、種々手違を生じ最近数ヵ月精力を盡し心身疲労し、且環境の圧迫を受けたる為なり。同情に堪えざる所なり」。したがって、私的には「彼の此の事情を見て、交友上我は彼を助けざるを得」ないし、公的には「各理事責を負わず、各学生力を出さず」という学生界の状況にあって、「総会倒斃」を防ぐためにも、自分は「今回出でて暫時本会を維持せざるべからず」と説明している。その手紙を読む限りでは、かれの再登場は、崩壊寸前にあった学連維持のための、やむにやまれぬ選択であった。

実際、学連は経済的にも破綻に瀕していた。かれの書簡によれば、各地の学連が規定どおりに会費を上納すれば、一万二千元あまりの予算があるはずだったが、実際に会費を納入したのは留日、上海、山東等の数ヵ所の学連だけで、全国学連の経費はほとんどが寄付金、借金に頼るありさまだった。そして、それら借財も、「今日に至りては全く行詰りとなれり」とかれは苦衷を訴えている。遅れて学生運動に身を投じたかれにあたえられた役まわりは、いわば敗戦処理投手のごときものでしかなかったのである。だが、かれはその苦境によく耐えた。新聞記事を追う限り、かれは一方であちこちの会合に学連を代表して盛んに出席し、また他方、各地の学連との意思疎通や「経済問題解決」のため、各学連の視察に出かけていたことが知れる[262]。このほか、西に逮捕された上海の学生運動家があれば地検に掛合いにいき、東に日貨と疑われて学生と悶着を起こしたマッチ工場があれば査察に赴いたりと[263]、まさに孤軍奮闘の観がある。そして、それと並行して、かれは上海居留の朝鮮人共産主義者と連絡をとり、国際共産主義運動とも接触していたというわけである。したがって、前述一九二一年五月に「日本共産党」の使者近藤栄蔵を迎えて開かれた「コミンテルン極東ビューロー」の会合に参加した時点では、かれは全国学連総会理事長でもあったということになろう。

既述のように、一九二一年六月、かれは朴鎮淳、李東輝らとモスクワへ向けて旅立つ。同年七月一一日付の日本側官憲の報告は、姚作賓が「過日、西比利亜地方過激派の情勢視察の為め、全学生聯合会より派遣（同総会より旅費として金一千圓を給せりと云う）」されたと伝えている。[264] このシベリア行と称される派遣とは、実はかれの六月のモスクワ行きのことと推測されるが、かりに財政危機にある学連の会計から千元もの大金を工面してモスクワに赴いたとすれば、かれのコミンテルンとの折衝は、自身の「共産党」の確立もさることながら、学連の財政難を一挙に打開せんとした乾坤一擲の挙であったのかも知れない。[265]

前述CP署名の「われの観察したるロシア」は、在モスクワ中国人学生によってこっぴどくやられた姚作賓らがまもなく中国に帰ったと述べているが、その帰国行は「姚作賓はイルクーツクに追放され、そこで死にかけた」[266]と噂されるほど厳しいものだったようである。モスクワでの画策が不調に終わってのち、かれが上海の学連本部にもどってくることはなかった。[267] また、かれや黄介民の「共産党」も間もなく雲散霧消してしまった模様である。

以上のように、姚作賓がその活動に身を投じた一九二〇年から二一年の中国学生運動は、とり組むべき問題を抱えながらも、組織の弛緩、学生の意識の分化、冷淡な世論、官憲の弾圧などにより、退潮を余儀なくされていた。学連がカラハン宣言にたいして熱烈なアピールを発表したり、学連代表の姚作賓が「過激派」ロシア人との接触を試みてウラジオストクを訪れたりするのは、ちょうどそのころのことである。姚作賓ら一部の学連幹部が不振の学生運動に飽きたらず、あるいはその閉塞状況を打破するために、革命ロシアに光明を見いだしたとしても不思議ではない。してみれば、こうした学生運動側の行動は、運動退潮期に広く見られる組織の分化とそれにともなう一部指導者の急進化傾向の中国全国学連におけるあらわれ方と解することができるだろう。

全国学連が結成された一九一九年六月には愛国の旗幟のもとでまとまっていた学生運動は、一九二〇年にいたり、弾圧の態度を強める北京の中央政府にたいする認否というそれまで慎重に避けられてきた政治の領域に踏み込まざるを得ず、また運動の方途と目的が分化する中でそれにたいするさらなる具体策の提起を求められていた。北京政府への対応についていえば、対外的危機打開のための暫時支援を訴える学生もいれば、政治への関与そのものを否認するアナキスト学生もおり、他方、運動の方途については、教育救国、科学救国といった改良的志向や工読互助団運動、各種「新村」運動、平民教育運動といった実践活動による社会改造への志向など、おびただしい数の提言がなされた。それらにたいする姚作賓ら学連幹部のひとつの回答が、ソビエト・ロシアとの提携による学生運動の革命運動への転換だったのである。他方、コミンテルン、ソビエト・ロシアの側(対中国工作窓口の混乱があったとはいえ)にとっても、反帝国主義的傾向を強めつつ、北京の軍閥政府否認へと急進化していった全国学連は、その潜在的動員力とあいまって、すぐれて革新的な、したがって手をさしのべるに値する革命予備組織であった。一見すると不可解にみえる姚作賓らの「共産党」結成とそのソビエト・ロシアとの関係は、かかる両者の思惑の中で生まれ出たものなのである。その意味では、姚作賓らの「共産党」結成は、中国共産党成立史のひとつの裏話、あるいはせいぜいその挿話にすぎないとしても、五四学生運動が組織的に見ても――「正宗」共産党に直接につながるものではなく、またまもなく消滅したとはいえ――中国共産主義運動の生起へと展開したこと、そしてそれにはソビエト・ロシアが深く関わっていたことを、裏面史として物語っているように思われる。

第三章　中国共産党結成への歩み

第一節　上海における共産党結成運動

1　共産党発起グループの形成にかんする研究前史

前章、とくにその第二節で検討したように、陳独秀を中心とする上海の急進的知識人による共産主義組織結成は、一九二〇年後半に大きく進展した。そして、同年八月のヴォイチンスキーの報告において、「革命ビューロー」の活動として紹介されているもののうち、例えばその「出版セクション」や「情報セクション」の活動が、実際には陳独秀らの「社会主義研究社」(新青年社)や「中俄通信社」に該当することからも見てとれるように、上海の共産主義組織の活動がヴォイチンスキーの直接的支援のもとで展開したことは明白である。

だが、先に少し触れたように、共産主義組織の状況をその現場から生々しく伝えるヴォイチンスキーの報告には、いくつかの点で、これまで長らく利用されてきた中国人関係者の回想録と符合しないという問題が残されている。例えば、共産主義組織の前身として中国人関係者の回想でしばしば言及される「マルクス主義研究会」や「社会主義者同盟」にあたるものは、ヴォイチンスキーの報告には見えないし、他方、その報告に見える「革命ビューロー」や「社会主義青年同盟」は、中国人の回想録には登場しない組織である。これら回想と当時の報告の不整合はいかに解すべきなのであろうか。そして、ヴォイチンスキーの報告に見える「革命ビューロー」、すなわち共産党の発起グループは、それが一九二〇年八月の時点ですでに成立していたことはあきらかだが、いったいいつ、どのようにして結成されたのだろうか。まずは、これまでの通説を整理しておこう。

中共の第一回大会に先立って陳独秀らによって結成された上海の共産主義グループは、中国では「上海共産主義小組《グループ》」、あるいは「中共発起小組《グループ》」と呼ばれる。[1]「上海共産主義小組」にかんする専著である『上海共産主義小組』(中共上海市委党史資料徴集委員会編、知識出版社、一九八八年)は、陳望道、邵力子、李達の回想[2]によって、一九二〇年五月に組織された「馬克思《マルクス》主義研究会」が同小組の雛形であり、ヴォイチンスキーの援助の下、七月から八月にかけて同研究会の基礎の上に、「共産党」または「社会党」を名乗り、比較的整った党綱の如きものを持つ「上海共産主義小組」が結成されたとしている(同書九～一〇頁)。だが、「マルクス主義研究会」の存在の根拠となるものは、邵力子と陳望道の回想のみであり、同会の存在については、近年疑義をはさむきもある。[3]さらに、七、八月につくられたとされるいわゆる「上海共産主義小組」に至っては、種々の回想の間に隔たりが大きく、回想のみからその実態を解明することは相当に困難であった。[4]

ところが、上海の共産主義グループの一員であった兪秀松(一八九九～一九三九)の当時の日記が一九九〇年代初めに発見され、[5]そこにはそれまでの定説をくつがえす記述が含まれていた。すなわち、兪秀松日記一九二〇年七月一〇日の条には、「さきに我々が組織したところの社会共産党を経てのち、安那其《アナキズム》主義と波爾雪佛克《ボリシエヴイズム》主義にたいして、ともにさっぱり手がかりがつかめない。以前にアナキズムを信じたのは、確かに盲従であった」[6]と記されていたのである。「アナキズムとボリシェヴィズムにたいして……」の一段は、いささか不自然な表現だが、ともあれ、七月以前に「社会共産党」という名称の組織が存在したことがあきらかになったのである。ただし、この日記も「上海共産主義小組」の結成過程をすべて解き明かすものではなかった。すなわち、現存する兪秀松日記(毎日の記述は相当に詳細である)は、一九二〇年六月一七日深夜の記述から始まり、七月二五日で終わっているが、七月一〇日の条以外には詳しい設立日時やメンバーは依然として不明のまま残されたのである。

一方、「社会主義者同盟」は、一九二〇年初頭に陳独秀、李大釗ら初期共産主義者と黄凌霜(一八九七〜一九八二)、梁冰絃(生卒年未詳)、鄭佩剛(一八九〇〜一九七〇)ら無政府主義者がポレヴォイの仲介をうけ、社会主義者の大同団結を図るために設立したもので、共産党の母体になったといわれる組織である。ただし、先の「マルクス主義研究会」と同様に、「社会主義者同盟」の存在の根拠となるものも、突きつめれば梁冰絃と鄭佩剛ら無政府主義者の回想だけで、その活動にかかわったとされる無政府主義者の中には、「社会主義者同盟」の存在を否定する者もいる。[8]「社会主義者同盟」にかんする梁、鄭らの回想が相当に詳細かつ具体的であるため、それを中共成立史に組み込んで解釈しようという努力はさまざまになされたが、[9]回想録を超える資料がない状況では、それもまた推測の域を出るものではなかった。

「マルクス主義研究会」「社会共産党」、および「社会主義者同盟」をめぐる資料不足に一筋の光明をあたえたのは、モスクワ・アルヒーフの文書資料、すなわち前述のヴォイチンスキーの一九二〇年六月と八月の報告である。ヴォイチンスキーの報告と兪秀松日記、およびそれら回想録との間には齟齬が多く、その意味では、それら諸資料は互いの信憑性を否定も肯定もしないのだが、近年それら三種の資料を整合的に解釈しようとする研究があらわれている。その代表的なものは、楊奎松氏と金立人氏の研究[10]である。

楊奎松氏はまず、兪秀松日記の記述の不自然さ(ボリシェヴィズムにたいする曖昧な態度)を根拠に、「社会共産党」といわゆる「上海共産主義小組」は必ずしも同一のものとは言えないとする。そして、ヴォイチンスキーの報告にいう上海の「革命ビューロー」こそが「上海共産主義小組」であり、それはアナ・ボル共存の「社会主義者同盟」(楊氏によれば、その成立は一九二〇年七月一九日）が発展してできたものだと解釈している。その理由は、鄭佩剛の回想が伝える「社会主義者同盟」の活動といわゆる「上海共産主義小組」の活動とされるものがほぼ一致することである。かくて、ヴォイチンスキーの報告が無政府主義者との協力にしばしば言及したことや、「革命ビューロー」によって広州に派遣されたロシア人たちの最初の接触の相手が同地の無政府主義者だったことも、「革命ビューロー」が「社会主義者同盟」の方針を引き継いだからだという説明がなされる。その上で楊氏は、「革命ビューロー」、すなわち「上海共産主義小組」の成立時期を、「社会主義者同盟」の成立（七月一九日）と、「革命ビューロー」に言及したヴォイチンスキーの報告の書かれた八月上旬の間と推測している。

これにたいして、金立人氏はまったく異なる解釈を打ち出している。すなわち、兪秀松日記の記述を不自然と見る楊奎松氏にたいして、金氏は、兪秀松日記に見える「ボリシェヴィズム」の語は、この時期の中国青年の知識水準からして、今日一般的に理解される共産党の組織原則としての「ボリシェヴィズム」ではなく、また必ずしも「アナキズム」と対立するものとして想定されているわけでもないとする。そこから導き出される結論は、兪秀松日記にいう「社会共産党」こそが、やはり「上海共産主義小組」に相当するものであり、関係者の回想から、その結成が日程に上ったのは「マルクス主義研究会」が設立された一九二〇年五月、そしてその成立は六月と推測されるというものである。一方、中国人回想録とヴォイチンスキー報告の不整合にかんしては、次のような独特の解釈がなされる。すなわち、ヴォイチンスキーの働きかけは、無政府主義者を含む革新的諸団体の結集に重点がおかれたのにたいして、陳独秀らの活動は当初より無政府主義者を除外し、団体ではなく陳の信頼する個人の結集としてすすめられた。「革命ビューロー」は諸団体の結合（その骨幹部分は「社会主義者同盟」）による結党をめざすヴォイチンスキーの方針のもとで設立されたものだが、無政府主義者や在来労働団体に不信感をもっていた陳独秀はそれに同調することなく、独自に結党準備をした(社会共産党)。したがって、「上海共産主義小組」は「社会主義者同盟」や「革命ビューロー」とは別物であり、実際に中共結党につながっていったのは、ヴォイチンスキー系の「革命ビューロー」(「社会主義者同盟」の解散〔金氏によれば、一九二〇年一二月ごろ〕とともに消滅)ではなく、陳独秀らの「社会共産党」、すなわち「上海共産主義小組」だ、と。そして、この解釈に基づいて、金氏は「中共の上海発起グループは、マルクス主義を擁護、追求する中国の革命家が独立自主的にうち立てたものである」と結論づけるのである。[11]

楊、金両氏の解釈は、ともに中国における党史研究の第一人者のそれとして、それぞれ傾聴に値するものではあるが、残念ながら共に瑕疵のあることを免れない。まず、楊氏の見解だが、兪秀松日記に、いくらボリシェヴィズムにたいする曖昧な態度が見られるとしても、兪秀松がこの時期に陳独秀と密接に往来していることは、その日記からも明白であり、しかもかれはいわゆる「上海共産主義小組」以外の党派組織活動には関与していないのだから、かれの言う「社会共産党」が陳独秀らの上海共産主義グループと直接の関係がなかったというのは、あまりに不自然であろう。また、「社会主義者同盟」について、楊氏はその成立を七月一九日とするのみならず、その会合の議事内容まで紹介しているが、実はその根拠である一九二七年のロシア語文献は、「一九二〇年七月一九日に上海で「もっとも積極的な中国の同志たち」の会合が開かれた」[12]と述べるだけで、その会合の性質や内容については何も語っていないのである。さらに、ヴォイチンスキーの八月一七日の報告で言及されている「社会主義青年同盟」にかんしては、それが実在したのか、あるいはいかなる組織だったのか、残念ながら説明はなされていない。

一方、金氏の見解は、当時の「ボリシェヴィズム」の理解のされかたに混乱があったことや、ヴォイチンスキーと陳独秀とでは党結成の進め方(革新団体への働きかけか、信頼できる個人の勧誘か)をそれぞれ違う視点でとらえていたことなど、首肯できる点も少なくない。しかし、「革命ビューロー」(金氏によれば、「社会主義者同盟」の指導機関）と陳独秀らの「上海共産主義小組」（金氏によれば、その名称は「社会共産党」）が別物であったとの結論は、やや当を失していよう。ヴォイチンスキーの八月一七日の報告で言及されている「革命ビューロー」の活動には、例えば『共産党宣言』や雑誌『労動界』の出版のように、明確に陳独秀グループが主導して行ったものが含まれているからである。史実の考証について言うならば、異論の多い「マルクス主義研究会」の五月成立説を回想録だけに依拠して肯定するのも問題があろうし、陳独秀らの自主的建党指向の証左として、いわゆる「南陳北李、相約建党説」を援用しているが、この説が成り立たないことは、本書第二章第二節で述べたとおりである。さらに、楊氏も言及した七月一九日の「もっとも積極的な中国の同志たち」の会合を、金氏は「革命ビューロー」を成立させた会議と断言するが、先に見たように、同日の会議の性質や内容は何ひとつわかっていないのである。また、ヴォイチンスキーの報告に見える「社会主義青年同盟」について、何らの言及もないのは楊奎松氏と同様である。

以上のように、中共発足の母体となったいわゆる「上海共産主義小組」に関係する組織は、中国語文献起源のものとロシア語文献起源のものを合わせると、相当の数に上るのだが、実際に存在したものだったのかも含め、それらが具体的にはいかなる組織であって、相互にどのような関係にあったのかについては、なお充分に整合性のある説明はなされていないのである。したがって、上海における共産党結成への歩みを述べるには、まずそれら諸組織の実態とその相互関係を検討することから始めなければならないということになるだろう。

2　中国共産党発起グループの諸相（一）
――「マルクス主義研究会」と「社会共産党」

陳独秀らの中国共産党発起グループ、すなわちいわゆる「上海共産主義小組」に相当するらしい組織は、中国語文献起源のものとしては、「馬克思《マルクス》主義研究会」「社会主義者同盟」「社会共産党」などがあり、ロシア語文献起源のものとしては、「革命ビューロー（Революционное бюро）」「社会主義青年同盟（Союз социалистической молодежи）」などが挙げられる。

これら組織のうち、あきらかにその存在に疑問符のつくのは、回想録にしかその名の見えない「マルクス主義研究会」である。共産党発起グループの前身として「マルクス主義研究会」を挙げるのは、邵力子と陳望道だが、そのメンバーとされた施存統、沈雁冰（茅盾）は、いずれも上海には「マルクス主義研究会」なる組織はなかったと明確に否定している[13]。かかる不一致が見られるのはなぜなのか。「マルクス主義研究会」に言及する陳望道の回想はいくつかあるのだが、その中のひとつは実はこう述べている。

一九二〇年春、上海の復旦大学がわたしに講義をするよう招請してきた。当時、上海ではちょうどマルクス主義研究会が組織されつつあった。それは現在いわれているところの共産主義小組でもある。そこで、わたしは『共産党宣言』を研究会に渡して出版した[14]。

この回想によれば、かれの翻訳した『共産党宣言』は、「マルクス主義研究会」によって出版されたことになるのだが、一九二〇年八月に刊行された『共産党宣言』の出版元は上海の「社会主義研究社」、すなわち雑誌『新青年』の発行元である「新青年社」になっている。つまり、陳望道は、その「社会主義研究社」を「マルクス主義研究会」と誤って記憶しているにすぎないのである。第二章第二節で紹介したように、「社会主義研究社」は実体としては「新青年社」にほかならず、それは同時にヴォイチンスキーのいう上海「革命ビューロー」の出版部門であった。したがって、陳望道らのいう「マルクス主義研究会」の活動とは、何らかの組織の名称というよりも、むしろ陳独秀ら『新青年』同人とヴォイチンスキーらによる活動のことを漠然と指しているだけなのである。

では、上海の中共発起グループはいったいいつ、いかなる名称で成立したのだろうか。そして、それはヴォイチンスキーの報告にいう「革命ビューロー」とは、どのような関係にあったのだろうか。まずは、中共発起グループの成立時期から検討してみよう。中共の結成時期に言及する同時代資料としては、張太雷（一八九八～一九二七）がコミンテルン第三回大会に提出した書面報告と施存統が日本で逮捕されたさいに行った供述とがある。

張太雷の報告によれば、「中国最初の共産党細胞（**коммунистические ячейки**）は一九二〇年五月に上海と北京で成立したものであり、以後、中国のほかの地方でも多くの共産党細胞が相次いで出現した」とされている。[15] 張太雷の入露以前の活動には不明な点が多い（後述）ため、この報告がどこまで当時の状況を正確に伝えているかには、若干の疑問も残るが、何といっても結党当時の中共の公式報告であり、党結成の出発を一九二〇年五月とする報告の信憑性は、他の回想録などとは比較にならないほど高いといってよいだろう。

他方、施存統の供述は、一九二一年暮れに日本留学中のかれが警視庁に逮捕された際になされたものである。これまで、かれが日本の官憲側にたいして行った陳述としては、いわゆる「暁民共産党事件」裁判のさいの予審廷証言が知られていた[16]が、筆者は国立公文書館が近年公開した資料の中の『外事警察報』(一〇号、一九二二年二月)に、「警視庁に於ける施存統の陳述要領」(本書付録三「施存統の供述」参照)があることを発見した。上海における共産主義グループの結成にかんする部分は、予審廷証言よりも詳細であり、次のように述べている。

> 上海に於ける社会主義団体にして余と関係を有するは共産党、社会主義青年団及社会主義大学校なり。之等は何れも秘密結社なる関係上一定の事務所を有せず、各団体の主任又は委員の住所を通信所として各地同志と連絡を執り居れり。……社会主義青年団は大正九年八月の創立にして実際運動を以て目的とす。目下上海南成都路輔徳里六二五居住李達、専ら団務に当り、李人傑其牛耳を執り居れり。李達は又李鶴鳴と云い、李人傑は李漢俊と云う。何れも本邦に留学したることあり。社会主義大学校は主義宣伝の所謂通信学校にして、大正九年五月陳独秀、兪秀松、呉明(無无)、李人傑、沈定(玄廬)、王仲甫(重輔)及余の七名にて設立したり。団員は社会主義青年団と同一なるも、前者が専ら実際運動を目的とするに対し、後者は主義宣伝を以て目的と為せり。而して最初は在上海露国過激派代表者〔おそらくはヴォイチンスキーのこと〕と関係を有し、毎月約千円の宣伝費を受け、役員等も毎月三十円宛の報酬を受け居たるが、一《マ》昨《マ》年中之との関係を断ち、現在同代表より何等の補助を受け居らず、目下学生約六十名あり。

もちろん、これはあくまでも警察に拘留された状況での供述である。したがって、すべての事実を包み隠さず話していると即断することはできないだろうが、中共関係者の別名やその住所といった本来最も秘匿せねばならないはずのことも、ありのままに述べていることから推して、全体としてほぼ信用にたる供述と考えてよかろう。また、施存統は一九二〇年六月の渡日まで、上海の陳独秀に付き従って活動した人物であり、渡日後も頻繁に上海の共産主義人士と連絡をとっていただけに、その草創期上海共産主義グループにかんする見聞は、張太雷よりもはるかに直接的だったはずである。かれが、ソビエト・ロシア側からの資金提供の具体的金額まで挙げていることは、それを物語っていよう。

施存統の供述は、残念ながら「共産党」の成立日時には言及していないが、党に関係のある組織として、「社会主義青年団」と「社会主義大学校」の名を挙げ、それぞれその成立を一九二〇年八月、同五月と明確に述べている。共産主義グループの実際運動部門である「社会主義青年団」の成立時期にはかれは日本にいたから、その設立は上海からの連絡によって間接的に知ったのだろう。ただし、中国社会主義青年団の共産主義青年インターナショナル(キム)第二回大会(一九二一年七月)への報告も、「最初の同盟は上海で結成され、その原則は社会主義革命を準備することであった。……一九二〇年八月二二日に社会主義青年団(Социалистический союз молодежи)は正式の会議を行った」[17]と述べており、やはり青年団の成立は同年八月だったことを裏付けている。[18]

一方、同年五月に設立されたという「社会主義大学校」は、上海共産主義グループの主義宣伝部門らしいが、これは先に検討した「社会主義研究社」のことを指しているに違いない。すなわち、陳望道訳『共産党宣言』や李漢俊訳『馬格斯資本論入門』の発行元である。一九二〇年八月のヴォイチンスキーの報告によれば、『共産党宣言』の刊行は上海の「革命ビューロー」の出版セクションの活動として数えられているものだったわけだが、これにより、同セクションにあたる「社会主義研究社」は、施存統がまだ上海にいた同年五月に、陳独秀、兪秀松、陳公培(呉明)、李漢俊、沈玄廬、王仲甫(重輔)、そして施存統の七人によって設立されたことがあきらかになるのである。[19] この七人のうち、王仲甫(重輔)だけはどのような人物だったか不明だが、[20] それ以外の六人は多くの回想録でも、中共発起の関係者としてしばしば名前の挙げられる人々である。

先の張太雷の報告といい、施存統のこの供述といい、同時代の文献がいずれも共産党の発起グループの成立を一九二〇年五月としていることからして、かれらの何らかの形式をとった活動——つまり、いわゆる「上海共産主義小組」の活動とされるもの——は、そのころに始まったといってよいだろう。そして、その活動がいわゆる「党組織」的なものにされていく契機となったのは、いわゆる「社会共産党」の結成である。

前述のように、「社会共産党」なる呼称は、上海共産主義グループの一員であった兪秀松の日記の一九二〇年七月一〇日の条に登場するものである。兪秀松は、北京での工読互助団運動が失敗に終わってのち、施存統とともにこの年の三月末に上海にやってきていた[21]。以来、陳独秀らのグループの一員として活動していたことは、先の施存統の供述が伝えるとおりである。したがって、かれの日記にいう「社会共産党」とは、常識的に考えて、上海共産主義グループと同一のものと言ってよいだろう。日記に見えるボリシェヴィズムへの曖昧な見解（「安那其主義《アナキズム》と波爾雪佛克主義《ボリシェヴィズム》にたいして、ともにさっぱり手がかりがつかめない」）も、金立人氏が指摘するように、当時のボリシェヴィズム理解の混乱ぶりからすれば、決して不自然なものではない。やはり、尊重すべきは、上海共産主義グループの一員であるかれの日記に、明確に「社会共産党」なる結社が登場するという動かしがたい事実の方なのである。では、その「社会共産党」が組織されたのは、いったいいつなのだろうか。前述のとおり、現存する兪秀松日記は一九二〇年六月一七日深夜の記述から始まり、七月二五日で終わっているが、七月一〇日の条以前には「社会共産党」への言及はまったくない。つまり、日記を追う限りでは、それが六月一七日以前に組織されたらしいということが推測されるのみである。

「社会共産党」の結成日時とその性質を検討するうえで、興味深いのは施存統のこの時期の足どりとかれの後年の回想、および施存統の供述で名前の挙げられている兪秀松と陳公培（一九〇一～一九六八）の回想である。施存統の回想によれば、かれが日本に渡る直前の一九二〇年六月に二回の会合が開かれ、戴季陶が脱退したあとの二回目の会合で、陳独秀、兪秀松、李漢俊、陳公培、施存統の五人によって共産党（施存統は「上海小組」は当初より「共産党」と呼んでいた、としている）設立の準備をすべく、党綱を起草し、その後かれは六月二〇日に、日本へ留学するため上海を発ったという。(22) これはあくまでも、一九五〇年代に書かれた回想録ではあるが、その内容（例えば、設立時のメンバー）がかれの一九二一年の供述にほぼ重なるという点で、余人の回想録とは異なる重みを持つといえよう。(23) さらに、施存統の供述や回想が他のそれらと違うのは、当時のかれの足どりの中に、一九二〇年六月の日本への留学という大きな節目が含まれていることである。すなわち、かれの述べる上海共産主義グループの活動は、すべてかれがまだ上海にいた同年六月以前のことであると考えて、ほぼ間違いないのである。

さて、この施存統の回想と符合するのが兪秀松と陳公培のそれである。まず兪秀松だが、かれは一九三〇年にモスクワで執筆した自己経歴書の中で結党の過程に言及し、「一九二〇年の春ごろ、我々は中国共産党を結成しようとした。だが、一度目の会議では意見の一致を見ることができず、うまくいかなかった。しばらくしてのち、二度目の会議で我々は党の存在を宣言した」(24) と述べている。すなわち、施存統と同じく、党の発起のために二度会合がもたれて、二回目の会合によって党の発起がなされたことを伝えているのである。一方、陳公培の回想は、施存統のそれと細部において若干の差異があるものの、自身と陳独秀、李漢俊、施存統、兪秀松らの参加した中共組織の準備会において、やはり五、六条の簡単な党の章程（規約）が作られたことを述べている。陳公培は、その会合が開かれたのは「一九二〇年夏」としているが、同時に会合のあった「その晩に施存統が日本に行った……、李漢俊と戴季陶が施を宮崎寅蔵〔宮崎滔天〕の息子宮崎龍介に紹介した」とも回想している。(25) 施存統の日本留学は、確かに戴季陶と宮崎親子の斡旋によって実現したものであり、この点においてかれの回想の信憑性は相当に高いといえるだろう。

では、施存統が日本に出立したのはいつか。陳公培の回想に従えば、施存統の上海出発の日こそが、まがりなりにも綱領をもつ実質的な党組織の結成の日ということになるが、事はそう簡単ではない。施存統は、日本留学のために上海を発ったのは一九二〇年六月二〇日だったと述べているが、これは若干の補足説明を要しよう。すなわち、六月二〇日は船の出航の日であって、かれが兪秀松をはじめとする友人たちに見送られて乗船したのは、その前日すなわち一九日の夜だからである。[26] だが、そのことを記す兪秀松日記の当日の条には、かれも出席したはずの「社会共産党」発起の会合のことはまったく記されていない。したがって、施存統の乗船の日がすなわちその会合の日であるとする陳公培の言をそのまま鵜呑みにすることはできないが、その会合が施の上海出立の日とそう隔たってはいないということは推定しうる。その根拠は、施存統の留学激励会とおぼしき壮行宴が六月一六日に開かれていること[27]（陳公培がこうした壮行の会をもって施存統の日本への出発と見なした可能性はあろう）と、当初「共産党」設立のための会合に関与していたとされる戴季陶が、精神衰弱の療養のために上海から湖州に発ったのが六月一七日前後だったことである。[28]

以上のことを総合すれば、中共の第一回大会に先立つことほぼ一年、陳独秀、李漢俊、施存統、兪秀松らを中心として、通説にいう一九二〇年七、八月よりも早く、六月の中旬ごろには「社会共産党」として認識される党組織の雛形が上海で結成されていたこと、そしてこの「社会共産党」こそが、党史上の「上海共産主義小組」であったことが確認できる。むろん、この「社会共産党」なる組織は、いうなれば簡単な綱領の如きものを持つだけの初歩的組織にすぎなかっただろう。だが、この「党」[29]はそれ以降、かれらのほかに、陳望道、邵力子、沈玄廬といった陳独秀の友人や、さらには、李達（八月に日本より上海に帰国[30]）、周佛海（一九二〇年夏に日本留学から一時帰国[31]）、沈雁冰、袁振英(一八九四〜一九七九)ら新メンバーを加え、何回か党綱領、党規約の素案を検討しながら、マルクス主義の宣伝、あるいは労働運動へととり組んでいくことになるのである。その活動拠点は『新青年』編集部、すなわちフランス租界環龍路老漁陽里二号の陳独秀の寓居であった。

さて、以上で検討したように、一九二〇年六月時点では、陳独秀らの共産主義グループは「社会共産党」なる名称を持っていたようなのだが、それがヴォイチンスキーの八月の報告では何ら言及されていないのは、どういうわけなのだろうか。あるいは、ヴォイチンスキーの報告にいう上海の「革命ビューロー」とこの「社会共産党」とは、いかなる関係にあったのだろうか。先に紹介した金立人氏は、この両者を別物とするが、施存統が「共産党」発起の会合へのヴォイチンスキーの関与を明言していること(32)だけをとっても、その解釈は成り立つまい。やはり、「革命ビューロー」と「社会共産党」とは、同一組織の異名であったと考えざるを得ないだろう。金氏の解釈で妥当な点があるとすれば、それはむしろ、ヴォイチンスキーと陳独秀らとでは党結成の進め方をそれぞれ違う視点(革新団体への働きかけか、信頼できる個人の勧誘か)でとらえていたという指摘である。つまり、「革命ビューロー」を核とし、それへの学生団体、労働団体の結集を想定していた組織重視のヴォイチンスキーと、雑誌『新青年』の同人を中心として人材を募っていた陳独秀ら中国人構成員には、中共結党への歩みという本来ひとつのはずの過程が、その拠って立つ文化的背景の違いによって、二様に映ったということではないだろうか。

周知のように、ボリシェヴィキの前身であるロシア社会民主労働党は、一八九八年に労働者階級解放闘争同盟を中心とする各地のサークルやブンド(ユダヤ人の労働者団体)などの代表者がミンスクに集まり、各地に分散する諸団体を結集する形で結党が図られたものである(ただし、大会ののち、一斉に活動家が逮捕された)。してみれば、ボリシェヴィキの結党史を知るヴォイチンスキーは、中国においても既存の革命的諸団体の結集による革命政党の生成を想定していたと推測できるだろう。ヴォイチンスキーの報告がしばしば無政府主義組織や既存の労働団体の統合に言及する一方、中国人活動家の個人名をほとんど挙げないのは、単に言語的な壁だけによるものではなく、かれのそうした革命政党結成イメージが色濃く反映された結果だったのではあるまいか。

他方、当時の陳独秀は、新興の労働団体に接触してはいたが、既存の労働団体にたいして、明確に不信感を持っていた。ヴォイチンスキーの報告の書かれた一九二〇年八月に発表されたかれの短評「真の労働者団体」は、「労働者が自らの境遇を改善せんとするなら、もとより団体を結成しなければいけない。しかし、上海の労働者団体のごときものは、さらに一万を結集してもダメである」[33]と述べ、あきらかにヴォイチンスキーのそれとは違う見解を示していた。また、無政府主義者にたいするかれの態度も、同時期の文章「政治を語る」(談政治)に顕著なように、決して好意的なものではなかった。かかる態度で共産主義グループの結成を進めるとすれば、それは当然に陳独秀との信頼関係に裏打ちされる個々人の糾合へと向かわざるを得なかったであろう。かくて、回想をはじめとする中国人関係者の結党過程をめぐる記述は、ほぼ例外なく、急進分子の結合が「党」を生んだという視点からなされることになるのである。

3　中国共産党発起グループの諸相(二)
——「社会主義者同盟」と「社会主義青年団」

中国共産党草創期に存在したとされる今ひとつの組織として、しばしば言及されるのは、梁冰絃や鄭佩剛ら無政府主義者の回想録に登場する「社会主義者同盟」である。「社会主義者同盟」とは、どのような組織だったのだろうか。

「社会主義者同盟」にかんする最も早い時期の回想である梁冰絃のそれは、次のように述べている。

一九二〇年春、エスペラントで書かれた一通の書簡を受け取った。その署名は布魯威《ポレヴォイ》となっており、天津から発送されたものであった。……かれは、中国の自由社会主義者とソ連の革命指導者であるボリシェヴィキ党員とは疎遠ではあり得ず、喜んで連帯することができるかもしれないと信じていた。……当時、学舍〔晦鳴学舍〕の留守をあずかっていた鄭佩剛は、ポレヴォイの書簡を北京大学の黄超海〔黄凌霜〕に送り、かれらを手近なところで交渉させた。黄は陳独秀と李大釗をともなって、天津や北京でポレヴォイと数回にわたって話し合った。その結果、「社会主義者同盟」というものが成立した。(34)

この梁冰絃の回想、およびそれを受けて書かれた鄭佩剛の回想録によれば、陳独秀を中心とする「社会主義者同盟」は、社会主義者の統一戦線的組織であり、「当時、およそ社会主義を宣伝していた人であれば、いずれのセクトであろうと進んで参加することができた」という。そして、「同盟」は上海で、ヴォイチンスキーの働きかけをうけて「又新印刷所」を設立、陳望道訳の『共産党宣言』を含む共産主義や無政府主義の書籍の発行にあたっただけでなく、北京や広州でも『労働音』『労働者』といった雑誌を発行したという。(35)つまり、これらの回想が正しいとすれば、一九二〇年に結成された社会主義者の統一戦線的組織たる「社会主義者同盟」は、各地のいわゆる「共産主義小組」に相当し、上海の「同盟」は中国共産党発起グループだったということになる。先に紹介した楊、金両氏も、ニュアンスの差はあれ（楊氏が「社会主義者同盟」「革命ビューロー」「上海共産主義小組」の一体説を採るのにたいして、金氏は前二者は一体のものとするが、陳独秀らの「上海共産主義小組」とは別物とする）、それが実際に存在したと見なしている。

アナ・ボルの統一戦線組織として「社会主義者同盟」の名を挙げるのは、アナキストの回想だけで、中共系人士の回想で「社会主義者同盟」に言及するものはなく、また当時の新聞、雑誌記事にもその名称を見いだすことはできない。したがって、当時の連合体的組織の名称が「社会主義者同盟」であったと即断することはできないが、一九二〇年後半に社会主義者の広範な協力関係があったことは確かである。ヴォイチンスキーの報告がしばしば無政府主義者との協力に言及していたことはすでに述べたとおりであり、現に一九二〇年一一月に北京の「共産主義小組」が創刊した雑誌『労働音』には、アナキストとして知られていた黄凌霜が文章を寄せている。では、存在したはずの「社会主義者同盟」の名が当時の文献に見えないのはなぜなのだろうか。

実は、「社会主義者同盟」の発起に参画したとされる黄凌霜の文章の中には、「同盟」に関連する記述がある。一九二三年四月に、パリの中国人アナキストの雑誌『工餘』(一六号)に発表された「黄凌霜同志の来信」(同志凌霜的一封来信)がそれである。この書簡で「同盟」に関連すると見られる部分は、以下のとおりである。

ロシア革命の当初、ロシアの潮流にたいする我が国人の誤解を憂えて『一九一九旅俄六週見聞記』(北京晨報社出版)を翻訳したさい、貴君にはその原稿を読んでもらったが、ご記憶だろうか。その後、わたしは李大釗君とともに天津でロシア人に会い、さらにロシア人某氏をともなって広州に南下して通信社を設立、ここに中国における露党の活動の端緒を開いたのだった。(36)

書簡中の『一九一九旅俄六週見聞記』とは、一九二〇年四月に北京の晨報社から出版されたランサム著、兼生(黄凌霜)訳『一九一九年旅俄六週見聞記』[37]のことである。どうやら、黄は同書の刊行に先立ち、同志に原稿を読んでもらったらしい。それはともかくとして、問題はそれに続く「その後、わたしは李大釗君とともに天津でロシア人に会い……」の一段であって、この記述は「社会主義者同盟」をいう先の梁冰絃、鄭佩剛の回想に符合するのである。かれらの回想に照らして言えば、黄が李大釗とともに天津で会ったというロシア人はポレヴォイにあたるだろう。また、広州に帯同してともに通信社を設立した「ロシア人某氏」とは、中共の文書[38]が、黄凌霜が広州の革命界に引き入れ、ロシアの通信社を設立したと伝えるストヤノヴィチ、ペルリン(L. A. Perlin)らのことを指すと見て、ほぼ間違いあるまい[39]。そして、黄が「ロシア人某氏をともなって広州に南下して通信社を設立」したとの記述は、ヴォイチンスキーの一九二〇年八月の報告の内容(北京、天津ではストヤノヴィチとポレヴォイが活動を展開しており、ストヤノヴィチは、広州に「革命ビューロー」を設けるべく天津から広州に派遣された)とも見事に一致するのである。梁冰絃、鄭佩剛の回想は、決して虚構ではなかった。

ただし、かれらの回想が事実を反映したものであったということは、かれらの回想が事実のすべてであったということを意味するものではない。すなわち、黄凌霜の書簡は、かれがロシア人(ポレヴォイ)や李大釗らに協力することで中国におけるソビエト・ロシアの活動の端緒を開いたと伝えるだけで、かれらのグループの名称については何も述べておらず、したがって当時のアナ・ボル連合体がいかなる組織を名のり、その組織が中国共産党発起グループといかなる関係にあったのかという問題は、依然として残るのである。

これにかんして、手がかりをあたえてくれるのは、やはりヴォイチンスキーの報告である。その一九二〇年八月の報告は、かれが当時、「統一した社会主義青年同盟」の設立を企図していたことを伝え、八月一七日に北京で「連合の問題に最終的に決着をつける」会議が開かれており、「会議では、連合による社会主義青年同盟設立を主張する流れは強いはずである」と述べていた。この会議が、李大釗らの参加を得て開催された少年中国学会、覚悟社などの合同集会であり、その結果として「改造聯合」なるものが結成されたことは、第二章第二節で見たとおりである。そして、この「改造聯合」の会合に参加した人物は、会合ののち、「北京にとどまった覚悟社の会員のうち、数人が李大釗先生の指導のもと、労働者、婦女、青年学生運動に加わった。内二名の社員が李大釗先生の紹介で、ソ連《ママ》の国際通信社である「華俄通信社」の活動に加わった」(40)と述べ、「改造聯合」の活動がソビエト・ロシア系通信社に関わっていたことを示唆しているのである。先の黄凌霜の書簡が、かれらのグループの活動として、同じく通信社の設立を挙げていることからすれば、おのずからひとつの結論が得られよう。すなわち、黄凌霜書簡が伝えるかれと李大釗、ポレヴォイらの共同活動とは、梁冰絃ら無政府主義者にとっては「社会主義者同盟」であり、ヴォイチンスキーの目から見れば「社会主義青年同盟」であり、そして李大釗らからは「改造聯合」と呼ばれたものだった、と。そして、今一つの推測を付け加えれば、これらさまざまに呼ばれた統一戦線的組織は、一九二〇年八月に成立したと伝えられる「社会主義青年団」、つまりは共産主義グループの外郭組織と同じものであったと考えられる。すなわち、ヴォイチンスキーのいう「社会主義青年同盟」のロシア語原文(Союз социалистической молодежи)とキム二回大会に提出された中国「社会主義青年団」の報告におけるロシア語自称(Социалистический союз молодежи)(41)は、同じことを語順を変えて言っているにすぎないのである。さらに、「中国社会主義青年団」の第一回大会(一九二二年五月)の大会報告によれば、一九二〇年八月に設立された青年団は、「単に社会主義の傾向を持つだけにすぎず、何らかの派の社会主義に確定したわけではなかった。したがって、その構成は複雑で、マルクス主義者もいれば、無政府主義者もいた」というから、それは無政府主義者の回想にいう「社会主義者同盟」の状況そのものなのである。つまりは、「社会主義者同盟」「社会主義青年同盟」「社会主義青年団」「改造聯合」の四者は実は一体であり、社会主義者の大同団結によるソビエト・ロシア系人士との共同行動という本来は一つの事柄が、これまた、その置かれた立場や言語環境の違いによって、四様に表記されたにすぎないと解釈することができるのである。

社会主義者の統一戦線的組織を「社会主義者同盟」と呼ぶ鄭佩剛は、その発端（ポレヴォイからの書簡到着）を一九二〇年三月、上海における「社会主義者同盟」の成立を同年五月のことと回想しているが[42]、それが「社会主義青年同盟」「社会主義青年団」の異称であるとすれば、その正式成立は同年八月とせねばならないだろう。つまり、それら社会主義者の大同団結を目指す活動は、前項で見た中国共産党の発起グループ（中国人関係者の呼称によれば「社会共産党」、ヴォイチンスキーの呼称では「革命ビューロー」）の形成を受けてなされたのであった。

また、それら社会主義者の統一戦線的組織が一部に「社会主義者同盟」と呼ばれた背景としては、日本において一九二〇年八月以降にその結成への動きが加速した「日本社会主義同盟」が何らかの形で引照されたのではないかと考えられる。「日本社会主義同盟」結成への動きは、中国でも注目を集め（李大釗が同盟に加入したことは第一章第二節で触れたとおり）、早くも同年八月の時点でその動向が詳しく報じられていたからである[43]。

4　中国共産党発起グループの活動

前二項で検討したことを要約すれば、中国共産党の上海発起グループは、ヴォイチンスキーの上海到着ののち、陳独秀を核とする『新青年』同人（李漢俊、施存統、兪秀松、陳公培ら）が中心となって、一九二〇年五月ごろから「社会主義研究社」として活動を開始、六月にいったん「社会共産党」（あるいは「共産党」「社会党」）という名称をとり、八月には広範な青年社会主義者を取り込む「社会主義青年団」を併設して勢力伸張をはかる一方、上海発起グループそのもののメンバーを漸増させながら、出版、宣伝を中心にして活動していったということになる。そして、その活動はヴォイチンスキーによれば、上海「革命ビューロー」のそれと見なされ、「社会主義青年団」の活動は一部の無政府主義者によっては「社会主義者同盟」と呼ばれたと言えるだろう。

　時期的にいえば、これら一連の結党準備作業は、雑誌『新青年』が暫時停刊していた期間（一九二〇年五月～八月）に進行したわけで、その意味では、九月に八巻一号として再出発した『新青年』は、まぎれもなく共産党発起グループの機関誌的性格を帯びていたのだった。上海の共産党発起グループの主な活動としては、前述の『新青年』『労動界』などの雑誌や漢訳『共産党宣言』の発行のほかに、青年教育へのとり組み（「外国語学社」の創設）や労働運動へのとり組み（具体的にいえば「上海機器工会」の設立）を挙げることができる。

　「外国語学社」は一九二〇年九月に開設された外国語学校である。上海の『民国日報』（九月二八日）に掲載された同学社の学生募集広告によれば、英、露、日の三カ国語のクラスがあり、さらに仏語、独語のクラスも設置する予定であった。学費は一クラス当たり月額二元で、学舎はフランス租界の霞飛《ジョッフル》路新漁陽里六号、つまり当時の社会主義青年団の所在地に置かれていた。ちなみに、新漁陽里六号は同年六月まで戴季陶の居宅だったところで、『新青年』編集部（陳独秀居宅）からは目と鼻の先にある。「外国語学社」は、外国語教育を名目に掲げ、李漢俊、李達、楊明斎らが教師となって外国語の初歩を教えていたようである。[44] だが、実際には、陳独秀らの名を慕って上海に出てきた各地の運動学生や封建的家庭からの家出青年の避難場所、あるいはソビエト・ロシアへの渡航希望者の留学斡旋所としての役割を持っていた。

　前者の例としては、北京に続いて上海でも試行された「上海工読互助団」「滬濱互助団」のメンバーの羅亦農（一九〇二～一九二八）、卜士奇（一九〇二～一九六四）、袁篤実（一九〇一～?）――いずれものち中共党員――らが「外国語学社」で学んでいる。また、後者の例としては、長沙の「俄羅斯《ロシア》研究会」（一九二〇年九月時点での総幹事は長沙県知事の姜済寰、書記幹事は毛沢東）が「留露勤工倹学」を提唱して、劉少奇（一八九八～一九六九）、任弼時（一九〇四～一九五〇）、蕭勁光（一九〇三～一九八九）――いずれものち中共党員――らを「外国語学社」に送り出している。[45]「ロシア研究会」の実質的な責任者は、陳独秀の親しい友人で、当時船山中学の校長をつとめていた賀民範であったといわれ、かれの直接の紹介でロシア留学をすべく「外国語学社」に赴いた彭述之のような例もある。[46]

留仏勤工倹学運動がいくぶん下火になっていた当時、それに代わって一部の注目を集めていたのが新生ロシアであった。はたして当時、北京や上海のしかるべき機関が中国青年のロシア視察を斡旋しているという噂が流れていただけでなく、さまざまな手づるを使って入露する青年がいることが報じられていたのであった。[47]上海の「外国語学社」は、こうしたソビエト・ロシア人気に応えるために、入露を希望する青年にたいする予備教育を行っていたと考えられる。当然に、かれらの中から社会主義青年団に加入する者が相次ぎ、外国語学社が上海の共産主義グループの有力な人材供給源となったことはいうまでもない。「外国語学社」は、一九二〇年時点でおよそ六十人ほどの学生をかかえていたが、その中には無政府主義者も少なくなかったようである。[48]

語学教育と入露の斡旋ということで言えば、「外国語学社」のほかに、当時上海には「新華学校」なるエスペラント学校があり、共産主義グループと近い関係にあった。施存統の供述で、上海共産主義運動の「其他主義宣伝学校としては仏租界《ママ》にエスペラント学校あり」と言われているのがそれである。「新華学校」（新華世界語学校とも呼ばれる）は、一九一九年の冬にヨーロッパからやって来たストパニ（V. Stopani, 1893?–1921）と陸式楷らエスペランティストが北四川路公益坊に設立したもので、[49]コスモポリタニズムを標榜する無政府主義者などの活動拠点でもあった。[50]「外国語学社」の学生の中には、同時に「新華学校」でエスペラントを学ぶ青年もおり、ある程度の人的交流もあったらしい[51]。例えば、外国語学社の学生であった廖劃平、袁文彰、抱朴(秦滌清)らは、一九二一年三月に入露を試みたさい、「新華学校」教師ストパニから紹介状をもらっている[52]。

ストパニはロシア生まれのイタリア人で、兵役を嫌ってコーカサスからウラジオストクへ、そしてさらに上海へとやってきたと言われる[53]。その政治的立場については不明な点が多いが、かれが中国の無政府主義雑誌『民声』に寄せた書簡[54]によって、その思想的立場の一端をうかがうことができる。その中でかれは、「わたしは無政府主義に全面的に賛成する」と述べるとともに、自らを「ボリシェヴィキ党」と呼んでいた。一見して矛盾するかのようなその立場は、かれによって次のように説明される。すなわち、無政府主義は究極の理想としては正しく、人民の覚醒をうながす点で適当ではあっても、それが一足飛びに実現できない以上、「革命」にはあまり適していない。その意味では、ボリシェヴィズムはかれら無政府主義者の理想である真の幸福と真の自由へ至る第一段階であって、現時点では、まずはボリシェヴィズムという方法を借りざるを得ない。現にレーニンも無政府主義に反対ではなく、その実現を信じている、と。かかる立場にたって「新華学校」でエスペラントを教授していたとすれば、そこに無政府主義者だけでなく、社会主義やソビエト・ロシアに関心を持つさまざまな青年が集ったことや、かれが入露せんとする青年のために仲介の労をとったことも当然であっただろう。

ストパニの「新華学校」で学んだかはわからないが、当時の上海共産主義グループの一員である兪秀松も無政府主義に関心を寄せるかたわら、エスペラントの学習をしていた[55]。ただし、それはストパニのごとく、一方で無政府主義の「真理」を確信しつつ、他方でその方途としてのボリシェヴィズムを措定するといった明確な意図によるというよりも、むしろアナキズムとコミュニズムがまだまだ混然としていた状況によるものであろう。周知のように、中国におけるエスペラント運動は、無政府主義運動と不可分の関係にあるが、ソビエト・ロシアにおける無政府主義者への処遇が判然としていなかった当時にあっては、エスペラントを習得すれば入露後にソビエト・ロシアの革命家と交流することが可能だと信じられたように[56]、エスペラントはロシア語と同様に革命ロシアへの橋渡しとなるものと考えられたのだった。「外国語学社」の一部学生が「新華学校」にも出入りしていたゆえんである。

「ボリシェヴィキ党」を自称したストパニは、廖劃平、抱朴らアナキスト学生の入露を斡旋した直後の一九二一年三月二七日に、理由不明のピストル自殺をはかり、翌日死亡したため[57]、生前のかれと上海の共産主義グループやヴォイチンスキーらとの関係は詳しくはわからない。「外国語学社」と「新華学校」の関係からして、何らかのつながりはあっただろうが、「外国語学社」側の派遣を待てない青年にたいして、独自に入露を斡旋しているところから見て[58]、ヴォイチンスキーらとはやや距離をおいていたようである。

「外国語学社」が青年を対象としたのにたいして、労働運動へのとり組みとして行われたのが「上海機器工会」の設立である。陳独秀が既存の労働団体にたいして不信感をもっていたことはすでに述べたとおりであり、その意味では「上海機器工会」は新たなる「真の労働者団体」を結成せんとした試みであったといえよう。「上海機器工会」は、上海の江南造船廠で働いていた湖南出身の李中（一八九七～一九五一、原名は李声澥、湖南第一師範学校の卒業生）と電灯廠の労働者陳文煥が、上海共産主義グループの出していた雑誌『労動界』の呼びかけに応えて設立に乗り出したもので[59]、一九二〇年一〇月三日にその発起のための会合が開かれた。会合の模様を伝える記事によれば、会合の場所は「霞飛路漁陽里の外国語学社」で、七、八十名ほどが参加し、名誉会員として陳独秀と楊明斎が演説している[60]。陳独秀らが名誉会員になっているのは、正会員を機械工に限定していたからであって、その点でも「真の労働者団体」結成を呼びかける陳独秀の意向がよく反映されていたと言えるだろう。開会場所が「外国語学社」、すなわち社会主義青年団の所在地であったことも、同会が陳独秀グループの強い後押しを受けていたことを物語っている。

同会が正式に成立したのは一一月二一日で、千人近い参会者を集めた成立大会には、陳独秀、楊明斎のほか、孫文、戴季陶、胡漢民ら国民党の大物も列席した。陳独秀が労働団体への資本家の容喙を許すなと訴えれば、孫文は自らの民生主義の解説を交えて二時間も演説するなど、大会は成功裏に終わった。[61] 参会者は相当の数だが、大会自体は記念祝賀的なものだったようで、実際の労働者会員は三百七十人ほどにすぎない。[62] しかし、この労働組合の特色は、何といっても、「第一に、資本《ママ》に利用される労働組合にはならない。第二に、同郷観念にもとづく労働組合にはならない。第三に、政客やゴロツキに振り回される労働組合にはならない。第四に、純粋でない労働組合にはならない。第五に、看板倒れの労働組合にはならない」[63]として、既存の労働団体と明確に一線を画したことである。成立後まもなく、アメリカの戦闘的労組として知られたＩＷＷ(世界産業労働者組合)から祝賀が寄せられたのも[64]、そのあたりが評価されたからであろう。したがって、中国官憲側が上海機器工会は「社会党陳独秀」の差し金によるボリシェヴィキとの結託であり、社会主義を鼓吹するものだとして、弾圧の構えを見せたのも当然だった。[65]

ただし、こうして誕生した「上海機器工会」の実際の活動は、官憲側の警戒ぶりに比べれば相当に温和なもので、労働者の教育、交流などの相互扶助が中心だった。管見の及ぶ限りでは、具体的な労働条件の改善を求めて運動を起こした形跡もなく、また当時上海で起こった他業種の労働争議に援助をおこなうこともなかったようである。陳独秀らの共産主義グループのかかわりも、それを一元的に指導したというよりは、むしろ協力、後押しといった程度であり、その意味では知識人による労働者との連帯を手探りで始めた段階であった。「上海機器工会」に続いて、それとほぼ同趣旨の「上海印刷工会」が設立されたり、社会主義青年団のメンバーが労働現場に出向いて調査を行ったり、あるいはいくつかの労働争議にたいして陳独秀や李漢俊が積極的に声援を送るといったことは見られたが[66]、共産党自身が労組結成に主導的役割を果たすのは、やはり一九二一年の中共第一回大会後に設立された「中国労動組合書記部」を待たねばならない。

第二節　中国各地の共産主義グループ

1　北京の共産主義グループ

中国共産党草創期に、上海と並んで積極的な活動がなされた都市は、北方では北京、南方では広州である。北京の指導者李大釗、広州の指導者譚平山（一八八六～一九五六）を陳独秀と併称して、党創立期の「南陳北李」「南譚北李中間陳」と呼ぶことからもうかがわれるように、かれらの活動した北京と広州は、上海に次ぐ共産主義グループの重要拠点であった。北京では、北京大学をはじめとする学生が五四運動以来、平民教育や工読互助団運動などに積極的にとり組んでいたし、他方広州では北京政府の直接の支配が及ばないという政治状況のもと、上海に次ぐ労働者数を背景に、早くから労働運動や無政府主義運動が展開していた。北京、広州の共産主義グループの活動は、上海からの働きかけを受けながらなされたものだが、両都市がもつそれら特殊条件ゆえに、その結党活動は上海のそれとは若干異なる展開をたどることになる。まずは、北京から見ていこう。

北京の共産主義グループの結成過程にかんして、もっとも詳細にして信頼に足る資料は、中共第一回大会の関係文書の中に含まれている「北京共産主義組織の報告[67]」である。第一回大会に出席した北京代表（恐らくは張国燾）が執筆したこの報告は、北京の党組織の結成にかんして、以下のように述べている。

北京の共産主義組織は、わずか十ヵ月前にようやく誕生したものである。……昨年一〇月にこの組織が成立したとき、何人かのニセ共産主義者が組織にまぎれ込んでいた。それらの人は実際は無政府主義者で、我々に多くの迷惑をかけたが、あまりにも激烈なる言論のせいで、かれらは自らと組織全体を離脱させた。かれらが離脱してのち、状況はうまく運ぶようになった。

この報告はさらに、組織の活動として、雑誌『労働音』(68)や『労働者の勝利』(工人的勝利)、『メーデー』(五一節)といったパンフレットの発行、上海で印刷された『共産党宣言』『馬格斯《マルクス》資本論入門』(69)の散布、『ロシア革命と階級闘争』(俄国革命和階級闘争)、『共産党綱領』の翻訳(70)(ただし未出版)などをあげるほか、「我々の同志」が発行している雑誌として『曙光』(71)を紹介している。また、労働者にたいする働きかけもしているが、それがなかなかうまくいっていないこと、労働者への差別意識の抜けない知識人にたいする働きかけが重要であること等々が詳細に述べられている。

さて、北京の共産主義グループの成立の端緒については、従来、一九二〇年三月に北京大学内で発起された「馬克斯《マルクス》学説研究会」をあげる向きが多かったが、この報告がそれにまったく言及していないことからして、同会は北京の共産党組織の直接の母体ではなく、あくまでも、当時芽ばえていたマルクス主義への学生の関心に応えるために設立準備がなされた一般的学術研究団体だったと言うほうが適当であろう。なお、同研究会の発起(設立ではない)を一九二〇年三月と伝えるのは、同会が翌年一一月に出した公告(72)であって、会が正式に旗揚げしたのは、共産党が第一回大会を開いたあとの一九二一年一一月、共産党系の学生を中心に学習会や講演会などの活動が行われたのは、さらにそのあとのことである。したがって、北京の共産主義組織の成立は、やはり報告が明確に述べているように、上海での結党への動きが本格化したあとの一九二〇年一〇月と考えるべきであろう(73)。そして、その成立に先立つ何らかの組織化の動きがあったとすれば、それは李大釗らが同年八月に組織した「改造聯合」、あるいはヴォイチンスキーの同年八月の報告でポレヴォイらが指導したとして言及されている北京の「革命ビューロー」などであったということになる。

また、北京組織の報告は、その成立のさいに数名の無政府主義者が加わっていたこと、そしてかれらがのちにまとまって脱退したことを伝えている。無政府主義者の草創期共産主義組織への参加は、上海や広州でも見られたことであり、とくに異とするに足りないが、かれらの北京組織からの脱退がまとまってなされたことは、いわゆるアナ・ボルの分裂を意味するので、その時期とその後の両者の関係を検討しておこう。北京の組織におけるアナ・ボルの対立と分裂の経緯は、共産党系人士の回想がしばしば言及するところだが、何といってもそれら回想は畢竟ボルを正統とする立場からの整理であって、またその時期や経緯についても隔靴掻痒の感をまぬがれない。やはり、当時の文書資料を第一に検討すべきであろう。

北京の共産主義組織の活動については、幸いにも、それに潜入した官憲側諜報員の報告が残されている。すなわち、関謙なる諜報員が一九二一年二月から七月にかけて、北京にあったふたつの共産主義団体(無政府党互助団と社会主義青年団)に同志を装って参加したさいの一連の諜報記録が存在するのである(74)。その最初の報告(一九二一年二月一二日)によれば、「共産《ママ》主義青年団の側にかんしては、共産を主張し、階級専政を旨とするものだが、すでに無政〔府〕党と分立し、相互に助け合ってはいない」とあり、その時点ですでに無政府主義一派と共産主義一派が分裂していたことが知れる。ただし、中には両方の会合に顔を出す者も二、三いたようで、この関謙もかれらにまじって両方の組織の内情を探っていたのだった。

まず無政府主義派だが、関謙の報告を読むと、二月から三月にかけて、「無政府党互助団」側が共産主義派と離れて、全国規模の無政府主義統一組織をうち立てようとしていたこと、同時に革命ロシアの実情を調査するために、資金を出し合って同志を入露させようとしていたことがわかる。また、無政府主義派の会合では、中国各地での無政府主義者の活動ぶりが報告されており、当時の無政府主義者が全国規模でさかんに情報のやりとりをしていたことがうきぼりとなる。その中でもとくに興味深いのは、広州からの通信によって、同地でのアナ・ボルの対立、すなわち陳独秀と区声白らの軋轢と、そこに見える陳独秀の専横的態度がたびたび報告されていることである。関謙の報告(三月一七日)によれば、陳独秀は広州で無政府主義者と激しくやり合う一方、北京に寄せた書簡では黄凌霜ら無政府主義者との連携を訴えるなど、硬軟両用の構えを見せていた。これにたいして、北京の無政府主義派も陳独秀に返書を送ってその真意を確認せんとしている。後述するように、広州におけるアナ・ボルの対立は、この年初めの陳独秀と区声白の論争によって決定的なものになっていたが、この時期、関係修復の最後の試みがなされていたのであろう。無政府主義派の会合では、もっぱら陳独秀の動向が問題にされるだけで、北京の共産主義派はほとんど取り上げられていないことから見て、かれらにとってアナ・ボルの関係はひとえに共産主義派の首領である陳独秀の態度次第と考えられていたことが知れる。

一方、共産主義派(社会主義青年団)[75]については、関謙が初めて同派の会合に出席した日(三月一六日)のこととして、共産主義青年インターナショナル(キム)の要員からのアプローチがあったことが報告されている。すなわちその席上で、来るべき「世界少年共産党大会」への代表派遣を求める「露国少年共産党員の格林《グリーン》(英語:Green 露語:「рин)」からの書簡が披露されたのである。その報告によれば、当時天津に住んでいたグリーンは二十歳そこそこで、ときおり北京を訪問(北京では灯市口一二号に寄宿)、今回はすでに二週間ほど北京に滞在しているが、当日は天津に用事があって社会主義青年団の会合に出席できないため、代わりに書簡を寄せたのだという。その書簡は、四月二五日に開催が予定されているキムの第二回大会[76]に出席する代表をただちに選出するよう求めると同時に、代表の旅費はかれが立て替えると説明するものであった。

ここに登場するグリーンの経歴、あるいはその来華時期や経緯については、この報告以上のことはわからない[77]。ただし、上海の社会主義青年団にも、キム二回大会への代表派遣を求める谷林《グリーン》名義の招請状が寄せられ、そのさいのかれの所属は、キム執行委員会の東方書記局(Eastern Secretariat of the Executive Committee of the Communist International of Youth)となっている[78]。グリーンがキムの関係部局が派遣した連絡員であったことは間違いなかろう。グリーンの書簡が披露された北京の社会主義青年団の会合では、ただちに代表の選挙が行われ、その結果、何孟雄(一八九八〜一九三一)が選出されて近くグリーンとともに入露することになった。関謙はさらに何孟雄に託された北京青年団のキム大会宛書簡[79]も書き写している。その書簡は、北京の「青年団は成立してわずかに四カ月で、現有の団員はすでに五十人を超えている」と報告するとともに、「中国にはまだ中国青年社会主義者の総会がない」ので、来るべきキム大会では「我々の代表は発言権を有するのみで、表決権はない」と述べていた。一九二一年三月に書かれたこの書簡の「青年団は成立してわずかに四カ月」という部分から逆算すれば、北京の社会主義青年団は前年一一月、つまり党にあたる「北京共産主義組織」の成立ののち、間をおかずに結成されたということになろう。

キムの大会への代表に選出された何孟雄はその後、たしかに入露を試みたが、不幸にして四月に中露国境の満洲里で、北京、天津、上海の青年十三人[80]とともに逮捕され、獄につながれてしまった。関謙の報告は、黒龍江の獄中の何孟雄から寄せられた救援依頼の書簡を引用する形でその詳細を伝えている。それによれば、何孟雄はグリーンの紹介状を持っていたために、入露計画が発覚して逮捕されたが、青年団の発給した身分証明書とキム大会への書簡はオーバーの中に縫い込んでいたため、逮捕をまぬがれたグリーンが代わりに持っていってくれたはずだということであった。何孟雄逮捕の報に接した北京社会主義青年団は、四月二五日にその救援方を討議、李大釗が官界人士のつてを使って救出をはかることが決められ、そのための募金が行われた。李大釗らの働きかけが功を奏したらしく、五月になって何孟雄ら十三人の青年は釈放されたが、結局所期の目的である入露を果たすことはできなかった。(81)

これら北京の無政府主義者、共産主義者の活動の内情を伝える関謙報告の中で興味深いのは、ヴォイチンスキーの片腕として活動していたはずの前述のポレヴォイが無政府主義派の会合に関与し、かれらの入露を斡旋したり、その資金援助をしたりしていることである(二月一九日、二月二八日の報告)。その一方、かれが共産主義派(社会主義青年団)の活動に関与していた形跡は見られない。中国人の間では顕著になりつつあったアナ・ボルの亀裂をかれがあまり意に介していなかったのか、それとも当時から指摘されていたようなソビエト・ロシアの威光を背景にした独断的ふるまいだったのか。恐らくはその両方であっただろう。いずれにせよ、一握りの急進的知識人の間のアナ・ボル対立など、かれらロシア人に言わせれば、コップの中の嵐にすぎないのであって、明確にアナとボルとの間に一線を引いてボルのみを援助することは、そもそもが大海の一粟にすぎない共産主義者のさらなる選別という あまり意味のないことだったに違いない。アナ・ボルの違いを意識しはじめた中国人共産主義者とそれらを峻別しない傾向にあったソビエト・ロシア関係者という北京の共産主義グループで見られた構図は、次項で検討する広州の共産主義グループにおいても看取することができる。

なお、北京共産主義組織の具体的人数やその成員については、これまで十人説から十五人説にいたるまで、多くの説が提示されているが、(82)それらはいずれも後年の回想のみに拠ったものであり、出入が多い。比較的早い時期の文字資料としては、ロシア人ナウモフ（C. N. Naumov）が聞き取りをもとにして、一九二七年にまとめた「中国共産党簡史」があり、そこでは北京の初期組織はこう述べられている。

組織の八人の同志のうち、六人は無政府主義者で、二人が共産主義者だった。無政府主義者は黄凌霜に率いられ、二人の共産主義者は李大釗と張国燾であった。……三人の無政府主義者はまもなく北京の組織から脱退したが、組織は四人の新加入者（一）鄧中夏、（二）羅章龍、（三）劉仁静、（四）氏名未詳によって逆に強化された。(83)

これによれば、組織の人数は当初は八人ほどで、共産主義者としては、最初から参加していた李大釗、張国燾とやや遅れて加入した鄧中夏（一八九四〜一九三三）、劉仁静（一九〇二〜一九八七）、羅章龍らがその中核であったということになろう。(84)

2　広州の共産主義グループ

上海の共産党発起グループの成立ののち、北京の共産主義グループ（北京共産主義組織）の成立とほぼ時を同じくして、広州でも共産主義グループの組織化が進められた。ただし、広州は劉師復の時代以来、無政府主義の牙城ともいえる土地柄であったため、共産主義グループの組織化は上海、北京以上に錯綜した歩みをたどることになった。広州での結党経過については、一時それに参加した無政府主義者の回想があるが、相互に不一致が多いので、それをもとにして具体的な経緯を追うことは困難である。(85)やはり、原資料に立ち返らなければなるまい。

まずは、その経過を伝える資料のうち、もっとも信頼に足る「広州共産党の報告」(86)を見ておこう。この報告は先の「北京共産主義組織の報告」と同じく、中共第一回大会の広州代表(恐らくは陳公博〔一八九〇〜一九四六〕)が大会に向けて準備した書面報告である。

昨年〔一九二〇年〕、当地にはいかなる組織もなく、また広州で組織活動のできる人物を見いだすこともできなかった。我々は広州にもどると、『社会主義者』〔*Социалист*〕なる日刊紙を創刊したが、『社会主義者』がある種の組織であったと言うことはできない。それはひとつの宣伝機関であった。……昨年の末、Bとペスリン〔Песлин〕が広州にやって来て、ロシアの通信社を設立し、労働組合の組織にたいして措置をとり、さらに『労働世界』〔*Мир Труда*〕週刊に文章を発表した。黄凌霜同志がかれらを広州の革命界に引き入れ、かくしてかれらは無政府主義者にとりこまれてしまった。共産党は組織されたものの、それは共産党と呼ぶよりもむしろ無政府主義共産党と呼ぶべきものであった。党の執行委員会の九人の委員のうち、七人は無政府主義者で、ミノール〔Минор〕とペスリン同志だけが共産主義者だった。見解の不一致により、譚平山、譚植棠とわたしはこのグループに加入することを拒絶した。かれらが出版した新聞は、『労働世界』と言い、印刷部数は三千部だった。……一月に陳独秀同志が広州にやって来た。かれと同時にやって来た者にはそのほかにB同志がいた。かれらは非常に激烈な論争をくりひろげ、無政府主義者から脱却しなければならないと考えた。そしてその時点で、無政府主義者は党を脱退した。かくして、我々は真の共産党を成立させはじめ、『社会主義者』日刊を党の宣伝活動に従事する正式の機関紙とすることを宣言したのである。党員は、陳独秀、ミノール、ペスリンを含めて全部で九人だった。

この報告は広州の共産主義組織の成立過程を詳細に伝えてはいるが、若干の誤記や化名を含んでいるので、先にそれを説明しよう。まずは日刊紙『社会主義者』だが、これは当時、北京大学帰りの陳公博、譚平山らが発行していた新聞『広東群報』（一九二〇年一〇月二〇日創刊）である。同紙の英語名は *The Social* であったから、それをロシア語にするさい、**Социалист** と翻訳したのであろう。一方、無政府主義派が発行したという新聞『労働世界』は、週刊雑誌『労働者』（一九二〇年一〇月三日創刊）の誤りである。また、報告は陳独秀の広州入りを一九二一年一月とするが、正しくは一九二〇年一二月の末である。[87]

ついで人名だが、一九二〇年末に広州にやって来たとされる「B」なる人物は、ヴォイチンスキー（**Войтинский**）と見て間違いあるまい。先に見たように、ヴォイチンスキーはこの年の暮れに広州を訪れていた。かれが広州から上海にもどったのは、一九二一年一月一二日のことである。一方、その「B」ことヴォイチンスキーと共にやって来たというペスリンとは、正しくはペルリン（**L. A. Perlin**）である。[88] ペルリンの経歴やヴォイチンスキーとの関係についてはよくわからないが、この報告を見る限り、どうやらかれはヴォイチンスキーやミノールと前後して広州を訪れ、ロスタ通信社、あるいはダルタ通信社の活動をする一方、無政府主義者として知られた黄凌霜の手引きで当地の社会主義者と接触したのだった。このころ、黄凌霜が一時広州にいたことは、かれが『労働者』に寄稿した文章[89]から見て、まちがいない。ちなみに、当時広州で活動していた無政府主義者の譚祖蔭は回想録の中で、一九二〇年一〇月ごろに、「**Perkin**（波金）」らロシア人が、黄凌霜に連れられて広州へやって来たと述べている。[90] その時期の当否は別として、これは報告のペルリン来訪に照応するものであろう。最後に、同じく広州で活動したとされるミノールとは、第二章第二節で紹介したとおり、ヴォイチンスキー一行の来華とほぼ同時に、ハルビンから天津に派遣されたストヤノヴィチの別名である。ストヤノヴィチは一九二〇年の八月ごろ、ヴォイチンスキーによって「革命ビューロー」設立のために天津から広州に派遣されたのであった。[91] 九月の末には広州からロスタ通信の活動にかんする報告[92]を送っており、九月以降に広州にいたことは間違いない。夫人と共に広州についたストヤノヴィチは、ロスタ通信社の活動だけでなく、「米諾《ミノール》」の名でロシア語学校を開設するなど、[93]「革命ビューロー」の人材を物色していた。早くから広州で活動したストヤノヴィチは、ロスタ通信の駐在員という肩書もあり、正式に承認されたものではないにせよ、広州におけるソビエト・ロシアの「国家代表」として活動したとさえ言われる。[94]

さて、これらロシア人たちの経歴とこの「広州共産党の報告」とを総合すると、広州の共産主義組織の結成過程は、大要次のように描くことができる。すなわち、一九二〇年秋以降、ヴォイチンスキーの命を受けて広州入りしたストヤノヴィチ、ペルリンらは、その紹介者であった黄凌霜の意向もあり、まず当地の無政府主義者（区声白、梁冰絃、鄭佩剛ら）に接触し、主に無政府主義者からなる「共産党」組織を結成して、『労働者』なる雑誌を発行した。そのさい、『広東群報』を創刊していた譚平山、陳公博、譚植棠（一八九三～一九五二）ら、つまりのちの中共のメンバーになる面々は、主義の違いからそれには加わらなかった。その後、一九二〇年の暮れに陳独秀がヴォイチンスキーと前後して広州にやって来ると、かれらは無政府主義者との間で論争を展開する一方、新たなる党組織の結成に乗り出し、間もなく無政府主義者を排除した形の共産主義組織が成立した、と。つまり、北京の共産主義組織が、当初無政府主義者との相乗りで出発したのにたいして、広州ではまず、主に無政府主義者によって構成される「共産党」がロシア人との協力の下でいったん結成されたということになるのである。これに照応するのが、広州の社会主義青年団の成立について述べた譚平山の一九二二年の演説である。かれは言う。

〔社会主義青年団は〕広州でも一昨年〔一九二〇年〕の八月には成立し、わたしも当時そのメンバーであった。だが、一昨年の青年団は、当時何らかの主義を掲げたわけではなく、具体的な計画を策定することもなく、団員の主義も一致させることができなかった。かくて、去年の三、四月にみずから解散を宣言したのであった。[95]

ここでも、一九二〇年後半にいったんは成立した組織が一九二一年の初めに解体したことが言及されている。むろん、これは社会主義青年団の状況について述べたものだが、共産党と青年団とは実質的に不可分の関係にあったから、[96]これはほぼ共産党の組織についてもあてはまると考えてよかろう。

広州に「革命ビューロー」を設立すべくやって来たストヤノヴィチ、ペルリンらが当初、無政府主義者を主たる働きかけの対象にした背景としては——現地社会にたいする不案内というあまりにも自明のことを除けば——北京と同様に、かれらロシア人が中国の社会主義思潮を厳密に区別する必要をそもそも感じていなかっただろうことが挙げられるし、広州の事情としては、そこが中国無政府主義運動の最大の牙城であったということが考慮されなければなるまい。無政府主義者とストヤノヴィチ、ペルリンが結成したとされる「共産党」は、共産主義者陳公博の目から見れば、「共産党と呼ぶよりもむしろ無政府主義共産党と呼ぶべきもの」にすぎず、事実間もなく解消されてしまうのだが、それがまがりなりにも「執行委員会」を持ち、雑誌すら発行する組織であった以上、ここでその活動を検証しておく必要があるだろう。

この無政府主義系「共産党」の活動を伝える原資料は、その雑誌『労働者』を除けば、決して多くはないが、かれらが散布したビラ、かれらの系列に属する社会主義青年団の簡章、その青年団の会議記録が現存しており、その傾向をうかがうことができる。まず、ビラであるが、「共産党広州部」の名で印刷されたビラが一九二〇年一二月二三日に広州市内で散布された、との記事が広州で発行されていた日刊紙『広州晨報』に見える。[97]その内容は、バクーニン、プルードン、クロポトキンの提唱した「無政府共産主義」を「もっとも純全、円満、正大」と称揚し、それにのっった「社会革命」の時機が来たとして、決起をうながすものである。マルクスら「集産主義派」も言及されているが、その位置づけは単なる社会主義学説の一派にすぎず、あきらかに無政府主義の主張を前面に打ち出している。かかる無政府主義的傾向は、雑誌『労働者』の各論説にも見ることができる。陳公博の報告にいう「共産党と呼ぶよりもむしろ無政府主義共産党と呼ぶべきもの」との記述がこうした傾向を評したものであることは間違いない。こうした活動が、明確に「共産党広州部」の名で行われたわけである。

これと前後して、広州社会主義青年団の簡章が、これまた『広州晨報』に掲載されている。[98] この簡章は、団の宗旨を「社会主義の研究、並びに社会改造の実行」と謳い、団の規約を定めたものだが、その連絡先を「広州晨報社晨光編輯部石龍」としていることが注目される。「石龍」とは当時、無政府主義者として知られた趙石龍(生卒年未詳)のことである。先の「共産党広州部」の檄文ビラも『広州晨報』に全文紹介されたものであることを考え合わせると、同新聞社が実は無政府主義系「共産党」の本拠地ではなかったかと推測される。『広州晨報』は国民党の機関紙であると同時に、無政府主義を標榜していたとされる。[99] 無政府主義系「共産党」の成員であったとされる人物たちの回想録は、かれらと趙石龍がどのような関係にあったかについて何も言及していないが、一九二一年二、三月に陳独秀と区声白との間でいわゆる「アナ・ボル論争」が繰り広げられるのにあわせて、趙石龍の『広州晨報』も激しい陳独秀批判を行っている(後述)ことから見て、趙石龍も無政府主義系「共産党」の一員であったことはまず確かだろう。

広州社会主義青年団の簡章は、その後一九二一年一月に『広東群報』にも掲載されている。[100] 内容は、『広州晨報』に掲載されたものとほぼ同じであるが、それに付された解説によれば、広州の団は「二ヵ月前」に設立されたとあるから、前年の一一月に結成されたということになる。先に引いた譚平山の演説はその結成を八月と述べているが、時期の近さからすれば『広東群報』の説を採るべきであろう。さすれば、先の「共産党広州部」、すなわち無政府主義系「共産党」もほぼ同じ時期に結成されたと考えてもよいのではないだろうか。

無政府主義者が大半を占めた広州社会主義青年団の会合の様子は、その一部がイルクーツクのロシア語雑誌に掲載されたシュミャーツキーの「中国の青年革命運動（活動報告概観）」[101]に紹介されている。それによれば、一九二〇年一二月五日に開かれた広州地区社会主義青年団の会合では、仏山や広州での労働者組織が進んでいること、雑誌『労働者』の第六号が刊行されたが、その発行部数は第七号から四千部に増やすこと、団員に参考書籍を提供するために、図書室の設立が予定されていることなどが報告されている。この報告に登場する活動家のグアン・グアン（Гуань-гуань）やジャン・デ（Чжан дэ）の中国名を比定することはできないが、雑誌『労働者』の第六号はまさしくこの会合のあった一二月五日に発行されており、シュミャーツキーのこの文章は間違いなくしかるべき記録に基づいていることが確認できる。先の譚平山の演説は、青年団には見るべき活動などなかったかのように述べているが、つとに労働者との連帯を模索していた無政府主義者たちは、活動の場を社会主義青年団に移して、それなりのとり組みをしていたのであった。

以上を総合すると、ストヤノヴィチ、ペルリンの働きかけを受けて無政府主義者が結成したとされる広州の「共産党」は、一九二〇年一一月ごろから一二月にかけて、主に宣伝活動を中心として、それなりの活動を展開していたということになろう。

一見奇妙な無政府主義者の独壇場としての「共産党」が大きく変貌するのは、陳公博の「広州共産党の報告」も伝えるように、一九二〇年末の陳独秀らの広州行きのあとである。陳独秀の広州行きは、この年の秋に広州を奪回した国民党の陳炯明（広東省長兼粤軍総司令）の要請によるもので、広東教育界刷新の拠点となる広東省教育委員会委員長に迎えられたのだった。[102] 上海での共産党結成がある程度軌道に乗り、さらなる勢力伸張の場を求めていた陳独秀にとって、「進歩的」「開明的」と評されていた陳炯明の施策は一定の期待を抱かせるものがあったと推測される。張国燾の回想によれば、陳独秀は広州赴任にさいし、各地の共産主義グループに書簡を送ってその意見を求めたが、北京の李大釗や張国燾は、広東に新文化と社会主義の新思想を広め、そこに共産主義組織をつくることができるという理由で、それに賛同したという。[103]

陳独秀は広州に到着するや、精力的に講演活動を展開した。中でもとくによく知られているのは、一九二一年一月一六日に公立法政学校で行った「社会主義批評」の講演である。この講演は社会主義の諸類型を紹介する一方、その中の無政府主義とドイツ社民党流の「国家社会主義」に厳しい批判を加え、ソビエト・ロシアのボリシェヴィズムに最大限の賛意を表するものだった。そして、その二日後に『広東群報』にその大要が掲載[104]されるや否や、当地の無政府主義者の代表格であり、先の無政府主義系「共産党」のメンバーでもあった区声白（一八九三〜?）からの激しい反論を受けることになった。いわゆる一九二一年の「無政府主義論戦」の幕開けである。

陳独秀はつとに「政治を語る」（一九二〇年九月）の中で、中国の無政府主義者を「根本的に政治に反対する」ものとして批判し、それにたいしては、無政府主義者として名を馳せた朱謙之、黄凌霜、鄭賢宗（太朴）らから、ソビエト・ロシアの労農独裁にさかのぼった反論がなされていた（いずれも『新青年』に掲載）。そして、こうした「アナ」と「ボル」との潜在的対立は、「社会主義批評」講演に端を発して、一月から四月にかけて区声白と陳独秀との間で計六通の公開書簡がやりとりされるという形で顕現化したのであった。[105] この論争は、陳独秀が区を「下劣なる」「中国式の無政府主義には非ず」と認めたように、感情的批判をつとめて抑制せんとしたものではあったが、そのことは逆に「アナ」「ボル」両者の根本的原理の相違を一層鮮明にする結果を生むことになった。すなわち、社会改造運動における集権的組織、指導を積極的に是認するか、それとも「自由組織」「自由聯絡」を謳うアナキズムこそが究極的真理かという根元的な対立である。

総計二万五千字以上に及ぶ陳・区論争の詳しい内容に立ち入るだけの余裕はない[106]が、こと広州での共産主義組織について言えば、この「無政府主義論戦」が、先の「広州共産党の報告」で「かれらは非常に激烈な論争をくりひろげ、無政府主義者から脱却しなければならないと考えた」として言及されているものにほかならないことは明白であろう。そして、この論戦は、その過程で無政府主義者の党からの脱退をうながしたわけである。

では、無政府主義者の広州共産主義組織からの脱退――陳公博によれば「真の共産党」の成立――は具体的にはいつのことだったのだろうか。陳公博の報告は、その詳細時期を明示してはいないが、周辺資料からすると、一九二一年の二月から三月にかけてであっただろうと推測される。まずは、同年三月初めに『広州晨報』と『広東群報』を舞台として繰り広げられた無政府主義者と陳独秀一派の中傷合戦がひとつの目安となる。前述のとおり、『広州晨報』は無政府主義系人士の牙城のひとつであったが、同紙が三月二日に突如陳独秀一派への人身攻撃(陳一派は広州の公立学校を私物化せんとし、『広州晨報』を乗っ取ろうとさえしている)を開始し、これにたいして名指しで批判された陳独秀、陳公博、沈玄廬、袁振英らが翌日、翌々日の『広東群報』で『広州晨報』の趙石龍らに私生活暴露を含む激しい反論を展開したのである[107]。「無政府主義論戦」のただ中で発生した両者の応酬は、アナ・ボル両者の対立が理論的な次元にとどまらず、感情レベルにまでエスカレートしてしまったことを示していた。

そして、こうしたアナ・ボルの決定的分裂を体現したのが、無政府主義雑誌『民声』の復刊であった。一九一六年以来長らく停刊状態にあった『民声』が、区声白、梁冰絃、鄭佩剛らによって、一九二一年三月一五日に広州で復刊されたのである[108]。復刊の時期といい、場所といい、また復刊後の同誌の論説のうち、ほぼ三分の二がマルクス主義、ボリシェヴィズム批判にあてられたことから見ても[109]、『民声』の復刊が広州でのアナ・ボルの決裂、つまり無政府主義者の党組織からの脱退を受けてなされたものであることは、疑問の余地がない。ロシア人からの資金提供を受けてかれら無政府主義系「共産党」が刊行していた雑誌『労働者』がこの年の一月で停刊し、陳独秀らとの分裂が決定的になったのを契機に、かれら無政府主義者はこの年三月に、改めて劉師復以来の『民声』に立ち返ったのである。この点からも、陳独秀主導の「真の共産党」成立が一九二一年の二、三月ごろであったことが裏付けられよう。

アナ・ボルの対立にかんして、陳独秀は最後まで統一戦線の結成と分裂回避を希望したと伝える回想もある[110]。だが、当時北京の無政府主義グループに寄せられた広州からの書簡には、アナ・ボルの協力を主張した広州の無政府主義者にたいして、陳独秀はあくまでも自派の「集権主義」に従うよう露骨に強制したとあり[111]、その前後の陳独秀の言論から見ても、どうやらアナ・ボルの決裂には、中国の無政府主義に「懶惰、放縦、虚無、放任」の気質を嗅ぎとる陳独秀の意向が大きく影を落としていたようである[112]。アナ・ボル分裂後に成立した広州の「真の共産党」の成員について、陳公博の報告は「陳独秀、ミノール、ペスリンを含めて全部で九人」と伝えているが、残りの六人は、報告で名前の挙がっている譚平山、陳公博、譚植棠ら広東出身者と、陳独秀と前後して広州入りした上海の共産主義グループの関係者である袁振英、沈玄廬、李季(一八九四~一九六七)あたりではないかと推測される。

再編後の広州共産主義組織は、労働運動の経験を持つ無政府主義者を排除したため、労働運動へのとり組みで目立った活動をすることはなかったが、宣伝、出版の面では大きく活動を進捗させた。かれらの「正式の機関紙」となったとされる『広東群報』は、年が一九二一年に改まると、上海の雑誌『共産党』からの転載記事やソビエト・ロシアの紹介記事が目立って増え、共産党の南方での有力宣伝陣地の地位を確立していくことになったのである。そして、かれらの指導者陳独秀は、無政府主義者からの批判とともに、かれの進める広州での教育改革に反対する守旧派からの誹謗中傷（廃徳仇孝、禽獣学説）にさらされながらも、一九二一年九月まで広州で活動していくことになる。

3　武漢、長沙、済南の共産主義グループ

武漢、長沙、済南は、中共第一回大会に代表を派遣した都市であり、それ以前にある程度の共産主義グループがあったことは間違いない。ただ、陳独秀らからの働きかけを受けて開始されたその活動は、上海、北京、広州よりもさらに規模が小さく、当然に残されている資料も寥々たるものである。また、党と団（社会主義青年団）の関係は、上海、北京、広州でも初期は混然としたものだが、さらに地方の都市になると、団の活動の痕跡しかないものが圧倒的に多く、その団ですらどこまで明確な組織的輪郭をもっていたかも怪しい。こうした点をとらえて、例えば長沙には中共第一回大会以前に社会主義青年団はあったが、「共産主義小組」つまり党系列の組織はなかった、とする研究もある。(113) たしかに、のちの党団関係に照らして厳密に組織を区別すれば、こうした論は成り立つかも知れない。しかし、党と団とがその輪郭や名称も曖昧なまま渾然一体となっていた初期の共産主義グループ（三、四人のことすらある）の状況を考えるならば、長沙にあったのが党だったか、団だったかを詮索することはほとんど意味をなすまい。つまり、武漢、長沙の共産主義グループの資料に見える字句が仮に「団」であっても、それは限りなく「党」と同義なのである。

武漢　武漢の共産主義組織は、一九二〇年の秋ごろに上海からの働きかけを受けて結成されたものであった。その人的ルートとしては、上海の李漢俊が旧知の董必武に話をもちかけたとする説もあれば、広東から武漢にもどった劉伯垂（?〜一九二八）が、途中で上海に立ち寄り、そこで入党して武漢に働きかけにいったという説もある。それら

の根拠はいずれも後世の回想[114]であって、今となってはその正確な経緯を確認するすべはない。また、第二章第二節で紹介したように、ソビエト・ロシアからの使者として、ママエフなるロシア人が一九二〇年の秋に短期間武漢を訪れたという回想[115]もあるが、これを裏付ける文字資料はなく、その真相は不明である。

ただし、一九二〇年一一月に武漢(武昌)で共産主義組織が成立したことは、当時のロシア語資料からうかがうことができる。すなわち、先に紹介したシュミャーツキー「中国の青年革命運動(活動報告概観)」に、武漢社会主義青年団の設立会議とそれに引き続く何回かの会合の議事録が収録されているのである。シュミャーツキーが紹介する議事録によれば、武漢社会主義青年団が設立のための会合を行ったのは、一一月七日であった。十八人が参加したその会合では、冒頭にリュウチューイー(Лючуй 劉伯垂)とドゥン(Дун 董必武)が演説し、ついでボー(Бо 包恵僧)が青年団の規約を読み上げている。その規約は、次のようなものだった。

一、名称:武漢社会主義青年団(Уханьский Кружок Социалистической Молодежи)
二、団の目的:社会主義の研究と社会主義理念の実現
三、団の会合は週一回招集される
四、既メンバー一人の推薦があれば、誰でも団のメンバーに加入することができる
五、社会主義青年団の仮所在地を、武昌とする

この議事録によれば、武漢の社会主義青年団は、劉伯垂、張国恩、董必武、包恵僧、鄭凱卿らが、「科学理論を学習すること、自由・平等の実現、資本家の撲滅、我々の勢力の拡大に立ちはだかるありとあらゆる種類の妨害を排除

することを課題として設立を提起したものだった。劉伯垂は「もっと簡潔に言えば、我が結社の課題は、社会主義を実現することだ」と述べている。ただし、この席上で行われた幾人かの演説のどれを見ても、その社会主義の内容は説明されていない。例えば、董必武の演説は、

大戦が終結した時点から科学の分野には大きな変革が起きている。……我々の方に向かって、新たな理念の潮流がやってきつつある。その今、我々はどのように行動すべきか。言うまでもなく、世界に新たな文明をもたらす運動に参加することである。中国の知識人の義務は、とにかくこの運動に加わることである。

と述べ、ニュートンやコロンブスが真理を発見したように、社会主義の科学的正しさを認識しなければならないというものであり、包恵僧のそれは、「忠孝」に凝り固まった湖北教育界の打破のためには「社会主義を学ぶことに全力を傾注しなくてはならない」というものだった。董必武や包恵僧は後年、当時のかれらの「社会主義」なるものが、極めて曖昧模糊としたものだったと振り返っているが[116]、この議事録のそれら演説をとおして見えてくるのは、まさに旧社会の打破、社会改造を指向するものを十把一絡げに「社会主義」と呼び、それを科学的真理と確信する当時の思想状況である。そして、かれらにとって、ロシア革命の成功があたかもニュートンによる万有引力の法則の発見のように、社会主義の正しさの科学的裏付けと映ったことがうかがえよう。

しかし、その一方で次第にマルクス主義の概要が紹介され、ロシア革命をそのマルクス主義と結びつけて理解しようという努力がなされていたことも事実である。一一月一四日、同二一日に開催された青年団の第二、三回会合では、剰余価値説を援用しながら労働者の貧困の原因を説明する演説がおこなわれたり、ロシアにおける政党発展の推移を

図示しながらボリシェヴィキの歴史について説明がなされたりしている。これらを紹介するシュミャーツキーは、例えば労働者の貧困原因を剰余価値説から説明する演説が、同時に英国流の労働組合組織を持つことを提唱している箇所に、わざわざ疑問符と感嘆符を付け加え、はるか極東の「共産主義者」たちの理論水準を見下しているが、それは革命を成し遂げたボリシェヴィキ指導者の優越意識を示しこそすれ、中国の「社会主義者」たちの努力を低めるものではあるまい。筆者は、その演説の一端を見ただけでも、中国の一地方都市でこれほどの「社会主義」理解がなされていたことに、むしろ驚きの念すら覚えるものである。

武漢社会主義青年団の会合では、知識人のエリート意識を改めて、「労働者」と接近することがたびたび提起されている。団の第七回の会合で包恵僧が行った演説は、かれらにとっての知識人と「労働者」の連帯なるものが、どのようなものであったかを知る上で興味深い。かれは言う。

学校の中であれ、家庭の中であれ、自分と使用人とは平等なものとして接しなければなりません。ほかの人の手を借りずにできるすべての仕事は、使用人に頼むのではなくて、自分自身でそれを行わなくてはならないのです。

当時の中国知識人が「労働者」という言葉からまずイメージしたのは、知識人家庭ならほぼどの家にもいた使用人であり、そしてかれらがしばしば接していた人力車夫などであった。包恵僧のこの演説が示すものも、そうした当時の「労働者」像にほかならない。もっとも、「心を労する者は人を治め、力を労する者は人に治めらる」ということが長らく「天下の通義」(『孟子』)であった中国知識人社会において、そのアンチテーゼである「労工神聖」が唱えられたとき、かれらが例えば工場にいるような「労働者」よりも、まずは身近にいる「力を労する者」の存在に気づき、

「心を労する者」である自らの意識を転換していくことが、「労働者」との連帯ととらえられたことは、決して不思議ではない。それは、それだけでも意識の革命的転換であった。さすればこそ、無政府主義者たちがつとに生活信条として、「使用人を使わないこと」「人力車や駕籠に乗らないこと」[117]を掲げて以来、そうした禁欲的実践が社会の根本的改造をめざす青年の心をとらえたのである。

そして、こうした「労働者」の発見が、工場労働者への接近に向かっていくのにさして時間はかからなかった。武漢の青年団(包恵僧)は一二月一九日に、かつてそこで技師をつとめていた人物の紹介で、武漢にあった揚子機器製造廠の視察を行い、工場労働者へのアプローチの第一歩としている。むろん、この視察も実際には、工場の技師への簡単なインタビューを行っただけのものであったが、当時の一般知識人と工場労働者との信じがたいほどの隔絶を考えれば、労働現場へ足を踏み入れたことだけでも、記念すべき活動であっただろう[118]。

武漢の共産主義グループの関係者の回想は、同グループの成立を一九二〇年秋ごろとするが、社会主義青年団の活動を伝えるこれら会議録を総合すると、その成立は団の成立した一一月ごろ、その主要メンバーは、団の発起人である劉伯垂、董必武、張国恩、包恵僧、鄭凱卿と、それから議事録には登場しないが、のちに武漢の代表として中共第一回大会に出席した陳潭秋(一八九六～一九四三)らであったと推測できる。なお、包恵僧はその回想録の中で、武漢の組織結成にあたっては、上海の「臨時中央」から一、二百元が支給され、支部結成後も二、三カ月間、毎月二百元の活動経費が上海から送金されてきたこと、そしてそれら資金がコミンテルンから供与されたものであったことを述べている[119]。地方の共産主義グループの資金問題に言及するものとしては、唯一のものである。回想ゆえ、その具体的数字については確認することができないが、武漢の組織が上海とある程度の連絡があったことはうかがえる。

団」にかんする断片的記述が散見されるのみである。

長沙　武漢と同じく、長沙の共産主義グループの関連資料にも、「党」の字句はほとんど見えず、「社会主義青年団」にかんする断片的記述が散見されるのみである。

長沙の共産主義グループの中心となる毛沢東は、一九二〇年五月から六月にかけて上海を訪れ、陳独秀に会っている。毛の回想によれば、「二度目に私が上海に行ったとき、私の読んだマルクス主義の書物について陳と論議しましたが、自らの信念に関する陳の主張は、私の生涯のおそらく決定的な時期にあたって、私を深く感動させ」たという[120]。毛沢東が読んだという「マルクス主義の書物」について、かれの回想は「陳望道翻訳の『共産党宣言』、カウツキーの『階級闘争』、それにカーカップの『社会主義史』」を挙げている[121]。ただし、かれの上海行の時点では、これら三冊は実はまだ刊行されておらず、社会主義にかんする単行本自体もまだほとんど出版されていないから、陳独秀との会見のさいには、毛沢東はそれまで新聞や雑誌で目にした記事や文章をもとにして、陳と意見を交換したのであろう。

時期的に見て、この陳独秀との会見のさいに共産党の設立という具体的な話は出なかっただろうが、同年七月に長沙にもどった毛沢東は、夏から秋にかけて同地で湖南自治運動にとり組んだり、「文化書社」や「ロシア研究会」の設立といった文化運動にとり組む一方、上海の陳独秀らとも連絡をとり続けていたようである。ちなみに、「文化書社」の取り扱い書籍（一九二〇年一〇月時点）の中には、『新青年』（百五十部あまり）、『労動界』（百三十部）といった上海共産主義グループの雑誌が含まれており、その取り次ぎ部数は他の出版物よりも格段に多い[122]。毛沢東はこうした雑誌の取り次ぎを通して、上海の陳独秀らと定期的に連絡をとっていたのであろう。

毛の知人であった張文亮の日記によれば、毛は一一月一七日に社会主義青年団の章程十部を張に送って同志の物色を依頼し、一二月二七日には、上海で発行されていた雑誌『共産党』九冊を張に送っている[123]。いずれもまとまった数の文献を取り次いでおり、ここからもかれが上海の共産主義グループとの連絡窓口になっていることが見てとれる。

さらに、翌年一月に蔡和森（一八九五～一九三一）に送った毛の書簡は、「党にかんしては、陳仲甫〔陳独秀〕先生らがすでに組織化を進めている。出版物にかんしては、上海で出ている『共産党』がある。そちらでも手に入っていると思うが、「旗幟鮮明」の四字に恥じないものだ（宣言は仲甫の手になる）」と述べており[124]、かれが上海での共産党結成の動きを知っていて、それに共鳴していたことがあきらかとなる。

さて、張文亮の日記にあきらかなように、一九二〇年一一月には毛沢東のもとに、社会主義青年団の章程が送られてきていた。その「宗旨」を、張文亮日記は「研究と社会改造の実行」と記しているが、実はその字句は、先に引いた広州や武漢の社会主義青年団のそれと同一である。してみれば、どうやらこのころ、各地の共産主義グループに宛てて、一斉に社会主義青年団の設立を促す指示がなされたと見てよかろう。毛沢東らは当初、陳独秀の長沙訪問を得て団の成立大会を開こうとしていたらしく、一二月二日の張文亮日記には、「沢東が来て、青年団は仲甫が来るのを待って成立の会を開く……という。さらにわたしに、真の同志を多く見つけるよう命じる」と記されている。だが、結局陳独秀の湖南入りは実現せず、団は一九二一年一月三日の「新民学会」（毛沢東らが一九一八年四月に結成した団体）の会合で発起が決定され、一三日に成立大会を開くこととなった[125]。

長沙の共産主義グループの設立経過にかんする原資料は以上であって、これ以上のことはわからないが、毛沢東の個人的役割が極めて大きかったことだけはまちがいない。「党」の組織という点で言えば、毛沢東の蔡和森宛の書簡に見えるように、毛沢東は自らを上海の党組織に連なる一員と見なしていたようだが、長沙における共産主義グループがどれほど組織としての実態を有していたかは不明である。あるいは、一九二〇年八、九月に、フランスにいた蔡和森が毛沢東に宛てて「共産党」結成の必要性を訴える書簡を送った際[126]、ことは秘密裏に進めるべきだと述べていたから、毛はその忠告にしたがって、ごく内密に活動していたのかもしれない。長沙の初期の党員としては、毛のほかに、かれとともに中共第一回大会に出席した何叔衡（一八七六〜一九三五）や彭璜（一八九六〜一九二一）らがいたと言われるが、[127] いずれにせよ、グループや組織というよりも、毛沢東にごく親しい有志二、三人の域を出るものではなかったようである。

済南　中共第一回大会には、済南から王尽美（一八九八〜一九二五）、鄧恩銘（一九〇一〜一九三一）の二名が参加したが、それ以前に済南にどのような共産主義組織があったのか、あるいはそれがいつごろ結成されたのかを物語る原資料は、残念ながら、まったく残っていない。武漢や長沙の状況は、当事者の回想録があるため、まだしもその概要を知ることができるが、済南の場合、直接の当事者である王尽美、鄧恩銘がともに早くに世を去り、そのさいに回想めいたものを残すこともなかったため、当時かれらと関係のあった人物たちの回想しかない状況である。いわば、国内にあったとされる「共産主義小組」の中で、もっとも実態のつかみにくいのが、この済南のグループなのである。いわゆる「済南共産主義小組」（山東共産主義小組）にかんするこれまでの研究は、ほとんど全てが間接的な回想に依拠したものである。[128] その回想も、中には少しの考証ですぐにくつがえされるようなものが散見されるとあっては、[129] それをいくつ積み重ねてみても、事実を復元することは難しかろう。

現在のところ、中共第一回大会以前における済南の共産主義組織の成員として確認できるのは、山東省立第一師範学生の王尽美と山東省立第一中学学生の鄧恩銘の二人だけである。[130] かれらが、いかにして上海の共産主義グループと接触するようになったかについては、当時上海にいた李達の回想が次のように述べるのが、ほぼ唯一のものである。

〔上海の共産主義グループは〕陳独秀を書記に推挙し、各地の社会主義分子に支部を組織するよう書簡で促した。

……そこで、陳独秀は李大釗に北平〔北京〕での組織を、王楽平に済南での組織を〔王は済南五中《ママ》の三人《ママ》の学生を紹介して組織させただけで、かれ本人は参加しなかった〕……書簡で依頼した。(131)

陳独秀が済南での組織を依頼したという王楽平（一八八四～一九三〇）とは、当時の山東省議会議員で、五四運動の時期には山東省での運動のリーダーとして活躍した国民党系の名望家、一九一九年一〇月には各地の進歩的出版物の取り次ぎをする「齊魯通訊社」（一九二〇年一〇月に「齊魯書社」と改称）を設立していた。(132) 陳独秀の新青年社ともつながりがあったようで、『新青年』には齊魯書社の広告が掲載されており、(133)『新青年』の済南での「代派処」（取り次ぎ店）になっている。また、王楽平は王尽美と同郷で、遠縁にあたるとも言われる。(134)『新青年』とのこうした密接な関係からして、陳独秀が王楽平に済南での共産主義組織のとりまとめを依頼したということは、大いにあり得ることであろう。どうやら、王楽平自身は済南の共産主義組織の旗揚げに直接には加わらなかったようだが、先の長沙の例にも見えるように、中国各都市における共産主義グループの設立には、陳独秀の個人的威望と人脈が大きく与っていたようである。

王尽美らは一九二〇年一一月に、「学理の研究と文化の促進」を掲げる「励新学社」なるサークルを作り、その機関誌として『励新』を発行したが、(135) これがいわゆる「済南共産主義小組」の活動らしい活動のほぼ唯一のものである。ただし、『励新』に掲載された文章の多くは、山東の教育改革、家庭問題、女性問題を扱うもので、とりたてて社会主義やマルクス主義の研究が進められた形跡はない。また、湖南の長沙で見られたような社会主義青年団の発起に向けた活動も見られない。以上を総合すると、中共第一回大会に参加した王尽美、鄧恩銘らは、済南の「組織」を代表して出席したというよりも、むしろ上海の共産主義グループに関係を持つ済南の人士として同大会に列席したというほうが、事実に近いようである。

第三節　中国共産党の成立——「中国共産党宣言」と「コミンテルン宛の報告」

1　コミンテルン執行委員会極東書記局(イルクーツク)の中国情報

前節までで瞥見したように、一九二〇年後半に上海を拠点として中共の結党が模索され、同年一〇月から翌年の初めにかけて、北京、広州、武漢、長沙、済南では、程度の差はあれ、それに呼応する共産主義者——そのマルクス主義理解の水準はさまざまではあったが——の結集が見られた。そして、これら中国各地の共産主義者たちと留日学生有志の代表は、その後コミンテルンからの代表の到着を受けて、一九二一年七月に上海に集まり、中国共産党の第一回大会を挙行することになるのだが、その間の時期、つまり一九二〇年末から翌年前半にかけての時期は、それまで上海の共産党発起グループを指導したヴォイチンスキーのロシア帰還と新任のコミンテルン代表マーリンらの中国到着(一九二一年六月)のはざまの時期にあたるため、確かな報告が残っておらず、また中国側の原資料も少ないという、いわば一種の「空白時期」になっている。ヴォイチンスキーが中国を離れたあと、中国共産党の結党活動が、資金不足もあって一時停滞したことは前章で述べたとおりであるが、ただし、そうした状況の中でも結党活動に何らかの進展があったことは容易に想像しうる。

この「空白時期」の文献としては、中共最初の公式文献とも呼ぶべき「中国共産党宣言」がある。第一次世界大戦のち、ソビエト・ロシアの影響を受けて続々と誕生した各国の共産党は、その誕生の必然性と活動の目的を宣明するため、マルクス、エンゲルスの『共産党宣言』にならって、各国版の「共産党宣言」を作成しており、いわば「中国共産党宣言」はその中国版に相当するものである。ところが、中国のそれは、現存する中国語版文書が英語からの翻訳原稿であるという特異性を持つのみならず、作成の本来の期日、場所、およびその経緯すらも、実はよくわからないという謎の文献である。

また、同じく「空白時期」の謎の一つとして、一九二一年七月の中共第一回大会に先だつ同年三月に、無政府主義者との関係を清算するために開かれたと言われる会議、すなわち俗に「中共三月会議」と称されるものがある。「中共三月会議」の存在は、中共党員として初めて入露した張太雷がコミンテルン第三回大会に宛てて作成した書面報告の中で言及されているのだが、その「三月会議」が実在のものか否かにかんしては、今なお定説がない。いわば、中共最初の公式文献と公式報告が、なお謎をはらんでいるのである。

本節では、それらの謎に光をあて、中国共産党の正式成立の時期にかんして、筆者なりの説を提起するつもりであるが、そのためにはどうしても、イルクーツクにおかれたコミンテルン執行委員会極東書記局とその刊行物の状況を先に一瞥しておかなければならない。なぜなら、それら謎の文献の作成現場となったのは、中国国内ではなく、イルクーツクだからである。ヴォイチンスキーがいったん中国を離れた時期は、目を中国国外に転じれば、ソビエト・ロシア、コミンテルンの対中国工作の系列がまがりなりにも一本化された結果として、イルクーツクにコミンテルン執行委員会極東書記局（以下、極東書記局と略称）が設立された時期（一九二一年一月）に重なる。では、この時期、中国における共産主義運動を指導すべき立場にあったイルクーツクの極東書記局は、中国での状況について、どの程度の情報を持っていたのであろうか。

Пролетарии всех стран, соединяйтесь!

БЮЛЛЕТЕНИ Дальне-Восточного Секретариата КОМИНТЕРНА

Рассылается как манускрипт по Компартгазетам и журналам.

Выходит по воскресеньям.

№ 1. Иркутск. 27 февраля 1921 г.

Наши задачи.

Редакция.

Провокация, как метод колониальной политики.

図7

一九二一年一月に設立された極東書記局の人員構成やその着任時期には若干不明な点が残るが、当初その中心となったのが、コミンテルン極東駐在全権代表のボリス・Z・シュミャーツキー（Boris Z. Shumyatsky, 1886-1938）であったことは間違いない。このほかには、同副代表のミンスケル（Minsker）、およびブカーティ（Bukaty）、スレパク（Slepak）、ボグリツキー（Bogritsky）、ガポン（Gapon）などがいた[136]が、当初は中国人はいなかった（のちに張太雷が参加）。極東書記局の刊行物としては、一九二一年二月に創刊された『コミンテルン極東書記局通報』（*Бюллетени Дальне-Восточного Секретариата Коминтерна*）[137]と同年五月ごろに創刊された『極東の諸民族』（*Народы Дальнего Востока*）[138]があり、この両誌の記事から極東書記局の得ていた中国情報の一端をかいま見ることができる。ただ、『極東の諸民族』はまだしも、『コミンテルン極東書記局通報』（**図7**参照。以下、『通報』と略称）の方は、これまで中共創立史研究ではほとんど利用されてこなかった雑誌なので、以下少し詳しく見ておこう。

中国で刊行された中共関係の出版物が、どれくらいの時間をかけて、どの程度イルクーツクにもたらされていたかを知る上で、まず注目されるのは、『通報』第一号に掲載された二篇の文章、「中国におけるストライキ運動（中国の労働雑誌からの概要紹介）」（署名：ヴラソフスキー）と「文献目録（中国共産党刊行物概観）」（署名：イリイチ）[139]である。前者は冒頭で、一九二〇年七月から一二月にかけて刊行された中国の労働雑誌のバックナンバー数冊が手元にあると述べ、その中のひとつ『労動界』の各号から数篇の文章を引用紹介している。[140] 極東書記局の前身であるロシア共産党中央委員会シベリアビューロー東方民族セクションの一九二〇年一二月の報告[141]は、上海のヴォイチンスキーから『労動界』を含む雑誌やパンフレットが送られてきたことを伝えており、一九二一年初めの時点では、前年一二月までの中共上海発起グループの刊行物がイルクーツクに届いていたことが知れる。

一方、後者は中共の刊行物として、漢訳『共産党宣言』（同文章は北京での出版とするが、これは誤り）のほか、パンフレットとして『蘇維埃俄羅斯《ソビエト・ロシア》』、定期刊行物として上海の『共産党』と『労動界』、北京の『労働音』、広州の『労働者』の名前を挙げ、その概要を紹介している。これら刊行物のうち、『ソビエト・ロシア』については、その書誌（一九二〇年に北京で刊行、全三二頁、レーニンの肖像を付す）だけでなく、内容も詳細に紹介されている。『ソビエト・ロシア』なるパンフレットは、中国側の資料にはまったく登場しない（現物も伝存せず）ものであるが、同文章が伝えるその概要から判断すると、『新青年』に設けられた「ロシア研究」欄の記事を編集したものらしい。「ロシア研究」欄の資料ソースは、第一章第四節で検討したように、アメリカで出版された『ソビエト・ロシア』（*Soviet Russia*）であったから、パンフレット化するにあたってその題名を踏襲したものと見られる。また、定期刊行物のうち、『労働者』は前節で検討したように、アナ・ボル分裂以前に広州の無政府主義者グループが発行していたものだが、この文章ではまぎれもない中共の刊行物として認識されている点が興味深い。さらに、『共産党』を含め、雑誌にかんしては、前年一二月の号までが手元にあると述べられており、先の「中国におけるストライキ運動」と同じく、だいたい一、二カ月で中国の刊行物がイルクーツクに届いていたことがうかがえる。イルクーツク・上海間の人やモノの輸送にはそれくらいの時間がかかったと見てよかろう。

ちなみに、『通報』の同じ号には、無署名の「中国における労働者」（Рабочие в Китае）も掲載されているが、これは上海の英字紙『ノース・チャイナ・ディリー・ニューズ』(*North China Daily News*『字林西報』)からの転載記事である。これもジャーナリストとしての肩書を持って活動していたヴォイチンスキーらが、中共関係の刊行物と一緒に送ったものであろう。

このほか、『通報』の同号には中国の同志からの来信として、三通の書簡が掲載されている。瞿秋白、兪頌華とヤン・シュン(**Ян-Сюнь**)の書簡である。瞿秋白(一八九九〜一九三五)、兪頌華(一八九三〜一九四七)は、当時それぞれ北京『晨報』、上海『時事新報』の駐露特派員としてソビエト・ロシアを訪れていたジャーナリストである。瞿秋白はのちに中共の指導者となる人物だが、この時期には中国の共産主義運動には、まだ直接には関与していない。瞿秋白の書簡は「中国労働者の状況とロシアにたいするかれらの期待」と題するもの、兪頌華のそれは、「なぜわたしはソビエト・ロシアにやって来たか」というもので、後者には一九二一年一月二九日の日付がある。[142] かれらは、一九二〇年一〇月一六日に北京を発ち、北京政府の外交官と共にハルビン、満洲里、チタ経由で入露、イルクーツクに到着したのは翌年一月七日、二日後の九日にはイルクーツクを離れ、同月二五日にモスクワに到着している。[143] こうしたかれらの足どりからすると、兪頌華の書簡はかれら一行がモスクワに到着してのちに書かれたもので、それが何らかのルートでイルクーツクに伝わり、『通報』に掲載されたということになる。瞿秋白の書簡には日付がないが、わずか二、三日のイルクーツク滞在の間に執筆したとは考えにくく、兪頌華のそれと同じくモスクワ到着後か、あるいは途中半月ほど逗留したチタで書いたものがイルクーツクに伝達されたのであろう。

瞿秋白の文章は、中国の社会状況をひとしきり述べたあと、社会主義運動の動向にも言及している。社会主義学説の紹介につとめている新聞、雑誌として、かれが挙げるのは『晨報』『時事新報』『新青年』『解放與改造』などである。そして、最後に「先ごろ、上海で社会主義青年党(**Партия социалистической молодежи**)が結成された。メンバーは多くはないが、この党組織の結成は中国社会主義運動の萌芽である」として文章を結んでいる。入露以前、北京の俄文専修館（官立のロシア語専門学校）の学生だった瞿秋白は、北京の『新社会』などを中心に社会問題の解決を訴える文章を多数発表、またかれの所属した人道社は、実質的には「社会主義青年団」である一九二〇年八月の「改造聯合」の発起会に加わっていた（瞿秋白がその発起会に出席したかは不明）から、共産主義グループのメンバーでないとしても、社会主義青年党、すなわち社会主義青年団の動向はある程度知っていたのであろう。

兪頌華の書簡は、「ソーシャリスト」を自称し、中国の産業状況、労働状況を説明しながら、革命ロシアへの期待を表明したものだが、中国の社会主義運動にかんする直接的な情報は含まれていない。また、ヤン・シュンの書簡（「中国における労働問題」）[144]は、統計表を用いながら中国の労働者のおかれている境遇を説明したものである。書簡の日付は一九二〇年一月、発信地は南京で、ヤン・シュンはジャーナリストという肩書だが、中国の共産主義グループにはそれに該当する人物はおらず、残念ながら、かれがどのような人物であったかはわからない。いずれにせよ、『通報』の全号を見渡しても、中国人から寄せられた書簡はこれら三通だけであり、共産主義グループの関係者からの寄稿は見当たらない。上海のヴォイチンスキーから直接イルクーツクに送られた報告ですら、一九二〇年末までにわずか一通であったという[145]から、イルクーツクの極東書記局は、それら中国人ジャーナリストの文章を含め、入手した中国情報をほぼ手当たり次第に『通報』創刊号に発表したと考えられる。

これにたいして、そのほぼ一カ月後に発行された『通報』二号（一九二一年三月二〇日）には、中国の革命組織の活動を具体的に紹介する文章が掲載された。極東書記局の責任者シュミャーツキー自身が執筆した「中国の青年革命運動（活動報告概観）[146]」がそれである。この文章は、その題名のとおり、中国の青年革命運動、とくに各地の社会主義青年団の活動状況を紹介するものであった。とくに興味深いのは、その中で武漢、広州、天津のソツモールやコムソモール、つまり社会主義青年団の会議録が紙幅を割いて引用されていることである。一九二〇年一一月上旬から一二月上旬にかけて、上記三都市で開催された計六回分の会議録が掲載されている。その一部は、前節で広州と武漢の共産主義グループの活動を検討したさいにすでに紹介したとおりであるが、何といっても青年団の規約を含む会合の生の記録であり、その資料的価値は極めて高い。

シュミャーツキーは、この文章の中では、これら会議録をどのようなルートで入手したのかについては説明をしていないが、その七年後に発表した張太雷の追悼文では、一九二一年初めにイルクーツクにやってきた張太雷が持参してきたものだと述べている。[147] 張太雷の入露についてはあとで詳しく検討するが、一九二一年の初めごろにイルクーツクに到着したことはまちがいなく、かれがそれら会議録をもたらしたことは、大いにあり得ることである。シュミャーツキーのこの文章の末尾には「イルクーツク　一九二一年二月」と執筆の時間と場所が記されているが、かれの引用する会議記録が張太雷の持参したものだとすれば、張太雷はそのころにはイルクーツクに到着していたことになろう。どうやら、極東書記局の中国共産主義運動にかんする情報は、中国から送られてくる印刷物もさることながら、一九二一年の初めごろから次第にイルクーツクにやってくるようになった中国人活動家が直接持参した資料によって、格段に豊富になっていったようである。

それをさらに裏付けるのは、『通報』のあとを受けて極東書記局が発行した『極東の諸民族』の第二号（一九二一年六月二三日）に掲載された「中国における社会主義文献」[148]（無署名）である。この文献目録には、四十二種に上る中国語社会主義出版物（単行本、パンフレット、雑誌、新聞）がリストアップされており、その書目自体も貴重なものだが、とりわけ興味深いのは、それらすべての刊行物の表記が、ロシア語と中国語（中国語発音のロシア語転写）の二種類でなされていることである。[149] かかる処理は、中国国内の社会主義事情に通じた中国人協力者——おそらくは、張太雷あたり——の存在なしには到底不可能なことであろう。

以上を総合すると、シュミャーツキー率いるイルクーツクの極東書記局は、一九二一年の二月くらいまでは、内外からときおり送られてくる情報によって、中国の社会状況を断片的につかんでいたが、二月以降になると、共産主義運動にかんする報告などをたずさえて入露した中国人活動家がやってくるようになり、それによって格段に情報量が増えていったと言うことができる。そして、こうした情報に裏打ちされた『コミンテルン極東書記局通報』や『極東の諸民族』の中国関連記事からは、一九二〇年末から翌年前半にかけての、中国における共産主義組織の活動の進展をうかがうことができる。そうした活動の進展を如実に示すものこそが、中共の最初の公式文献「中国共産党宣言」である。

2　「中国共産党宣言」——「中国共産党」の成立

現存する「中国共産党宣言」は、一九五六年から翌年にかけてソ連共産党中央から中国共産党に返還された「コミンテルン駐在中共代表団アルヒーフ（中共駐共産国際代表団檔案）」に含まれていた中国語の文書である。(150)「宣言」は、「Chang」なる人物による一九二一年一二月一〇日付の前言と宣言本体とからなり、宣言本体はさらに「共産主義者の理想」「共産主義者の目的」「階級闘争の最近の状態」という三つの章によって構成されている。宣言本体の字数は、漢字二千字強だから、さほど長いものとは言えない。この文書の存在、およびその内容が初めてあきらかにされたのは、「アルヒーフ」返還の翌年の一九五八年六月のことで、それを報じたのは、北京の『党史資料彙報』（中共中央弁公庁秘書局編輯）第一号であった。(151)ただし、同誌は高級幹部専用の内部発行誌だったため、一般にその存在が知られるようになったのは、一九八〇年代以降のことである。

まずは、この宣言本体の内容を見ておこう。冒頭の「共産主義者の理想」の章では、工場、原料、土地、交通機関など生産手段を社会の共有に帰することが述べられる。さらに、政権や軍隊など統治機構は、少数者の利益を保護し、労働者大衆を抑圧するものであるとの理由から廃絶されるという見通しが示される。ただし、これら「理想」は一足飛びに実現されるのではなく、「共産主義者の目的」の章では、その階梯が提示される。そこで強調されたのは、資本主義制度を廃絶するための階級闘争であり、政治面では、ロシア革命と同様に、資本家から政権を奪い、労働者、農民による政権を獲得することが提起されている。ここで興味深いのは、資本制度への闘争方法として、産業組合によるゼネストが大きな役割をあたえられていることである。つまり、革命的プロレタリアートによって組織される産業組合は、絶えずストライキによって資本主義国を揺さぶるものとされ、政権奪取の決定的段階には、共産党の呼びかけにより、ゼネストが決行されて最後の一撃を加えることが想定されているのである。そして、それら産業組合は、革命後には、社会の経済的生命をつかさどる機関になると考えられている。ここで想定されている革命像が、ボリシェヴィズムの革命というよりも、むしろアナルコ・サンディカリズム流のそれに近いことは、注意されてよい。にもかかわらず、世界の革命情勢を論じた「階級闘争の最近の状態」の章では、ロシアの「無産階級専政」が単にロシアのみならず、広く人類社会発展一般における当然の過程と位置づけられ、資本主義の残滓と反革命勢力が存在する限り、共産主義社会への過渡として積極的意味を持つと宣言されている。いわば、この宣言は、共産主義の究極の理想とその一般的実現過程から説き起こし、後半に行くにしたがって、当面する時期における実施方途をより具体的に説明したものであると言えるであろう。

このように、「宣言」本体は、まさに活動を始めんとしていた創立期中共の重要文献たるにふさわしい内容を持っているのだが、それがいかなる経緯で、つまりいつ、どこで、誰によって作成されたのかについては、全くといっていいほど情報を欠いている。(152) そのためか、この宣言は、現時点での中共の公式歴史文献集である『中共中央文件選集』に収録されてはいるものの、本編ではなく付録資料として扱われている。かくて、「宣言」作成の経緯については、「宣言」に添えられていた「Chang」なる人物の前言をもとにして解釈せざるを得ないのである。以下に、前言から「宣言」作成にかんする部分を抜粋しておく。

この宣言は中国共産党が昨年〔一九二〇年〕一一月に決定したものである。この宣言の内容は共産主義の原則にかんする一部分にすぎなかったため、対外的に発表されることはなく、党員募集のさいの基準にしたにすぎない。この宣言の中国語原稿は当地では見つからないので、わたしが英語原稿から翻訳した。……〔この宣言は〕さらに、極東人民会議中国代表団の共産主義者グループの討論に供されることになるだろう。

Chang　一九二一年一二月一〇日

まずこの記述からわかるのは、この「宣言」(中国語版)は原文ではなく、「Chang」によって英語から中国語に回訳されたものであるということ、(153) そして「宣言」は対外的に公表されたものではないものの、ほんらい中共によって一九二〇年一一月に決定されたものらしいということである。「宣言」作成にかんする情報はそれだけだが、この「前言」はこの文書が翻訳された経緯については、それなりの情報を提供してくれる。「Chang」は、「宣言の中国語原稿は当地では見つからない」と述べるだけで、その「当地」が具体的にどこなのかをあきらかにしていないが、「Chang」なる人名と「当地」については、推定することは難しくない。その手がかりになるのは、文中に言及されている「極東人民会議」とこの前言の書かれた日付である。文中に見える「極東人民会議」とは、一九二一年一二月という前言の日付から推して、一九二二年初めにモスクワとペトログラードで、極東の革命団体、人士を招いて開催された「極東諸民族大会」[154]（中国共産党も代表団を派遣）であると判断して間違いない。とすれば、「Chang」なる人物は、「極東諸民族大会」へ派遣された中国代表団の中の共産主義者グループ関係者、つまりは張国燾ということになる。[155]そして、文書中の「当地」とは、張国燾をはじめとする「極東諸民族大会」への中国代表団が当時久しく足止めを食っていたシベリアのイルクーツクにほかならない。[156]さればこそ、かれは「当地」でこの宣言の中国語原稿を見ることができず、恐らくはイルクーツクの極東書記局にあった英文版「宣言」から中国語に回訳せざるを得なかったのである。

張国燾が一九二一年暮れにイルクーツクで「中国共産党宣言」を見ることが可能であったということには、確かな証拠がある。それは、先に紹介したイルクーツクのロシア語雑誌『極東の諸民族』の創刊号（一九二一年五月）[157]に載ったシュミャーツキー「極東における共産主義インターナショナル」[158]である。その文章の中でシュミャーツキーは、中国の共産主義者がある程度の結集を見せていることを指摘して、次のように述べる。

中国の共産主義者は、宣伝家の小集団としてではなく、すでに明確な社会層として存在し、共産主義的組織の枠の中に、進歩的な中国プロレタリアートや革命的知識人を結集させている。現時点までに、中国の共産主義者はすでに七つの地方（県）組織を持っており、それはさらに地方の産業地域の支部に分かれている。共産主義者たちの活動の土台となっているのは……中国社会主義青年団である。……最近、中国の中央において、共産主義諸組織の協議会が行われ、それは中国の共産主義活動の課題を次のように定式化した。「我々の任務は、その打撃が一層力強く、強大になるように、大衆闘争を組織し、集中することである。これらはすべて、プロパガンダや中国の労働者、農民、兵士、職員、学生たちの組織化、統一されたセンターを持つ強力な産業労働組合の設立、そして革命的プロレタリアートの唯一の政党、すなわち共産主義者の党の創設によって達成することができる」と。[159]〔傍線は引用者による〕

すなわち、傍線部に見えるように、中国共産主義組織の会合が開かれたことを伝えているのみならず、その会合で採択されたと見られる文書の一部をも紹介しているのだが、その会合で採択されたとして引用する「我々の任務は……」という一段は、実は「中国共産党宣言」の第二章「共産主義者の目的」の文言なのである。同宣言の該当部分は以下のとおりである。

共産党的任務是要組織和集中這階級争闘的勢力、使那攻打資本主義的勢力日増雄厚。這一定要向工人、農人、兵士、水手和学生宣伝、才成功的；目的是要組織一些大的産業組合、並聯合成一個産業組合的総聯合会、又要組織一個革命的無産階級的政党——共産党。

両者が同一のものであることは、火を見るよりあきらかだろう。[160] シュミャーツキーの文章に引かれる文言と「宣言」が一致するということは、我々にふたつの結論をあたえる。ひとつは、一部に後年の偽作ではないかという見解すらあった「中国共産党宣言」は、間違いなく当時の文書であるだけでなく、それがシュミャーツキーがこの文章を執筆した時点（恐らくは一九二一年四月末か五月初め）[161]以前に、まちがいなくイルクーツクに届いていたということである。さればこそ、張国燾はその年の一二月にイルクーツクで「宣言」を中国語に回訳できたのだった。

そして今ひとつの結論は、この宣言は、シュミャーツキーの文章によれば、「中国の中央」——恐らくは上海——で開かれた「共産主義諸組織の協議会」で提起されたものであり、少なくとも何らかの会合で決定された正規の文書だということである。張国燾は、「宣言」は「中国共産党」が「決定したものである」と述べているが、これもこのシュミャーツキーの言によって裏付けられるのである。張国燾は北京大学在学当時から学生運動家として名を馳せ、一九二〇年以来の中共結成活動にも、李大釗とともに北京の代表格として関与していた人物である。そのかれが明確に、「この宣言は中国共産党が昨年一一月に決定したものである」と述べているのだから、その言は相当に信憑性を持つものと考えねばなるまい。そして、この「宣言」がかれの言うとおり、一九二〇年一一月に決定されたのであれば、たとえ未公表とはいえ、「党員募集のさいの基準」になったわけだから、それは創立期中共の最初の公式文書であるだけでなく、「中国共産党」の名を掲げる組織の旗揚げを示すといってもよかろう。

「中国共産党宣言」の策定、すなわち「中国共産党」の名を掲げる組織の正式の旗揚げが一九二〇年一一月であったということには、さらに傍証がある。それは、雑誌『共産党』の創刊(一九二〇年一一月七日)である。その誌名からしても、その創刊日(ロシア十月革命記念日)からしても、同誌の創刊は中国の共産主義者が、共産党の実質的旗揚げを宣言したことにほかならない。雑誌『共産党』は、中共の上海発起グループが党内向けに刊行した月刊の雑誌であり、その体裁は、第一章第四節で述べたように、当時ロンドンで刊行されていたイギリス共産党の機関誌『コミュニスト』(*The Communist*)に倣ったものであった。共産党の発起を目指していた上海の共産主義組織の創刊した雑誌が堂々と「共産党」の名を掲げた雑誌を創刊したことは、上海の共産主義グループが一一月七日というロシア十月革命の記念日に合わせて、正式の「共産党」結成に踏み切ったことの明確なる表明である。そして、この『共産党』創刊号の文章「世界消息」は、ハッキリと「我々中国の共産党」という言葉を使っていた。これは、出版物において中共が自らを「共産党」と呼んだ最初の例である。とすれば、それにあわせて中国における共産主義運動の目的を闡明する「中国共産党宣言」が作成されたということは、大いにあり得ることであろう。事実、『共産党』創刊号の冒頭を飾る「短言」（無署名）の基調——我々は「階級戦争」の手段で、全ての資本家階級を打倒して政権を奪取し、ロシア式の「労動専政」の制度で労働者の政権を守り、労働者の国家を建設して無国家に至るほかない——は、「中国共産党宣言」のそれと一致しており、両者の執筆された時期が極めて近いということを物語っている。したがって、「宣言」も上海の共産党発起グループが制定したものと見てよいだろう。そして、当時上海にいたヴォイチンスキーがその作成に何らかの形で関与したことも——確証はないが——推測しうる。(162)

すでに縷々述べてきたように、一九二〇年半ば以降、ソビエト・ロシア、コミンテルンの働きかけを受けて共産主義組織の結成に乗り出した上海の陳独秀らのグループは、時によって自らを「社会共産党」と呼んだり、あるいは「共産党」と呼んだりしていた。むろん、それらは具体的な会議の正式決定によって定められたものではなく、輪郭においても不定形の段階だったと言ってよい。その中で、その不定形段階に終止符を打ち、明確な「中国共産党」成立の画期を求めるとすれば、それは一九二〇年一一月の「中国共産党宣言」であり、雑誌『共産党』の刊行であったと言ってまちがいないであろう。それは、「宣言」や『共産党』を出した中国の共産主義者にとってそうであっただけでなく、それらを受け取ったイルクーツクの極東書記局の雑誌論文が、中国の共産主義組織を明確に「中国共産党」と呼んでいることからも見てとることができる。かかるの点において、筆者は中共の成立を一九二〇年一一月とするものである。(163)

3　コミンテルン第三回大会宛の中国共産党の報告

「中国共産党宣言」が中共の「党内」向けの最初の公式文書であり、中国共産党の成立宣言であるとすれば、党外への最初の公式報告と称すべきは、一九二一年六月一〇日の日付を持つコミンテルン第三回大会(一九二一年六月二二日〜七月一二日)への中共代表(張太雷)の書面報告である。この報告は、初め「コミンテルン第三回大会での中国共産党(中国人参加者の報告)」として、イルクーツクで発行されていた『極東の諸民族』第三号(一九二一年八月)に掲載されたものである。[164] その後、一九二八年にシュミャーツキーの張太雷追悼文にその一部が引用されたことがあったものの、長らく忘れられたままであったが、一九七一年になり、当時のソ連の学者ペルシツ(Persits)が、モスクワのマルクス・レーニン主義研究所中央党アルヒーフ(当時)の「ロシア共産党(ボ)中央委員会極東ビューロー」の文書の中から、それとほぼ同内容の「コミンテルン第三回大会へ向けて　中国共産党代表　張太雷同志の報告」という表題を持つタイプ打ちロシア語原稿を発見し、それを『極東の諸民族』版と比較する研究を発表してのち、[165] この報告は一般によく知られるようになった。さらにのち、中国の中央檔案館でもこれと同内容のロシア語タイプ打ち原稿が発見されて中国語に翻訳され、今日にいたっている。[166]

張太雷の報告は、全体として中国社会の概況紹介が多く、それに比して具体的記述にやや欠けている(例えば、党員数があがっていない)ものの、中共の創立過程にかんするいくつかの重要な情報を含んでいる。その中でも注目に値するのは、一九二一年三月に中国の「各組織の代表からなる会議」が招集されたというくだりを含む「中国の共産主義運動」の章である。関連する部分を以下に抜粋しておく。

一九二一年三月以前には、まだ統一された共産党はなかった。我々はあらゆる場所で無政府主義者と行動をともにせざるを得なかった。……我々の目標、原則、および戦略をあきらかにするために、そして無政府主義分子を組織から一掃するために、我々は一九二一年三月に各組織の代表からなる会議を招集する必要があると考えた。この会議の名義で、我々の目標と原則についての宣言が出され、この会議で臨時の綱領が考えられた。この綱領は、わが組織の構成と活動計画を定め、社会主義青年団、同業組合、文化教育団体、軍隊にたいする我々の態度を表明し、労働組合にたいする共産党の態度を表明している(167)。

すなわち、この報告を平心に読む限り、無政府主義者の排除を目的として、一九二一年三月に共産党の代表会議が開催され、そこで党の宣言や臨時綱領が制定された、と考えられるのである。共産党の第一回大会が上海で開かれたのが同年七月末だから、それよりも早くに、実質的な党の大会が開かれていたことになる。現に、この張太雷の報告を発掘したペルシツは、報告に見える「三月会議」の議事内容と第一回大会の討議事項を比較検討して、第一回大会は「三月会議」が事前に準備した問題を基本的に審議したものに違いない、と断定している(168)。第一回大会の前に、その準備会である「三月会議」が開催されたとするペルシツの見解は、中国の中共党史学界に波紋を呼び、張太雷報告の漢訳出版も手伝って、「三月会議」を主題とする多くの研究が行われることになった(169)。ただし、それらの研究は、張太雷報告をほぼ唯一の資料として、いわゆる「三月会議」があったか否かを検討するものであって、他の資料との突き合わせや張太雷報告そのものの資料的価値の検討が充分になされているとは言い難い。したがって、まずは「三月会議」に関連する他の資料を検討しておく。

実は、「三月会議」に言及する文書資料は、張太雷報告が唯一のものではなく、一九二一年当時、張太雷とともにモスクワにいた瞿秋白の残した文書が「三月会議」に言及している。それは「中国における社会主義運動」と題する一九二一年のロシア語タイプ打ち原稿と、「中国共産党歴史概論」と題する一九二九～一九三〇年ごろの中国語手書き原稿であり、ともに「コミンテルン駐在中共代表団アルヒーフ」に含まれていたものである。[170] 前者は、張太雷報告の「中国の共産主義運動」の章、つまり先に抜粋紹介をした部分と、ほとんど同内容にして、同文体である。このことは、一見したところ、張太雷報告の「三月会議」にかんする記述を裏付けるかのようである(少なくとも、張太雷の報告が、実は瞿秋白らと共同で執筆されたかのような印象をあたえる)が、「中国における社会主義運動」のオリジナル原稿には、頭注として、「中国共産党代表のコミンテルン第三回代表大会での報告(一九二一年)よりの要約」という一段が添えられていることがわかっている。[171]

ということは、瞿秋白の文章が「三月会議」に言及しているのは、それのもとになった張太雷報告が「三月会議」に言及しているからにすぎないわけである。さらに言えば、瞿秋白は一九二〇年末には中国を離れていたのだから、[172] かれが一九二一年三月に開催されたはずの会議について知っているというのは、そもそもあり得ない話である。一方、「中国共産党歴史概論」は「一九二一年三月(秋白の報告による)の第一回大会は無政府党を粛清した大会で、最初の決議を採択した」[173]と述べ、いわゆる「三月会議」が党の第一回代表大会であったかの如き記述になっているが、それとて、数年前の自らの文章(つまりは張太雷の報告の焼き直し)をもとにしているという点では、前者と全く変わらない。「三月会議」の出席者でない瞿秋白が、それにたいしてさらに憶測を重ねているだけのことである。かくて、「三月会議」とは、張太雷のコミンテルン宛報告を唯一の根拠とする事象だということ、つまり無政府主義者を排除するための「各組織の代表からなる会議」――「三月会議」があったか否かは、ひとえに張太雷の報告の信憑性にかかっているということになる。

さて、張太雷報告には、この「三月会議」のほかに、もう一つ、以下のような中国共産党の地方組織にかんする情報が含まれている。

今年の五月一日までに、中国共産党はすでに七つの省レベルの地方党組織を有している。それらは、一、北京組織、……二、天津組織、およびその唐山駅支部……、三、漢口組織……、四、上海組織……、五、広州組織、……六、香港組織……、七、南京組織……である。

まず指摘しておくべきは、一九二一年五月時点で七つあるとされる地方組織の数であり、実は、その数は先に引用したシュミャーツキーの「極東における共産主義インターナショナル」の記述と一致する。すなわち、中共の党組織にかんする情報は、張太雷がイルクーツクにもたらしたのではないかという推測が成り立つのである。とすれば、シュミャーツキーはその同じ文章の中で、「中国共産党宣言」の一節を紹介していたわけだから、「宣言」をイルクーツクに伝達したのも、張太雷である可能性が出てこよう。いずれにせよ、具体的な時期の党組織の状況を個別の地名を含めて報告しているのは、当時の文書としてはこれが唯一のものであり、張太雷の報告は、単に党の活動状況を知るだけでなく、そうした情報のコミンテルンへの伝達状況を知る上でも、トップレベルの重要性を持つものである。

4 「中共の使者」張太雷

前述のように、中共の結成過程やいわゆる「三月会議」を検討する場合、張太雷のコミンテルン宛報告が、原資料として極めて貴重なものであることは誰しもが認めるところである。また、かれはコミンテルンの活動に派遣された最初の中共党員とされ、同時に一九二七年末の広州蜂起で壮烈な最期を遂げたため、中共党史の上で揺るぎない地位をあたえられている。しかし、意外にも、かれがいかなる資格で、そしていかなる経緯で一九二一年初めにイルクーツクに現れたのかは、まったくと言ってよいほどわかっていない。うがった見方をすれば、コミンテルンの大会に宛てたかれの報告は、その「三月会議」への言及を含め、中国での共産主義者の組織化が進展していることを主張するためにこしらえた架空のものだったということも、可能性としては否定できないのである。張太雷の入露事情を検討するには、極めて微細な点にまで立ち入って考察せねばならないが、それは中共最初期の数少ない文献の中でもっとも重要な位置を占めるコミンテルン宛の報告の信憑性に関わる以上、避けては通れない。

まずもって焦点となるのは、張太雷の中共との関係とその入露の時期である。張太雷は、一九二一年の後半以降(つまりコミンテルン第三回大会に出席して帰国してから)の中共党員としての活動ぶりは顕著なのだが、実は一九二一年の入露以前の活動がほとんど不明である。一九一九年から翌年にかけて、天津にいたかれ(北洋大学在学)の五四運動への参加や共産主義運動への関与を伝える資料は、すべてかれの死後、とくにその大半は中華人民共和国成立後に書かれた回想録[174]である。天津での学生運動の主体となり、のちに中共に転じた周恩来らのグループとのかかわりがあったことを示す原資料も、当然のことながら存在しない。また、かれが一体いつ入党したのか、いつ誰の命によって入露したのか、さらにその際の身分はいかなるものだったのかは、すべて不明なのである。[175] むろん、中共の結成は秘密裏に進められたわけだから、記録の残っていないことは不思議ではない。だが、中華人民共和国成立以来、中共創立にかんする多くの中国側の原資料が発掘されていながら、コミンテルン側の資料のほかには、かれと草創期中共との関係を示す資料がほとんどないということは、不可解と言わざるを得ない。いわば、かれは一九二一年初頭に、何の前触れもなく、イルクーツクに現れることによって、歴史の舞台に登場したと言っても過言ではないのである。

張太雷にかんする回想録のなかで、入露後のかれの活動について、唯一の、そして豊富な情報を提供してくれるのは、シュミャーツキーが一九二八年に『革命の東方』に発表した長文の追悼「中国の共産主義青年団、共産党の歴史より(中国共産主義青年団、中国共産党の組織者・張太雷同志を悼む)[176]」である。張太雷の伝記はもちろんのこと、中共の成立史にかんする研究も、こと中共のコミンテルンへの最初の使者にかんしては、例外なくこの回想録に全面的に依拠している。シュミャーツキーの回想録がかくも珍重されるのは、決して理由のないことではない。ひとつには、その回想が張太雷の入露にかんする唯一の資料であること、そして今ひとつは、シュミャーツキーが極東書記局の責任者で、入露後の張太雷と直に接した人物であるばかりでなく、その回想録には原文書からの引用がふんだんに盛り込まれているからである。いうなれば、その回想録は単なる回想というよりも、限りなく原文書に近い信憑性を持つものとして、尊重されてきたのであった。[177]

だが、かれの回想録はあくまでも回想にすぎなかった。すなわち、かれの引用する原文書と対照すると、かれの引用の仕方が極めてずさんで、恣意的なことが即座にあきらかになるのである。順を追って説明しよう。まず、シュミャーツキー回想が原文書として引用するのは、実は前述『コミンテルン極東書記局通報』『極東の諸民族』に掲載された文章、具体的に言えば本節第一項で紹介した「中国におけるストライキ運動(中国の労働雑誌からの概要紹介)」

や「中国の青年革命運動(活動報告概観)」などである。前者はすでに見たように、上海の『労動界』の文章の紹介なのだが、それらの中には張太雷の文章は一篇もないにもかかわらず、シュミャーツキーの回想では、それらはすべて張太雷が入露以前に発表したものとして引用されている。[178] 例えば、張太雷が『労動界』九月号に発表したとして引用されているのは、実際には陳独秀の文章である。[179] また、後者は、もともとシュミャーツキー自らが入手した中国各地の社会主義青年団の会議記録を編集したものだが、回想では広州の団の会議記録の一部が張太雷の関与した天津社会主義青年団の会合として紹介されている。意図的な改竄であることは明白である。

恐らく、シュミャーツキーは一九二八年に張太雷への追悼文を執筆するにあたって、その数年前にかれがイルクーツクで編集したそれら雑誌をあらためて読み直し、そこから張太雷にかかわる材料を探したが、適当なものが見つからなかったので、いくらかでも革命的な内容を持つものをすべて張太雷の功に帰したのであろう。けだし、烈士張太雷を悼む文章であれば、かれは早い時期からの革命家として描かなければならなかったのである。シュミャーツキーの回想録にこうした意図的改竄が散見される以上、この回想録に依拠して張太雷の入露の経緯やイルクーツクでの活動を検証することは、不可能とまでは言えないにせよ、相当に危険だと言わざるを得ない。その回想録などに依拠して、張太雷のイルクーツク到着を一九二一年三月末から四月の初めあたりと推定する見解があるが、[180] 当然にそれも再検討する必要があるだろう。

では、張太雷はいったいいつ、いかなる資格でイルクーツクの極東書記局に姿を現したのだろうか。現在確認される確かな文書資料で、張太雷の入露にかんするものは、一九二一年三月二二日の極東書記局の会議記録であり、張太雷はその会議で極東書記局中国科書記に任命されている。[181] ただし、その際、かれの任期については、「中国共産主義組織の代表大会が新たな書記を派遣してくるまで」という条件が付けられていた。いわば、かれは中共の正式代表が到着するまでの暫定的中国代表として扱われていたのであった。裏を返せば、かれが当初から中共の正式承認を受けた代表であったとは必ずしも言えないことになる。ただし、いずれにせよ、かれがこの会議の時点以前に、イルクーツクに到着していたことだけはまちがいない。さらに言えば、かれのイルクーツク到着は、恐らく一九二一年一月から二月にかけてであっただろう。その根拠は、シュミャーツキーが一九二一年二月に執筆した前述「中国の青年革命運動（活動報告概観）」の中に、張太雷がもたらしたと見られる中国の社会主義青年団の文書（天津の社会主義青年団の会議記録を含む）が収録されていることである。

以上を総合すると、張太雷は一九二一年の一月から二月のあたりに、中国各地の社会主義青年団の会議記録などを含む情報を持ってイルクーツクに到着、それを極東書記局に手交することによってある程度の信用を得、三月には中国共産党の正式の代表ではなかったものの、極東書記局中国科の暫定書記に就任したということになろう。そして、当時の天津・イルクーツク間の交通事情を考慮して逆算すれば、前年一二月か翌一月に天津を離れたと考えることができる。(182) 中国東北では中国側官憲による厳しい取り締まりの下、入露者の逮捕、投獄が跡を絶たず、またシベリアでは極度の食糧不足と燃料不足が待っていた。酷寒の中の入露はある意味では身命を賭した行動であり、さぞや苦難に満ちた旅程だったことだろう。

では、張太雷はそもそもいかなる身分で、つまりはいかなる組織の派遣によって入露したのだろうか。これについての原資料はなく、またシュミャーツキーの回想録が信憑性に欠けることはすでに述べたとおりだが、かれは中国各地の社会主義青年団の会議記録などを含む文書を持って入露したことはまちがいないのだから、一見すると社会主義青年団の派遣でイルクーツクを訪れたような印象をあたえる。現に、かれはコミンテルン第三回大会だけでなく、同時期に開催されたキムの第二回大会にも中国代表として出席している。(183)

入露以前の張太雷の足跡として、天津での社会主義青年団の活動を挙げるものに、かれと共に青年団で活動したという諶小岑(一八九六〜?)の回想がある。これは、張太雷の天津時代の活動を伝える詳しい回想としては、ほぼ唯一のものだが、それによれば、かれは北洋大学在学中から学生運動にかかわる一方、得意の英語を生かして天津の英字紙*North China Star*(『華北明星』)やロシア人ポレヴォイのもとで通訳や翻訳をしていたという。そして、北京の李大釗やポレヴォイと連絡をとりながら、一九二〇年一一月ごろに天津社会主義青年団を設立、その事実上の責任者になったとされている。[184]

また、かれがイルクーツクにもたらした社会主義青年団の文献の中には、確かに天津社会主義青年団の章程と会議記録が含まれていた。その章程や会議記録を子細に見てみると、いくつか興味深い事実が判明する。まずは、その章程だが、これは広州で設立された無政府主義系の社会主義青年団の簡章[185](『広州晨報』掲載版)と完全に一致し、武漢のそれとも似た構成である。一九二〇年の秋から冬にかけて中国各地に生まれた社会主義青年団は、同じ名称でも、広州のように無政府主義者が主導していたものから、北京や武漢のようにアナ・ボルが同居していたものまで多様であったが、それら各地の青年団は少なくとも表面的には、統一の規約にもとづいて、ほぼ一斉に活動を展開していたことがわかる。毛沢東が一九二〇年一一月に受け取ったという社会主義青年団の章程も、恐らくはこれと同じものだっただろう。天津の社会主義青年団の章程が広州のそれと同じであったということは、天津の団が広州と同様に無政府主義を奉じていたか否かはひとまず措くとしても、それがまちがいなく中国各地の社会主義青年団に連なるものだったことを示していよう。

次いで天津の団の会議記録を見ると、十四名が出席した第六回例会(一九二〇年一二月九日)では、団の書記ジャン(Чжан)が北京に出張したため、代わりにウー(У)が書記に就任することが報告され、引き続いてシェン(Шэнь)が労働者を対象にする日刊新聞『ライバオ』(Лай-бао)――その名称は新たな未来の到来を表す「来《ライ》」と英語のLaborを踏まえたもの――の発行について説明し、翌年一月二日に創刊することが決定されている[186]。

ここに見える人名「ジャン」「ウー」「シェン」は、諶小岑の回想と照らし合わせると、それぞれ張太雷、呉南如、諶小岑にあたると推定される(ちなみに、呉、諶はその後、共産党には関係せず)。『ライバオ』とは、一九二一年初めのごく短い期間に張太雷ら天津の社会主義グループによって発行されたと言われている新聞『来報』であり、諶小岑の回想録でも天津社会主義青年団の主要な活動のひとつとして言及されている[187]。ただし、『来報』の実物は今日にいたるまで発見されておらず、当時の他の新聞、雑誌、官憲文書にもそれに言及するものはなく、実際に発行されたかは不明である。仮に実際に刊行されたものだったとしても、その流通はごく限られたものだっただろう。いずれにせよ、この会議記録を信ずる限り、張太雷らが一九二〇年の末に天津社会主義青年団を組織していたことは確認できる。また、ジャンこと張太雷の北京への出張が、北京の共産主義グループとの連絡だとすれば、前述の社会主義青年団の統一章程の存在とあいまって、かれらの活動は北京のグループと歩調を合わせたものだったと推測することもできる[188]。

以上の事実からすれば、一九二一年初頭に入露した張太雷が、共産党の正式代表ではないにしろ、それとほぼ重なる社会主義青年団からの命を受けて派遣されたということは、いかにもありそうに見える。現に関係者の回想の中には、「張太雷は当時、社会主義青年団の団員で、団の成立後にその代表に推挙されてモスクワに行き、少共国際《キム》の大会に参加した」[189]と述べるものがある。だが、かれが入露の時点ですでに、社会主義青年団からキム大会へ派遣された代表という身分であったということは即断できない。なぜなら、第一に、キム第二回大会への招請状が中国にもたらされたのは一九二一年三月中旬であり[190]、その時期には張太雷はすでにイルクーツクに到着していたからである。そして、第二に、キム大会への正式代表である北京の何孟雄、上海の兪秀松の二人が入露を試みた（何孟雄が途中で逮捕され、入露に失敗したのはすでに述べたとおり）のは四月だが、兪秀松が入露の途上で書き送った書簡には、ハッキリとキム第二回大会の中国代表は二人（兪と何）と書かれており、[191] かれらのほかにキムへの中国代表がいた形跡はない（少なくとも、兪秀松の眼中には張太雷は入っていない）からである。また、天津で張太雷と関係があったとされるポレヴォイにしても、一方でヴォイチンスキーの意向を受けて活動していたのは確かだが、他方、共産主義グループから離脱した北京の無政府主義者の入露の斡旋もしていた人物（「変節者」呼ばわりされていたことは第二章第二節で述べたとおり）であり、かれの介在によって張太雷の身分を確定できるわけではない。

さらに付け加えれば、モスクワ・アルヒーフのコミンテルン第三回大会関係資料には、同大会への各国代表が持参した本国組織発給の信任状が残されているが、張太雷のそれは、中国の組織のものではなく、イルクーツクのコミンテルン執行委員会極東書記局が発給したものであった。[192] つまり、入露時の張太雷の身分はいよいよつかみどころがなくなってしまうのである。

5　コミンテルン第三回大会の中国代表

張太雷の入露をめぐる不可解な状況を踏まえて、かれのコミンテルン宛書面報告（内容は社会主義青年団ではなく、共産党のこと）を読み返すと、そこにはいくつかの疑問点が浮かび上がってくる。まずは、一九二一年五月時点で七つあったという中共の地方組織である。張太雷の列挙するのは、北京、天津、漢口、上海、広州、香港、南京の七つだが、このうち、天津、香港、南京の三都市には、実はまだ党の組織は存在しないのである。かりにそれらが社会主義青年団を含むものだったと解釈しても、かれが一九二一年五月時点の状況を報告していることは、あきらかに不自然である。前述のように、かれが中国を発ったのは、どんなに遅く見積もっても、この年の一月であり、五月といえば、かれはその四日にイルクーツクで開催された高麗共産党の代表大会に中国共産党の来賓として列席し、祝辞を述べているように、イルクーツクに滞在中だったはずだからである。[193]

これと同様のことは、いわゆる「中共三月会議」にもあてはまる。かれの報告は、無政府主義者との関係を清算するための中共の会議が一九二一年三月に中国国内で開かれたとするが、かれはその時期にも中国にはおらず、それを直接に知りうる状況にはなかったのである。すでに見たように、「中共三月会議」なるものは、張太雷のこの報告を唯一の根拠とする事象であるが、かかる以上、「三月会議」が中共第一回大会に先立つ党の旗揚げの会議だったと即断することはできまい。さらに言えば、張太雷の報告の執筆経緯やその信憑性そのものも再検討されなければならないのである。

ただし、このことは、張太雷報告が全くの虚偽に基づいているということを意味するものではない。その報告は、いくつかの具体的事柄を除けば、当事者でなければ知り得ない当時の中国の共産主義運動の状況を、詳しく伝えているからである。例えば、「中国最初の共産党細胞は一九二〇年五月に上海と北京で成立した」というくだりは、報告の作成者が入露以前から中共の結党活動を、その詳細は不明ながら、何らかの形で聞知していたことをうかがわせる。では、張太雷が直接には知りえない「三月会議」や一九二一年五月時点での党の地方組織状況が報告に盛り込まれているのは、一体なぜなのだろうか。考えられる可能性は二つである。

ひとつは、その報告作成者が中国の共産主義運動の進展を印象づけるために、架空の会議や地方組織を適当にこしらえるなどの捏造をしたという可能性である。前章第三節で述べたように、一九二〇年から二一年にかけての時期、中国には「共産主義」を掲げる雑多な組織や人物がうごめいており、のちの中共につながる共産主義組織は、当時においては、いまだ中国を代表する唯一の共産党ではなかったということを考える時、張太雷報告の「三月会議」への言及や地方組織にかんする具体的記述が、自身の共産党の存在を際立たせ、他の雑派共産主義組織との正統争いを勝ち抜くための体裁づくりであった可能性をぬぐい去ることはできない。事実、コミンテルン第三回大会前後のモスクワには、張太雷が代表した共産党のほかに、張太雷らの代表権を認めない「少年共産党」を含め、四つの「共産党」の代表が参集し、それぞれが自己の正統性を主張して激しく相争ったと言われている。[194] そして、張太雷らはコミンテルンにたいして、それら雑派共産党を相手にしないよう、繰り返し要請していたのである。[195] 各国の共産主義組織が「本物」の「共産党」になるためには、何といってもコミンテルンの承認が不可欠であり、そのためにコミンテルンへの報告に誇大な方向への脚色やもっともらしい数字が加えられることは、珍しいことではなかった。[196] 張太雷の報告のみ、その例外であったとは言えないだろう。この場合、張太雷の入露時の身分が曖昧なこともあり、残念ながら、かれの報告そのものの信憑性が失われることになる。

今ひとつの可能性は、張太雷が一九二一年初頭に入露してのち、さらに最新の情報を得たということである。これにかんして、シュミャーツキーの回想は、「張太雷同志は、イルクーツクへの到着ののち、かれを極東書記局中国科書記に任命する共産党の委任と、コミンテルン三回大会への中共の報告の準備を担当せよとの任務を受け取った」[197]（傍点引用者）と述べている。かれの回想録には、張太雷を美化する方向への脚色がなされていることはすでに指摘したとおりだが、かりにその回想が正しいとすれば、張太雷は入露以後に中国から新たな情報を得ていたことになる。ただし、当時の中露間の通信事情を考慮すれば、これはにわかには信じ難く、さらに言えば、入露以前には張太雷は中共から何らかの資格をあたえられていなかったことを、はからずも示しているといえよう。

そこで考えられるのは、張太雷の報告は別の中共関係者の協力を得て作成されたという可能性である。コミンテルン第三回大会の中国代表といえば、これまで張太雷ばかりがクローズアップされてきたが、実は同大会にはかれのほかにも中国代表がいたのだった。

コミンテルン第三回大会の中国代表の構成は、実は少々こみ入っている。大会の公文書ともいうべきその速記録の記載が前後でやや食い違っているからである。すなわち、ドイツ語版速記録の冒頭では、中国代表は「共産主義団」(Kommunistische Gruppen)と「左派社会主義党」(Linke Sozialistische Partei)なのだが、末尾のリストでは「共産党(K. P.)一名、青年団(Jugend)一名」になっているのである。[198] また、その二名の代表のうち、「共産党一名」は中国代表として演説をした張太雷(Chang Tai-lai)と見てまちがいないが、「青年団」からのいま一人の代表の名前はあきらかにされていないのである。したがって、張太雷報告への協力者を推定するには、ことの順序として、先にその中国代表の顔ぶれを検討しておかなくてはなるまい。

まずは、「左派社会主義党」だが、これは当時モスクワにいた江亢虎の「社会党」を指している。江亢虎は、コミンテルン第三回大会に「社会党員」として列席し、発言権をあたえられたと述べており、その代表証も存在することから見て、かれが同大会に列席したことはまちがいない。[199] では、その「左派社会主義党」が速記録末尾で抜け落ちているのはなぜなのだろうか。速記録編集上の単なるミスというほかに考えられるのは、コミンテルン大会における中国代表間の正統争いの反映という可能性である。実は、江亢虎は同大会の期間中に、コミンテルンに宛てて次のような書簡を送っていた。

第三回大会の開幕日〔六月二二日〕に、わたしは議決権を持つ代表の証書を受け取りましたが、四日間大会に出席したあと、何の説明もないまま、同志カバスキー（kabasky）から代表証の返却を命じられ、来賓者としての権利も剝奪されました。わたしは、これを一種の侮辱と考え、抗議いたします。(200)

かれから代表証をとりあげたというカバスキーとは、コミンテルン執行委員会書記のコベツキー（M. Kobetsky）のことである。この代表証回収の事情は、江亢虎によってさらに次のように説明される。

〔わたしは〕当初、社会党代表の名目でコミンテルンの会に出席するつもりで、その準備もできていた。ところが、聞けば某団の代表である張某〔張太雷〕が中国共産党代表であり、かれは東方管理部〔極東書記局〕部長のシュミャーツキー氏の紹介で来ているという。……ところが、会ってみると、張は言葉を濁して自分が代表であることを明言しない。不思議に思ったので、〔大会に〕出席した際に、張とシュミャーツキー氏が列席しているのをこれ幸いと、君は代表証や来賓証を持っているのかと聞いてみた。張はそれを拒んで、わたしの証書をあらためようとした。わたしがそれを見せると、張もやっとその証書を見せてくれたが、それも代表証であった。出席して二、三日して、不意にコミンテルンはわたしの証書を回収してしまった。……あとになって詳しく知ったことだが、張某らはさまざまな証拠を持ち出してコミンテルンに書簡を送り、その中でわたしを中国政府のスパイだと目したのだった。(201)

張太雷らが江亢虎のコミンテルンとの接触に神経をとがらせ、それを阻止しようとしていたことは、大会期間中に張太雷らがコミンテルン議長ジノヴィエフに送った書簡からも裏付けられる。その書簡は、江を「反動的北京政府大総統の私的顧問」「まったくの政客」と呼び、コミンテルン大会の資格審査委員会が江の代表資格を認めたことに強く抗議するものであった。[202] コミンテルン第三回大会前後のモスクワにいくつかの中国「共産党」代表が現れ、それらがコミンテルンの承認を受けるべく、互いに暗闘したことは、前章第三節で見たとおりだが、張太雷らにしてみれば、姚作賓の「共産党」と同様に、江亢虎の社会党も排斥せねばならないものだったことが知れる。張太雷らの抗議は功を奏したようで、江の参加資格は正式代表ではなくなり、かれの名前は最終的に作成された中国代表団の名簿からは削除されている。[203] つまり、江亢虎は、当初は中国代表として出席したものの、正統「中国共産党」からの抗議で、大会期間中に正式の中国代表から外されてしまったのだった。大会速記録の冒頭にあった「左派社会主義党」がその末尾の代表リストに見えないのは、かかる事情を反映したものなのである。

では、江亢虎を排除したあとのリストに見える二人の代表のうち、張太雷のほかにもう一人いたとされる「青年団」の代表とはいったい誰か。コミンテルン第三回大会に張のほかに代表がいたことは、比較的早くから知られており、長らくそれは「ヤン・ホ・テ（Yang Ho-te）」だと言われてきた。[204] この「ヤン」出席説の根拠は、もとをたどれば、これまた一九二八年に書かれたシュミャーツキーの回想録（張太雷への追悼文）である。その中でシュミャーツキーは、張太雷のイルクーツク到着ののち、中国からさらに「ヤン・ホウ・デ（Ян-Хоу-Де）」（別の箇所では「同志ヤン・ハウ・デ（Ян-Хау-Де）」になっている）が到着し、その二人がコミンテルン大会に出席したと述べている。また、張太雷のコミンテルン宛報告では、「ホウ・デ」は「中国で最も声望ある共産党員の一人」として言及されているだけでなく、そもそも報告の原文書には「ヤン・ホウ・デ」の署名すらついているのである。[205] この「ヤン」がコミンテルン大会のいま一人の代表であり、同時に張太雷の報告の作成に関与していたことは明確である。

この謎の人物「ヤン」については、かつてそれを楊明斎だとする見解が出されたことがある。[206] 楊明斎の異名に「楊好徳」(Yang Haode)があるというのが、その主要な根拠であった。だが、コミンテルン大会の中国代表「ヤン」=楊明斎とするこの説は、残念ながら成り立たない。楊明斎はこの時期に、確かにシベリアに赴いたようだが、コミンテルン第三回大会の開催された時期には、イルクーツクに留まっていたからである。[207]

コミンテルン第三回大会の中国代表の問題は、近年公開されたコミンテルン文書によってようやく決着した。すなわち、コミンテルン執行委員会極東書記局が中国代表団に発給した代表証明書によって、同大会の中国代表は張太雷(Чиан Таи Лей)と兪秀松(Сю Сун)だったこと、そして傍聴者として陳為人(Чен Вун Инь)と瞿秋白(Цюй Цубе)が参加していたことが確認されるのである。[208] とすれば、「ヤン」は、兪秀松以外には考えられまい。前述のように、兪秀松はキム大会に社会主義青年団の代表として参加すべく中国を発っていたわけだから、コミンテルン大会の速記録リストが「青年団」の代表として一名を挙げたのとも、つじつまが合う。

6 「コミンテルン第三回大会への報告」の作成者

兪秀松は、本章第一節でも紹介したとおり、一九二〇年三月末に上海にやって来て以来、一貫して陳独秀らの中共結成活動に直接に関与していた人物である。かれは、その後、中国社会主義青年団の正式代表としてキム第二回大会に出席するため、一九二一年三月二九日に上海を発ち、北京、ハルビンを経由して単身陸路で入露していた。[209] 時間的に言えば、張太雷に三、四カ月遅れて入露したことになる。かれがイルクーツクに到着した時期は確定できないが、六月四日にはモスクワでコミンテルン大会への参加資格証明書を発給されており(一四日には張太雷、陳為人とともに大会代表用宿舎入り[210])、入露後に張太雷と合流したことはまちがいない。そして、張太雷報告の日付はかれらのモスクワ到着直後の六月一〇日である。つまり、報告の作成には俞秀松の協力があったと考えられるのである。報告の中の「中国最初の共産党細胞は一九二〇年五月に……」といったくだりや上海機器工会への言及は、張太雷が知っていたというよりも、その時期に上海にいた俞秀松の提供した情報だと考えれば、無理なく理解できよう。

一方、陳為人(一八九九～一九三七)の入露の経緯や時期についてはよくわからないが、かれらにやや遅れて八月五日にモスクワに到着した抱朴(秦滌清)は、陳為人がすでに、俞秀松とともに社会主義青年団の代表として振る舞っていたことを伝えている。[211] 入露以前の陳が一九二〇年秋に上海で設立された外国語学社の学生であったことは確かで、同年一一月から翌年一月にかけて、上海の共産党発起グループの雑誌『労動界』に労働者への檄文を頻繁に発表していることから見ても、同グループの一員であったと考えてよい。[212] 張、俞とともにモスクワ入りしていることから見て、シベリア経由で入露したのちにかれらと合流したのだろうが、かれも張太雷報告に情報を提供できる立場にあった。

かれらのほかに、張太雷報告に情報を提供しているのは、それまで中国から断片的情報を得ていた極東書記局である。これは、張太雷報告とロシア共産党中央委員会シベリアビューロー東方民族セクション(極東書記局の前身)の一九二〇年一二月の報告を比較対照すれば、ただちにわかる。すなわち、前者に見える共産党の組織構成(情報セクション、出版セクション、組織セクション)とそれらの活動は、ヴォイチンスキーの一九二〇年八月の報告をもとにして書かれた後者を相当に踏襲しているのである。また、前者が伝える共産党の刊行物にも、後者と重複するものが見られる。

このように見ていくと、張太雷の知らないはずの情報が、コミンテルン宛の報告に盛り込まれていることがある程度説明されるだろう。すなわち、その報告は張太雷の署名を持ち、しばしば張太雷報告と称されるが、実はそこに記されている中共の状況は、張太雷自身が知っていたというよりも、むしろイルクーツクに到着してのちにかれが知らされた情報を加工したものと言った方が事実に近いのである。例えば、「中共三月会議」についての情報は、兪秀松が上海を発ったのが一九二一年三月二九日だから、かれならばそのことを知っていたとも考えられよう。

ただ、コミンテルンへの書面報告に、兪秀松や陳為人らの持っていた情報が盛り込まれたとしても、それで「報告」にかんする疑問がすべて氷解するわけではない。つまり、報告に見える五月一日時点の党組織の状況は、兪秀松や陳為人でも知り得ないことだからである。また、地方党組織の地名が、当時の共産主義グループの所在地と一致していないとなれば、そこには、あきらかに虚偽とは言えないまでも、何らかの作為的誇張が加えられたと考えざるを得まい。「中共三月会議」にしても、一九二一年初頭に北京や広州などの共産主義グループで無政府主義者の排除が進んでいたことは、他の多くの資料からもうかがえるが、それが「三月」に「各組織の代表からなる会議」という形をとって開催され、さらには「宣言」や「臨時の綱領」まで決定したとなると、これと符合する資料が皆無だけに、果たして事実かは疑わしい。

中国の学界の中には、張太雷の報告は、党というよりも社会主義青年団の状況を反映したものだとして、「三月会議」の存在や地方組織の地名を解釈する研究もある。(213)「報告」の作成には、団の代表である兪秀松が加わっているのだから、そうした解釈が成り立つやに見えるが、それにも疑問が残る。なぜなら、コミンテルン大会に合わせて開催されたキムの大会(一九二一年七月九日～二三日)に宛てて提出された中国社会主義青年団代表の報告(214)の方では、団の結成過程が比較的詳しく述べられているものの、「三月会議」に該当する記述がないからである。

かく見ると、張太雷報告の「三月会議」や地方組織の分布にかんするもっともらしい記述は、やはり自らの党活動の進展を訴え、競合する雑派「共産党」との正統争いに勝ち抜くための、ある種の方便だったと解釈する方が妥当であろう。それを明確な捏造と呼ぶことはできないかも知れないが、少なくともこの張太雷報告をそのまま信用することができないことだけはあきらかである。

7　コミンテルン第三回大会と中国共産党

コミンテルン第三回大会への報告の作成経緯が、前項で見たようなものである以上、張太雷が入露以前に中共党員である必要もなく、またかれが何らかの組織の正式の代表である必要もなくなる。これを踏まえてコミンテルン第三回大会への中国代表(張太雷と兪秀松)の参加過程を推測すれば、以下のようになろう。

まずは張太雷であるが、かれは入露前、天津でポレヴォイらのボリシェヴィキ・シンパと接触することにより、ソビエト・ロシアに共感を持ち、そのルートから社会主義青年団のことを知り、天津で近しい友人を募って団を結成した。その後、広州や武漢の団の情報を収集したのち、あえていえば独断行動として、自前の天津社会主義青年団を代表して入露したのではあるまいか。入露の目的は、コミンテルン組織との連絡というよりも、当時ソビエト・ロシアをめざした中国青年の大多数と同じく、新生ロシアへの視察、もしくは留学であっただろう。初期の社会主義青年団が実際には、ロシア留学のための斡旋機関と見なされていたことは、上海の団にロシア留学を希望する青年が集まったことからもうかがえる。それらの中には、「青年団に加入したのは、ロシア留学の紹介をしてもらいたいと思ったからにすぎない」(215)というような青年すらいたのである。張太雷が妻に宛てて入露直前に書き送ったとされる書簡の「外国に行って、深遠なる学問をし、独立した生活をせんと志す」(216)という字句は、何らかの特殊な任務を掩蔽するための表向きの理由ではなく、恐らくは本音であっただろう。そうした状況は、中国社会主義青年団のキム大会への正式代表であった兪秀松ですら、入露の目的として、大会への出席とともに知識を求める留学を挙げていた(217)ことからも知ることができる。

入露が任務を帯びた職業革命家たる中国共産党員の行動として、特殊な意味を持つようになるのはややのちのことである。この時期の中国青年の入露動機は、まずは革命ロシアの実情を実地に見聞し、できれば留学して新しい知識を身につけたいという欲求であったから、張太雷の入露のみが当初から特殊な意図をもってなされたと考える必要はあるまい。かれの入露が特別の意味を持ったとすれば、それはむしろかれが真っ先に入露に成功したということの方である。そして、中国からの情報を求めていたイルクーツクの極東書記局にしてみれば、それなりの語学力を持ち、それも社会主義運動にかんする情報を持って中国からやって来たかれは、願ってもない人材であった。資質に問題のある劉沢栄や朴鎮淳に悩まされていたシュミャーツキーの極東書記局が張太雷を中国科の書記に任命するのは――とくに、中国共産党から正式の代表がやって来るまでの暫定であれば――何の問題もなかっただろう。

一方、兪秀松については、遅れてイルクーツクにやって来た社会主義青年団代表のかれが、それ以前に張太雷と面識があったかどうかはわからない[218]。ただし、中国からの団の代表は自分と何孟雄の二人だと思っていた兪秀松にとっては、すでにイルクーツクに張太雷がいたことは、意外なことだったはずである。それも、その張太雷はすでに極東書記局の中国科書記におさまっていたのであった。他方、極東書記局にしてみても、張太雷の職位は、「中国共産主義組織の代表大会が新たな書記を派遣してくるまで」の暫定的なものであったが、中国から新たにやって来たのは、共産党員ではあったものの、正式には社会主義青年団の代表の資格しか持たない兪秀松であったため、張太雷の職位をかれに交代させるわけにもいかなかった。さらに、コミンテルン大会が迫っても、中国からは共産党の新たな正式代表はやって来なかった。かくして、モスクワのコミンテルン大会には、極東書記局中国科書記の張太雷と本来はキムへの代表であった兪秀松が、極東書記局の推薦によって、中国共産党の代表として出席することになり、途中合流した陳為人とともに、コミンテルン大会宛の報告を作成したのである。

張太雷はともかくとして、兪秀松は、本来参加すべきキムへの団の報告資料はある程度もっていただろうが、コミンテルンに提出すべき党の報告資料を準備していたとは思えない。せいぜいが自分も関与した上海での共産党結成の歩みとかれの上海出立以前の党の状況にかんする記憶であっただろう。陳為人も社会主義青年団の状況については、ある程度は知っていたであろうし、張太雷に比べれば上海の党のことも何分かは知っていただろうが、最初期から共産党の結成活動に加わっていた兪秀松に比べれば、問題になるまい。コミンテルンへの報告が全体として概況紹介が多く、具体的記述に欠けているのは、この三人がいずれも、当初からコミンテルン大会に参加するために、準備をして入露したのではなかったこととの反映であろう。[219] 社会主義関係の出版物や大まかな党結成の経緯は思い出せても、具体的な数字や日時などは事前の準備がなければ、提示できないからである。党の報告に、当然あってしかるべき数量的なデータ(例えば党員数)が欠けていたり、各地方組織の活動の紹介に大きなばらつきがあるのは、党の活動がとるに足らないものだったからというよりも、むしろ個々人の体験による記憶では補いきれなかったからである。極東書記局に残されていた中国からの報告などが、少々古いにもかかわらず、援用されたのは、具体的記録の不足を何とか補おうとした努力のあらわれと見られる。

さて、モスクワで開催されたコミンテルン第三回大会の最終日(七月一二日)に、中国代表として演説に立ったのは張太雷であった。兪秀松ではなく、張が代表として演説をおこなったのは、極東書記局中国科書記の肩書もさることながら、かれの語学力によるものであろう。[220] ただし、大会最終日に予定された東洋問題にかんする討議は時間不足のため充分にはなされず、張太雷の演説も、事前に作成した「コミンテルンへの報告」よりもはるかに短いもの(五分間)となった。[221] 演説では、中共の結党過程や現況にかんする「報告」の関連部分はすべて省かれ、その結果、「報告」

の原稿はコミンテルンの大会ののち、イルクーツクの雑誌『極東の諸民族』に掲載され、その本体はモスクワのアルヒーフで長の眠りにつくことになった。

さきに見たように、張太雷にせよ、兪秀松にせよ、かれらは厳密な意味で中国から正規に派遣されてきた「党」の代表ではなかったかもしれないが、かれらがコミンテルンの大会に出席したことは、中国共産党にとっては大きな意味をもった。第一に、これが中国国内で誕生した共産主義組織の参加した最初のコミンテルン大会だったということである。ロシアで結成された中国人居留民の共産主義組織が中国代表として大会に名を連ねるというコミンテルン第一回大会、第二回大会に見られた状況は解消され、名実ともに中国の共産主義組織が国際共産主義運動の舞台にデビューしたのだった。

第二に、張太雷はさておき、何より上海の中国共産党に明確につらなる兪秀松自身がこの大会に出席し、かれの代表する共産党がモスクワに参集したさまざまな「共産党」との正統争いをくぐり抜け、コミンテルン中央に認められた唯一の中国共産党となったことである。これは一見すると、ごく当たり前のことかもしれないが、例えば、当時、朝鮮やアメリカのように、一国(地域)に複数の共産主義政党が分立し、コミンテルンを舞台として、しばらくの間その正統問題や統一問題で紛糾するケースがあったことを考えると、中国共産党が党の出発時期にそうした問題を比較的簡単にクリアできたことは幸いであった。かりに、この大会に中共の代表がいなかったら、先に見た姚作賓の「共産党」や江亢虎の「社会党」などの組織がコミンテルンと関係を樹立することもあり得ないことではなかったし、そうなれば、最悪の場合、高麗共産党のように、革命運動に向けられるべき時間と精力が内部抗争とその調停に費やされてしまう可能性も皆無ではなかったからである。その後も、中共の長い歴史の中で、いわゆる「第二中央」を設立しようとする動きはごく一時期に見られはしたが、コミンテルンを巻き込むような正統争いが発生し、党が分裂するようなことは起こらなかった。コミンテルンとの関係でいえば、中共はひとまず順調に誕生し、成長を開始したのである。

コミンテルン第三回大会の開かれたのとほぼ同じ時期、同じモスクワでは、キムの第二回大会も開催されたが、兪秀松、張太雷、陳為人の三人はそれにも出席している。キム大会の関連文書によれば、兪秀松は議決権を持つ代表、張太雷と陳為人は発言権を持つ代表という資格であった[222]。兪秀松らはキムへの報告も準備していたが、かれらが大会で発言することは結局なかったから、それが大会で読み上げられることもなかった[223]。

中国での社会主義青年団の成立の経緯については、これまでに共産党のそれに関連してたびたび述べてきたので、もはや繰り返すことはしないが、このついでに指摘しておかねばならないことが一つだけある。それは、中国社会主義青年団の第一回全国代表大会（一九二二年五月に広州で開催）のさいに発表された文書の一句である。その文章は、一九二〇年後半に各地で結成された社会主義青年団がさまざまな傾向をもった青年の寄せ集めだったため、活動不振だったことを指摘したあとで、「一九二一年五月にいたり、実際上運営していけないことがあきらかとなり、暫時の解散を宣言せざるを得なかった」[224]と述べている。つまり、兪秀松が上海を発ったこの年の三月にはあったはずの中国社会主義青年団は、かれがモスクワにたどり着いた時には、なくなっていたのだった。したがって、厳密にいえば、兪秀松らは形式上存在しない組織を代表してキムの大会に参加したということになろう。これなどは、当時、人やモノが上海・モスクワ間を移動するのに要した時間によって、現実と認識との間にズレが生じてしまったことの笑い話的な例であるが、その後の中共とコミンテルンとの関係は、大なり小なり、たえずそのズレを伴いながら展開していくことになるのである。

第四章　中国共産党第一回全国代表大会

第一節　党大会開催の準備

1　マーリン、ニコリスキーの到着

張太雷がイルクーツクのコミンテルン執行委員会極東書記局の中国科書記に就任したころ、そして兪秀松がキム大会への中国代表として入露すべく上海を発ったころ、コミンテルンの側には中国共産党の党大会開催を促す動きが見られた。ヴォイチンスキーに代わる新たなコミンテルン代表マーリン、ニコリスキーの派遣である。

中国共産党は、一九二〇年一一月に「中国共産党宣言」を作成するとともに雑誌『共産党』を創刊して名実ともに成立を告げていたが、前章で検討したように、その後間もなくヴォイチンスキーが帰国してしまい、資金不足もあって活動がやや停滞、『新青年』や『共産党』の刊行もとどこおっていた。これに追い打ちをかけたのが、一九二一年のメーデーを直前にひかえた四月二九日の上海フランス租界当局による「外国語学社」にたいする捜査とその封鎖である。(1)さらには、共産党の外郭組織である社会主義青年団も、雑多な思想傾向を持つ青年たちの寄せ集めだったこともあって、「一九二一年五月にいたり、実際上運営していけないことがあきらかとなり、暫時の解散を宣言せざるを得な」(2)い状態だった。こうした閉塞状態を変えたのは、六月初めにそれぞれコミンテルン中央と極東書記局から上海にやって来たマーリン、ニコリスキーである。かれらは上海到着後、ただちに党大会の開催を促し、七月に開かれた第一回大会に出席したのであった。

まずは、極東書記局によるニコリスキーの派遣から説明しよう。コミンテルン執行委員会極東書記局は、ヴォイチンスキーから送られてきた情報やイルクーツクにやって来た張太雷らからの情報によって、一九二一年三月ごろには、中共の党大会を開く機が熟したと判断したようである。三月二七日にモスクワのコミンテルン執行委員会が受け取ったシュミャーツキーからの報告によれば、極東書記局はすでに中国における共産主義活動にかんするテーゼを作成し、それは「五月に上海で我々の代表の参加と指導の下で招集される中国共産主義者の大会によって」検討されることになっていた。(3) この時点で、極東書記局が中共の大会のためにテーゼを作成するだけでなく、大会を指導するためにかれらの代表を派遣しようとしていた(あるいは派遣していた)ということ、そして上海で開かれるその大会は当初五月に予定されていたことがわかる。極東書記局が作成したとされるテーゼは見つかっていないが、中共の大会が五月ごろに予定されていたことは、そのシュミャーツキーが四月末か、五月初めに執筆した「極東における共産主義インターナショナル」(4) からもうかがうことができる。シュミャーツキーは中国の「共産主義諸組織の協議会」で提起された「中国共産党宣言」の一部を引用したあとで次のように述べている。

そして、この文章が書かれている今、中国ではおそらくすでに、中国共産主義組織の大会が終わりつつある。そこでは、「唯一の中国共産党」についての協議会の言葉は、血と肉、すなわち整然とした組織形態に具体化しつつあるのである。かくして、そこに第三インターナショナルの中国支部が現れつつあるのである。

すなわち、シュミャーツキーは、「この文章が書かれている今」、すなわち四月末か、五月初めの時点に、はるか離れた中国では、自身が三月にモスクワに報告した予定どおりに、「共産主義組織の大会」が行われているはずだと考えているのである。そして、その大会では、「協議会の言葉」、つまり前年一一月に作成された「中国共産党宣言」の精神がしっかりとした組織――「第三インターナショナルの中国支部」――に具現化するという見取り図を示していた。そして、その来るべき中共の大会に参加し、それを指導すべく派遣されたのがニコリスキーだった。

マーリンとともに中共第一回大会に出席したニコリスキー（V. A. Nikolsky 本名：Neiman-Nikolsky Vladimir Abramovich あるいは、Borg Viktor Aleksandrovich, 1898-1943）は、中国では長らく赤色労働組合インターナショナル（プロフィンテルン）の代表として大会に出席したと言われてきたが、かれはイルクーツクのコミンテルン極東書記局の派遣で来華したものであった。[5] その来華のさいの身分を含めて、かれの経歴があきらかになったのは、ロシアの研究者カルトゥノワ（Kartunova）の功績である。[6] 主にカルトゥノワの研究に依拠してニコリスキーの経歴を述べておくと、チタの商業学校で教育をうけたかれは、一九一九年から二〇年にかけて革命派の軍隊に参加、一九二一年にロシア共産党に入党、同年にコミンテルンの活動に参加したという。イルクーツクの極東書記局でどのような活動をしていたのか、あるいは、かれが極東書記局の命を受けて中国へ出立した時期は確定できないが、先のシュミャーツキーの報告と文章から判断すれば、四月にはイルクーツクを発っていたはずである。また、カルトゥノワの指摘によれば、かれは極東書記局の代表であるとともに、チタの国際労働組合評議会極東ビューロー[7]の代表も兼ねており、その任務は中共の大会の開催準備とそれへの出席のほか、中国での共産主義運動のための資金提供と来るべき極東諸民族大会への中国代表派遣の手配だったという。[8] 来華の詳しい経路はわからないが、かれが上海に到着したのは、マーリンとほぼ同時の六月三日ごろであった。[9]

上海でかれと毎日のように接触したマーリンによれば、「ニコリスキー同志がイルクーツクから受け取った指示には、党〔中共〕の指導部の会議にはかれが出席しなければならないと定められてあった」[10]という。中共のメンバーたちはこうした監視じみたやりかたには反対したらしいが、裏を返せば、かかる指示がある以上、かれの共産党第一回大会への出席は当然のことだった。ちなみに、かれは一九二一年の一〇月、あるいは一一月ごろまで上海に滞在した模様である。[11]

一方、マーリン（Maring 本名：Hendricus J. F. M. Sneevliet, 1883-1942）は、国共合作の推進者として比較的よく知られている人物であり、中国での活動を中心とした詳しい評伝や資料集も出版されているので、[12]その経歴の紹介はごく簡単なものにとどめておく。オランダで生まれたかれは、鉄道の事務職として働く中で、労働運動やオランダ社会民主労働党、オランダ社会民主党の活動に加わり、一九一三年には蘭領東インド（現インドネシア）に渡航。ジャワ島での活動でよく知られているのが、〔東〕インド社会民主同盟の結成（一九一四年）とイスラム同盟との合作により、のちのインドネシア共産党の成立（一九二〇年五月）に道を開いたことである。一九一八年一二月に蘭領東インドから追放されたかれは、いったんオランダにもどったのち、コミンテルンの第二回大会に蘭領東インドの代表として参加、植民地での活動の経歴を買われて執行委員に選出された。大会期間中の一九二〇年七月に、朴鎮淳、劉沢栄とコミンテルン執行委員会極東局の設立について協議したことは、本書第二章第一節で述べたとおりである。[13]執行委員会は、八月に入って世界の重要な地域に在外代表（エージェント）を置くことを決定したが、上海駐在の代表として指名されたのがマーリンであった。

マーリン自らが語るところによると、かれがモスクワを発ったのは一九二一年三月で、その時点では、イルクーツクにコミンテルンの極東書記局があるらしいということは知っていたという。[14]一九二一年三月といえば、極東書記局のシュミャーツキーが、五月に上海で中共の大会が開かれるはずだとコミンテルン執行委員会に報告してきた時期である。マーリンがモスクワを離れる前にその情報をつかんでいたか否かは微妙であるが、マーリンは、中国行きの任務を「極東諸国の運動の研究とそれとの関係の樹立、および極東におけるコミンテルン・ビューローの設立の必要性と可能性の調査[15]」と述べるだけで、直接には中共の大会には言及していないので、モスクワ出立時には、中国における共産主義運動の状況をそれほど詳しくはつかんでいなかったと推定される。マーリンの後年の回想の「わたしには特別な指示は一切なかった」、「当時、イルクーツクのコミンテルン・ビューローは極東と連絡をとりながら活動していたとはいえ、モスクワは中国にコミンテルンの直接の代表を置きたいと思っていたのである[16]」という字句から見ると、同じくコミンテルンの系統に属するとはいえ、モスクワの執行委員会とイルクーツクの極東書記局は、それぞれ独自に代表を中国に派遣したようである。

マーリンはウィーン、ヴェニスを経由してスエズ経由で海路中国に向かった[17]。途中四月にウィーンで逮捕、国外退去処分を受けるなど、かれが中国へ向かっているという情報をつかんだ各国官憲の妨害はあったものの[18]、かれを乗せたアックィラ号(Acquila)はシンガポールを経て、六月三日には上海に到着した[19]。しばらくホテル住まいをしたかれは、六月一四日から共同租界の麦根路(Markham Road 現淮安路)三二号に居住(その後、間もなく匯山路〔Wayside Road 現霍山路〕六号に転居[20])、直ちに、ほぼ同時期に上海に到着したニコリスキーに接触し、さらにチタの国際労働組合評議会極東ビューローから派遣されてそれ以前から上海で活動していたフロムベルグらとともに活動を開始する[21]ことになる。

上海でのマーリンの表向きの肩書は、以前のヴォイチンスキーと同様に、ジャーナリストであった。マーリンの上海到着直後に作成されたオランダ官憲側の文書は、かれがアンドレセン(Andresen)なる偽名を用いていることだけでなく、『オリエンタル・エコノミスト』(*Oriental Economist*)なる日本の雑誌の記者を自称していたことを伝えている[22]。この『オリエンタル・エコノミスト』とは、東京で刊行されていた『東洋経済新報』のことであるが、かれが

『東洋経済新報』記者を自称したのは、決してデタラメではなかった。かれは中国行きに先立って、『東洋経済新報』の「ミウラ（Miura）」から紹介状をもらい、それによって日本滞在の査証を取得しているのである。かれの「ミウラ」宛の書簡（一九二〇年一一月四日）は次のように言う。

わたしは日本の公使館で、あなたの紹介状によって無事査証の手続きをしました。本来は、シベリア経由で、直接日本に向かおうと思ったのですが、ロシアで聞いたところ、そのルートは難しいということでしたので、結局オランダにもどりました。今は、できるだけ早くそちらに向かうべく、船便をさがしているところです。あなたのご支援に心から感謝いたします。できれば、〔一九二一年〕一月か二月にあなたの雑誌のために働き始めたいと思っております。[23]

かれが書簡を送った「ミウラ」とは、『東洋経済新報』の主幹にして、その「小日本主義」の主張で知られる三浦銕太郎以外には考えられない。[24]そして、マーリンと三浦を仲介したのは、東洋経済新報社にいたことのある片山潜か、マーリンの同志でもあるリュトヘルス（S. J. Rutgers）[25]あたりであっただろう。三浦がどの程度マーリンの素性を知っていたかはわからないが、この書簡を見る限り、マーリンが『東洋経済新報』の仕事に協力しようとしていたのはあきらかである。そして、当初はシベリア経由で極東に向かおうとしていたマーリンが、のちにルートを変えて上海にやって来たということ、またかれの上海到着が当初の予定よりも半年ほど遅れたものだったということがわかる。かれが日本の査証を取得したのは、日本や朝鮮での活動も念頭においてのことだったが、途中ウィーンで逮捕されたこと[26]によって、かれの行動は各国官憲の知るところとなり、結局日本や朝鮮に足をのばすことができなくなったところか、逆に上海でのかれの行動はオランダ総領事館や租界当局の監視にさらされることになった。

マーリンが述べるところによると[27]、かれとイルクーツクの極東書記局との関係は、次に述べるように、いささか不自然なものだった。上海についたマーリンは、当初はコミンテルン執行委員会の代表であって、ニコリスキーとは毎日のように活動をともにしたものの、「イルクーツクの書記局とは組織的なつながりはなかった」。だが、上海到着後まもなく、「イルクーツクからやって来た使者が次のように伝えてきた。〔コミンテルン〕執行委員会はわたしを〔極東〕書記局のメンバーに任命し、イルクーツクの書記局はわたしを上海にとどめおくことを決定した、と。だが実際には、わたしはあくまでも名目だけのメンバーにすぎなかった」。どうやら、かれの身分は、途中でコミンテルン執行委員会の代表から、極東書記局の代表へと格下げされたようなのである。また、かれは自らが極東書記局の一員として積極的に振る舞うことはなかったことを強調しているが、その理由としてあげるのは、その上海滞在中、「イルクーツクからは何らの文書も送られてこなかった」ことであった。その結果、かれは「極東局全体の方針や活動の決定には加わらず」、「上海滞在中、おのれの役目をニコリスキーが受け取った指令の実行の補佐に限定し、組織的混乱を招かぬよう、独自の活動を一切ひかえる」ことになった。

こうした内容を含むかれのコミンテルン執行委員会宛の報告には、極東書記局(イルクーツク)への不信感が見え隠れしている。その不信感の裏には、何の相談もなしになされた自らの身分変更のほかに、実はかれが上海で巻き込まれた高麗共産党の内紛とそれへの極東書記局の関与があった。かれはそれにかんして、イルクーツク派と上海派が分立した高麗共産党両派の抗争の直接原因は、イルクーツクの極東書記局(シュミャーツキー)とチタの極東共和国対外機関(クラスノシチョーコフ)の間の主導権争いにほかならないと指摘し、両者のセクト的姿勢を批判している。高麗共産党の内紛とイルクーツク、チタの各組織との関係はあまりにも錯綜しており、ここでその詳細を述べるだけの余裕はないが、唯一ハッキリしているのは、マーリンが「イルクーツクにコミンテルンの極東書記局を置いていても、何の役にもたたない。そこはあまりにも遠く、満洲を経由して東方と定期的連絡を保つことはできない」として、中途半端なシベリアではなく、中国にコミンテルンの指導機関を設けるべきだと考えていることである。そして、本来は、そのかれこそが上海に指導機関を設けるべくコミンテルン執行委員会から派遣されたはずなのだった。

かれの身分の変更を伝えたというイルクーツクからの使者が具体的にいつやって来たのかはわからない。したがって、マーリンが七月九日に上海から報告を送ったさいに[28]、それが極東書記局ではなく、モスクワのコミンテルン執行委員会に宛てられていることが、身分変更以前の状況を反映しているのか、それとも身分変更後もかれが執行委員会の代表と自ら任じていたことを反映しているのかもわからない。だが、その報告には注目すべき情報が含まれていた。

七月の終わりに我々が招集する大会が、我々の仕事に多大な利益をもたらすことを期待している。同志の多くない諸グループがひとつにまとまるだろう。そのあとで、中央集権的な活動を開始することが可能になろう。

すなわち、中共の大会が間もなく開催されることが報告されているのである。

2　大会の招集

マーリンは後年、上海到着当時を振り返り、中国の共産主義運動についてはほとんど何も知らなかったので、「上海では全くの第一歩から始めなければならなかった」と語っている[29]。事前には、中国の共産主義組織がどの程度のものかも知らなかったであろう。ただし、上海で同僚となったニコリスキーは、極東書記局から中共の大会に出席し、それを指導するという明確な任務をあたえられていたから、かれはニコリスキーとともに、それに沿って上海の共産党指導部に大会の招集をうながしたものと見られる。

中共の第一回大会が、中国党員の自発というよりも、上海に派遣されてきたマーリンらの督促によって招集されたということは、当時、陳独秀に代わって上海共産党の実質的責任者をつとめていた李達が次のように語っている。

六月、マーリン〔馬林〕とニコロフ《ママ》〔尼可洛夫〕の二人がコミンテルンから上海に派遣されてきた。かれらは我々と会って話し合ったのち、我が党の状況を知り、わたしにただちに党の代表大会を開いて、中共の正式成立を宣言するよう求めた。当時、党の組織は全部で七つだった。わたしは七通の書簡を送り、各地の党部に代表を選出して上海に派遣し、〔党大会に〕参加するよう求めた。[30]

中共の党大会が、コミンテルン代表からの督促によって、相当に慌ただしく招集されたということは、結果的に党大会には中国の最高責任者である「南陳北李」、つまり陳独秀と李大釗が出席しなかったということからも裏付けられよう。「南陳北李」欠席の理由は、両者の公務多忙とされているが、[31] 例えば陳独秀は大会後の九月には上海にもどっているのだから、[32] 陳独秀にしても、李大釗にしても、大会の招集を少し延期すれば、出席は充分に可能だった。実際には、それをあえて待つことなく大会が開催されたのだから、それには大会の招集を急ぐコミンテルン代表の意向が強く反映されていたと考えざるを得まい。むろん、陳独秀のいる広州と上海との間では、党の活動をめぐって書簡による連絡がなされていた[33]から、マーリンらの到着ののち、大会の招集にかんしても陳独秀の合意があったことは当然であろうが。

上海からの連絡を受けた各地の組織には、別に統一的規約や明文化された組織規則があったわけではなかったし、それぞれの置かれた政治状況や活動条件もさまざまだった。したがって、代表の選出方法も、いちおう会議を開いて代表を決定したらしい北京のような例もあれば、上海の共産党に関係のある人物が自発的にその地方を代表して出席したらしい長沙や済南のような例もあるなど、多様であった。当時の記録によってその上海への足どりが確定できるのは、長沙代表の毛沢東、何叔衡と広州代表の陳公博、および北京代表の劉仁静である。

毛沢東、何叔衡の長沙出立を記した謝覚哉（一八八四～一九七一）の日記によれば、それは六月二九日のことであった。当日のかれの日記には、「午後六時、叔衡が上海に発つ。同行者は潤之〔毛沢東〕で、全国〇〇〇〇〇の招請で赴くもの」[34]とある。伏せられた五字は「共産党大会」か、あるいは「共産主義者」だと思われるが、いずれにせよ、かれら長沙代表がそれ以前に上海からの大会招集通知を受け取ったことは間違いない。当時の長沙・上海間の交通事情を考慮すれば、五日ほどで上海に到着できたから、かれらは七月の上旬には上海に到着したはずである。一方、広州代表の陳公博が新婚の妻とともに海路上海に向けて出立したのは七月一四日、上海到着は二一日ごろであった[35]。他方、北京代表の劉仁静の場合は、まず七月一～四日に南京で開催された「少年中国学会」の年次総会に参加（七月二日に南京到着）したことが確認できる[36]。その総会ののちに、引き続き上海の党大会に出席したわけだが、かれの場合も、六月末以前に上海からの大会招集通知を受け取ったことは疑いない。

これら大会参加者の足どりを総合すると、どうやら上海の李達、李漢俊らは六月の半ばには大会を上海で開催することを決定し、それを各地の組織に通知、それを受け取った各地の代表たちは、六月の末から順次上海に向かい、七月の初めごろから上海に揃い始めたと言えそうである[37]。「七月の終わりに我々が招集する大会が、我々の仕事に多大な利益をもたらすことを期待している」と述べるマーリンの七月九日の報告は、代表たちが参集しつつあるこうした状況の中で書かれたものであった。

さて、中共第一回大会の経過を記した文書としては、ロシア語文献「中国共産党代表大会」[38]なるもののあることが知られている。大会の終了時か、終了直後にコミンテルン宛に書かれた正式の報告文書とみられるこの文献は、実は大会の招集経緯、時期にかんしていくつかの情報を提供してくれる。この文献の存在が中国で知られるようになったのは、一九五〇年代にソ連共産党中央から中国共産党に返還された文書資料の一部として、一九五八年に『党史資料彙報』第六、一〇号にその漢訳が掲載されたのが最初であるが[39]、これはごく限られた幹部クラス向けの内部資料であったため、世に知られることはほとんどなかった。[40]その後、当時のソ連の学者コヴァレフ(Kovalev)が、モスクワのマルクス・レーニン主義研究所中央党アルヒーフ(当時)の文書の中からこれと同じ文書を発見し、一九七二年にそれに詳細な注釈を付して公表、[41]かくしてようやくこの文書は一般の研究者に知られるようになった。この「中国共産党代表大会」は、大会の招集と開催について、次のように述べている。

代表大会は六月二〇日に招集されることになっていたが、大会代表は北京、漢口、広州、長沙、済南、日本の各地から、七月二三日になって、ようやく〔全員が〕上海に到着したので、……かくて代表大会は開会された。[42]

この報告によれば、大会は本来六月二〇日に招集予定だったが、代表の参集が遅れたため、実際の開会が七月二三日まで、実に一ヵ月以上もずれ込んでしまったということになる。これはいささか奇妙な説明である。なぜなら、マーリン、ニコリスキーの上海到着は、先に述べたとおり六月三日ごろであり、かれらの督促を受けた李達、李漢俊ら上海の党員が直ちに大会開催を各地に通知したとしても、六月二〇日に大会開催を設定することには、当時の交通、通信事情から考えても、無理があるからである。この報告が「六月二〇日」という実現しなかった予定日を記しているる理由として、六月二二日に開幕したコミンテルン第三回大会に中共代表を派遣したことの正当性を強引に根拠づけるためとする見解もあるが[43]、あまりにもうがった見方であろう。現に七月九日に上海から報告を送ったマーリンは、大会の招集予定を「七月の終わり」と述べるだけで、それの延期やコミンテルン大会とのかね合いには何ら言及しておらず、大会は当初より七月の終わりに予定されていたような書きぶりである。

また、広州代表としてこの大会に出席した陳公博は、その二年半ほどのちにコロンビア大学に提出した修士論文「中国における共産主義運動」の中で、大会は「七月二〇日に招集された」と記している[44]。とすれば、考えられる可能性はただひとつ、すなわち「中国共産党代表大会」の「六月二〇日に（на 20 июня）」は、架空の日付ではなく、本来は「七月二〇日（20 июля）」とすべき日時の誤記だということである[45]。ロシア語原文書での「六月」と「七月」の混同は、往々にして見受けられることであり[46]、この場合もその可能性が非常に高い。そして、それが「七月二〇日」だとすれば、すべてのつじつまが合うのである。すなわち、マーリン、ニコリスキーの上海到着から一カ月半後という時間は、大会開催の通知の発出と代表たちの上海到着に要する期間としては充分であるし、マーリンの七月九日の報告にいう「七月の終わり」の開催予定とも符合するわけである。また、長沙の毛沢東や北京の劉仁静らが六月末に上海に向けて出発したという足どりも、大会の予定日が「六月二〇日」では説明がつかないが、それが「七月二〇日」ならば、ごく自然なものとなろう。

ロシア語文献「中国共産党代表大会」は、実際の大会開会が七月二三日に延期された理由として、一部の代表が「七月二三日になってようやく上海に到着」したことを挙げている。ここで留意すべきは、広州代表陳公博の足どりであろう。前述のように、かれが上海に到着したのは、七月二三日ごろであった。つまり、本来の開催予定日が「七月二〇日」だとすれば、実際の開会が三日後にずれ込んだのは、参加するはずの代表の一部が延着したからだ(陳公博以外に延着者がいたかは不明)と説明できるのである。以上を総合すると、中共の第一回大会の招集経緯は、次のように要約することができるだろう。すなわち、六月三日前後にほぼ同時に上海に到着したマーリンとニコリスキーは、中共の責任者である李達、李漢俊らと接触して党大会の開催を要求、それを受けて李達らは六月の中旬あたりに、各地の組織にたいして七月二〇日を党大会の開会予定日として連絡した。六月の下旬にその通知を受けた各地の代表は、同月末から順次上海に向かったが、一部の代表が予定日になっても上海に揃わなかったので、実際にはそうした代表の到着を待ったのち、予定より三日遅れて開会した、と。

なお、各地の代表には、大会招集の通知とともに、大会参加の旅費として一人あたり百元が送金されたと言われている。[47]上海以外からの参加者は十名ほどであったから、単純に計算しても一千元ほどの旅費が支給されたことになる。当時の中国労働者の平均月収が一人あたり十～十五元であったことや北京・上海間の鉄道旅客運賃が一等でも五十元ほど、三等では十五元ほどであったこと[48]を考えれば、破格の旅費であった。財政難から雑誌『共産党』の刊行すら思うにまかせなかった当時の共産党が、即座に自前で一千元もの旅費を工面できたとは、到底考えられない。ニコリスキーの任務の中に、中国での共産主義運動のための資金提供が含まれていたことを考え合わせれば、それらの経費は当然にコミンテルン代表が提供したものであっただろう。ちなみに、第一回大会から一年ほどのちの一九二二年六月時点でも、中共の活動経費一万七千元余りのうち、その九四%強にあたる一万六千元余りはコミンテルンよりの援助で、自己調達分は一千元にすぎなかった。[49]活動資金の面から言っても、初期の中共はコミンテルンに依存せざるを得なかったのである。

第一回大会に参集せんとした各地の代表たちが、「共産党」なるものをいかなる性格の組織と考えたか、あるいは、どれほど職業革命家としての意識を持っていたかを直接に物語る資料はない。だが、高額の旅費を受け取ったかれらは、自らの加入している組織が、無償奉仕や自発的カンパに支えられるような従来のサークル的団体や、確固たる主義もないまま離合集散を繰り返す既存の国内政党とはまったく異質のものらしいことを感じたに違いない。

第二節　党大会の開催

1　増減する大会出席者——回想録作成の現場

中共創立史の考証学的研究の中でも、従来もっとも多くの検討がなされてきたのは、一九二一年七月に開催された中国共産党第一回大会(以下、適宜「中共一大」と略称)の出席者とその会期である。とくに、一九四九年に中華人民共和国が建国されてのちは、中国を実質的に支配する中共のそれまでの歴史の中でも、とくにその出発の画期となった第一回大会が注目され、多くの回想録や研究が登場することになった。中共の創立といえば一九二一年の第一回大会を指すようになったのは、主に一九四九年以降である。(50) それに伴って、中共一大以前の結党活動は——前章で指摘したように一九二〇年一一月ごろには実質的な党が成立していたが——結党の準備過程として扱われるようになった。その背景には、毛沢東の出席した中共一大の位置を高くし、それ以前の陳独秀らの組織を「共産主義小組」と呼ぶことによって、後者を相対的に低く評価しようとする中共関係者の意図があったと言われている。(51) 極論すれば、中共一大はのちになってその実態以上の象徴的意味をもたされたのであった。つまり、政権党となった中共が自らの来歴を公式に確定せざるを得なくなり、周囲もそれを期待したため、その会期や出席者はことさらに大きな事象にされたという方が正確なのである。

そのさい、第一回大会に出席した代表や会期については、原資料が極めて少なく、また関係者の回想間にもかなりの食い違いがあったため、実にさまざまな解釈が提示された。そして、そうした錯綜した研究状況は、中国の研究資料が一九四九年以後、国外はもとより、国内でも長らく公開されず、また外国(例えば、ソ連、アメリカ、日本)でなされた研究や発掘された資料も、なかなか中国国内の研究に反映されなかったため、さらに錯綜したものとなった。その錯綜ぶりは、中共第一回大会をめぐる中国内外の研究史、研究交流史をまとめるだけでも、ゆうに一冊の本ができあがるほどである。(52)

揺れ動く中国の政治情勢を背景とする中共一大の回想録や資料の公表過程は、それ自体が中共一大の代表や会期の確定に大きくかかわっている以上、両者を厳密に分けて論ずることはできない。より正確に言えば、問題は代表(あるいはその資格)や会期そのものにあると言うよりは、むしろ揺れ動く回想と「定説」の連関性にこそあると言うほうが正しいであろう。その意味では、まず検討せねばならないのは、一九四九年以降の中共一大研究に大きな位置を占めた中共関係者の回想録の執筆過程と「定説」の変遷である。例えば、包恵僧、李達とならんで、しばしば大会の経過を振り返った董必武の回想録は、中共一大出席者の中でも一九四九年以降まで終始党を離れなかった要人の回想であったため、高い評価をあたえられてきたのだが、その一連の回想は、大会の出席者をめぐって途中で見解を変えるという奇妙な経過をたどっているのである。以下、董必武の見解変更の軌跡をまじえながら、たびたび増減してきた出席者数の変遷を検討してみよう。代表者や会期が大事な問題ではないとは言わないが、以下に紹介する回想録の作成過程と「定説」の変遷を検討すれば、代表や会期の問題が実は、中共一大を特別視する「意識」と回想録作成者の時々の「政治的立場」の関数にほかならないことが理解していただけよう。

中共一大の中国人出席者数にかんして最も信頼のおける文献は、先に大会の招集過程を検討したさいに紹介したロシア語文書「中国共産党代表大会」と陳公博の修士論文「中国における共産主義運動」で、ともに十二人としている（氏名は掲げず）。だが、この二つの文献はその後長らく公開されなかったから、一九四九年以前の関係者の回想録に反映されることはなかった。[53] 一方、中国国内での言及としては、一九二七年一月に発表された二つの中共関係者の文章[54]がともに「十一人」としたのが、最も早い時期のものと考えることができる。ただし、それらの文章も、出席者の氏名にまでは言及していなかった。

人民共和国成立以前において、大会出席者の氏名をあげた最初の回想録は、周佛海が一九二七年に発表した「赤都武漢を逃れて」（逃出了赤都武漢）[55]であろう。周は大会には、「広東代表陳公博、包恵僧、上海代表李漢俊、李達、北京代表張国燾、劉仁静、武漢代表董必武、陳潭秋、長沙代表毛沢東、何叔衡、済南代表は学生二人、その名はその後あまり聞かず、忘れた。日本代表はわたし〔周佛海〕」が出席したと述べている。済南代表二人を含めれば「十三人」ということになる。[56] この済南代表二名の名を記憶していたのは、武漢代表の陳潭秋だった。かれは、一九三六年にモスクワで執筆した「中国共産党第一回全国代表大会の回顧」[57]の中で、済南の代表として王尽美、鄧恩銘の名をあげ、出席者は全部で十三人としている。王、鄧を除く十一名の氏名、代表地は先の周佛海のリストと全く同じであり、この時点で出席者の数とその顔ぶれが一応は確定されたことになる。

延安時期の中共では、この「十三人説」がほぼ定説であったようだが、奇妙なことに抗日戦争の終結直前から「十二人説」が出始め、中華人民共和国建国後の一九五一年（すなわち、中共一大三〇周年）には「十二人説」が定説となる。[58] 一九三〇年代にはいったん定説となった「十三人説」がその後「十二人説」にとって代わられた大きな要因は、一九三六年夏にエドガー・スノウ（Edgar P. Snow）に自らの半生を語った毛沢東の「上海でのあの歴史的な集会（中国共産党創立大会）」の参加者は「全部で十二人でした」[59]という言葉ではなかったかと考えられる。毛沢東の名を一躍世界に知らしめたそのスノウとの会見記、すなわち『中国の赤い星』（*Red Star over China*）の中国語訳は『西行漫記』として一九三八年に上海で出版されただけでなく、早くもその前年に延安では『毛沢東自伝』として、数種の翻訳が出ていた。とくに注目されるのは、一九四〇年代に「毛沢東同志の初期革命活動」、「毛沢東同志伝略」を執筆して「十二人説」提起の先駆けとなった蕭三（一八九六～一九八三）も、スノウの同書を翻訳していることである。[60]

　では、毛沢東は当時、その十二人の顔ぶれをどう記憶していたのであろうか。これの手がかりになるのは、蕭三の執筆したいくつかの毛沢東伝である。蕭三は中国共産党の文化工作幹部として著名であるが、党史研究の上では、中共党員の手になる初めての毛沢東伝『毛沢東同志的青少年時代』（新華書店、一九四九年）の著者として知られる。同書のもとになったのは、かれが一九四四年の中共創立記念日に合わせて発表した「毛沢東同志的初期革命活動」（『解放日報』一九四四年七月一、二日）であり、この中で蕭三は中共一大出席者を「十二人」とし、その名前を挙げていた（毛沢東、董必武、何叔衡、陳潭秋、王寒燼〔王尽美とは別人〕、張国燾、周佛海、陳公博、李達、李漢俊、包恵僧、兪秀松——このうち、王寒燼と兪秀松は実際には大会には出席していない）。これは、中共関係者の文章で、はっきりと「十二人説」を提起した最も早い例だと考えられる。蕭三のあげる出席者は、スノウとの会見で毛沢東があげた人名に、蕭三が推測した人名を加えたものだろうが、蕭はこの文章の執筆にさいして親しく毛沢東に取材していたから、この十二人の顔ぶれは実は毛沢東が蕭三に語ったものである可能性が高い。[61] つまり、毛沢東はそれ以前に周佛海や陳潭秋が述べたのとはやや違う顔ぶれを記憶していたと推測できるのである。

そして、この「十二人説」は、その毛沢東自身が一九四五年の中共第七回大会の直前に、中共一大の代表を「十二人」と述べたことによって、党の公式見解となった。(62) 延安時代、とくに中共第七回大会ののち、党内における毛沢東の指導と権威が確立し、絶対化していったことを考えると、たとえ片言隻語とはいえ、かれが中共一大の出席者を「十二人」としたことの重みは、それ以前の回想録にいう「十三人説」をくつがえすには充分であっただろう。四〇年代には大会の出席者にかんする新資料などは出ていないのだから、中華人民共和国成立後の研究が判で押したように「十二人説」をとなえるにいたった理由は、毛沢東のその言葉以外には考えられない。(63) かくて、五〇年代以降の中国国内の党史学界は、長らく「十二人説」をとり続けることになる。(64) そして、人民共和国成立後に書かれた関係者の回想録は、大なり小なり、「定説」となったその「十二人説」の影響を受けるという逆転現象が見られることになった。

それら回想録の中でも、董必武のそれが重要な位置を占めたことはすでに述べたとおりだが、問題の董必武は、出席者についてどのように述べていただろうか。実は、かれは早くも一九二〇年代の末に大会の出席者に言及していた。すなわち、中共一大の状況を問い合わせたと見られる何叔衡からの書簡にたいして、当時モスクワにいたかれは十一人の氏名(前述の周佛海のそれと同じ)と「山東代表(名前は忘れた)」を挙げているのである。(65) この時点で、かれが「山東代表」を何人と考えたのかはわからないし、それ以前に周佛海の掲げたリストを見ていたのかもわからないが、一九三七年にニム・ウェールズ(Nym Wales)と会見したさいには、山東代表二名の氏名を含めて、十三人の名前を挙げている。(66) 十三人が出席したという董必武の記憶は、陳潭秋の回想録によってさらに強固になったと見えて、董は一九四九年時点でも「十三人説」を繰り返していた。(67) 前述のように、人民共和国成立ののちには「十二人説」が大勢となっていくのだが、それにたいしても、かれは「代表の人数について、これまで発表されているものは、みな十二人にしているが、わたしの記憶では、十三人だったように思う」と述べて、一九五六年になっても容易に自説を変えようとはしなかった。(68)

かれが「十三人」という自説を放棄するきっかけになったのは、一九五九年に中央檔案館の研究者からロシア語文献「中国共産党代表大会」――前述のように出席者を十二人とする――をはじめとする中共一大関連文書の翻訳を見せられたことであった。それら文書の信憑性の鑑定を依頼されたかれは、「中国語文献の記載の見つかっていない以前にあっては、それが比較的信頼できる資料であると考えられる」と述べたうえで、「一大代表の人数……などの問題は、「中国共産党第一次代表大会」という文書に明白に回答されている。これまで、わたしは一大代表の人数にかんして、陳潭秋同志の回想録の説〔十三人説〕に同意してきたが、今後はその意見を放棄したいと思う」(69)と記し、「十三人説」を撤回して「十二人説」に変わったのである。その後、一九六三年に人民大学から出席者数について問い合わせがあったさいにも、かれは「中国共産党代表大会」と李達の回想録(十二人説をとっていた)を根拠にして、十二人であると回答している。(70)いわば、かれの中共一大にかんする回想は、その時々の他の回想録や新発見の資料によって得た知見を相当に含むものなのである。

ある人物が、他の関係者の回想録や当時の文献などを手がかりにして往事を振り返るのは、別に董必武に限ったことではなく、古今の回想録すべてに共通することだから、とくに異とするには及ばない。その意味では、回想録はつねに何らかの「学習」の産物である。だが、董必武の場合、問題なのは、かれが一九五九年に見せられた資料の中に、純粋に原文書とは言えない加工資料が混じっていたことである。それは、中央檔案館側が独自に作成した毛沢東を含む中共一大後の党中央委員の名簿であった。名簿を見せられた董必武は、中央檔案館側に次のように回答している。

一大の選出した中央委員については、誰がいたか覚えていないが、そちらからの手紙によれば、ソ連から返還されたアルヒーフの中に第一期の中央委員会の名簿があって全部で以下の九人が記されている。……この資料がもし上述の三つの文献〔「中国共産党第一次代表大会」「中国共産党第一個決議」「中国共産党第一個綱領」〕と一緒におかれていたのなら、それも同様に比較的信頼できるものだと考えられる。(71)

董必武は「この資料がもし上述の三つの文献と一緒におかれていたのなら」という限定付きでその信憑性を保証したのだが、実はそうではなかった。さらに、本来であれば中央檔案館側は、それが原文書ではないむねを直ちにかれに伝えるべきであったが、そうしなかった。かくて、董必武は中央委員会の名簿も何らかの原文書によるものだと誤認して、回想録を発表してしまうことになる。一九六一年に『人民日報』に掲載された董必武の談話(72)がそれであった。談話の中で、かれは毛沢東の功績を高く評価するだけでなく、「毛主席は党の第一回全国代表大会のメンバーであっただけでなく、当時の中央委員会の委員に選出された」と語ってしまったのである。また、かれは第一回大会の文書について、「のちに失われてしまった」、あるいは「一大」で採択された綱領は、それを裏付ける文字資料はない」と述べる一方、自らの記憶によるとして、その中には「帝国主義反対」と「軍閥反対」が掲げられたと述べていた。かれが目にした一大関連文書の存在は秘匿され、その文書ではまったく触れられていない「帝国主義反対」が綱領の中にあったとされてしまったのである。いわば、中央檔案館側の不注意と董必武のいい加減な「学習」によって、この談話は、原文書紹介とも回想ともつかない奇妙な代物になってしまったのだった。

回想録自体の公表もまれであった当時において、最大のメディアである『人民日報』に載ったかれの談話の重みは推して知るべきであろう。董必武自身が李達の回想録を参考にしたように、他の中共一大関係者もこの董必武談話を参考にすることは、当然にあったと考えなければなるまい。つまり、六〇年代、七〇年代にあらわれた関係者の回想録は、全くあてにならないとは言えないまでも、それをそのまま信じることはできないのである。

『人民日報』に載った董必武の回想録、とくに中央委員会のくだりは、一部の党史研究者の関心を呼び、それにかんする問い合わせが中央檔案館に寄せられるまでになった。ここにいたり、ようやく不手際に気づいた中央檔案館は、一九六四年七月に改めて董必武に書簡を送り、五年前に送った中央委員会の「名簿は、一大の三つの資料と一緒におかれていたものではない」こと、その名簿が「必ずしも正確なものではない」ことを説明した(73)が、その事後説明の遅れはとりかえしのつかないものだった。その書簡が董必武にあたえたショックは相当のものだったようで、かれはただちに関係各方面に「談話」に誤りのあったことを伝え、その釈明につとめたという(74)。一九七一年八月四日の日付をもつ回想録「董必武の語る中国共産党第一回全国代表大会と湖北共産主義小組」(75)は、恐らくそうした釈明のひとつであろう。かれはその中で、中共一大関連のロシア語文献があることに言及しつつ、次のように述べている。

中央委員会があったかどうかはハッキリとは覚えていない。一九六一年に沈徳純、田海燕〔一九六一年に董必武談話を『人民日報』に発表したかれの秘書〕に聞かれたときには、主席〔毛沢東〕が「一大」で中央委員に選出されたと言ったが、あの回想は間違いだった。わたしは当時、解放後にソ連から来た二つの文献に基づいて語ったのだが、その中の一つには、毛主席は中央委員だったと書いてあった。だが、それは信頼できないものだった。その二つの資料は檔案館にあって、檔案館の二つの資料のうち、綱領の資料は比較的信頼できるもので……〔だが、〕もう一つの資料は信頼できないものだった。毛主席が中央委員に選出されたと言ったのは、当時、その二つの資料がもともと一緒のもので、同じ人が書いたものだと思いこんだからである。……この問題は訂正するには及ばない。

すべて秘密文書であり、国家機密なのだから。

だが、残念ながら、この発言が董必武の生前に公表されることはなかった。一部の党史研究者や他の中共一大関係者がこの訂正を知っていた可能性はあるが、時あたかも毛沢東の神格化を決定的にした文化大革命のまっただ中であり、毛沢東を中共一大の中央委員からはずすようなことは、当の董必武を含め、誰にもできなかったからである。一九六一年の談話は、董必武と毛沢東の死後も訂正されるどころか、一九七七年にいたってもそのまま引用され[76]、その後も中共一大の研究や他の回想に影を落としていくことになる。かくて、大会の原資料であるロシア語文献は、「秘密文書」「国家機密」の扱いを受け、董必武のこの訂正談話とともに、一九八〇年代になるまで、秘匿されつづけたのだった[77]。

さて、話を中共一大出席者にもどすと、ロシア語文献「中国共産党代表大会」の発見によって、「十三人説」に固執していた董必武が「十二人説」に転換した結果、出席者数ははからずも、毛沢東が述べ、その後中国の定説になった「十二人」に落ち着いたのであるが、それはそれで別の問題を生んだ。すなわち、周佛海と陳潭秋の回想録によって氏名の確定した十三人のうちから誰をはずすかという問題である。「十二人説」が定説となった人民共和国建国前後において、そのリストを掲げた最初の例は、李達の一九四九年前後の自伝であり[78]、そこでは、従来の十三人のリストでは広州の代表とされていた包恵僧が落ちている。当時、李達が中共一大関係のロシア語文献を見ていたはずはないから、当時の通説であった「十二人説」に合わせる形で一人を削ったのであろう。かれは、のちに包恵僧を代表からはずした理由を問われたさい、次のように回答している。

包恵僧は、地方の党組織から選出されて上海に出席しにやって来た代表ではない。……七月一日の晩に〔大会が〕開会した時、包も代表たちと一緒に会議にやって来て、代表たちがかれを拒絶しなかったのは事実である。それは当時、代表の資格審査委員会を組織することなど知らなかったからである。だが、代表たちはかれが代表であるということを認めはしなかった。のちになって、包恵僧は広州の党組織の代表だったと自称しているが、それは事実ではない。広州の代表は陳公博ただ一人だった。(79)

つまり、包恵僧は出席したけれども、代表ではなかったという説明である。李達の言い分に従えば、出席者は十三人だが、正式代表は十二人だったということになる。だが、これはどう見ても苦しい説明である。なぜなら、第一に、人民共和国成立以前のものを含め、それまでの回想録は、いずれも包恵僧を広州の代表と明記しており、その資格問題にわずかでも言及したものは一つもないこと、第二に、資格審査委員会もなかったのに、初めて大会なるものを開く中共が代表と出席者を区別しえたのか、という疑問が即座に浮かび上がってくるからである。李達は、「代表たちはかれが代表であるということを認めはしなかった」と述べているが、どうも包恵僧を代表と認めなかったのは、当時の代表たちではなく、この書簡を執筆した時の李達だったという方が事実に近いであろう。いうなれば、かれが包恵僧を代表からはずしたのは、十三人の出席者という事実を十二人という「通説」に何とか接合させようとした苦心の結果であった。

では、代表からはずれる人物はなぜ包恵僧でなければならなかったのか。それはひとつには、かれの所属が武漢であり、武漢からは董必武と陳潭秋の二名が来ている以上、かれは武漢の代表ではあり得ないし、また同様に武漢所属の党員が広州代表になりうるはずはないという李達の判断(80)であっただろう。そして、今ひとつの理由として指摘しておくべきは、包恵僧にたいする不信感である。実は、董必武も「十三人説」から「十二人説」に転じたのち、「広州〔の代表〕は一人だったが、実際には二人やって来た。うち一人は包恵僧で、かれは記者だった。列席はしたが、代表ではなかった」[81]（一九七一年）と述べて、李達の説に従うのだが、その董必武は、かねがね包恵僧の記した回想録には「しばしば自分を持ち上げる事実に合わない点がある」ともらしていた。[82]包恵僧にたいするかかる不信感が、代表を一人減らさなければならなかった董必武の心証形成に影を落としたということは、大いにあり得ることであろう。いずれにせよ、その時点では、毛沢東が党の第九回大会（一九六九年）の演説で中共一大の代表に言及し——恐らくは李達の説明にしたがって——包恵僧を除く十二人の名前をあげたことによって、包恵僧を排除した「十二人説」は、「真剣に学習し、あくまでも貫徹執行すべき」定説となっていた。[83]したがって董必武は、党の決定に従うという意味でも、その「定説」に賛同しないわけにはいかなかったのである。

董必武は、中共一大にかんする回想がその時々のイデオロギーから自由でないことを説明して、次のように述べている。

　当時のことを回想するにあたって、現在の思想意識から脱するのは難しい。そして、現在の思想が加われば、それは必ずしも確かではなくなる。考えてみれば、二人の人間がある一つの事柄を回想するさい、もしあらかじめ話し合ったのでなければ、回想の結果は同じではありえないのである。[84]

これを語った当時、国家副主席にして、中共中央政治局委員の地位を占めていたかれ[85]にしても、「現在の思想意識」から脱することは難しかった。そのかれに比べれば、社会的地位など無に等しい李達、包恵僧、劉仁静[86]ら大陸にとどまった一大出席者が時々の中共の「思想意識」から自由であろうはずはなかった。かくて、中華人民共和国成立後の中共一大をめぐる研究は、資料管理者(董必武の例で言えば、中央檔案館)や研究者からの不確かな情報提供と「思想意識」や「定説」による絶えざる「学習」によって回想が歪み、その歪んだ回想が研究にフィードバックされるという混乱に見舞われることになった。さらに、誤った回想の訂正が容易に公表されず、最も信頼すべき原文書も「国家機密」扱いされるとあっては、史実の解明をめざす研究などそもそも望むべくもなかった。筆者が中共一大の出席者や会期の問題を、中共一大を特別視する「意識」と回想録作成者の時々の「政治的立場」の関数にほかならないとするのは、そのゆえである。

2 出席者

前述のように、中共一大は政権党となった中共によって特別の意味をあたえられたわけで、その出席者をめぐる一人の差異や会期は、党の生い立ちを確定せざるをえない中共にとっては大きな問題であろうが、党成立史全体から見れば、それによって創立の輪郭が変わるわけではない。包恵僧の参加資格の解釈によって、中共一大の代表数は、十二人と十三人に分かれるが、いずれにせよ、包恵僧を含む十三人が——その資格はどうであれ——大会に出席したことはうたがいないから、要はそれをロシア語文献の「十二人出席」と整合的に結びつければよいだけの話である。これについては、すでに考えうる限りの説がほぼ出尽くしており、幸いにして、すでに蜂屋亮子氏による決定版ともいうべき見解(以下、「蜂屋論文」と略称)が提示されている(87)ので、以下それに適宜依拠しながら論述をすすめ、若干の補足をするにとどめることにしたい。

諸々の回想録を総合すれば、大会の出席者は十三人のはずなのに、中共一大の直後に書かれた二つの資料、すなわちロシア語文書「中国共産党代表大会」と陳公博の修士論文「中国における共産主義運動」が、ともに代表者を十二人としているのは、いったいなぜなのだろうか。陳公博の論文には、記憶の混乱が考えられるからさておくとしても、「中国共産党代表大会」は、大会終了直後に作成されたものであるから、その「十二人」という数字は尊重されねばならない。

まず否定しておくべきは、それが誤記をしているという可能性である。前述のように、ロシア語文書「中国共産党代表大会」の大会招集予定日にかんする記述には、誤記(「七月」とすべきところを「六月」とする)と考えざるを得ない点があるから、代表人数にかんしても誤記であると考えたくなるが、残念ながら、代表者数については、それはあてはまらない。なぜなら、それは十二人の代表の内訳を「上海を含む七地区」、「二つの地区から一名、五つの地区から二名の大会代表」と述べており、それを合計してもまちがいなく十二人になるからである。そしてこの記述から、七地区のうち、代表が一人しか出席しなかった地区が二つあったことがあきらかになる。その一つは周佛海が代表した日本地区であると言ってまちがいないから、国内の六地区のうち、一人代表の地区がもうひとつあったと考えてよいだろう。

では、その一人代表の地区はどこか。前述した李達の説明をそのまま受け入れれば、広州がそれに相当することになり、広州代表は陳公博一人、そして包恵僧は代表ではなく、単なる出席者であるという「十三人出席、十二人代表」説になる。この見解を正式に表明したのは、文革終結後の実証的研究の嚆矢となった邵維正の一九八〇年の論文[88]であり、その際の包恵僧の身分は、広州にいた陳独秀の指名派遣(指派)とされた。この変形「十三人説」は、今日の中国の定説になっている。[89]

これにたいして、主に海外の史家に根強い見解は、長沙代表の何叔衡が参加資格不備を指摘され、途中で党大会を離れて長沙にもどった、つまり一人代表の地区は長沙だというものである。[90] この説の根拠は突きつめれば、すべて張国燾の以下の回想に行きつく。

大会開会に先だって、何人かの主要な代表たちはさらに代表の資格問題を話し合った。その結果、何叔衡はマルクス主義も理解していないし、活動の実績もないから大会に出席すべきではないとされ、わたしがこの決定を毛沢東に通知することになった。かれはすぐに、湖南のある活動が緊急を要するということを理由にして、何叔衡に先に湖南にもどって処理してもらうことにした。かくて、のちに大会に出席した代表はわずかに十二人となった。[91]

ただし、これも資格審査を持ち出すなど、先の李達と同様に、にわかには首肯しがたい説明であり、これに関連する資料が回想録を含めて、ほかには全くないこともこの説の説得力を弱めている。先に述べたように、人民共和国成立後の定説は十二人だったが、その中には、ごく一部に――恐らくは不注意により――何叔衡を除外したものもあった[92]から、張国燾が回想録執筆のさいに参考にした資料のなかに、そうした何叔衡を欠く文献があって、それが何らかのヒントになって、何叔衡退場劇の創出につながったのではなかろうか。中国での出席者表記の揺れが、カナダで回想録を執筆した張国燾にまで及んでいた可能性も捨てきれないのである。

ロシア語文書「中国共産党代表大会」の作成者が大会参加者を十二人としたさい、十三人いたはずの参加者から落とした人物として考えられるのは、包恵僧や何叔衡ではなく、「蜂屋論文」の言うとおり、途中で大会を離れたことが確実な陳公博である。大会途中に起こったフランス租界警察による捜査（後述）ののち、再開された会議にかれだけが姿を見せなかったことは、張国燾や周佛海が揶揄をこめて回想しているだけでなく[93]、陳公博自身も大会直後に書いた文章で認めており、間違いのないところである[94]。「中国共産党代表大会」が中共一大終了直後に作成されたものであることを勘案すれば、それが当初十三人いたはずの出席者を「十二人」としたのは、資格審査云々の結果ではなく、大会終了時にそのうちの一人である陳公博が姿を消していたからだと考える方が、はるかに説得的であろう。かく見れば、「中国共産党代表大会」のいう一人代表の地区は、日本と広州ということになり、広州の代表は包恵僧だったということになる[95]。以上の検討にしたがって、中共一大参加者のリストを作成すれば、次のようになろう。

北京代表　張国燾、劉仁静
済南代表　王尽美、鄧恩銘
武漢代表　董必武、陳潭秋
上海代表　李漢俊、李達
長沙代表　毛沢東、何叔衡
広州代表　包恵僧（陳公博は出席したものの、大会途中から欠席したため、代表としてはカウントされず）
日本代表　周佛海
コミンテルン代表　マーリン、ニコリスキー

3　会　期

さて、中共一大の会期にかんしても、数え切れぬほどの研究が発表され、考えうる限りの説がほぼ出尽くしている。したがって、煩を避けるためにも、基本的にそれら先行研究によりながら論述をすすめ、若干の私見を補うにとどめることにする。なお、研究史の上で、このさい一言しておかなければならないのは、早期の中共一大研究でありながら、あまり注目されることのなかった香港の在野歴史家鄧文光の考証学的研究である。

中共一大の会期は、中国共産党がその公式の建党記念日を根拠の曖昧なまま「七月一日」と定めたこと[96]もあり、早くから論争の的であったが、それにたいして初めて実証的な検討を加えたのは、鄧文光が一九六〇年代から七〇年代にかけて発表した一連の論文であった[97]。鄧氏の研究は、その後に発掘された多くの資料が利用できるようになった今日の研究水準から見れば、確かに過誤が目立つ[98]が、資料がほとんどなく、また数少ない回想録もその執筆者の比定から始めなければならないという困難な状況の下でなされたものとしては、画期的なものであった。今日、鄧氏の研究は、中国以外ではまま言及されるものの、本家中国大陸においては、中共一大の実証的解明の功はほぼ一九八〇年代初めの邵維正氏の研究[99]に帰されており、鄧氏の業績は全く無視されている。邵氏の研究が中共一大の事実解明に果した役割は疑問の余地なく大きいし、また鄧氏の研究が中国大陸で顧みられなかったということ自体、中共一大の研究が中国内外の交流を欠くままになされてきたということの反映かもしれないが、やはり鄧氏の研究には相応の敬意が払われるべきであろう。

さて、中共一大の会期を検討する上で、現時点で最も信頼に足る資料は、やはりロシア語文書「中国共産党代表大会」である。「中国共産党代表大会」は、大会招集の経緯に続いて大会そのものの経過を次のように伝えている。

大会代表は北京、漢口、広州、長沙、済南、日本の各地から、七月二三日になって、ようやく〔全員が〕上海に到着したので、……代表大会は開会された。第一次会議において、大会議長張同志〔張国燾〕が、規約と実際工作計画の作成を課題とする今大会の意義を説明した。議事日程が作成され、各地支部の活動や全般的状況についての報告が聴取された。これに二日をとった。……我々は、スネーフリート〔マーリン〕同志とニコリスキー同志がこの第一回大会に出席して我々に有益な教示をあたえてくれた、とここで指摘することができて、とても喜ばしい。……ニコリスキー同志の提案によって、代表大会の経過について、イルクーツクに電報で知らせるという決定がなされた。〔また〕スネーフリート同志の提案によって、規約と工作計画を作成する委員会を選出した。委員会は、規約の草案を作成するために二日間をあたえられ、この期間〔大会の〕議事は行われなかった。代表大会の第三、四、五次会議は、規約の検討に費やされた。……第六次会議は、深夜、ある同志〔李漢俊〕の私宅で行われた。開会冒頭に、密偵が室内に闖入した。その男は、家を間違えたとわびたけれども、我々は結局、そこでの議事を中断したのであった。この密偵の闖入は、そのすぐあとに〔我々を〕逮捕してくれようと警官〔の一隊〕が襲来したのであったが、別に党に実害をあたえなかった。このあと、我々は用心深くなり、代表大会の残りの議事の進行のために、やむを得ず近くの小さな町へ出発した。そして、我々はそこで委員会が作成した実際工作計画を検討した。……〔激論ののち委員会の提案は採択され〕党中央局に党規約の作成が委任された。書記局に三人の同志が選出され、また組織部と宣伝委員会の選挙が行われた。代表大会は喚呼の声をもって閉会された。[100]

密偵と警官の闖入ののち、残りの議事が行われたという「近くの小さな町」とは、多くの回想録がそろって言及する浙江省嘉興である。難を避けて開かれた最終日の会議は、上海から百キロほど離れた——急行列車で二時間——嘉興の景勝地・南湖の船上で行われたのであった。この報告をもとにして、大会の経過を日程表風に記せば、以下のようになろう。

七月二三日[101]　大会開会、第一次会議　議事日程の作成と報告聴取
七月二四日　第二次会議　報告聴取
七月二五〜二六日　休会　起草委員会は「規約」と「実際工作計画」の草案作成
七月二七日　第三次会議　「規約」草案の討議
七月二八日　第四次会議　同
七月二九日　第五次会議　同
七月三〇日夜　第六次会議　不審者の闖入と租界警察の捜査により流会
×月×日　会議再開（嘉興南湖の船上）　草案の討議、採択、執行部の選挙、閉会

この報告だけからは、閉会の日付を確定することはできないが、二三日の開会から三〇日までの日程は、ほぼ報告のとおりだと見てよいだろう。七月三〇日までの日程は、その出席者の一人である陳公博が大会終了後ほどなく執筆した「十日旅行における春申浦[102]」によっても裏付けられる。この文章は、七月二二日から三一日までの十日間の上海滞在記であるが、とりわけこの「中国共産党代表大会」と符合するのは、大会出席者の回想録の多くも言及する不審

者の闖入とそれに引き続く武装警察による捜査のあった夜の状況である。陳公博はその出来事を少々曖昧かつ大げさに伝えたあとで、「かくて我々〔陳公博と新婚の妻〕はその翌日に汽車で杭州」へ向かったと述べているが、別のところでは杭州に向かったのは「三一日の夜」と述べている。つまり、フランス租界警察による捜査のあったのが、三一日の前夜、つまり「中国共産党代表大会」の言う第六次会議があったと考えられる三〇日と見事に一致するのである。

陳公博は三一日の杭州行きの理由として、前夜にあった租界警察による李漢俊宅の捜査のほかに、かれの宿泊していたホテル大東旅社の隣室で三一日未明に起こった殺人事件を挙げているが、この殺人事件も当時の新聞によって、まちがいなく七月三一日未明に起こったことが確認できる。(103)いわば、陳公博は三〇日夜の租界警察による大会会場の捜査の余韻もさめやらぬまま、その翌朝にはホテル隣室での殺人事件に遭遇するという特異な体験をしたのだった。かくて、かれがそれら忘れがたい体験をし、それを書き残してくれたおかげで、租界警察による中共一大への捜査が七月三〇日夜だったことが裏打ちされるのである。

さて、残る問題は大会最終日、つまり嘉興での「南湖会議」の日付で、それが租界警察の捜査によって中断した七月三〇日の会議からほどないことはまちがいないのだが、実はこれにはやっかいな資料が存在する。シベリアのチタに駐在していたプロフィンテルン全権代表スムルギスの同年一〇月一三日付の書簡(104)である。同書簡は、中共一大の開催について、次のように述べている。

> すでにご承知とは思いますが、さる七月二三日から八月五日にかけて、上海で中国共産党代表者会議、より適切に表現すれば、共産主義者を自任する中国人たちによる代表者会議が挙行されました。この代表者会議は、中国共産党の基礎をうち立てました。

つまり、この書簡によれば、大会の最終日は八月五日になるのである。本書第二章第二節で触れたように、スムルギスはチタの国際労働組合評議会極東ビューローの責任者として、この年の一月にフロムベルグを上海に派遣した人物である。また、中共一大に参加したニコリスキーは、その国際労働組合評議会（この書簡の時点ではプロフィンテルン）極東ビューローの代表も兼ねていたから、常識的に言って、スムルギスは中国からの何らかの情報に基づいてこの書簡を書いたと考えられよう。だが、租界警察の捜査によって七月三〇日にいったん中断した大会が、五日も間をおいて再開されたというのは、あきらかに不自然である。ただし、この書簡はなんと言っても大会の閉幕日に言及した唯一の文書であったため、「八月五日閉幕説」を生みだした。かくて、閉幕日（南湖会議）の日付については、現在にいたるまで、七月三一日説、八月一日説、二日説、五日説が併存する状態が続いている。[105]

このうち、「八月五日説」がスムルギス書簡という文書に依拠している以外は、すべて何らかの形で相矛盾する回想録を解釈して得られたものである。だが、参加者の人名ならいざ知らず、日付というとくに記憶に残りにくいものを確定するのに回想録を利用するのは、どだい無理があろう。まして、人民共和国成立後の回想録には、「七月一日」を党の創立記念日とする「通説」のバイアスがかかっており、またその「通説」が成立する以前の回想録も、「南湖会議」を租界警察の捜査の翌日とするものと翌々日とするものの二つに分かれている以上、[106]そもそも回想録によって日のレベルまで決めることは、望むべくもないのである。

相矛盾する回想録の差異をいったん度外視して考えた場合、閉幕日推定の手がかりになるのは、八月一日の夕方に嘉興を襲った暴風であろう。それを伝える八月三日の『申報』の「地方通信」によれば、「今月一日の午後五時ごろ、嘉興にはにわかに暗雲が立ちこめて突風が吹き荒れ、家屋に大きな損害が出るほどであったが、「最も被害が甚大だったのは、南湖の避暑遊船で……転覆するもの四、五艘……溺死した者三名」という「巨災」であった。つまり、中共一大の代表たちが最終日の会議を開いたはずの南湖で、一日にはかかる大惨事が起こっていたのである。また、四日の『申報』はその続報として、暴風の被害を受けた嘉興の駅舎や電話線の復旧作業が二日夜になっても続けられていたことを伝えている。もし、八月一日か二日に嘉興南湖で会議が行われたのなら、代表の誰か一人でもこの「大惨事」に言及してもよいはずだが、南湖会議が夜までかかったとする回想はあっても、暴風事故に言及するものは全くない。これは、南湖会議が八月一日や二日ではなかったことを示唆するものであろう。(107)

とすれば、租界警察による捜索という予想外の事態を受けて、早急に大会を終了させる必要があったことから見ても、三〇日夜の捜査ののち、翌日(つまり、七月三一日)に嘉興南湖に会場を移して最終日を迎えたと見るのが、最も自然なように思われる。スムルギスの書簡に見える八月五日閉幕というくだりは、上海での大会期間中に「ニコリスキー同志の提案によって、代表大会の経過について、イルクーツクに電報で知らせるという決定がなされた」という「中国共産党代表大会」の説明から解釈すれば、租界警察の捜査が起こる前に決められた大会日程(その場合は、中共一大は当初、八月五日まで開催される予定だったということになる)が打電され、恐らくイルクーツク経由でそれを入手したチタのスムルギスが、大会は予定どおり七月二三日から八月五日に挙行されたはずだと速断したことによるのではあるまいか。

中共一大の出席者や閉幕日については、まだまだ詰めなければならない点が多く、細かい考証をすればきりがない。ただし、それによって何らかの実りある結論が得られるわけでも、創立時期の党の姿が変わるわけでもないので、以上の検討にとどめることにする。

4　大会会場捜査の謎

中共一大における最大の突発的事件は、大会の日程確定にも影を落とす七月三〇日夜のフランス租界警察による会場(李漢俊宅)の捜査であった。幸いにして逮捕者を出すには至らなかったが、この捜査は中共に大会会場と日程の変更を迫ることになり、少なからぬ混乱を招いた。大会出席者にとっても、その家宅捜査は予期せぬ大事件だったと見えて、マーリンを含めてほとんどの出席者が回想録でその事件に言及している。秘密裏に開催されたはずの大会に、官憲の捜査の手が及んだのはなぜだったのだろうか。

当然に考えられるのは、その上海到着後、マーリンの行動が在上海オランダ総領事館や共同租界、フランス租界当局の監視のもとにおかれていたことである。モスクワから中国へ向かう途中、この年の四月にウィーンで逮捕されて以来、かれの中国行きはあきらかに不審視され、上海に到着しても、官憲側の監視はゆるむことがなかった。それは、上海でのかれの住まいをはじめとする情報や往来書簡の一部が、たびたび各国官憲側によって相互通報されていたこと[108]からもわかる。マーリンは、それらの監視に気づいており、書簡や電報の受発信を別人に依頼するなどの処置をとっていたが、自身の行動までも完全に秘匿することはできなかったであろう。大会期間中のマーリンの行動にかんする官憲側の文書は発見されていないが、当然にその間も尾行のついていた可能性は高い。

また、実は官憲側は当時、上海で共産主義組織の会合が開かれるらしいという情報を探知していた。六月末に日本の警視庁がつかんだその情報[109]は、「上海支那共産党」が近く各地(北京、上海、広州、蘇州、南京、蕪湖、安慶、鎮江、蚌埠、済南、徐州、鄭州、太原、漢口、長沙)からの代表者を招集して党大会を開かんとしており、それには日本人も参加するらしいというものだった。同報告は、開催予定日こそ「六月三〇日」としているものの、開催場所を「上海仏租界貝勒路」、すなわち現在の中共一大会址のある「黄陂南路」と報告しており、あながち虚報ともいえないものである。もっとも、同報告はその情報の来源については触れておらず、警視庁側がいかなるルートでそれを入手したのかはわからない。だが、当時の外交慣例からして、日本官憲側の入手した「過激派」の情報が、上海駐在の各国当局から通報された、あるいはそれらに通報されたことはほぼまちがいないから、こうした情報にもとづいて上海の租界当局が警戒を強めたことはありえよう。

実は、フランス租界当局はその警戒態勢の一環と見られる条例を制定している。七月三一日の『民国日報』が伝える集会取締条例がそれである。(110) 同記事によれば、その条例の内容は、八月一日以後、集会を開く場合は、四十八時間以前にフランス租界警察署長の許可を得てから開くべし、秘密に集まり、その集会目的をあらかじめ届け出ないものは、それを探知しだい処罰する、というものであった。かかる条例が急遽制定されたことも、官憲側が事前に「共産党」の党大会開催の情報をつかんでいたとすれば、無理なく理解されよう。また、陳公博は「十日旅行における春申浦」で、大会が捜査を受けたさい、警察側がかれを「日本社会党」と誤認したことを伝えているが、(111) それも、大会には日本人も参加の予定としていた当時の日本警視庁側の情報が反映したものとすれば、大いにあり得ることだっただろう。

中共一大にかんする微細なまでの研究の進む中国では、大会会場の捜査の発端となった「密偵」の名前まで特定しようという動きがあり、(112) さらに進んでその捜査にたずさわったとされる人物の回想によって捜査の実際をあきらかにする「伝奇」まである。(113) 租界当局の文書があるのなら別だが、大会出席者自身の回想でさえあやふやであるのを考えれば、それを捜査したと称する人物の回想が問題にならないのは明白であろう。これは、中共一大が人民共和国成立後の中国において、あまりにも特別な地位をあたえられていることを物語るものでしかない。

いずれにせよ、租界当局は一方でマーリンの行動に神経をとがらせ、他方共産主義者の具体的な動きが迫っていると認識していたことは疑いない。かかる状況のもとでは、中共一大の会場への捜査は、ほぼ避けられない事態であっただろう。

5 大会での討議内容

中共一大での討議は、同大会で採択された最初の規約「中国共産党綱領」と最初の決議「中国共産党目前政策[114]」に結実していると言ってよい。「規約」で紹介されている綱領は、以下の四項であった。

一、プロレタリアートが革命化した軍隊をもって、資本家階級の政権を打倒し、階級差別の消滅を目標とする労働者国家を建設するよう指導する。

二、階級の消滅という階級闘争の目標が成就する時まで、プロレタリア独裁を採用する。

三、資本の私的所有を廃絶し、機械、土地、工場、原料等々のすべての生産手段を没収し、それらを社会的所有に帰せしむ。

四、第三インターナショナルに加入[115]する。

第四項は別として、これらの目標が中国で実現されるためには、その国情(資本主義の未成熟)を踏まえた議論が必要になるはずだが、それらには触れられておらず、資本主義先進国の共産党綱領を彷彿とさせる内容である。中共一大がかかる急進的綱領を採択したことは、いささか不可解とされている。[116] なぜなら、中共一大はマーリンらの臨席や指導を得て開催されたにもかかわらず、その綱領には、そのマーリンがインドネシアで初歩的に実践し、かれの参加したコミンテルン第二回大会（一九二〇年七月）で決定された「民族・植民地問題についてのテーゼ」――「後進国」においては、共産党はまずブルジョア民主主義派と同盟を結び、民族解放運動の共同闘争に加わらなければならないとするもので、よく知られているようにのちに国共合作路線の理論的根拠となる――の方針がほとんど反映されていないからである。マーリンは大会での演説で、「インドネシアにおける自分の活動に言及した[117]」とさえ言われているのだから、そのかれが直接に社会主義革命をめざす急進的綱領を容認したとすれば、確かに奇妙である。

それにかんする筆者の解釈はあとで述べるとして、今はかれら中共党員がこの時点では、「社会主義革命＝労働者の政権奪取による公有制経済の建設」という直線的な図式を共有していたらしいということを確認するにとどめ、大会での討議の模様に目を移そう。大会での議論の経過は、ロシア語文献「中国共産党代表大会」に詳細に記されている。それによれば、大会で争点になったのは、①議会行動の是非とそれに関連する共産党員の公職就任の是非（「規約」で言えば、第一四項）、②中共と他党との関係とそれに関連する共同戦線の是非（「規約」第三、四項、「決議」第五項）の二点、とくに前者であった。

①については、社会主義革命への蜂起の可能性が常に存在するものでない以上、平時においては合法活動と非合法活動とを併用すべきだという意見が一方にあり、それにたいして、ドイツ社会民主党の例をひいて、議会活動は無用な幻想を抱かせるのみならず、党そのものを変質させてしまうという反論がなされたようである。これに関連して、党員が官吏になることの是非にかんしても、意見が対立した。当時、党員の中に北京政府の官界に連なる者はいなか

ったが、例えば陳独秀が広東政府の要職（広東省教育委員会委員長）に就いていたように、とくに広東の共産党員には、孫文ら国民党の政権にさまざまな形でかかわる者がいたから、かれらの処遇が問題になったのであろう。

②の問題は、①の問題から間接的に派生したものと見ることができる。つまり、一部の党員が関係を有している広東政府の国民党にたいして、いかなる評価を下すかに関わっているのである。社会諸階級の共通の敵である軍閥にたいして共同闘争をおこなうことは、代表たちの間の共通認識であったが、国民党の広東政府をその「軍閥」と同一視するか否かについては、議論が分かれたはずである。また、共通の敵にたいする共同闘争そのものについても、それを第一義とするか、それともその共同闘争をおこないつつも他党との闘争に重点を置くかが論争の焦点であった。

大会で採択された「規約」と「決議」では、①にかんしては妥協が図られ、「党員は、契約上辞任できないポストにいるとか、党の承認を得ている場合は別として、政府官吏や国会議員になることはできない。ただし、兵士、警察官、文書取扱事務官（胥吏）[118]はこの限りではない（この条項は激しい論争を引き起こし、結局一九二二年に予定された第二回大会に決定を委ねられた──原注）」という形で、制限付きながら公職に就くことが許された。他方、②にかんしては、強硬派の意見が議論を制したようで、次のように決定された。

本党は、黄色の知識階級、政党とはいかなる関係も完全に断つ。（規約）

他党にたいしては、独立的、攻撃的、排他的態度をとるべきである。軍閥と官僚制度に反対し、言論・出版・集会の自由を求める政治闘争において、我が党が鮮明に示すべき態度は、我が党はプロレタリアートの側に立ち、他党とはいかなる連係も結ばない、ということである。（決議）

また、これにともなって入党条件も、「入党に先立って、本党の綱領に反対するいかなる政党や団体との関係も断ち切るものとする」(規約)と規定された。いうなれば、コミンテルン第二回大会のテーゼの掲げたブルジョア民主派との同盟という方針は、反映されなかったわけである。

討議がこのような形で決着した経緯については、大会参加者の回想がそれぞれに詳しい説明をしている。それらを総合すると、李漢俊、陳公博らが大会中は一貫して温和な方向へ議論を誘導しようとしたのにたいし、張国燾、劉仁静らが「教条的」言辞を振りかざして戦闘的な綱領を実現させようとした、という大まかな見取図になる。それら回想をすべて羅列することは紙幅の関係上無理なので、ここでは大会において積極的に発言し、大会文書の起草にも加わった劉仁静の回想を紹介し、当時のかれらのマルクス主義理解の一端をうかがうにとどめることにする。先にも述べたとおり、回想録は具体的事実を確定するには問題が多いが、大会の雰囲気を知るのに参照することは許されよう。

大会の席上、マルクス主義の理論家として知られた李漢俊と激論を戦わせた劉仁静は、北京の代表としてこの大会に参加した時、わずか十九歳であり、参加者の中では最年少だったが、皆に「小マルクス(小馬克思)」[119]とあだなされるほど、マルクス主義関係の書籍を渉猟していた。かれはのちに中共一大に北京の代表として選ばれた理由を次のように語っている。

今、子細に振り返ってみると、わたしが党の「第一回大会」の代表に選ばれたのは、偶然の要因……を除けば、結局わたし自身も一定の条件を備えていたからであると言わねばならない。わたしは歳も人より若かったし、人をまとめる能力も人より劣っていたので、自分の長所というのはただわりと注意して理論をやっていたことだけだった。張国燾は回想録の中で、わたしのことを「本の虫」と呼び、わたしが人に会うたびに滔々とプロレタリア独裁を宣伝した、と書いているが、これはある程度当時のわたしの姿を言い当てている。マルクス主義を学び始めたばかりのころ、当時の人はよく、マルクス主義を論じられることを水準の高いことの証とした。当時、わたしはマルクス・レーニンの言葉を引用したりする以外、とりたてて人にまさったところがなかったのだから、たまたま「第一回大会」の代表に選ばれたという事実は、当時の党内の理解の水準のほどを何よりよく表しているし、同時に、マルクス学説研究会の研究水準もその程度がわかろうというものである。(120)

同じく大会の出席者である包恵僧が「同志のほとんどは、まず共産党員になってからマルクス・レーニン主義を勉強した(121)」と評する党創立当時の理論状況に照らして言えば、劉仁静の発言は抜きん出た水準を持つものであっただろう。本で読んだばかりのマルクス主義の理論をそのまま党大会で繰り返したことは、たしかに「教条的」だったかもしれないが、むしろ考えるべきは、マルクス主義の用語、概念を知っているかどうか、つまりまず「教条」を知っていることこそが求められるという知的状況が共産党発足当時には広範に見られた、ということのほうである。

劉仁静は、大会で「人に会うたびに滔々と宣伝した」ところのプロレタリア独裁の概念をどのようにして大会以前に知るようになったのか、ということについても回想を残している。かれの言によれば、かれはおりからマルクスの「ゴータ綱領批判」を読み、資本主義から共産主義へ到る過渡時期にはプロレタリア独裁があるのみ、と述べているところに注目し、それをそのまま大会で発言したのだという。(122)「ゴータ綱領批判」が、大会以前には一部の引用を除いて、まだ中国に紹介されておらず、多くの出席者が「ゴータ綱領批判」の何たるかを知らないのだから、かれがそれをプロレタリア独裁の理論的根拠として「滔々と宣伝し」、さらに共産党員が他党との関係を一切絶つことを主張したならば、それが党の綱領に反映されたとしても、何の不思議もなかったといえよう。

かく見ると、中共一大の文書は、かれらなりのマルクス主義理解を反映させた議論を通して作成されたもののように見える。だが、この劉仁静をはじめとする出席者の回想録では、大事なことがひとつ見逃されている、あるいは間違って伝えられている。すなわち、大会文書の起草にあたったとされる張国燾は、「我々は〔文書の起草に際して〕各国共産党の党綱領や党規約などを手に入れて参考にすることはできなかった。かくて、大体においては、大会の運営の大半は我々自らが模索しながらおこなった」[123]と述べ、大会文書は独自に立案されたとしているが、実は大会が採択したそれら文書には、はっきりとしたモデル（藍本）があったのである。

まずは「規約」のほうだが、そのモデルは前年一二月に機関誌『共産党』（二号）に訳載された「アメリカ共産党綱領」（美国共産党党綱）[124]である。両者を比較すれば、いくつかの点では中国の状況を踏まえた修正が加えられているものの、入党条件や組織規定については、形式的にも、また文言のうえでも、基本的にはアメリカ共産党のそれに倣っていることがハッキリと見てとれる。中共一大で問題になった官吏兼業規定についても、アメリカ共産党のそれ（第二条第五項）は中共のそれと同様の兼業禁止規定を盛り込んでいた。

他方「決議」についていえば、これまた『共産党』の同じ号に訳載された「アメリカ共産党宣言」（美国共産党宣言）[125]を参考にしたことはあきらかである。例えば、中共一大で官吏兼業規定と並んで問題になった他党との関係断絶は、「アメリカ共産党宣言」でも「本党はいかなる状況のもとでも、妥協なき階級闘争を堅持し、革命的階級闘争に信を置かない団体や党派、例えば労働党、社会党……と協力することを否認する」と明確に規定されていた。中共側が第一回大会以前にそれらアメリカの共産党大会文書を入手し、さらにその翻訳までおこなっていた以上、かれらが自党の大会にあたってそれらを援用したことはあきらかであろう。つまり、中国共産党は手近にあったアメリカ共産党の規約や綱領を参考にして第一回大会用の規約草案、決議草案を作成し、それを大会にかけて討議、その結果、そこに含まれていた官吏兼業規定や他党との関係断絶規定は一部出席者からの異論を呼んだらしいが、大会文書は基本的に原案のとおりに採択されたということがわかるのである。

付言すれば、当時、中共側はイギリス共産党の第一回大会の経過を伝える文書も入手していたから[126]、それも大会運営の参考になったことだろう。共産党なるものの大会がいかなるものか、あるいはいかなるものであるべきかについて、明確なイメージなど持ちようもなかった中国の共産党員は、いわばすでに大会を開いていた欧米の共産党の先例をなぞる形で自党の大会を開こうとしたのである。その模倣は何ら異とするには及ばない。なぜなら、日本でもいわゆる「日本共産党暫定執行委員会」がこの年の四月に作成した「日本共産党規約[127]」(山川均の起草にかかるという)は、中共一大の規約と同じように、イギリス共産党のそれを参考にして作成されたものだからである[128]。「共産党」なる特殊な政党の具体的イメージを持たないアジアの共産主義者が党の骨格や将来像を描こうとする場合、かれらにとって手がかりになるのは、それ以前に党を樹立していた欧米の共産党の文書以外にはなかった。さらに言えば、そもそも共産主義運動は全世界で同時進行すべきものとして想定されていた以上、中国共産党の「規約」や「決議」が、とくにその出発点において、欧米の共産党のそれと足並みをそろえることは、模倣を云々するまでもなく、至極当然なことであったに違いない。その意味でも、中共の成立とその活動は、まぎれもなく国際共産主義運動のアジアにおける展開として、位置づけられねばならないのである。

かく見れば、中共一大の制定した「規約」や「決議」が直接に社会主義革命をめざす急進的色彩を濃厚に帯びていたことの理由も、容易に理解されよう。つまり、マーリン、ニコリスキーの到着を受けて、あわただしく大会を開催することになった中共側は、かれらが入手していた欧米共産党の文書を参考にして、それに倣った——つまり中国の「国情」からすれば多分に急進的な——大会文書を準備するよりほかになかったのである。そして、共産主義運動を世界に共通する運動と考えていた当時の中共党員にしてみれば、それは「急進的綱領」どころか、何ら違和感のないものだったに違いない。また、租界当局の捜査という突発事件のために、大会が場所を移してあわただしく閉幕せざるを得なかった（マーリンとニコリスキーは南湖で開かれた最終日の会議には出席せず）という事情も、マーリンの意向、あるいはコミンテルン第二回大会テーゼの方針が大会文書に反映されなかった原因のひとつとしてあげることができよう。(129)

予想外の事件による繰り上げ閉幕とそれに伴う議事の一部未了という結末を迎えたものの、コミンテルン代表の列席の下に党大会を開いたことによって、中共はその紆余曲折に満ちた結党のあゆみにひとつのピリオドを打った。ソビエト・ロシア関係者の目から見れば、それは前述のスムルギスが言うように、「共産主義者を自任する中国人たちによる代表者会議」であったかも知れないが、その理論水準自体を喋々することは、さして意味のあることではあるまい。中共の第一回大会開催にゴーサインを出したのは、ほかならぬかれらボリシェヴィキたち自身だからである。中共党員を自称共産主義者よばわりするスムルギスらの言が何かを語っているとすれば、それはむしろかれらボリシェヴィキ指導者の言論に見え隠れする「マルクス主義」理解者としての優越意識が、「知識と指導」という共産主義政党独特の属性と相まって、その後のソビエト・ロシア、コミンテルンと中共との関係に、否応なく「指導・被指導」の関係を成り立たせるであろうことを予告しているという点である。

第三節　若き党員たち——留日学生施存統の軌跡

1　「非孝」の青年

一九二一年七月に第一回大会を行った中国共産党は若き政党であった。それは、単に短い準備期間で結成されたという意味だけでなく、それが主要には学生を含む若き知識人によって構成されたという点においてもである。ちなみに、第一回大会に参集した十三人の党員の平均年齢は二十八歳弱、大会に参加しなかった両巨頭の陳独秀、李大釗を加えても、二十九歳ほどである。いうなれば、中共の結成に加わった初期の党員の多くは、一八九〇年代に生を受け、辛亥革命前後に多感な青少年時期を送り、五四新文化運動時期に各地の社会運動で若き指導者として頭角をあらわした面々であった。では、五四新文化運動の洗礼を受け、共産主義者に転じたかれらの精神的軌跡とは、具体的にはどのようなものだったのだろうか。むろん、かれらが共産主義者へと転じていったきっかけや道のりは、実にさまざまであり、それを特定の人物によって代表させることはむずかしいが、その代表をあえて一人だけあげるとすれば、草創期よりの党員である施存統がそれにふさわしいだろう。かれこそは、清末、民国初期に新制の学校に学び、新文化運動の洗礼をうけて反孔教運動や杭州での五四学生運動の先頭に立ち、新思潮の吸収やさまざまな社会改造の模索をしたのち、中共結成に関わっていく中で無政府主義からマルクス主義、ボリシェヴィズムへと転進していったように、ある意味で当時の若き党員にほぼ共通する遍歴をたどった人物だからである。

施存統は本書でもしばしば言及したように、党創立時期の有力メンバー、理論家として史乗にその名をとどめている。また、三〇年代以降は、共産党にも国民党にもくみしない中間党派の民主運動に参加、さらには中華人民共和国建国期の民主諸党派人士にして、労働部副部長もつとめた人物として知られる。だが、まさに中共をつくりだした主要メンバーの一人でありながら、かれの中共党史上の位置はあくまで脇役にとどまる。それは、ひとえにかれの後年の離党問題、すなわち一九二七年にみずから新聞紙上に声明[130]を発表して党を捨てたことによっているのだが、後年の離党者としてのかれの経歴[131]は、党創立時期におけるかれの足跡やかれが当時の若き党員の代表的存在であったという事実をいささかも損なうものではない。そして、本書がこの施存統に着目する今ひとつの理由は、かれの残した貴重な資料にある。すなわち、信頼できる原資料が極めて少ない中共創立の過程や当時の党員の活動ぶりについて、当時日本留学中だったかれを監視した日本の警察側の資料[132]、およびかれの警視庁での供述、東京地方裁判所での証言が残されており、史実の考証においても、かれの存在はいやがうえにも重要なものと言わざるを得ないのである。

若き施存統は自らの来歴を語ることにおいて相当に雄弁である。わけても、一九二〇年に日本留学中のかれが発表した半生の自伝「二十二年来のわたしを振り返る[133]」は、この時期に書かれた青年の自己分析として、同時代のそれらの中でも白眉のものである。まずは、それらによりながら日本留学までのかれの歩みを見ておこう[134]。

施存統（のちに復亮と改名、変名は方国昌、筆名は光亮、亮、文亮、伏量、CT等）は一八九九年、浙江省金華県（現金華市）葉村に、父施長春（一八七〇〜一九四一）、母徐氏（一八七三?〜一九一九）の長子として生まれた。父施長春は五畝《ムー》（約三十三アール）の田畑を有していたが、このほかに小作をしながら農業のあいまには米の運送に従事するいわゆる兼業農民であった。母徐氏は書香の家の出で、字の読み書きができたという。父の農作業を手伝うかたわら、十歳で私塾に、十二歳で初等小学堂に学んだ施存統は、学堂の教師に再三「同寝」を強要されたり、あるいは教科書ではなく『論語』『孟子』をもちいる授業を受けたりと、いわば草創期ならではの学校教育をうけた。その後、若干の紆余曲折を経たのち、伯父の学資援助を得て、一九一七年に杭州の浙江省立第一師範学校(以下、浙江一師と略称)に進むことになる。儒教の徒たらんと志してとくに孔子の弟子である子路(仲由)を思慕し——施存統、子由と号するのゆえん——一面において「昇官発財」を夢みる学業優等生にして、他面、芝居、賭博にいれ込む遊蕩生でもあったかれの人生観を大きく変えたのは、その浙江一師だった。

当時の浙江一師は、もとより浙江省の最高学府であっただけでなく、「與世俱進」(時代と歩調をともにする)という方針を掲げる校長経亨頤(一八七七~一九三八)の下、革新的な学校運営で知られていた。なかでもその国文科は、劉大白、陳望道、夏丏尊、李次九らいわゆる「四大金剛」と称された革新派教員の影響のもとに、文語文を廃して口語文を教授するなど、新文化運動の精神をいちはやく教育現場に持ち込み、浙江省の教育庁からは「学に本原なく一知半解……思想中毒の弊有るを免れず。……勢い必ずや全校の学生をして魔障に堕せしめん」[135]とこき下ろされる半面、施存統ら学生たちからは新鮮な驚きと共感をもって迎えられていた。同校はまさに新文化運動の実験場ともいうべき観を呈していたのである。また、施存統がその後長く、知友あるいは同志とすることになる兪秀松、傅彬然、周伯棣らと交わりを結んだのも、この浙江一師在学中のことであった。

一九一九年、北京で五四学生運動がおこると、施存統は諸手をあげてそれを歓迎した。杭州の五四時期におけるかれの活動については、雑誌『新青年』『星期評論』等の取り次ぎをした「書報販売部」の設立をはじめとして、紹介すべき事績がいくつかあるが、細事にわたるので今は省略にしたがう。だが、浙江一師時期のかれにかんして、特筆しなければならないのは、何といっても、浙江一師学生施存統の名を一躍全国にとどろかせた「非孝」事件[136]である。

五四時期の反儒教精神高揚の最大の事件のひとつである「非孝」事件とは、杭州の進歩派学生の雑誌である『浙江新潮』第二号（一九一九年一一月）に、孝道の非を痛罵する施存統の「非孝」が掲載されたことによって起こった筆禍事件である。残念ながら、『浙江新潮』該号は中国においても伝存しておらず、原文を参照することはできないが、かれ自身がその翌年に綴った「二十二年来のわたしを振り返る」がその執筆経緯を告白しており、その大意を知ることができる。それによれば、「非孝」執筆にあたっての「事実の刺激」となったのは、病身の母親の痛ましい境遇をまねいた家、とりわけ父親の仕打ちであった。以下に、その一節を引用して、アナキズムの立場から「非孝」を発表したかれの置かれていた状況とその心情をうかがおう。

このような環境においては、絶対に孝子になる術はない。……わたしは社会を救い、社会において母と同じ目にあっている人を救わなければならない。母が助かることはもうあるまいが、わたしは母のようになろうとしている人を救わないわけにはいかない。……人類は自由、平等、博愛、互助であるべきだ。「孝」の道徳はこれに背いている。ゆえに我々は「孝」に反対せねばならないのだ。

「助かることはもうあるまい」とされている「母」とは、すなわち、当時神経性の病におかされ人事不省におちいっていた郷里の母であり、「このような環境」とは、それを不治の病と決めつけ、治療のための金を葬儀の費用に充当しようとした父の仕打ちのことである。そして、その父への屈従を「孝」として強制されたかれが、『進化』『民声』『実社自由録』『近世科学と無政府主義』といった当時流行の無政府主義の書物を通じて得られた「思想の啓発」をえて、万感の思いをこめて執筆したものがその「非孝」なのであった。孔教の最大の徳目は、いうまでもなく「孝」であり、それを正面きって「非」とすることは、孔教批判の機運が高まっていた当時の思想状況の中でも、とりわけ破天荒な試みだったはずである。かれは孔教の信奉者からそれへの反逆者に転じた自らの歩みを次のように振り返っている。すなわち、浙江一師入学の年（一九一七年）に『新青年』所載の陳独秀の反孔教論を目にし、当初「刻薄の文人」としてかれを唾棄しながら、ほどなくそれを再読して『新青年』の「半信徒」となり、一九一九年後半には「全面的に賛同」するに至った、と。まさにかれは『新青年』に哺育されて成長した時代の子であった。

「非孝」を発表した一九一九年後半のかれは、反孔教の徒であると同時に、精神的には紛れもなくアナキストであったといってよい。その理論的成熟の程度を喋々する必要は今はあるまい。事実、かれ自身も、「非孝」の文章を「惜しむらくは洗練、成熟されていない」とする好意的批評にたいし、「非孝」の価値は「反抗精神」の四字にこそあるのであって、そうした批評は自分の目的と動機を理解していない二義的なものであると訴えている。我々は「非孝」のなかに、卑近な旧道徳事例の徹底否認とトータルな社会改造とを直ちに結びつける五四青年特有の激烈な心象を見れば、それで足りるのである。

さらにかれは「二十二年来のわたしを振り返る」において、青年の「自殺的行為」である手淫を断然やめるに至った自己の秘部を赤裸々に告白し、浙江一師在学の二年半の間に、当時の学生一般の常習であった賭博やカンニングを断乎拒否し、一度も人力車に乗らず、また酒も煙草もたしなまなかったことを心底誇りに感じる。今やかれは、品性の向上、道徳的革新、肉体的禁欲と社会改造を一体不可分のものとしておのれに課した急進的「五四青年」に伍したのであり、信条の面でも生活規律の面でも、まぎれもない中国アナキストであった。そして、時あたかも、施存統ほど天真にアナキズムの理想に「社会改造」の夢を託していたかどうかは別として、武漢には惲代英が、長沙には毛沢東が、いずれも同じような思考回路のもとに社会改造への第一歩を踏みだそうとしていたのである。[137]

さて、『浙江新潮』に掲載されたかれの「非孝」は、はたして大きな反響（その大部分はかれにたいする誹謗）を呼んだ。かれの言によれば、自身が「妖怪」よばわりされるのみならず、同じく杭州に学んでいたかれの従妹さえもが、「禽獣の従妹」として「冷嘲熱罵」されたという。そして、つとに経亨頤や浙江一師の教育方針に良からぬ感情をいだいていた浙江省当局をはじめとする守旧派にとっては、「非孝」は格好の攻撃材料となった。学校内外から「非孝」を大逆不道の文章とする声があがったのはもちろんのこと、事件はさらにその「煽惑」をゆるした経亨頤の去就をめぐる新旧両派の対立へと発展し、翌年の乱闘騒ぎ、さらには警察による学校封鎖、いわゆる「浙江一師風潮」(138)にまで拡大したのであった。北京政府は一二月二日に『浙江新潮』の発禁命令をくだし、(139)ついに同誌は第三号で停刊のやむなきに至る。かくて杭州に身の置き所のなくなった施存統は、翌一九二〇年の元日に同志たる兪秀松、傅彬然、周伯棣らと北京へ旅立った。(140)

ただ、施存統らの上京は、事件のほとぼりが冷めるのを待つ単なる逃避行ではなく、かれらが掲げる「自由、平等、博愛、互助」の理念を実行に移すための積極的行動だった。すなわち、北京には、施存統が尊敬してやまなかった陳独秀——陳は「非孝」にかんして一文を草し、「『浙江新潮』の議論はさらに徹底しており、「非孝」……の文章は天真爛漫、きわめて愛すべきである」と賞賛していた(141)——がおり、時にかれらの発起にかかる北京工読互助団が呱々の声をあげていたのである。施存統らの上京の目的はほかでもなく、「能力に応じて働き、必要に応じて取る（各尽所能、各取所需）」の理想を掲げ、社会改造の第一歩たらんとしていたこの工読互助団運動に身を投じることにあった。『新青年』『星期評論』といった当時の進歩的青年の愛読誌によって、浙江「非孝」事件の驍将として紹介されたかれらの互助団への参加は、大きな社会的関心をあつめたという。そして、北京に着いたかれらは、念願であった陳独秀、李大釗、胡適ら新文化運動の将星との面会を果たした。

2　北京工読互助団の解体と共産主義運動への参加

施存統らは一月一〇日に勇躍して北京工読互助団第一組に合流し、[142] 小規模な手仕事をしながらその合間に大学の聴講をするという共同生活に加わったが、かれらの志とは裏腹に、新社会のモデルたるべく出発した北京工読互助団第一組は、開始早々に団員相互の摩擦から活動の停滞をきたし、経済的破綻もあってその後二ヵ月ほどで解体してしまう。団員間の感情齟齬のそもそもの原因は、第一組への闖入者易群先(国会議員易宗夔の娘)をめぐる団員間の恋愛問題のトラブルであったようだが、[143] その一方の当事者なりとして指弾された施存統の失望は大きかった。三月二三日、北京工読互助団第一組は事実上の解散を決定する。[144] 陳独秀はこの時、すでに北京をひきはらっており、互助団の発起人であった李大釗や胡適は、団の解散に先だち、団員たちの行く先を案じて、北京大学関係の印刷所の植字工や図書館の事務職員といった仕事を斡旋しようとしたが、施存統とそのアナキスト同志にして刎頸の友でもあった兪秀松はそれを断り、北京を離れることにした。[145] 団の残務整理を済ませた施存統と兪秀松が、陳独秀のあとを追うかのように、上海へ向けて出立したのは三月二六日、上海到着はその翌日であった。[146]

上海に向かうにあたり、当初、かれらは福建省漳州に行き、「社会主義将軍」の呼び声高かった陳炯明の幕下に参じる心づもりであったという。当時、陳炯明のもとには劉師復の流れを汲む梁冰絃ら無政府主義者がたむろし、陳の庇護のもとで無政府主義の施策を実行しようとしていたのだった。だが、上海到着のその日に身を寄せた星期評論社での出会いがかれらの人生を大きく変えることになろうとは、恐らくかれら二人は予想していなかっただろう。

施存統らが上海で、真っ先に星期評論社をたよったのは当然であった。そこには「浙江の二沈」、すなわち戴季陶とともに浙江一師の革新的教育方針に共鳴し、『星期評論』誌上で「非孝」への支持を表明した沈玄廬[147]と、杭州において四面楚歌の境遇にあった施存統の数少ない理解者であった沈仲九（「非孝」事件当時、浙江省教育庁の雑誌『教育潮』の主編[148]）がいたからである。附言すれば、この前後の星期評論社には、杭州を追われた「四大金剛」のうち、陳望道と劉大白も身を寄せており、浙江一師の革新派のかけ込み寺といった趣さえあった。当時の星期評論社にはかれらのほか、戴季陶（『星期評論』主編）、李漢俊、邵力子らが出入りし、さらには『星期評論』の声望を慕って家を飛び出してきた青年男女がひきもきらぬ一種の解放の場であった[149]。上海に着いたばかりの兪秀松は、知人への手紙のなかで、そうした星期評論社の雰囲気を、「ここの同志は老若男女あわせて十四人、その主張はみなきわめて徹底しており、わたしなど実にものの数にもはいりません。しかし、友愛、歓喜、天真の空気はわたしの周りに満ちあふれており、人間たることの楽しさを真に感じます[150]」と伝えているが、それは施存統の気持ちでもあっただろう。

さて、この星期評論社で、陳炯明の下に投じたいという意向をうちあけた施存統らにたいして、相談をうけた沈玄廬と戴季陶の答えは、「軍隊に身を投ずるは、工場に身を投ずるに如かず」というものだった。おりから、戴季陶はかれらの上海行以前、奇しくも北京工読互助団が解散を決めた日に、「工読互助団に対する我が一考察[151]」を執筆して、工読互助団運動そのものの限界を資本主義社会の矛盾から指摘し、「資本家生産制下の工場に投じよ！」と疾呼していたところであった。かれは、施存統と兪秀松を前にして、再度その論を語ったことだろう。その説得を受け入れた二人は漳州行きをやめ、星期評論社にしばらく身を寄せるかたわら、資本主義社会の象徴ともいえる工場労働者の道を選ぶことを決意する。そのための適当な工場探しに奔走してくれたのは、そのアドバイスをした当の戴季陶自身であった[152]。こうして、二人のうち兪秀松は、四月に虹口《ホンキュー》にある厚生鉄廠の労働者となった[153]。一方、施存統は四月に『工読互助団』の実験と教訓[154]」を執筆し、工読互助団運動にかれなりの総括を加えて、戴季陶の「資本家生産制下の工場に投じよ！」という言葉に全面的に賛意を表したものの、おりからの肺病ゆえに、工場行きのほうは暫時あきらめざるを得なかった。その言うところに従えば、六月に日本に発つまで、かれは星期評論社の「事務員補助」をしたという。[155]そのかたわら、陳独秀、李漢俊を中心にして進められていた共産党結成の活動に加わったことは、本書ですでに縷々記したとおりである。そして、共産党の母体となったいわゆる上海共産主義グループ（当時の暫定的名称は「社会共産党」）の成立に立ち合ったのち、戴季陶と宮崎滔天、龍介親子の援助をうけ、一九二〇年六月に日本へ留学したのだった。

3 日本での留学生活

上海で施存統にもっとも大きな影響をあたえたのは、当時の上海において、李漢俊とならぶマルクス主義研究を誇っていた戴季陶であり、施存統に留学を勧めたのもかれであった。おりから、施存統が身を寄せていた『星期評論』は、一九二〇年六月六日をもって停刊に至っており、その社員たちがその後の身の振り方を模索していた時のことであった。星期評論社の解散以後、そこにたむろした同人たちは、櫛の歯が欠けるようにフランス租界白爾路（Rue Eugene Bard）三益里の社屋から去っていったが、かれらの間には、施存統以外にも、出洋、留学の考えを抱く者が少なくなかったようである。[156]

それら若き同人のなかでも、「近来の思想は、ほぼ何もかもかれの影響をうけた」[157]とみずから告白するほど戴季陶に傾倒していた施存統を、戴がとりわけ可愛がり、その後のかれの身の振り方を案じたのは当然であっただろう。当時、堺利彦、山川均らのマルクス主義研究を高く評価し、[158]かつ高知、青森、京都といった地の自然環境を愛していた[159]

戴季陶が、留学と肺病療養の地として施存統に勧めたのは日本であった。むろん、日本にはかれの多年の同志でもある宮崎滔天とその子宮崎龍介がおり、留学を斡旋するのに不都合はなかったはずである。かくて戴季陶は、その前年の秋に中国を訪れたさいに親しくかれのもとを訪問していた宮崎龍介に、(160)施存統の留学受け入れを依頼したのであった。六月一九日夜、施存統は友人たちの送別をうけて船上の人となる(出航は翌二〇日)。(161)

かれが留学の世話をしてくれることになっていた東京の宮崎親子(当時、北豊島郡高田村三六二六番地在住)のもとに現れたのは、六月二六日であった。宮崎龍介の当日の書簡(162)にみえる「支那から来た少々肺の加減の悪い友人」こそ施存統にほかならない。日本に身寄りのないかれは、おそらく東京到着と同時に宮崎宅を訪れたにちがいない。同書簡には、施存統が早速その日に、宮崎龍介に伴われて病院へ行ったことも記されており、かれの肺の加減は相当に悪かったと推測される。宮崎滔天の長男にして、東京帝大新人会の発起人の一人として知られる当時の宮崎龍介は、その年の三月、内紛から新人会を除名(163)されてはいたものの、雑誌『解放』の編集に参画したり、五月に北京大学から学生の訪日団が来ればその受け入れに奔走する(164)など、相変わらずの活動家であった。おりから宮崎は、清末の革命家黄興がかつて所有していた高田村の大邸宅の管理を任されており、それを新人会会員の共同生活の場に提供していた(165)(その脱会以降も種々の人間が居候していたらしい)くらいであるから、下宿先が決まるまでの間は、施存統もそこに仮住まいしたのではなかろうか。かれが宮崎宅からほど近い高田村一五五六番地の三崎館に下宿を始めたのは七月ごろであった。(166)

日本において、経済学を学ぶ決意をしていたかれではあった(167)が、当然のようにまず習得せねばならなかったのは、まったく不自由な日本語であった。留学に先だって、日本語の達人である戴季陶に、日本語は「二年勉強すればまあまあ自由に操れるようになろうが、本当に自由に使いこなすためには三、四年やらなければならない(168)」と諭されていたかれは、目白の東京同文書院に籍をおく(一九二一年春に退学[169])かたわら、最初の三、四カ月をもっぱら日本語の専修にあてたらしい。[170]その日本語会話の方は結局、「相当修学の余地あり[171]」という水準に止まったと見られるが、日本書の読解の方は奮闘の甲斐あって、その年の暮れには何とか長編の翻訳を『民国日報』に寄稿し、「存統は半年日本語をやって、もう本の翻訳ができるようになった[172]」と賞賛されるまでにこぎ着けている。

当時の施存統は、すでに上海において、戴季陶の影響のもとにマルクス主義への理解を深めつつあったと考えられる。[173]だが、日本留学当初のかれの思想的立場は、「とはいえ、かれ〔戴季陶〕の抱く主義にたいして、なお絶対的に信じているわけではない。すなわち、わたしがこれまで信じてきた「安那其《アナキズム》」主義も、それが一個の合理的な理想であるということは認めている[174]」と自ら述べるように、アナキズムとマルクス主義とが(かれにとってはほぼ矛盾なく)混在したものであった。かれが上海在留時期や日本留学当初に、中国のアナキズム運動と連絡を保っていたことは、[175]まさにそれを証明していよう。そしてはからずも、その中国アナキズム運動との接触によって、かれの存在と挙動は、日本警察の監視網の探知するところとなってしまう。警視庁が施存統を警戒するに至った発端は、当時上海で景梅九らが出していたアナキズム雑誌『自由』第一号(一九二〇年一二月)に、日本通信所として「東京府高田村一五五六、三崎館存統」の名が掲載されたことによるものだった。日中間の「無政府共産主義者」の暗躍を警戒していた警視庁外事課が「宮崎滔天方に出入し、なお支那新聞雑誌を講読し居るもの」として、施存統を突き止めたのは翌年一月、この時、警視庁側はすでにかれが「極端なる儒教排斥忠孝否認論」である「非孝」の作者たることを探知していた。[176]以後、その帰国に至るまで、かれの行動は日本警察の厳しい監視下に置かれることになる。

アナキズムの立場から「非孝」を発表したかれの名は、中国において相当に鳴り響いていたらしく、施存統は上記『自由』以外に、一月一四日にも安徽省の蕪湖第五中学の学生たちが組織したアナキズム結社「安社」の趣意書を受け取り、アナキズム関係の書籍を紹介するよう求められている。[177] こうしたアナキズム運動にたいして、かれが具体的にいかなる対応をしたかはよくわからない。だが、その一月に、

「自由組織、自由聯絡」や「能力に応じて働き、必要に応じて取る」といったことは、もちろん我々が到達せねばならぬ理想ではあろう。だが、……現社会から一足飛びにその理想へ到達するという理由を、我々はやはり見いだすことができない。その間には当然に一種の過渡的機関《ママ》がなければならない。[178]

として、マルクス主義の不徹底やボリシェヴィキの専政をなじるアナキスト連をたしなめていたこの時期のかれは、「安社」の掲げる「アナキズムの真理」なるものに、諸手をあげて賛意を表することはできなかったのではなかろうか。施存統自身のアナキズムとマルクス主義にたいする思想的立場は後述するが、マルクス主義研究よりも、むしろアナキズム運動に警戒の目を光らせていた警察側の一月以降の報告に、かれと中国アナキズム運動の関係を示す記述がないのは事実である。そして、四月以降の警察側報告にあらわれる施存統は、すでにアナキストとしてのかれではなく、一方において陳独秀、李達ら「上海共産党」と連絡をとりあい、他方「日本共産党」結成へ向けて活動しつつあった堺利彦、高津正道ら日本人社会主義者と接触する「要注意支那人」としてのかれであった。

一九二一年四月二三日の警察側の報告[179]によれば、施存統はこのころ、「我が国社会主義者堺利彦、高津正道、山崎今朝弥等と交通し、彼等の著述に係る同主義宣伝雑誌、其の他の印刷物等を翻訳の上、支那内地人に紹介」しているとされている。「彼等の著述……を翻訳の上、支那内地人に紹介」しているとは、『民国日報』「覚悟」に随時発表した山川均らの文章の翻訳(後述)を指すものであろう。同報告はさらに、施存統が「在上海鶴某なる同主義者と共に我

が社会主義者と相謀り、これが宣伝方法を講ずべく、近く上海に於いて秘密会を開催する疑いあり。しかして、前記鶴より同人に送れる近信に依れば、日本社会主義者と目下秘密出版物を発行すべく準備中なる趣きにして、該出版物の送附方申越せし事実」ありと指摘している。「鶴某」とは、当時上海の共産党の責任者であった李達にほかならない。つまり、かれはこの時期に、日中共産主義運動の橋渡し役をつとめるまでになっていたらしいのである。

この年の暮れにかれが警視庁で行った供述[180]によれば、かれが堺利彦と最初に面談したのは一九二〇年一二月ごろ、上海の李達から堺宛の書簡(翻訳上の伏せ字の照会)を取り次いだ時のことで、謝晋青[181]の紹介によって朝鮮人権某(おそらく権熙国[182])と同行の上、堺を訪問したという。二回目は翌年二月ごろで、上海の李漢俊の求めに応じて、堺訳『空想的及科学的社会主義』を購入するためであった[183]。いずれも社会主義文献の取り次ぎのための訪問ではあったが、かかる仲介が日本官憲側には、「日本社会主義者と目下秘密出版物を発行すべく準備中なる趣きにして、該出版物の送附方申越せし事実」と映ったのであろう。

一方、施存統が接触したという高津正道は、当時(一九二一年六月)中国の共産主義運動を紹介する文章「支那に於けるボルセヴイキ運動」を執筆している[184]。それは中国の「ボルセキズムの信奉者」の実名(陳独秀、李大釗、戴季陶、李漢俊、沈玄廬)やその機関誌(『共産党』)、活動内容(社会主義青年団と労働者の夜学)、地方組織の所在地などを列挙する非常に具体的なものであった。高津がこの文章に先立って発表した「支那に於ける無政府主義運動」[185]には、「この稿を草するに当って、C・T〔施存統の筆名〕君の御助言を受けた事を感謝する」とあるところから見て、「支那に於けるボルセヴイキ運動」も施存統からの情報をもとに書かれたことは間違いあるまい。施存統自身も警視庁での供述で、高津と何度か会ったことを認めている。

このように、日本に留学した施存統は、日中共産主義運動の情報仲介者として活動したようだが、その留日時期は中国の建党活動が本格化した時期でもあった。施存統と周佛海(当時、鹿児島の第七高等学校在学)の二人も、陳独秀らと連絡をとりつつ、日本からその建党活動に加わっていくことになる。いわゆる中共「日本グループ」の活動である。四月下旬、鹿児島にいた周は施存統に二通の書簡を送り(それぞれ四月一九日、四月二八日の消印)、広州の陳独秀からの来信の意を伝えている。その四月一九日の書簡にいう。

昨日、独秀の来信に接す。曰く、上海、湖北、北京各処の同志と協商す。我等両人を駐日代表となし、日本同志と連絡せしめんとす。日人の間には我等の間に此の団体[共産党]あるを知らざる者多し。我等は正に尽力せざるべからず。但し、我には二個の困難あり。(一)我は明年鹿児島を去る。此の一年間、此の偏僻の地方に居住しては、何事も出来ない。(二)我大学の志願は京都に在り。然し、日人と連絡するには矢張り不便なり。以上二個の困難あり。我は代表の虚名を擁し、実に慚愧に堪えず。之を独秀に転告を請う。君は東京に居るから非常に便利である。(186)

これにより、「駐日代表」すなわち施存統と周佛海からなる、いわゆる中共「日本グループ」は、陳独秀の発意をうけて、四月下旬に形成されたと言うことができる。この書簡からもあきらかなように、いわゆる「日本グループ」とは、「日本同志と連絡」することがその目的であって、その実質上の責務を担当したのは鹿児島にいた周ではなく、東京の施存統であった。先の堺や高津との接触は、その意味で言えば、まさに「日本同志と連絡」し、かれらの「団体」を知らしめる任務の一環だったのである。かれは「日本グループ」の活動にかんする後年の回想録で、同グループはのちに彭湃(陸海豊農民運動の指導者として知られる。当時、早稲田大学在学)、楊嗣震、林孔昭ら十余人に発展し、二、三回の会合を開いたと述べているが[187]、残念ながら、そうした「日本グループ」の活動の実態については、官憲側の報告には該当するものが見当たらない[188]。

中国の共産主義組織と連携して、日本の「同志」に働きかけをせんとしていた施存統らの動向をつかんだ日本の警察側が、かれに一層の警戒を払ったことは言うまでもない。五月八日にかれが上海の邵力子に宛てた書簡(これも警察側によって検閲されている)には、「僕は近来、毎日日本警察に騒擾せらる。真に悪むべし[189]」という言葉がみえ、当時のかれが厳しい監視下に置かれていたことが知れる。かくして、六月一七日に至り、かれは警視庁外事課課員の来訪と尋問をうけることになる。かれはそれへの応答のなかで、「戴天仇〔戴季陶〕より宮崎氏に紹介され、同人の尽力により目下の宿所に止宿するを得た」こと、「目下、午前中は専心英語の独習を為し、午後は日本語及び経済書等を研究しつつあり。而して準備ならば、慶応大学に入学し、経済学を学ぶ意向」であることを語り、同時に「渡来後、毎月平均約一百円の学資を自宅より受け居れ」るが、その実際の送金は戴季陶の手を経てうけとっていることを告げている[190]。ただし、決して豊かではなかったかれの家が、「非孝」の息子に月に百円もの仕送りをしていたはずはなく、実際は、のちに宮崎滔天が警察側に語ったように、「戴天仇……は、施存統の頭脳明晰なるより、将来に望を属し、本邦に留学せしめ、毎月五十円内外の学費を給し[191]」ていたというのが真実であろう。おそらくかれは、上海における大物社会主義者として知られていた戴季陶らから資助をうけているということが、警察側の警戒感をさらにつのらせると考え、明言しなかったのであろう。

このほかにも、かれは「当地日本人中にては、宮崎龍介以外一人の交友なし……日本社会主義者とは、交通せしこと一回もなし」、あるいは「胡適先生……は余のもっとも崇拝する一人なり。陳独秀が言論思想を発表しつつありたる際、余は同人の説に感服しつつありしが、今や広東政府の官吏と為り……最早思想界の人にあらず」、「社会主義を研究すといえども、余は社会主義者にあらず。従って主義の宣伝等もまた為したる事なし[192]」というように、社会主義人士との交友をつとめて否定しているが、それも同様の自制にかかるものであろう。ただし、すでに施存統と堺ら日本社会主義者、および陳独秀らの中国共産主義組織との接触の事実をつかんでいた警察側が、この言葉を額面どおりにうけとったはずはない。施存統の「最近、警察は余に追尾し、余の一挙一動を束縛すること甚だし。奇怪に堪えず」という抗議にもかかわらず、かれにたいする監視の目はそれ以後も緩むことはなく、逆に「宿主よりは転宿方を要請さるる等、甚だ困窮し居れり」という状況に置かれることになったのだった。

かれが警視庁外事課課員の尋問をうけた一九二一年六月は、ちょうど李達、李漢俊が、同月三日に上海に到着したマーリンらの督促をうけて、中共一大の開催準備にとりかかっていた時期にあたる。当初、中共一大は七月二〇日に開催すべく予定されていた(実際に開会したのは七月二三日)が、近くそうした会合が開かれるという情報は、前述のように日本の警視庁側も探知していた。もっとも、それを伝える警視庁側の文書は、その情報の来源については触れておらず、ただちにそれが施存統らと上海との連絡のやりとりを窃取して得られたものであると断定することはできない。だが、施存統ら「日本グループ」が周佛海を中共第一回大会への代表として派遣するにあたって、事前に上海からの大会開催の通知と、それをうけた施と周との書信の連絡があったことはまちがいないし、またこの時期の施存統の受発信する郵便は、ほぼ警察側によって検閲されていたことからしても、そうした情報が施存統周辺から漏れたことは充分に推測しうる。いずれにせよ、七月末に開かれた第一回大会に周佛海を派遣したことによって、「日本グループ」の実質上の責任者だった施存統は、名実ともに中国共産党の党員となったのだった。

4 マルクス主義研究とアナキズムとの訣別

日本での生活が一年を過ぎたころ、中共の第一回大会の開催とあい符合するかのように、施存統はアナキズムと最終的に訣別し、ボリシェヴィズムの徒たることを自任するようになる。これには、かれが日本で吸収した共産主義理論が大きくあずかっていた。

日本に留学する以前、かれは上海の『星期評論』や『民国日報』副刊「覚悟」にしばしば文章を発表、とくに封建的人間関係や婚姻制度の打破を繰り返し訴えていたが、社会主義学説(アナキズムを含む)そのものにかんしては、とりたてて翻訳や解説をした形跡はない[193]。当時の語学力からしても、英語や日本語の社会主義文献を読むだけの能力はなかったから、既存の中国語アナキズム文献や日本語から翻訳された文献記事などから社会主義諸学説の輪郭を把握するぐらいが精一杯のところであっただろう。また、戴季陶や、陳独秀、李漢俊らとの個人的接触によって、マルクス主義学説の大要も少しは理解していただろうが、概して言えば、その社会改造への熱意に比して、その支えとなる理論の方はまだまだ聞きかじりの域を出るものではなかったはずである。

かれがこうした社会主義初学者から理論探求者へと成長したのは、留学後に直に日本語社会主義文献に触れ、それらの翻訳を上海の新聞・雑誌に発表することを通じてであった。かれの日本語社会主義関係文献の翻訳は、一九二一年一月の「労動問題」(『民国日報』「覚悟」一月六〜一八日、原著は北沢新次郎『労働者問題』同文館、一九一九年)から始まり、この年の終わり、つまりかれの帰国までの一年間に、計十一篇に上っている。その中では、河上肇と山川均のものが合わせて八篇を占めており[194]、かれの関心が社会主義諸学説の中でも、とくにマルクス主義に向けられていたことがわかる。また、純粋の翻訳以外の文章も、一九二一年だけで長短合わせて五十数篇を発表しているが、社会主義学説やマルクス主義にかんするものの多くは、河上、山川、堺らの研究に相当に依拠したものであった。かれが日本語を習得してのち、それら日本の社会主義文献を読むことによって、一挙にマルクス主義の理解を深めたことは明白である。

日本留学中のかれのマルクス主義理解は、まず中国における社会主義革命の可能性を論じたいくつかの文章に見てとることができる。中国のような後進的農村社会の貧困脱出、工業発展において、マルクス流の社会主義は有効か否か、中国に社会主義を行いうる条件は存在するかという問題は、中国の社会主義者にとっては、その運動の存在理由にかかわる理論的難題であったが、施存統は主に二つの点から中国での社会主義革命の妥当性を説明している。ひとつは、ロシア革命の成功により、世界の資本主義が滅亡に向かっている以上、中国の資本主義のみが発展しうる可能性はないということであった。かれはいう。

> ロシアの共産主義国家は、すでに全世界のプロレタリアートのために新紀元を開いた。かくて、各国のプロレタリアートは必ずや奮起猛進してブルジョアジーを倒し、ロシアの同志と協力して共産主義世界を建設するであろう。支那《ママ》は世界の一部分であり、そこに住むプロレタリアートも当然に立ち上がって、全世界のプロレタリアートと一致協力してその全世界の社会革命を行い、ともに「人の世界」を創造しなければならない。……つまり、中国の資本主義は発達していないとはいえ、世界の資本主義はすでに発達から崩壊に向かっているのであって、世界の資本主義の滅亡の中で独り中国の資本主義のみが存在できる道理などまったくない。すなわち、世界の大勢から見ても、中国は共産主義を実行しなければならないのである。[195]

ただし、一見してあきらかなように、かれの見解は社会主義必要論にとどまっており、社会主義実行の社会的条件の有無への回答になっているとは言いがたい。たしかに当時にあっては、中国における社会主義運動の物質的条件、すなわち資本主義蓄積の存在を証明することは、ほとんど不可能であった。また、かれが目にしうる日本の社会主義者の文章で、直接に中国における社会主義革命の可能性に言及してくれるものなどあろうはずもなかった。だが、その手がかりが全くなかったかと言えばそうではない。それは、マルクスの唯物史観を受け入れつつも、社会変革における人間の意識的行動の要素を排除しなかった当時の河上肇や山川均の所論である。例えば、山川は社会変革における知識人の役割をこう述べていた。

知識階級の向背には、来たるべきものを来たらしめぬ力はない。けれども必ず来たるべきものが、いかなる形をとって来たるかは、現在の形勢の下では、最も多く有識無産階級の向背いかんによって決定せられるものである。……知識階級はこの大なる使命を意識しなければならぬ。来たるべき社会的変形は、いかなる形をとるか。もし何らかの過渡的状態が避け得られぬとしたならば、この過渡期は、いかにして最少の時間に縮めることができるか。そしてこの過渡期に費やす人間の精力と犠牲とは、いかにして最少の分量に節約することができるか。知識階級は、よしこの問題のすべてを解決することはできなくとも、少なくともその大部分を解決するの鍵を握って居る。要するに、それは知識階級が、どの程度まで明白に、社会的進化の指さしている方向を看取し、どの程度まで鮮明に、歴史の必然を理解することができるか……によって定まるものである。(196)

当時における施存統の山川、河上への傾倒ぶり(197)からして、かれがこうした人間の意識的行動の側面に注意を向けないはずはなかった。かれは中国共産主義革命における物質的基盤欠如を補うものとして、唯物史観によって歴史の趨勢（山川流に言えば、「社会的進化の指さしている方向」）を読みとった「人の努力」を想定する。社会革命はたしかに「経済の必然」を必要とするが、「人の努力」を排除するものではないという以下の見解である。

支那《ママ》で共産主義を実行しようとするのは、とても困難なことであるが、とくに努力すべきことでもある。共産主義の経済的基礎については、現在の支那はなお極めて薄弱であり、我々が共産主義を完全に実現しようとするなら、共産主義の経済的基礎というものを努力して作りださねばならない。現在の支那で共産主義を実行するには、既存の「経済の必然」は少なく、将来における「人の努力」が大きな部分を占める。我々の責務は、その「人の努力」を尽くして、その「経済の必然」を完成することにほかならない。[198]

端的に言えば、中国においては共産主義実現の経済的基礎は小さいが、それが小さい分だけ「人の努力」が必要なのだという論理の組み立てである。かれはそれが厳密に言えば、マルクスの唯物史観に抵触するものであることを自覚していたが、ただしそれを大きな誤解とは考えていなかったようである。かれは言う。

中国でマルクス主義を実行しようとすると、表面的には、あるいはマルクスの言葉とぶつかるところがあるだろうということはわかっている。だが、それは大したことではない。なぜなら、マルクス主義の本質は決して杓子定規のモデルではないからである。したがって、我々はマルクス主義の根本原則を遵守しさえすれば、それで充分なのであって、細かな政策については拘泥する必要がないのである。[199]

では、「マルクス主義の根本原則」とは何か。かれはそれを、「国際的社会主義が国際的資本主義にうち勝つことは疑いのないこと」を証明した「唯物史観」であるとし、そこにこそマルクス主義の精髄を読みとるべきであると結論していた。[200]

こうした施存統の議論が、自己矛盾や我田引水の解釈を含むものであることを指摘するのは容易である。あるいはそこに、その後の中国共産主義運動に絶えずつきまとうことになる主体的努力による客観的状況の克服という傾向の萌芽を見いだすこともできよう。だが、我々が施存統から見てとるべきは、今日の目から見たその内容の高低いかんではなく、むしろ、マルクス主義と唯物史観との関係が、かりにつじつま合わせであろうと、当時のかれにとって整合的に理解され、その共産主義への信念を揺るぎないものにしていったという点である。かれはさらに、「我々が支那《ママ》において共産主義を提唱するのは、決してマルクスの主張と衝突するものではない。かりにマルクスが支那にいたとしても、おそらくは共産主義を提唱するはずである」[201]とすら断言する。そこに見られるのは、マルクス主義の神髄をおのれのものにしたという自信であり、その自信をあたえてくれたものこそが、日本での理論吸収なのだった。

日本の社会主義文献がかれにあたえた影響は、かれのボリシェヴィズム肯定論、すなわちアナキズムとの訣別にも看取することができる。かれにとってボリシェヴィズム肯定の契機となったのは、マルクスの「ゴータ綱領批判」、およびそれによってボリシェヴィキ革命の労農独裁の正当性を指摘した山川、河上の諸論文であった。マルクス「ゴータ綱領批判」(一八七五年)は、資本主義社会から社会主義社会にいたる政治的過渡期として、プロレタリアートの革命的独裁を想定した文章として知られているが、山川や河上は一九二〇年ごろより、マルクス主義研究を進展させる中で、それがロシア革命における労農独裁の理論的根拠になっていることを指摘しはじめていた。[202]

「ゴータ綱領批判」の中国における全訳は、一九二二年になるまで現れなかったが[203]、その部分的紹介、とくに政治的過渡期におけるプロレタリアートの革命的独裁の紹介は、一九二一年半ばになされた。すなわち、山川均が一九二一年に『新青年』のために書き下ろした「科学の社会主義から行動の社会主義へ[204]」と、それを受けて施存統が同年八月に執筆した「マルクスの共産主義[205]」である。とくに、後者は「ゴータ綱領批判」を大幅に引用するのみならず、『共産党宣言』『空想より科学へ——社会主義の発展』『フランスの内乱』といったマルクス、エンゲルスの著作を豊富に引証しながら、プロレタリア独裁がマルクス主義からの逸脱どころか、逆にその精髄にほかならないとするものであり、当時の中国のマルクス主義研究としては群を抜く水準のものだった。その上で、施存統は「純粋のマルクス主義とは、わたしの見るところによれば、ボリシェヴィズムだけである」と宣言し、さらに山川均の「ゴータ綱領批判」にたいする見解(「これは唯物史観の当然の結論であり、応用である」——前述の山川「科学の社会主義から行動の社会主義へ」の一段)を引いて、その解釈が間違いのないものであることの証左としている。施存統のこの文章が、山川の前記「科学の社会主義から行動の社会主義へ」やかれの翻訳した山川の「カウツキーの労農政治反対論」(『社会主義研究』三巻二号、一九二一年三月)などに依拠して書かれていることは明白である。

山川は、「カウツキーの労農政治反対論」において、正統派マルクス主義者とされていたカウツキーにたいし、そのプロレタリア独裁反対の所論をマルクス主義からの逸脱とし、レーニンとボリシェヴィキをマルクス主義正統派として肯定したが、いうなれば、山川をして「ボル」に転換せしめた「ゴータ綱領批判」の理論は、そっくりそのまま施存統に引き継がれ、さらにかれを通じて中国にも同様の変化を促したのであった。時あたかも、中国にあっては社会革命における「独裁」の是非をめぐる論戦(いわゆる無政府主義論戦)が幕を上げており、その意味においても、「ゴータ綱領批判」の持つ意味を、山川によりながら先駆的に中国に紹介した施存統の役割は大きかった。それはかれ自身の転位をもたらしたのみならず、中国の社会主義運動が、ボリシェヴィズムにのっとった「共産党」に脱皮するための、重要な理論的根拠となったからである。主に無政府主義論戦の関連論文を収録し、初期中共党員の必読文献となった『社会主義討論集』(新青年社、一九二二年)において、施存統の論文数が陳独秀に次ぐ五篇(いずれも留学中に執筆したもの)に達していることは、かれのこの方面での理論的貢献のほどを物語っていよう。

山川らの紹介した「ゴータ綱領批判」や「唯物史観の中国における応用」など[206]にもかいま見ることができる。「ゴータ綱領批判」から導き出される過渡的手段としてのプロレタリア独裁の理論は、「わたしは決して根本から無政府共産主義に反対するものではない[207]」とする当時の施存統にとって、アナキズムの究極的理想とボリシェヴィズムの関係を整合的に説明してくれるものでもあった。すなわち、かれによれば「無産階級の専政はもとより革命の一種の手段であり、決して共産党の目的ではなく」、プロレタリア独裁による「社会革命期」と「共産主義半熟期」をへて「共産主義完成期」に至れば、「能力に応じて働き、必要に応じて取る」「自由共産主義」の理想が実現されるのであり[208]、それを唯物史観から科学的に見通したのが、「ゴータ綱領批判」なのだった。

実は、「ゴータ綱領批判」を媒介にして、一方でマルクス主義とアナキズムの究極目標の同一性を確認し、かつ他方でその理想状態へ向かうための手段としてプロレタリア独裁を想定するという見解は、この時期の河上肇にも共通するものである[209]。その意味では、施存統はこの点においても、日本の社会主義研究と歩みを共にしたと言えよう。かくて、かれはアナキズムの究極的理想を捨てることなく、「純粋のマルクス主義」にのっとった「過渡時代の手段」の姿をボリシェヴィズムに見いだすことができたのである。そして、かかる見地から、理念だけが先行する「中国式のアナキズム」を批判し[210]、さらには、「わたしは近世の無政府主義原理が現在の中国には適しないと信じる。ゆえに無政府主義には敢えて追随しない。……わたしの信じるマルクス主義とはすなわちボリシェヴィズムである[211]」と声明するに至ったのだった。

ここには、アナキズムからボリシェヴィズムに転じ、中共に加わった当時の急進的青年の思想的軌跡のひとつの典型を見てとることができよう。すなわち、「中国式の無政府主義」(『新青年』九巻一号、一九二一年五月)において、中国のアナキズムのなかに「放縦」「懶惰」といった前代より変わらぬ心性を見いだし、それを指弾した陳独秀とは別に、アナキズムの究極的理想を根本的には捨てることなく、否、逆説的にその理想を実現するまさにそのことのためにこそ、その「階級が完全に消滅するに至りて、国家は其の効を失う」「無国家の社会」に道を開く「無産階級の政権掌握必要[212]」の理論をマルクス主義(ボリシェヴィズム)のなかに見いだした施存統のごとき例は、決して少なくはなかったはずである。施存統はこのころ、「わたしはレーニン先生を敬服するし、皆がレーニン先生にならうことを希望する[213]」としてその傾倒ぶりをあらわにしている。ソビエト・ロシアに共感した施存統の様子を、当時日本に留学していたアナキスト張景は、「施君の日夜勉強に励む精神は敬服に値するものだった。かれは「レーニンはソ連で毎日十八、九時間も仕事をして、たった五時間しか休まない。僕ら若者はそれよりもっと努力しなければならないだろう」と語ったものである。わたしの机の前には、かれが「世界革命」の四字を記したレーニンの肖像が貼られていた[214]」と回想しているが、それは施存統が山川均らの影響下にボリシェヴィズムに転じた一九二一年後半の情景であろう。

以上で見たように、日本のマルクス主義研究、とりわけ『社会主義研究』とその主編者山川均が、施存統のマルクス主義理解にあたえた影響は極めて大きかったが、実際かれの山川への傾倒ぶりも相当なものだった。かれが当時執筆した『社会主義研究』と山川の活動ぶりを伝える「『社会主義研究』の紹介[215]」なる一文は、同誌既刊号の目次、購読の際の連絡先、価格等を詳しく紹介するとともに、肺を病みながらも精力的にマルクス主義研究をすすめる山川の活動ぶりに惜しみない賞賛をおくっている。同じく肺病を抱えつつマルクス主義の研究に専心していた施存統は、おのれの姿を山川に重ね合わせたに違いない。

施存統自らが述べるところによれば、かれがあこがれの山川を初めて私宅に訪ねたのは、一九二一年九月ごろであった。[216] 当時、施存統はすでに山川の論文を四篇翻訳しており、またすでに述べたように、山川の影響のもとでボリシェヴィズムに転じていたから、山川はこの「同志」の訪問を快く迎えたはずである。施存統にとっても、尊敬してやまない山川との対面は、それに先立つ堺利彦との面会と並ぶ快事であっただろう。かれはのちに警視庁の係官にたいして、「日本に於ける社会主義者中第一人者は堺利彦にして、次を山川均なりと信ず」と明言しているが、[217] そうした尊敬の念はかれらの文章を読むだけでなく、直接の面談によってより確かなものとなったことだろう。山川との関係はその後も、その年の暮れに施存統が逮捕される直前まで、雑誌に発表された山川論文の伏せ字箇所の問い合わせのための訪問などという形で続いた模様である。

5　逮捕と国外追放

中共「日本グループ」——すなわち施存統と周佛海——にあたえられた役割は、日本のマルクス主義研究を逐次中国に紹介することとともに、「日本同志と連絡」してコミンテルンと日本の共産主義運動の橋渡しをすることであったが、かれは事実上唯一の「日本グループ」成員として、たしかにそれを実行した。ボリシェヴィズムの「信徒」となった一九二一年夏以降の動向で触れなければならないのは、その秋に極東諸民族大会への人員派遣の働きかけのために密かに来日した張太雷と日本の社会主義者との接触を斡旋したことである。すなわち、一〇月初旬に張太雷が密かに来日するや、かれは日本警察の厳しい監視の目をかいくぐって、日本に不案内な張と堺利彦、近藤栄蔵との会見を実現させたのである。

張太雷はコミンテルン第三回大会に出席したあと、極東諸民族大会の開催準備作業に参加し、その大会に中国、日本の代表者を招請するべく、八月か九月ごろ帰国、その後間もなくマーリンの派遣で密かに日本を訪れたといわれる(218)。中共第一回大会後も中国にとどまったマーリンは、この張太雷の派遣によってようやく日本の同志と連絡がとれるようになったと述べており(219)、その意味では、張の日本派遣はコミンテルンと日本共産主義運動の接触の上で、重要な節目となったのだった。

施存統の東京地方裁判所での証言(220)（以下、「証言」と略称）、およびかれの警視庁での供述(221)（以下、「供述」と略称）によれば、「中国社会主義青年団の団員」張太雷が「露国過激派の代表」「S君」（Sneevlietすなわちマーリン(222)）からの密命と周佛海の紹介状を帯びて、かれの下宿である三崎館に現れたのは一〇月五日だった。張太雷はかれのもとに一週間ばかり滞在したが、到着の翌日あたりに施に伴われて、かれと面識のあった堺利彦を訪問し、極東諸民族大会への代表派遣を要請したという。堺はすぐに近藤栄蔵を呼んで張と施に応対したが、施存統の語学力ではとても通訳はおぼつかなかったのであろう、そのやりとりは双方英語でおこなわれたらしい。施存統はこのほかに、張太雷がその後もう一度堺に面会して、かれらが派遣してくれる人員の数を確認し、その何れかのさいに朝鮮銀行の百円札で千円を派遣旅費として近藤に渡したが、そのうちの五百円は施存統自身が朝鮮銀行で日本紙幣に両替したこと、かれ自身も日本の社会主義文献の翻訳原稿料として百円をうけとり、それで滞納していた下宿料を支払ったこと、また張太雷がその使命を完遂して帰国したのが一〇月一三日前後で、東京駅発の列車で上海に向かったことを詳細に証言している。

この「証言」「供述」は、後述するように、事実をほぼつつみ隠さず述べているものなのだが、張太雷の来日の経緯とその離日時期にかんしては、張太雷の当時の事跡に不明な点も多いため、若干の補足をしておく必要があろう。まずその来日の経緯について言えば、張太雷の日本への派遣は、マーリンが陳独秀に諮らぬまま独断で指示したものらしい。当時、上海にいた張国燾は、張太雷の出発のあとでそれを知らされた陳独秀がマーリンの専横をなじったため、両者の間には感情的対立が生じ、ついには陳独秀が周佛海と李達に命じて、施存統に宛てて、張太雷には協力しないように申し伝える密函を送るという事態にまでなったとしてその間の模様を詳述し、それを「中共中央の最初の大争論」と呼んでいる[223]。張国燾の回想によれば、密函を受け取ってそれを張太雷に見せた施存統が、幸いにも張太雷の説明に納得してくれたため、張は何とか任務を果たすことができたのだという。中国人自身による党運営を強く求めていた当時の陳独秀が、何かにつけコミンテルンの権威を振りかざすマーリンを快く思っていなかったことは、関係者の回想が多く指摘するところであり、かれがマーリンや、その助手兼通訳にして一部には「交際に長ずる海派の作風を有する[224]」という評もあった張太雷にたいして、こうした挙に出たとは十分に考えられることである。

ついで張太雷の来日、離日の日時について、施存統はそれをそれぞれ「一〇月五日」「一〇月一三日頃」と証言しているが、官憲側の文書にはその来日を「八月下旬」「一〇月二日[225]」とするものもあり、にわかには確定しがたい。また、その離日にかんしても、「八月下旬」「一二月一二、三日頃[226]」とする説もあり、やはり若干の検討を加えておくべきであろう。まず確認しておくべきは、マーリンと対立したという陳独秀の動向である。陳独秀が上海の中共中央の指導のため、広州を離れたのは九月一〇日であり、この年上海の租界警察によって逮捕されたのは一〇月四日、釈放され自由の身になったのは一〇月二六日である[227]。その釈放にさいし、マーリンおよび日本から帰国した張太雷が尽力したため、張派遣の一件でこじれた陳とマーリンの関係が修復されたといわれている[228]以上、前述の張派遣の経緯から考えても、張太雷の渡日は陳が上海に着いた九月の中旬以降、またその帰国は遅くても陳釈放の日以前でなければならない。これとは別に、極東諸民族大会に参加すべく日本を発った徳田球一は、「一〇月初旬」に「日本郵船の春日丸」で張太雷とともに上海へ向かったと述べている。[229]徳田の回想する船名が正しいとすれば、春日丸の出航記録に照らして張の離日の日時も確定できることになろう。その前後の日本の新聞にみえる同船の運航としては、横浜発九月二五日、同一〇月一二日、同一〇月三〇日があるが、前述の上海の事情を考えれば、一〇月一二日横浜発、一四日神戸発の便がもっとも妥当ということになる。そしてその日付は、奇しくも施存統の証言と一致するのである。徳田と張太雷の乗船したのがまちがいなく「春日丸」であったと言い切ることはできないが、当時の上海の状況からしても、張太雷の来日と離日はほぼ施存統の証言する日時であったと結論することができるだろう。

日本の共産主義運動とコミンテルンとの関係が、この「極東諸民族大会」への日本代表の参加を契機に一挙に緊密化したことを考えれば、施存統が張太雷と堺、近藤の会見にあずかったことの意味は大きいと言わざるを得まい。すなわち、かれはこの時期に日中間に存在した社会主義思想の連環と、共産主義運動の連携を一身に体現する存在として、日本および中国の共産主義運動史に逸することのできない足跡を残したのである。だが、かれが中国共産主義運動の理論供給者として、あるいは日中共産主義運動の仲介者として活動しえた時期は長くは続かなかった。張太雷の来日から三ヵ月もせぬうちに、かれの留学生活は突如終わりを告げることになる。かれを待っていたのは、「赤化宣伝運動資金」の授受に関与した容疑による逮捕と、それに引き続く国外追放処分であった。

施存統逮捕の引き金となったのは、一一月の下旬に発覚したいわゆる「グレイ事件」とそれに関連した近藤栄蔵の検挙(一一月二五日)に始まるいわゆる「暁民共産党事件」(文書散布による反軍宣伝の容疑)であった。「暁民共産党事件」については、これまでの研究ですでに相当のことがあきらかにされているので[230]詳細は省略するが、「グレイ事件」の方は施存統もかかわったコミンテルンと中国、日本との連絡工作に関係しており、また、これまでほとんどあきらかにされていないので[231]、若干の説明をしておこう。「グレイ事件」とは、日本の共産主義運動の資金とおぼしき大金（約七千円）を持って上海から来日したボリス・グレイ（Boris P. Gray〔Grey〕）なる人物が一一月二四日に横浜で検挙され、国外追放になった事件である。かれを検挙した日本官憲の文書によれば、一八八九年にモスクワに生まれたイギリス国籍のグレイは、一九二〇年ごろよりロシア領極東で活動、一九二一年一〇月ごろにダルタ通信社の通信員として上海に渡来し、おりから近藤栄蔵によって「日本共産党」の文書伝達と活動資金受領のために上海に派遣された重田要一なる青年とともに一一月下旬に日本にやって来た（一一月二〇日に長崎到着、二二日に横浜のホテルに投宿）のだった。その目的は、日本の社会主義者との接触と活動資金の授受であり、グレイは五千円の宣伝費を手交すべく近藤と会見、かれの持っていた手帳には、さらに山川均や荒畑寒村らの名が記されていたとされる[232]。

「グレイ事件」に巻き込まれた近藤栄蔵の回想は、ほぼこの官憲側資料に符合する。すなわち、かれによれば、施存統の仲介で張太雷と会見したのち、かねてから約束されていたコミンテルンからの活動資金を受け取るために、かれは山川均とともに報告書やテーゼを作成し、それを官憲に顔の知られていない早稲田大学の学生重田要一に託して上海に送り出していた[233]。そしてやって来たのがグレイだったのである。近藤はこれに関連して、重田がたしかにその使命を果たし、そのさい官憲側が重田に指一本ふれていないにもかかわらず、それら文書が警察の手に渡っていたことを謎とするが、実は重田も「グレイ事件」の前後に日本警察の取り調べを受けており[234]、その結果、それら文書は官憲の手に落ち[235]、同時に近藤にも検挙の手が伸びたのであった。

このグレイは、たしかにソビエト・ロシア、コミンテルンからの密使であった。コミンテルン執行委員会極東書記局の設立が進行していた一九二〇年一一月から一二月にかけて、グレイの名はその構成員予定者として、しばしばロシア共産党関係の文書に登場し、その後翌年の秋までカムチャッカ革命委員会議長として活動したことが確認できる[236]。

カムチャッカを発ったのは一九二一年九月、商人を装って上海にやって来たのは一〇月のことだった。[237] グレイの日本派遣に、当時上海にいたマーリンが関わっていたことは、マーリン自身が「日本の優れた治安活動の好例は、我々がグレイ〔Gray〕同志によって得た経験である。この同志はイギリスのパスポートを所持して一一月の半ばに上海を発ったのだが、一一月二二《ママ》日に東京で逮捕されてしまった。かれと接触のあった日本の同志も警察に探知された」[238]と述べていることからもあきらかである。

警視庁は「グレイ事件」に鑑みて要注意外国人の一掃を検討し、同時にグレイと日本人との間に介在する外国人の捜査のなかで、施存統にゆきあたったと伝えられている。[239] グレイの所持品の中に、日本での協力者として施存統の存在をうかがわせる証拠があったかは定かではないが、グレイ、重田、近藤にたいする一連の取り調べが進んでいけば、さきに近藤にたいする張太雷からの資金提供を斡旋した施存統に捜査の手が伸びるのは、けだし時間の問題だった。近藤の検挙からひと月もせぬ一二月二〇日、はたして施存統は逮捕され、日比谷署に拘引された。[240]

身柄を拘束されたかれは、早速に警視庁外事課の厳しい取り調べをうけた。生来、からだの弱かったかれにとって、峻烈な取り調べと一週間ほどにわたった酷寒の留置所生活は、相当にこたえるものだったようである。[241] そのさいの供述内容は、本書の付録「施存統の供述」に見えるように、非常に詳細なものであった。[242] そして、警視総監より内務大臣にその国外退去処分が申請された一二月二三日、かれは東京地方裁判所の「暁民共産党事件」予審廷に証人として引き出され、その供述にほぼ沿った証言をすることになる。「供述」や「証言」の多くを占める張太雷渡来にかんする部分はすでに紹介しているので、以下ではそれ以外の事項を検討しておくことにしよう。

かれは張太雷来日の一件にかんする証言に続いて、「上海のライフ」の「ゴーマンを知っているか」という判事の質問に、「知りませぬ」と答えているが、これは近藤が同じく予審廷で、その一一月に「上海ライフのゴーマン」に

「上海ライフ」（暁民共産党の運動報告を書面で送った、と述べたことに関連して判事がさらに追及したものであろう。「上海ライフのゴーマン」とは、本書第二章第二節で言及したヴォイチンスキーの協力者のゴールマン（Goorman）のことである。[243]

また、かれは、「黄界民〔黄介民〕を知っているか」という質問にも、「知りませぬ」と答えているが、これも近藤が同年五月に上海に渡ったさいに、黄介民ら「上海共産党」と接触したと述べたことを追及したものであろう。ただし、施存統は警視庁での供述の方では、「黄界民一派の組織する」共産党——つまり、大同党系の「共産党」——に言及しているから、本当に黄介民を知らなかったとは即断できない。さきのゴールマンについても同様であろう。かれが接触のあった日本の社会主義者（堺利彦、高津正道、近藤栄蔵、高瀬清、宮崎龍介など）や、陳独秀らの共産党に関係を有する中国人社会主義者の名前のほうはスラスラと答えているところから見ると、ゴールマンや黄介民にかんしては、それが近藤栄蔵にたいする審理に直接に関係すると感じとって、予審廷では意図的に隠蔽したとも考えられる。[244][245]

逮捕とその後の取り調べによって、自分への何らかの処分がすでに避けられないと感じたであろうかれにとって、もはや自らの使命や立場を糊塗する必要はなかった。かれは、「供述」において自分が中国共産党のメンバーであることやその使命が「上海共産党と日本社会主義者との連絡」であることを認め、また予審廷での「証言」では、「十九才頃から〔社会主義を〕研究」してきた自らの思想的立場にかんしても、「元はアナーキストであったが、今はコミュニストであります。即ちマルクス派に属しています」と明言してはばからない。それは、アナキズムから最終的にマルクス主義の中に自らを定位させるに至る転換をもたらした一年半の日本留学にたいする、総括の言葉でもあった。

一二月二七日、拘留中のかれに内務大臣より国外退去命令が下され、これをうけて翌日の新聞各紙は施存統の逮捕と国外退去処分を、かれの写真入りで大きく報じた。日本のジャーナリズムは、グレイ事件に続く「密使」の摘発を「赤化宣伝費を取次いだ怪支那人へ退去命令……高田村に潜伏の施存統」（『国民新聞』）、「支那人施存統に退去命令……[246]

赤化運動発覚して」(『東京日日新聞』)という見出しで仰々しく書き立てている。中国においても、小さい記事ながら、『晨報』(北京)、『申報』(上海)は施存統逮捕の報を伝えた[247]。ただし、かれが頻繁に寄稿した上海の『民国日報』は、「赤化宣伝費を取次いだ」とされる施存統と同紙との関係を指摘されるのをはばかったためであろうか、かれの逮捕、国外退去処分については一切報道しなかった。

また、かれがもっとも頼りにしたはずの宮崎龍介は、当時かの「白蓮事件」の渦中にあって、みずからも報道陣に追い回されており、とてもかれのために奔走できるような状況にはなかった。かれに代わって警察側の事情聴取をうけたその父滔天は、次のように語っている。

彼渡来の後、本邦の社会主義者堺利彦、大杉栄等を訪問したる旨聞知せるより、前後三回迄、本邦の社会主義者は売文売名の徒にして、真の社会主義者に非ず、彼と交際を続くるは、将来の為にあらずとて懇々訓戒したるに、当時本人は今後は絶対に堺等と交際を絶つ旨言明せるに因り、自分もこれを信じ居りたり。とにかく、官憲に在りては相当実証を挙げ、追放処分に附せられし事ならん[248]。

だが、滔天は続いてこうも言う。「隣国支那の一青年を再び入国せしめざるが如きは、余りに偏狭の処分ならずや。余が為政者ならんには決してかく処置せざるべし」。それは中国革命の支援者たるに恥じない滔天の気骨の言であると同時に、「赤化運動」への警戒が叫ばれていた当時において、かれが言い得る精一杯のところであっただろう。

一方、施存統と交際のあった中国人留学生の対応は、「新聞紙上に掲載せられたる如く、社会主義を宣伝し、本邦社会主義者と交通して日本の治安を害するが如くんば、追放処分に附せらるるも、またやむを得ざるべし[249]」という趣旨のことを語った田漢（のちに中国文学界屈指の劇作家となる）をはじめとして、表面上はおおむね冷淡なものであった。かくて、慌ただしく帰国準備をすませた施存統は、一二月二八日に下宿先の三崎館で同宿の中国人学友二十名ほどと「約十分間茶菓を共にし」[250]たのち、その夕刻に二、三の友人に附き添われて横浜へ向かい、神奈川県警の刑事に護送されて、「ありぞな丸」の三等雑居船室にはいる。新聞の伝えるところでは、詰め襟の制服姿のかれは時々船窓より陸地を眺め、淋しさを漂わせていたという[251]。かれと護送の警視庁警官二名を乗せた同船の解纜は翌二九日の午前八時半であった[252]。

上海へ向かう船上のかれは、退去処分によって逆におのれの信念が固まったかのように、意気軒昂であった。かれは同乗の警視庁の係官にたいして、大胆にも次のように語っている。

> 這回、日本政府は余に対し退去処分を為し、余を国外に追放せり。余の日本に於ける行動は、現在日本政府にとりては当然の措置なりと信ず。これすなわち現在日本諸制度の然らしむるものなるを以て、余は何等の反感を有せず。然れども余は帰国後、『民国日報』附録「覚悟」紙上に此回の退去に関する感想を発表せんとす。……露国は今や全く赤化し、住民は自由に幸福に生活しつつあり。然るに日本各新聞はこれと反対の記事を掲げつつあるは、畢竟資本家の宣伝に過ぎず。支那《ママ》は目下、文化運動旺盛なるを以て、将来これと相まちて労働運動、軍隊運動を起さば、必ずや赤化し得るものと信ず。日本もまた、将来、赤化し得る可能性あり。故に日本に対しては、種々なる方法を以て連絡を執るに至らん。……何れにせよ、余は将来に於いて、現主義を抛つことなく、益々これを研究し、日本人に対しても、なお一層の連繋をとる考えなり[253]。

ここには、ロシア革命に無窮の期待を抱き、世界革命を展望しながら共産主義をおのれの主義と確信した当時の中国青年の心情が明瞭にあらわれている。また、かれの日本革命への期待や日本の同志との連帯継続の意思表明は、みずからのマルクス主義研究を実り多いものにしてくれた日本の社会主義運動への感謝と共感を、かれ流に表現したもののようにさえ見える。自らの信念を揺るぎないものにしたかれにとって、もはや恐れるものは何もなかった。今やかれが向かう中国には、かれと同じように共産主義をおのれの信念とした一群の青年たちが立ち現れており、その中核となる中国共産党は一人でも多くの活動家を必要としていたのだった。

浙江の一農村から杭州へ、さらに北京、上海、東京、そして再び上海へと若き日の施存統がたどった道程は、同時に、儒教の徒から反儒教の徒へ、そしてアナキズム、工読互助団運動からマルクス主義、ボリシェヴィズムへと新思想、あるいは中国変革の方策をもとめて突き進んだ五四青年の道程でもあった。そして、マルクス主義を終生の指針として上海にもどった時、かれは若き日の、文字どおりの彷徨にピリオドをうつことになる。施存統を乗せた「ありぞな丸」が神戸、門司を経由して上海に到着したのは、年も改まった一九二二年一月七日。[254] 帰国した施存統に共産党があたえたのは、党の外郭組織である社会主義青年団の統括者という重要な職務であった。かれは直ちにそれに全精力を傾けることになる。第一回大会を終えた中国共産党が、かれのような理想に燃える若き青年たちの行動力に支えられて、「革命」の表舞台に登場する日はすぐそこまで来ていた。

注

序　章

（1）建物は、望志路と貝勒路（Rue Admiral Bayle 現黄陂南路）の交わる所に位置する集合住宅であったため、貝勒路樹徳里三号と表記される場合もある。

（2）中華人民共和国成立後に中国共産党第一回大会の会場がどのようにして発見、確認されたかについては、沈之瑜「〝一大〞会址是怎様找到的」（『上海灘』一九八八年第一〇期）、および葉永烈『紅色的起点』上海人民出版社、一九九一年、一～一二頁参照。

（3）「上海游記」（『芥川龍之介全集』第五巻、岩波書店、一九七七年、四七～四八頁）。なお、芥川龍之介が上海で李漢俊と面談したことについては、青柳達雄「李人傑について——芥川龍之介『支那游記』中の人物」（『国文学　言語と文芸』一〇三号、一九八八年）、単援朝「上海の芥川龍之介——共産党の代表者李人傑との接触」（『日本の文学』第八集、一九九〇年）、関口安義『特派員芥川龍之介』（毎日新聞社、一九九七年）などが論及している。

（4）同前、四八～四九頁。

（5）張国燾『我的回憶』第一冊、明報月刊出版社、一九七一年、一三四頁、「マーリンのコミンテルン執行委員会、プロフィンテルン宛報告（一九二三年五月三一日）」（Tony Saich, *The Origins of the First United Front in China: The Role of Sneevliet (Alias Maring)*, Leiden, 1991, p. 539. 李玉貞主編『馬林與第一次国共合作』光明日報出版社、一九八九年、一九一頁）。

(6)『芥川龍之介全集』第一一巻、岩波書店、一九七八年、一四七〜一四八頁。この書簡を読むと、芥川に李漢俊を紹介したのは、沢村幸夫であったようである。沢村については、萩野脩二「「支那通」について」(『中国研究月報』五五四号、一九九四年)、同「ある「支那通」の軌跡——澤村幸夫について」(『中国文学会紀要』一五号、一九九四年)参照。

(7)薛承、封春陽「十年来党的創立時期研究述評」(『中共党史研究』一九九一年第二期)は、一九八一年から十年間だけでも、建党関連の文章は千五百篇あまりに上ると見積もっている。これら膨大な量に上る研究史を整理することはとても不可能だが、とりあえずは、同文章、および拙稿「中共創建史研究述評」(曾慶榴、洪小夏主編『中国革命史研究述論』華星出版社、二〇〇〇年)を参照されたい。

(8)中共中央党史研究室一室編著『中国共産党歴史(上巻)』若干問題説明』中共党史出版社、一九九一年、二二頁。この公式見解の可否にかんしては、中国でも若干の論争がある。例えば、王学啓、張継昌「対中国共産党是馬克思列寧主義同中国工人運動相結合的産物的再認識」(『杭州大学学報(哲社版)』一九八九年第三期)、曹仲彬、杜君「論中国共産党是馬克思列寧主義同中国工人運動相結合的産物——與王学啓、張継昌商榷」(『中共党史研究』一九九一年第六期)などである。

(9)「論人民民主専政　紀念中国共産党二十八周年(一九四九年六月三〇日)」(『毛沢東選集』第四巻、人民出版社、一九九一年、一四七〇〜一四七一頁)。

(10)日本を媒介とした西洋近代文明受容の中国における事例としては、狭間直樹編『共同研究　梁啓超——西洋近代思想受容と明治日本』(みすず書房、一九九九年)が詳しい。

(11)「我的馬克思主義観」(『李大釗文集』第三巻、人民出版社、一九九九年、一五頁)。なお、この一段は、日本の経済学者福田徳三の『続経済学研究』(同文館、一九一三年)の第一篇第八章「難解なるカール・マルクス」の冒頭部分に基づいているという(後藤延子「李大釗とマルクス主義経済学」信州大学『人文科学論集』二六号、一九九二年)。

(12)包恵僧「共産党第一次全国代表会議前後的回憶」(中国社会科学院現代史研究室、中国革命博物館党史研究室編『"一大"前後』(二)、第二版、人民出版社、一九八五年、三一三頁)。

(13)村田陽一編『コミンテルン資料集』第一巻、大月書店、一九七八年、三〇八〜三一五、六二五頁。なお、バクー大会にかんしては、伊藤秀一「バクーの東方諸民族大会について」(『神戸大学文学部紀要』一号、一九七二年)がほぼ唯一の専論である。

(14) むろんモスクワ・アルヒーフのすべての文書が公開されているわけではない。例えば、現在、最もよく利用されているロシア国立社会・政治史アルヒーフ(РГАСПИ〔ルガスピ〕、旧ロシア現代史資料研究・保存センター)所蔵の文書でも、フォンド五一四(中国共産党)に分類されている文書(一二二二ファイル)は、その利用優先権が中国共産党にあるとの理由で、原則的に公開されていない。

(15) 一九九四年以来、ロシア科学アカデミー極東研究所とベルリン自由大学の提携により、旧ソ連の中国革命関係アルヒーフ資料集が刊行されつつある。『全連邦共産党(ボ)、コミンテルンと中国国民革命運動』(*ВКП(б), Коминтерн и Национально-Революционное Движение в Китае: Документы, Т. I.* (*1920-1925*), Москва, 1994; *Т. II.* (*1926-1927*), Москва, 1996; *Т. III.* (*1927-1931*), Москва, 1999.; ドイツ語版: *RKP* (*B*), *Komintern und die national-revolutionäre Bewegung in China: Dokumente. Band 1.* (*1920-1925*), München, 1996; *Band 2.* (*1926-1927*), Münster, 1998.; 中国語訳: 中共中央党史研究室第一研究部訳『聯共(布)、共産国際與中国国民革命運動(一九二〇—一九二五)』北京図書館出版社、一九九七年、同訳『聯共(布)、共産国際與中国国民革命運動(一九二六—一九二七)』北京図書館出版社、一九九八年、李玉貞訳『聯共、共産国際與中国(一九二〇—一九二五)』第一巻、東大図書公司、一九九七年)。

(16) 代表的なものを挙げれば、ヴォイチンスキーにかんしては、ソ連科学アカデミー極東研究所編著、毛里和子、本庄比佐子共訳『中国革命とソ連の顧問たち』(日本国際問題研究所、一九七七年)、『維経斯基在中国的有関資料』(中国社会科学出版社、一九八二年)があり、マーリンにかんしては、『馬林在中国的有関資料』(増訂本、人民出版社、一九八〇年)、Tony Saich, *The Origins of the First United Front in China: The Role of Sneevliet* (*Alias Maring*), Leiden, 1991. 李玉貞主編『馬林與第一次国共合作』(光明日報出版社、一九八九年)がある。

(17) 同文書の返還の経緯については、裴桐「一九五六年赴蘇聯接収檔案追憶」(『党的文献』一九八九年第五期)参照。

(18) ソ連解体直前の一九九〇年から翌年にかけて、さらに一部の文書が中国に返還されたらしい(馬貴凡「赴蘇査閲共産国際檔案情況述略」『中共党史通訊』一九九一年第一六期)が、それも公開されてはいない。

（19）中国社会科学院現代史研究室、中国革命博物館党史研究室編『″一大″前後』（一）～（三）、人民出版社、一九八〇～一九八四年。
（20）森時彦「中国における勤工倹学運動研究の動向」（『東洋史研究』四〇巻四号、一九八二年）、同「中国共産党旅欧支部の成立」（『愛知大学国際問題研究所紀要』八〇号、一九八五年）。
（21）中共第一回大会のメンバー十三人にかんしては、一九九七年に各人一冊の伝記シリーズが鄭恵、張静如主編『中共一大代表叢書』（河北人民出版社）として刊行された。
（22）「中国共産党第一次代表大会」（中央檔案館編『中共中央文件選集』第一冊、中共中央党校出版社、一九八九年、五五六頁）。

第一章

（1）清末中国における社会主義思想の伝播については、狭間直樹『中国社会主義の黎明』岩波書店、一九七六年、Martin Bernal, *Chinese Socialism to 1907*, Ithaca, N. Y. 1976 が詳しい。
（2）周佛海「実行社会主義與発展実業」（『新青年』八巻五号、一九二一年一月）。
（3）楊紀元「毛沢東不可能在北京看到陳訳本『共産党宣言』」（『党史研究資料』一九八一年第二期）、竹内実『毛沢東』岩波書店、一九八九年、四九～五六頁。
（4）E. H. Carr, *1917: Before and After*, London, 1969, pp. 8–9（邦訳：南塚信吾訳『ロシア革命の考察』みすず書房、一九六九年、一六～一七頁）。
（5）同前。
（6）現代革命における理論、道義付け、イデオロギーの重要性、そしてそれらが実際の運動において果たす巨大な影響力に注目し、革命運動の指導者としての「知識人」がその「知識」ゆえに正当性と権威を獲得していく傾向にあることを論じているのが、アメリカの社会学者、アルヴィン・W・グールドナー（Alvin W. Gouldner）の *The Future of Intellectuals and the Rise of the New Class*, New York, 1979（邦訳：原田達訳『知の資本論』新曜社、一九八八年）である。本章は、「知識による指導」

と、そしてそれを担う知識人の重大な役割がいかなる国でもマルクス主義起源の革命において著しく見られるという現代性に重点をおく。

(7) 南博、社会心理研究所編著『大正文化　一九〇五～一九二七』新装版、勁草書房、一九八七年、二九九頁。

(8) 清水安三『支那新人と黎明運動』大阪屋號書店、一九二四年、一六二、一六七頁。

(9) 羅家倫「今日中国之雑誌界」(『新潮』一巻四号、一九一九年四月)。

(10) 中共中央馬克思恩格斯列寧斯大林著作編訳局研究室編『五四時期期刊介紹』第一～三集(全六冊)、生活・読書・新知三聯書店、一九七九年。

(11) 一九二〇年ごろの中国の非識字率は約八〇%と見積もられている(狭間直樹等著『データでみる中国近代史』有斐閣、一九九六年、三四頁)。また、パターソン(D. D. Patterson)が行った推計では、一九二〇年代初めに、中国で「雑誌、新聞を読みこなすことのできた」人の割合は、およそ四百人に一人であったという(Joseph T. Chen, *The May Fourth Movement in Shanghai*, Leiden, 1971, p. 61)。

(12) 張召奎『中国出版史概要』山西人民出版社、一九八五年、二九九頁。

(13) 陳望道「回憶党成立時期的一些情況」(中国社会科学院現代史研究室、中国革命博物館党史研究室編『〝一大〟前後』(二)、第二版、人民出版社、一九八五年)。

(14)「文化書社第一次営業報告」(張允侯等編『五四時期的社団』(一)、生活・読書・新知三聯書店、一九七九年、五三～五四頁)、「文化書社社務報告」(同六四頁)。

(15) 中国新聞の副刊の概観を知るには、王文彬編『中国報紙的副刊』(中国文史出版社、一九八八年)が便利であるが、残念ながら各副刊にかんする紹介はあまりにも貧弱である。

(16) 五四時期の新聞については、小関信行『五四時期のジャーナリズム』(『五四運動の研究』第三函、一一、同朋舎、一九八五年)が詳しい。

(17) マルクス、エンゲルス、レーニンの著作の中国語への翻訳史にかんしては、以下の優れた研究書、目録がある。中共中央馬克思恩格斯列寧斯大林著作編訳局馬恩室編『馬克思恩格斯著作在中国的伝播』人民出版社、一九八三年、北京図書館馬列著作研究室編『馬克思恩格斯著作中訳文総録』書目文献出版社、一九八三年、北京図書館編『列寧著作在中国(一九一九～一九九二年文献調研報告)』書目文献出版社、一九九五年。このほか、中国で発表された社会主義関連の文章を集成した資料集としては、『社会主義思想在中国的伝播(資料選輯)』(全六冊、中共中央党校科研辦公室、一九八五、一九八七年)があり、網羅的である。ただし、これら目録、資料集で抜け落ちているのが、翻訳のもとになったテキストの問題である。つまり、当時の中国訳は日本語や英語からの重訳である場合がほとんどなのだが、そのテキストがまったく考察から欠落している。

(18) 韓一徳、姚維斗『李大釗生平紀年』黒龍江人民出版社、一九八七年、七二頁。

(19) 北京の『晨報』、上海の『時事新報』は党派的系列で言えば、研究系、すなわち梁啓超らのグループの影響力の強い新聞であった。梁啓超ら研究系の民国時期の政治、文化活動については、張朋園『梁啓超與民国政治』(食貨出版社、一九七八年)が詳しい。

(20) 李大釗をはじめ、中国におけるマルクス主義思想にかんする先行研究は枚挙にいとまがないが、日本での中国マルクス主義受容の研究史は、李大釗思想研究にかんしては、丸山松幸、斎藤道彦『李大釗文献目録』(東洋学文献センター叢刊第一〇輯、一九七〇年)の「参考文献目録」、および後藤延子「日本における中国近代思想史研究」(『中国研究月報』四九一号、一九八九年)があり、中国では李権興等編『李大釗研究辞典』(紅旗出版社、一九九四年)があり、いずれも網羅的である。

(21) 前掲小関信行『五四時期のジャーナリズム』一〇七頁。

(22) 王炯華『李達與馬克思主義哲学在中国』(華中理工大学出版社、一九八八年)は「馬氏唯物史観概要」の訳者を、中共創立期の主要メンバーの一人の李達であると推定している(一三頁)が、当時日本留学中の李達がほかに『晨報』に投稿している形跡がないことからみて、その推定にはやや無理がある。

(23) 前掲『馬克思恩格斯著作在中国的伝播』二四八頁。

(24) 河上肇「『マルクス資本論解説』」(『社会問題研究』第七冊、一九一九年七月)。

(25) 「晨報副刊」上に連載された「馬氏資本論釈義」は、翌一九二〇年九月に単行本の形で刊行された。陳溥賢は刊行にあたって日本語版で伏せ字になっていた箇所をおぎなって刊行せんとし、高畠素之に伏せ字部分の日本語を知らせてくれるよう手紙で要請したが、高畠からは返答を得られなかった（陳溥賢訳『馬克斯経済学説』商務印書館、一九二〇年、三頁）。

（26）前掲『五四時期期刊介紹』第一集上冊、九八頁。および、『李大釗伝』人民出版社、一九七九年、五八頁。

（27）「李守常啓事」（『晨鐘報』一九一六年九月五日）。

（28）李大釗が『晨報』あるいは「晨報副刊」の編集にたずさわっていた、という俗説は成綱「李大釗同志抗日闘争史略」（『新中華報』一九四一年四月二七日）が、李大釗は晨報の主任編集員だった、と誤記したことに源を発するらしい。やがてその論は広く流布し、かれが「晨報副刊」に記事を投稿したことと合わせて、「『晨報』マルクス研究専欄開設に助力」（張静如等編『李大釗生平史料編年』上海人民出版社、一九八四年、七五頁）、はては「李大釗の影響の下、もともと『晨報』にいた旧派の人の中にも「近世社会主義鼻祖馬克思之奮闘生涯」のような文章を書くものも現れた」（李龍牧『五四時期思想史論』復旦大学出版社、一九九〇年、一九八頁）とする拡大解釈がうみだされることになる。

（29）筆名「淵泉」をめぐる従来の解釈、および「淵泉」が陳溥賢の筆名であることの考証は、拙稿「李大釗のマルクス主義受容」（『思想』八〇三号、一九九一年）参照。なお、近年では中国でも、「晨報副刊」に社会主義文献を翻訳紹介したのは、陳溥賢であるとされるようになっている（例えば、唐宝林主編『馬克思主義在中国一〇〇年』安徽人民出版社、一九九七年、八六〜八七頁）。

（30）陳溥賢（陳博生）の経歴については、葉明勲、黄雪邨「追憶陳博生先生」（『伝記文学』三九巻一期、一九八一年）、姜亮夫撰『歴代名人年里碑伝総表』（台湾商務印書館増補排印本、一九七〇年）、支那研究会編『最新支那官紳録』（冨山房、一九一八年）、外務省情報部『現代中華民国・満州帝国人名鑑』（東亜同文会、一九三七年）、橋川時雄編『中国文化界人物総鑑』（中華法令編印館、一九四〇年）等に拠った。

（31）李大釗と陳溥賢の関係をうかがわせる資料は管見の限りでは、唯一、梁漱溟「回憶李大釗先生」の中に、李大釗が一九二七年四月に張作霖によって逮捕、処刑された時、陳溥賢が李の遺体のある寺に赴いた、という記述があるだけである（『回憶李大釗』人民出版社、一九八〇年、八九頁）。これにより、五四以降も李大釗と陳溥賢の交遊が続いたということが漠然と推測される。

(32)『晨報』「副刊」一九一九年一一月六日。

(33)『晨報』「副刊」一九一九年一一月一八日。

(34)両記事ともに署名はないが、記事の内容から陳溥賢の執筆であることが知れる。

(35)淵泉「東遊随感録(十)」(『晨報』「副刊」一九一九年一〇月二九日)。

(36)淵泉「什麼叫做危険思想?」(『晨報』一九一九年六月二九日)。

(37)「黎明会(一月五日東京通訊)吉野博士」(『毎週評論』五号、一九一九年一月)は、吉野が『毎週評論』同人に宛てた書簡の翻訳と見られるが、そこには李大釗らが吉野に『毎週評論』を送呈していたこと、また吉野が『黎明講演集』の寄贈を約束していたことが記されている。この記事の存在については、松尾尊兊「五四期における吉野作造と李大釗」(吉野作造『現代憲政の運用』〔みすずリプリント一五〕付録、みすず書房、一九八八年、松尾『民本主義と帝国主義』みすず書房、一九九八年に加筆の上再録)の教示を得た。

(38)「李大釗の胡適宛書簡(一九一九年三月)」(『李大釗文集』第五巻、人民出版社、一九九九年、二八六頁)。

(39)明明(李大釗)「祝黎明会」(一九一九年二月、『李大釗文集』第二巻、二八三〜二八四頁)。

(40)吉野作造と李大釗との五四時期の交流、北京大学学生団の訪日にかんしては、松尾尊兊「民本主義者と五四運動」(松尾『大正デモクラシーの研究』青木書店、一九六六年所収、前掲『民本主義と帝国主義』に加筆の上再録)、同前掲「五四期における吉野作造と李大釗」、王暁秋「李大釗與五四時期的中日文化交流」(『李大釗研究論文集——紀念李大釗誕辰一百周年』北京大学出版社、一九八九年)、および拙稿「吉野作造と一九二〇年の北京大学学生訪日団」(『吉野作造選集』「月報」一四号、同選集第八巻付録、岩波書店、一九九六年)参照。

(41)この記事にかんしては前掲松尾「民本主義者と五四運動」によってその存在を教示された。

(42)陳溥賢は一九一九年七月から八月にかけてこの年二度目の訪日をしたが、そのおりに招きを受けて吉野を再訪し、日中教授、学生交流について話し合っている(淵泉「訪問吉野作造博士記」『晨報』一九一九年八月一六日)。なお、吉野作造日記の、八月七日、一一日、二九日の各条には、陳溥賢来訪の記事がある(『吉野作造選集』一四巻、岩波書店、一九九六年、二一四、二二七頁)。

(43)「李大釗らの宮崎龍介宛書簡(一九二〇年四月二七日)」(宮崎智雄氏所蔵)。なお、この書簡は、『李大釗文集』第五巻、二九四頁にも収録されているが、差出人「陳啓修、陳傳賢、李大釗」のうち、「陳傳賢」は「陳溥賢」の誤記である。

(44) 前掲狭間直樹『中国社会主義の黎明』八八〜九〇頁。

(45) 馮自由『社会主義與中国』社会主義研究所、一九二〇年、一一頁。

(46)『時事新報』(東京)一九一九年六月九日付夕刊記事。この記事については、金原左門『昭和への胎動』(文庫版「昭和の歴史」第一巻、小学館、一九八八年)の教示を得た。

(47) 関忠果等編著『雑誌『改造』の四十年』光和堂、一九七七年、四〇〜四六頁。

(48)「マルクス出版界を圧倒する『資本論解説』」(『解放』一九二〇年一月号)。

(49) 王光祈「工読互助団」(『少年中国』一巻七期、一九二〇年一月)。

(50)「上海時事新報北京晨報共同啓事」(『晨報』一九二〇年一一月二七日)。この記事によれば、それまでは、中国各紙は欧米に専門の特派員をおいていなかったという。陳溥賢とならんで、ロシア特派員にはのちに中共の指導者となる瞿秋白の名前も見える。

(51) 李大釗「我的馬克思主義観」の前半部分が河上論文に依拠していることは、斎藤道彦訳「私のマルクス主義観(上)」(桜美林大学『中国文学論叢』二号、一九七〇年)が、後半部分が福田徳三の著作に大きく依拠していることは、後藤延子「李大釗とマルクス主義経済学」(信州大学『人文科学論集』二六号、一九九二年)が、それぞれ対照表を付してあきらかにしている。なお李大釗、および中国マルクス主義にかんする河上肇の影響を扱った専論には、鄭学稼「河上肇與中国共産主義運動」(『中共興亡史』第一巻下、帕米爾書店、一九八四年再版所収)、楊奎松「李大釗與河上肇——兼談李大釗早期的馬克思主義観」(『党史研究』一九八五年第二期)、後藤延子「李大釗と日本文化——河上肇・大正期の雑誌」(『信州大学人文学部特定研究報告書』一九九〇年)などがある。

(52) 李大釗と親しかった高一涵は回想(「回憶李大釗同志」『五四運動回憶録(続)』中国社会科学出版社、一九七九年)の中で、李が日本留学中(一九一四～一九一六年)にすでに河上肇を通じてマルクス主義に触れていたと述べており、その回想に基づいて李は五四運動以前にすでにマルクス主義を受け入れていたとする研究もあるが、それが正しくないことは、前掲後藤「李大釗と日本文化――河上肇・大正期の雑誌」が、高一涵回想の内容に踏み込んであきらかにしている。

(53) 一九一九年当時の河上肇は、雑誌『社会問題研究』上において、マルクス主義の紹介を行うものの、なおマルクス主義の唯物史観に疑義を表しており、単に物質的改造だけでなく、倫理による人間の魂の解放が必要である、と考えていた。堺利彦はこの時期の河上の思想を評して「霊肉二元論」と呼び、その根強い道徳主義的傾向を指摘している(「河上肇君を評す」『新社会』五巻七号、一九一九年三月)。

(54) 茅原華山と李大釗の関係については、拙稿「李大釗のマルクス主義受容」(『思想』八〇三号、一九九一年)、および同「東西文明論と日中の論壇」(古屋哲夫編『近代日本のアジア認識』京都大学人文科学研究所、一九九四年)参照。

(55) 李大釗「物質変動與道徳変動」(一九一九年一二月、『李大釗文集』第三巻、一〇〇～一一六頁)は、堺利彦『唯物史観の立場から』(三田書房、一九一九年八月)所収の堺利彦の翻訳、論文を引用していることから見て、この時期の李大釗が堺利彦の著作を見ていたことは間違いない。

(56) 社会主義同盟については、藤井正「日本社会主義同盟の歴史的意義――「大同団結」から「協同戦線」へ」(増島宏編『日本の統一戦線』上、大月書店、一九七八年)参照。

(57) 李大釗の日本社会主義同盟加入、およびそれに丸山幸一郎が関与していることは、山辺健太郎「パリ・コミューン百年と日本」(『図書』一九七一年八月号)、後藤延子「李大釗資料拾遺、並びに覚書」(信州大学『人文科学論集』二一号、一九八七年)が紹介している。

(58) 李大釗以外で中国人(朝鮮人)風の姓名を持つ参加者は、呂盤石、趙文謨、陳泉栄、張省吾、黄登明、林覚文、柳来禎などである。なお、社会主義同盟に加入した中国・朝鮮人にかんしては、松尾尊兊「コスモ倶楽部小史」(『京都橘女子大学研究紀要』二六号、二〇〇〇年)参照。

(59) 北京における丸山幸一郎の活動については、飯倉照平「北京週報と順天時報」(『朝日ジャーナル』一九七二年四月二一日号)、および山下恒夫「薄倖の先駆者・丸山昏迷」(『思想の科学』一九八六年九～一二月号)参照。
(60) 清水安三「回憶魯迅――回想の中国人(1)」(桜美林大学『中国文学論叢』一号、一九六八年)。
(61) 不見死生(清水安三)「李大釗の思想及人物」(『北京週報』二五六号、一九二七年五月)。
(62) 内務省警保局「本邦社会主義者・無政府主義者名簿」(社会文庫編『社会主義者・無政府主義者人物研究史料(1)』柏書房、一九六四年、一七八～一七九頁)。なお、丸山は同時に周作人、魯迅ら中国の文学者、作家とも積極的に交流し、『北京週報』誌上に一九二二年ころから日本国内に先駆けて魯迅、周作人、謝冰心らの文学革命の成果を翻訳、紹介する中心となっていた。このように丸山は、当時の北京在住日本人の中では精力的に中国の新文学を支援したが、一九二四年に腎臓炎を発し、同年九月に郷里の長野でわずか二十九歳で死去している。
(63) 後藤延子「李大釗における過渡期の思想――『物心両面の改造』について」(『日本中国学会報』二二集、一九七〇年)、および斎藤道彦訳「物質変動と道徳変動」(桜美林大学『中国文学論叢』五号、一九七四年、同六号、一九七六年)。なお、斎藤氏は李大釗の引用が、『新社会』の発禁になった号から行われていることを疑問とされているが、それら堺の文章は、のち一九一九年八月に公刊された堺の文集『唯物史観の立場から』に収録されているから、李大釗は『新社会』ではなく、『唯物史観の立場から』で堺の文章を読んだと考える方が自然であろう。
(64) 李大釗「亜細亜青年的光明運動」(一九二〇年四月、『李大釗文集』第三巻、一七六～一七七頁)。
(65) 『李大釗文集』第二巻、二七七～二八二頁。
(66) 『李大釗文集』第三巻、一七八～一九二頁。
(67) 「発起馬克斯学説研究会啓事」(『北京大学日刊』一九二一年一一月一七日)。
(68) 「馬克思学説研究会通告(四)」(『北京大学日刊』一九二二年二月六日)。ただし、この蔵書目録には著者名、書名に誤記、誤植が目立ち、当時の社会主義書籍の出版状況を正確に知るには、他の資料とつきあわせる作業が必要である。
(69) 朱務善「回憶北大馬克斯学説研究会」(前掲『〃一大〃前後』(二))。なお、ここで河上の言として紹介されている「ニワトリの雛云々は、河上『唯物史観研究』(弘文堂書房、一九二一年)の第一章に出てくる一節である。

(70) 五四時期前後に北京を中心に社会主義思想の紹介とロシア革命の報道に尽力したいま一人のジャーナリストに『京報』の邵飄萍を挙げることができる。かれは一九二〇年に、泰東図書局や商務印書館より『総合研究各国社会思潮』『新俄国之研究』『失業者問題』を出版したが、それらにしても、かれが一九一九年暮れから『大阪朝日新聞』の顧問として日本に滞在した際に執筆した成果であってみれば、やはり日本思潮の中国への媒介者であったということがいえる。詳しくは、旭文編著『邵飄萍伝略』北京師範学院出版社、一九九〇年、七四〜八二頁を参照。

(71) 陳溥賢「従北京到西貢」(『晨報』一九二〇年一二月二二、二三日)によれば、陳溥賢は英国特派員として一九二〇年一一月二〇日に北京を発ち、フランス経由でイギリスへ向かっている。なお、陳溥賢の渡英は、五四後に見られた一連のブルジョア階級の援助をうけた洋行のひとつであった、という見解もある(許徳珩「五四運動六十周年」、前掲『五四運動回憶録(続)』六五頁)。なお、陳は一九二二年一〇月に帰国し、一一月一日より『晨報』社の職務に復帰している(「陳溥賢啓事」『晨報』一九二二年一一月一日)。

(72) 「言論圧迫の喜劇——支那LT生より」(『新社会評論』七巻四号、一九二〇年六月)。上海の社会主義者から堺利彦に寄せられたと見られるこの手紙は、北京政府のマルクス主義文献にたいする弾圧が上海には直接には及んでいなかったことを伝えている。

(73) 厳密にいえば、当時「中国国民党」はまだ正式には発足していない(孫文一派の「中華革命党」が「中国国民党」に改組されるのは、一九一九年一〇月)から、孫文一派の人士を国民党員と呼ぶことはできないが、ここでは便宜上、かれらを「国民党系人士」と呼ぶことにする。

(74) 五四運動時期の国民党系人士の文化活動については、呂芳上『革命之再起』(中央研究院近代史研究所、一九八九年)、および劉永明『国民党人與五四運動』(中国社会科学出版社、一九九〇年)が詳しい。

(75) おなじく国民党系である謝英伯も、五四時期以前に上海で「馬克斯派社会主義講習会」を設立したと述べ、自分こそが「中国共産派之提倡最先者」であるとしている(「謝英伯致大光報函」『広州民国日報』一九二四年五月一四日)。謝英伯は米国滞在中(一九一四～一九一六年)に、江亢虎の紹介でランド・スクール(Rand School)に入学し、帰国後は、江亢虎の帰国(一九一七年六月)を待って、中国社会党の再建をはかる「中国社会党籌備処」の主任となった。しかし、江はその再建がならないまま、一ヵ月余りでアメリカにもどってしまい、結局この前後に中国社会党は再建されずにおわった模様である。謝英伯が自伝(「人海航程」)、および『広州民国日報』でいう「社会主義講習会」とは、江亢虎社会党の亜流か、あるいは一九二二年初頭の広東社会主義青年団への関与のことを指しているとみられる。謝は、言論活動もおこなったというが、その内容は確認されていない。この間の事情については、謝英伯「人海航程」(『革命人物誌』第一九集、中央文物供応社、一九七八年、三五〇、三五三頁)、および「社会主義家組織政党之籌備」(『民国日報』一九一七年六月一四日)参照。

(76) 李人傑(李漢俊)「改造要全部改造」(『建設』一巻六号、一九二〇年一月)。

(77) 例えば、胡適、廖仲愷、胡漢民「井田制度有無之研究」(『建設』二巻一号、一九二〇年二月)。

(78) 清末、辛亥時期の社会主義理解が、中国の伝統と深く結びついていたものであったことについては、前掲狭間直樹『中国社会主義の黎明』一三三～一三六頁を参照。

(79) 雑誌『建設』の編集関係者で「民意」の筆名を使ったのは、胡漢民と朱執信があげられるが、朱の死後、一九二一年に建設社編で刊行された『朱執信集』は、『建設』上に「民意」の署名で発表された文章を朱の執筆にかかるものとして収録している。また、広東省哲学社会科学研究所歴史研究室編『朱執信集』(中華書局、一九七九年)も、「民意」署名の論文(『建設』一巻六号の書簡も含む)を、朱執信のものとして収録している。たしかに、胡漢民も『建設』の編集にたずさわっており、「民意」が胡漢民の筆名である可能性を完全に排除することはできないが、建設社そのものが「民意」署名の論文を朱のものとしている以上、ここでは「民意」を朱執信の筆名と考える。

(80) 五四時期における戴季陶のマルクス主義研究については、前掲呂芳上『革命之再起』、および湯本国穂「五四運動状況における戴季陶――「時代」の方向と中国の進む道」(『千葉大学教養部研究報告』B-一九、一九八六年)参照。

(81) 『建設』一巻四号～三巻一号、一九一九年一一月～一九二〇年一二月、『民国日報』「覚悟」一九一九年一一月二～七日。戴季陶訳「馬克斯資本論解説」は、連載終了後に単行本化される予定であったらしい(李漢俊訳『馬格斯資本論入門』社会主義研究社、一九二〇年、訳者序)が、実際の刊行は一九二七年まで延びている(考茨基著、戴季陶訳、胡漢民補訳『資本論解説』民智書局、一九二七年)。

(82) 李達「中国共産党的発起和第一次、第二次代表大会経過的回憶」(前掲『〃一大〃前後』(二)、七頁)、「袁振英的回憶」(『〃一大〃前後』(二)、四七二頁)、および『陳公博・周佛海回憶録合編』春秋出版社、一九六七年、二七〜二八頁。

(83) 王光祈と工読互助団運動については、小野信爾「五四運動前後の王光祈」(『花園大学研究紀要』二二号、一九九〇年)参照。

(84) 李守常(李大釗)「都市上工読団底缺点」(一九二〇年四月、『李大釗文集』第三巻、一七四頁)。

(85) 独秀「工読互助団失敗底原因在那裏?」(『新青年』七巻五号、一九二〇年四月)。

(86) 陳独秀「告北京労動界」(『晨報』一九一九年一二月一日)。

(87) 陳独秀がデューイの「民治論」に注目し、中国に応用することを主張していたことは「実行民治的基礎」(『新青年』七巻一号、一九一九年一二月)、「我的解決中国政治方針」(『時事新報』「学燈」一九二〇年五月二四日)に見える。

(88) 張国燾『我的回憶』第一冊、明報月刊出版社、一九七一年、九七頁。

(89) 存統「青年応自己増加工作」(『民国日報』「覚悟」一九二〇年八月二六日)。

(90) 戴天仇(戴季陶)「三民主義」(『解放』一九二〇年二月号)。なお、この堺宛書簡の日付は「民国八年(一九一九年)一月七日」になっているが、文中に『星期評論』の新年号を別送する旨が記されていることから見て(『星期評論』は一九一九年六月創刊、一九二〇年六月停刊)、「民国九年(一九二〇年)一月七日」の間違いであろうと思われる。また書簡中にいう李君佩のカウツキー翻訳は雑誌『闘星』に連載されたものであるが、掲載未了に終わっている。

(91) 戴季陶「資本主義下面的中日関係」(原載は『黒潮』二巻一号、一九二〇年七月であるが、引用は『民国日報』「覚悟」一九二〇年七月一七日の転載記事によった)。

(92) 胡適「帰国雑感」(『新青年』四巻一号、一九一八年一月)。

(93) 戴天仇「反響」(『解放』一九二〇年一二月号)。雑誌『解放』の発行元は大鐙閣であった。

(94) 平記念事業会編著『平貞蔵の生涯』非売品、一九八〇年、一〇一〜一〇二頁、および宮崎龍介「新装の民国から」(『解放』

一九一九年一二月号)。宮崎と李漢俊とは、帝大時代以来の友人であった。

(95) 季陶「訪孫先生的談話」、同「対付『布爾色維克』的方法」(『星期評論』三号、一九一九年六月)。

(96) 戴季陶『孫文主義之哲学的基礎』(民智書局、一九二五年)の民生主義にかんする部分、Benjamin I. Schwartz, *Chinese Communism and the Rise of Mao*, Cambridge, Mass., 1951(邦訳:石川忠雄、小田英郎訳『中国共産党史』慶応通信、一九六四年、三五頁)。

(97) 朱執信によるマルクス主義の紹介については、前掲狭間『中国社会主義の黎明』の第三章に詳しい。

(98) 舎訳「共産党的宣言」(『毎週評論』一六号、一九一九年四月)、李沢彰訳「馬克斯和昂格斯共産党宣言」(『国民』二巻一号、一九一九年一一月)。

(99) 陳望道の生涯については、鄧明以『陳望道伝』(復旦大学出版社、一九九五年)参照。

(100) その代表的なものは、Bert Andréas, *Le Manifeste Communiste de Marx et Engels, Histoire et Bibliographie 1848–1918*, Milano, 1963である。

(101) 日本語版『共産党宣言』の書誌的検討には、大島清「日本語版『共産党宣言』書誌」(櫛田民蔵著、大内兵衛補修『共産党宣言』の研究』青木書店、一九七〇年所収)のほか、塩田庄兵衛「『共産党宣言』の日本語訳をめぐって」(『季刊　科学と思想』六九号、一九八八年)、石堂清倫「堺利彦と『共産党宣言』その他」(『初期社会主義研究』一〇号、一九九七年)などがある。

(102) 陳望道「関於上海馬克思主義研究会活動的回憶——陳望道同志生前談話紀録」(『復旦学報(社会科学)』一九八〇年第三期)。なお、中共上海市委党史研究室『中国共産党上海史』(上海人民出版社、一九九九年、四四頁)は、陳望道が杭州から義烏にもどった時期を一九二〇年四月一三日とする。

(103) 陳望道「回憶党成立時期的一些情況」(前掲『〃一大〃前後』(二)、二〇頁)。

(104)「兪秀松日記」一九二〇年六月二七日、二八日条(『上海革命史資料與研究』第一輯、開明出版社、一九九二年、二七八~二七九頁)。

(105) 伍仕豪「陳望道翻訳的『共産党宣言』初版時間略考」(『党史資料叢刊』一九八一年第一輯)、任武雄、陳紹康「『共産党宣言』陳訳本出版時間補証」(『党史資料叢刊』一九八一年第三輯)。陳独秀と李漢俊が校訂にあたったことは、玄廬(沈玄廬)「答人問『共産党宣言』底発行所」(『民国日報』「覚悟」一九二〇年九月三〇日)で言及されている。

(106) 中共中央馬克思恩格斯列寧斯大林著作編訳局馬恩室編『馬克思恩格斯著作在中国的伝播』人民出版社、一九八三年、一四頁、前掲鄧明以『陳望道伝』三八頁。

(107) 陳訳本『共産党宣言』は、刊行の翌月の一九二〇年九月には早くも二刷が出ており、当時の人気のほどが知れる。また、前掲玄廬「答人問『共産党宣言』底発行所」は、『宣言』の刊行後、その発行元にかんする問い合わせが多数寄せられたことを伝えている。

(108) エドガー・スノー著、松岡洋子訳『中国の赤い星』増補決定版、筑摩書房、一九七五年、一〇六頁。

(109) 羅章龍「回憶北京大学馬克思学説研究会」(前掲『〃一大〃前後』(二)、一九二〜一九三頁)。

(110) 留日学生と中共建党については、王奇生「取径東洋、転道入内——留日学生與馬克思主義在中国的伝播」(『中共党史研究』一九八九年第六期)、金安平「近代留日学生與中国早期共産主義運動」(『近代史研究』一九九〇年第二期)、彭煥才「留日学生與中国共産党的創立」(『湘潭大学学報』一九九二年第四期)などの研究がある。

(111) 邵力子「党成立前後的一些情況」(前掲『〃一大〃前後』(二)、六八頁)。

(112) 李達「中国共産党成立時期的思想闘争情況」(前掲『〃一大〃前後』(二)、五二頁)。

(113) 包恵僧「懐念李漢俊先生」(『党史資料叢刊』一九八〇年第一輯)。

(114)『星期評論』五〇号、一九二〇年五月。

(115)『民国日報』「覚悟」一九二二年一月二三日。

(116)『民国日報』「覚悟」一九二二年六月六日。

(117) 李漢俊訳『馬格斯資本論入門』社会主義研究社、一九二〇年、訳者序。引用は上海の「中共一大会址紀念館」所蔵の原本を参照した。

(118)前掲李漢俊「研究馬克思学説的必要及我們現在入手的方法」。
(119)前掲李漢俊「渾朴的社会主義者底特別的労動運動意見」。
(120)施復亮(施存統)「中国共産党成立時期的幾個問題」(『〃一大〃前後』(二)、三四～三五頁)、前掲鄧明以『陳望道伝』一三頁。施存統が堺、山川と接触していたことは、本書第四章第三節で検討するようにあきらかだが、陳望道が実際にかれらに接触していたことは確認できない。
(121)茅盾『我走過的道路』上冊、生活・読書・新知三聯書店香港分店、一九八一年、一五二～一五三頁。
(122)晋青(謝晋青)「日本社会運動家底最近傾向」(『民国日報』「覚悟」一九二一年三月一四日)の陳望道附記、および前掲「言論圧迫の喜劇——支那LT生より」。
(123)『山川均全集』未収論文であることから考えて、山川が『新青年』のために書き下ろしたものであると考えられる。また、同誌は堺利彦にも原稿を依頼したが、堺が多忙のため原稿を得られなかったという。このほかにも、結成間もない中共は、ワシントン会議(一九二一～一九二二年)にたいする堺、山川の見解をパンフレットにし、上海を中心に五千部散布している(「中共中央執行委員会書記陳独秀給共産国際的報告(一九二二年六月三〇日)」、中央檔案館編『中共中央文件選集』第一冊、中共中央党校出版社、一九八九年、四八頁)。
(124)CT(施存統)「介紹『社会主義研究』」(『民国日報』「覚悟」一九二一年九月二七日)。
(125)「董必武談中国共産党第一次全国代表大会和湖北共産主義小組」(『〃一大〃前後』(二)、三六九～三七〇頁)。
(126)一純「俄国過激派施行之政略」(『労働』二号、一九一八年四月)、持平「俄羅斯社会革命之先鋒李寧事略」(同)。なお、レーニンとトロツキーの経歴をやや詳しく紹介した早い例としては、『解放與改造』一巻二号(一九一九年九月)に掲載された今井政吉著、超然、空空訳「列寧與脱洛斯基之人物及其主義之実現」がある。
(127)それらは、①金侶琴訳「俄国問題」(『時事新報』「学燈」一九一九年五月一五、一六、一九日、原文は「貧農に訴える」一九〇三年、Robert Crozier Long の英訳よりの重訳)、②侶琴〔金侶琴〕訳「鮑爾雪維克之所要求與排斥」(『解放與改造』一巻一号、一九一九年九月、原文は「ロシアの諸政党とプロレタリアートの任務」一九一七年、Crozier Long の英訳よりの重訳)、

③鄭振鐸訳「俄羅斯之政党」(『新中国』一巻八期、一九一九年一二月、原文は「ロシアの諸政党とプロレタリアートの任務」一九一七年、英語版〔Clara E. Fanning, comp., *Selected Articles on Russia ; History, Description and Politics*, New York, 1918所収〕よりの重訳)、④侶琴〔金侶琴〕訳「建設中的蘇維埃」(『解放與改造』二巻六号、一九二〇年三月、原文は「ソビエト権力の当面の任務」一九一八年、英語版よりの重訳)である。前掲『列寧著作在中国(一九一九〜一九九二年文献調研報告)』では、①④が落ちている。この時期にレーニンの著作を翻訳した金侶琴(本名:金国宝、一八九四〜一九六三)の経歴については、鍾鳳「金侶琴――最早中訳列寧著作的人」(『人物』一九八四年第六期)参照。

(128)堺利彦、山川均、高畠素之ら日本の社会主義者のロシア革命理解、およびボリシェヴィキ文献の日本への伝播については、村田陽一「最初に日本へ紹介されたレーニンの文献」(『経済』七二号、一九七〇年)が先駆的研究だが、山内昭人「ボリシェヴィキ文献と初期社会主義――堺・高畠・山川」(『初期社会主義研究』一〇号、一九九七年)がはるかに詳しい。

(129)「李寧的談話」(『星期評論』一六号、一九一九年九月)の戴季陶の附記。

(130)「宣言」全文を中国で最初に紹介したのは、上海のロシア語新聞『上海の生活』(*Шанхайская Жизнь*)の一九二〇年三月二五日の記事であるという(田保国『民国時期中蘇関係』済南出版社、一九九九年、六頁)。中国語としては、これより先、二月二四日に『民国日報』が宣言の概要を紹介している。四月三日に北京の『晨報』が全文を報道、四月五日には上海の各紙が一斉に宣言の全文を紹介した。

(131)カラハン宣言に、はたして中東鉄道の無償返還を明示する字句が含まれていたか否かをめぐっては、伊藤秀一「第一次カラハン宣言の異文について」(神戸大学文学会『研究』四一号、一九六八年)、藤井昇三「中国革命と第一次カラハン宣言」(『アジア経済』一〇巻一〇号、一九六九年)、M・S・カピツァ「ソ・中関係史の重要文書」(『極東の諸問題』日本語版、八巻四号、一九七九年)などが考証を加えているが、李玉貞「従蘇俄第一次対華宣言説起」(『蘇聯、共産国際與中国革命的関係新探』中共党史出版社、一九九五年)、同『孫中山與共産国際』(中央研究院近代史研究所、一九九六年、五五〜五六頁)によって、一九一九年八月に外務人民委員部が印刷した中国語版のカラハン宣言があり、そこでは中東鉄道の無償返還が記されていることが確認された。

(132)「対於俄羅斯労農政府通告的輿論」(『新青年』七巻六号、一九二〇年五月)。

(133) 翻訳は『リベレーター』(*The Liberator*)一九二〇年六月号から行われている。原文は、「ロシア共産党(ボ)第八回大会での演説(党綱領についての報告)」(一九一九年)である。

(134)「関於新青年問題的幾封信」(張静廬輯注『中国現代出版史料』甲編、中華書局、一九五四年、七頁)、任建樹等編『陳独秀著作選』第二巻、上海人民出版社、一九九三年、二二三頁。

(135)「関於新青年問題的幾封信」(前掲『中国現代出版史料』甲編、九〜一〇頁)、耿雲志、欧陽哲生編『胡適書信集』上冊、北京大学出版社、一九九六年、二六五頁。

(136) 前掲茅盾『我走過的道路』上冊、一四九頁。

(137) 同前。

(138)「新時代叢書」にかんしては、陳紹康、蕭斌如「介紹『新時代叢書』社和『新時代叢書』」(『党史研究資料』一九八三年第九期)参照。なお、日本において一九二三年ごろに秘密裏に刊行された『共産党宣言』(京都大学経済学部図書館河上文庫所蔵)の表紙も、アメリカ社会党のシンボルマークを模したものであるが、これは大西洋ではなく、太平洋を挟んで二本の手が握手するものになっている。

(139) 山内昭人『リュトヘルスとインタナショナル史研究——片山潜・ボリシェヴィキ・アメリカレフトウィング』ミネルヴァ書房、一九九六年、一六七、三一〇頁。本書のアメリカ社会主義文献にかんする書誌的記述の多くは、徹底的な資料調査に基づいた同書に拠っている。

(140) シカゴにあったチャールズ・H・カー出版社は、アメリカにおける社会主義書籍の老舗として知られている。創立は一八八六年で、一八九九年より社会主義関連の出版を始め、従来稀少で高価だった種々の社会主義書籍を安価で供給し、アメリカ社会主義運動に大きく寄与した(Charles H. Kerr, *What Socialism is*, Chicago, n.d., p.21)。

(141) 出版年不明であるが、京都大学経済学部所蔵本は一九一七年に購入されており、同書は一九二七年には再版が出ている。一九二〇年前後には、書物のうえでアメリカ社会党のシンボルマークを見ることは可能であった。

(142) Theodore Draper, *The Roots of American Communism*, New York, 1957, pp. 178-184. 以下、とくに断らない限り、アメリカにおける共産主義運動、政党の動向については、この書による。

(143) 遠山茂樹等編『山辺健太郎・回想と遺文』みすず書房、一九八〇年、二二二頁。

(144) 柯柏年「我訳馬克思和恩格斯著作的簡単経歴」(前掲『馬克思恩格斯著作在中国的伝播』二九頁)。

(145) 惲代英が陳独秀の依頼を受けて『階級争闘』の翻訳にあたった時期にかんしては、かれら互助社の機関誌『互助』第一期(一九二〇年一〇月)の「我們的消息」欄に、「代英近来規定毎日読書或作文七小時。……他所訳『階級戦争』一書、預備半月内訳完」とある(前掲『五四時期的社団』(一)、二〇〇頁)ところから見て、一九二〇年の秋ごろであったと考えられる。この記事の存在にかんしては、湖北大学の田子渝氏の教示を受けた。

(146) K. Kautsky, *The Class Struggle* (*Erfurt Program*), trans. by William E. Bohn, Chicago: Charles H. Kerr & Co., 1910.

(147) 『共産党』第一号には、『コミュニスト』第一号(一九二〇年八月五日)掲載の文章(Arthur McManus, The Task awaiting the Communist Party)の翻訳(震寰訳「共産党未来的責任」)が掲載されている。

(148) 英訳『国家と革命』諸版の刊行状況については、前掲山内『リュトヘルスとインタナショナル史研究』三〇一～三〇二頁参照。

(149) この「アメリカ共産党綱領」「アメリカ共産党宣言」は、正確には「アメリカ共産党」統一派と「アメリカ共産主義労働党」とが合同してできた「アメリカ統一共産党」(The United Communist Party of America)の一九二〇年五月の「規約」と「綱領」である(*Revolutionary Radicalism. Report of the Joint Legislative Committee Investigating Seditious Activities, filed April 24, 1920, in the Senate of the State of New York*, Vol. 2, Albany, New York, 1920, pp. 1859-1901; Draper, *op. cit.*, pp. 218-222)。

(150) 「コミンテルンからIWWへのアピール」が最初に掲載されたのは、『ソリダリティー』(*The Solidarity*)一九二〇年八月一四日号であるらしい(Draper, *op. cit.*, p. 435)が、『共産党』の翻訳は『ワン・ビッグ・ユニオン・マンスリー』からなされているようである。

(151) 前掲茅盾『我走過的道路』上冊、一五四頁。

(152) 同前、一五三頁。

(153) 前掲山内『リュトヘルスとインタナショナル史研究』一一七～一二八頁。

(154) 中国における第二インター、第三インター(コミンテルン)の紹介については、資料集として、『社会主義思想在中国的伝播(資料選輯)』(第一輯下冊、中共中央党校科研辦公室、一九八五年)があり、研究としては、徐有礼「五四前後中国報刊対共産国際的介紹」(『党史研究資料』一九八六年第一一期)がある。

(155) 前掲『陳独秀著作選』第二巻、二五～二六頁。

(156) 同前、一五四～一六四頁。「政治を語る」の『新青年』全史における位置づけにかんしては、野村浩一『近代中国の思想世界――『新青年』の群像』岩波書店、一九九〇年、二九六～三二〇頁参照。

(157) 「通信」(『青年雑誌』一巻一号、一九一五年九月)。

(158) W. Liebknecht, *No Compromise, No Political Trading*, trans. by A. M. Simons and M. Hitch, Chicago: Charles H. Kerr & Co., 1911.

(159) 陳独秀「社会主義批評(在広州公立法政学校演講)」(一九二一年一月、前掲『陳独秀著作選』第二巻、二四一～二五六頁)。

(160) 「時評」(『新社会評論』七巻二号、一九二〇年三月)。

(161) 「海外時潮」(『新社会評論』七巻四号、一九二〇年六月)。

(162) いずれも、前掲『李大釗文集』第二巻所収。

(163) 詳しくは、前掲拙稿「東西文明論と日中の論壇」を見られたい。

(164) P. S. Reinsch, *World Politics at the End of the Nineteenth Century: as influenced by the Oriental Situation*, New York, 1900. なお、同書には日本語訳がある(高田早苗抄訳『帝国主義論』東京専門学校出版部、一九〇一年)が、李大釗の引用は原書からなされているようである。

(165) なお、A・ダーリクは、李の「フランス革命は一九世紀の世界人類の普遍心理変動の現れであり、ロシア革命は二〇世紀の世界人類普遍的心理変動の兆しである」という考え方が、『労働』三号（一九一八年五月）に掲載された労人「李寧之解剖」の「フランス革命は一九世紀の文明を育み、ロシアの革命は二〇世紀の世局を転換せんとす」という見方を受け入れたものであると指摘している（**A. Dirlik**, ***The Origins of Chinese Communism***, **New York, 1989, p. 27**）。

(166) 前掲山内『リュトヘルスとインタナショナル史研究』三〇四〜三〇五頁、同「ボリシェヴィキ文献と初期社会主義——堺・高畠・山川」。

(167) トロツキーの同書は、のちに舎我訳「広義派與世界和平」として、『解放與改造』一巻七号（一九一九年一二月）に、英語版から翻訳された。ただし、訳載未了のままで終わっている。

(168) 「**Bolshevism** 的勝利」（前掲『李大釗文集』第二巻、二四五頁）。

(169) 前掲『李大釗文集』第四巻、九八〜一二二頁。なお、この文章が掲載された『新青年』九巻三号（奥付では一九二一年七月一日）の実際の刊行は、八月下旬から九月にかけてであろう。その根拠は、同号所載の公博（陳公博）「十日旅行中的春申浦」が中共第一回大会のことを記録していること、同号に既刊広告の出ている『共産党』五号が広州に届いたのが、九月初め（『広東群報』一九二一年九月二日広告）だったことである。

(170) 原書を示せば、①N. Lenin / L. Trotzky, *The Proletarian Revolution in Russia*. Edited, with an Introduction, Notes and Supplementary Chapters by Louis C. Fraina, New York: Communist Press, 1918. ②N. Lenin, *The Soviets at Work. The International Position of the Russian Soviet Republic and the Fundamental Problems of the Socialist Revolution*, New York: Rand School of Social Science, 1918. ③『国家と革命』の英訳本版本は確定できない。④L. Trotzky, *The Bolsheviki and World Peace*, New York: Boni and Liveright, 1918. ⑤L. Trotzky, *From October to Brest-Litovsk*, New York: Socialist Publication Society, 1919; *History of the Russian Revolution to Brest-Litovsk*, London: Leo & Unwin, 1919. である。『国家と革命』の英訳諸版を含むそれぞれの書籍の刊行状況、内容については、前掲山内『リュトヘルスとインタナショナル史研究』二九五〜三〇七頁に詳しい。

(171) 前掲山内「ボリシェヴィキ文献と初期社会主義——堺・高畠・山川」。

(172) リゼロヴィチが寄稿した文章は、「五一」(李漢俊訳)として『星期評論』四八号(一九二〇年五月)に掲載されている。なお、リゼロヴィチの上海での活動については、イギリス外交文書を利用した研究がある(李丹陽「在滬紅色俄僑——李沢洛維奇」未刊稿)。

第二章

(1) 劉沢栄(劉紹周)と張永奎については、李玉貞「関於参加共産国際第一、二次代表大会的中国代表」(『歴史研究』一九七九年第六期)が先駆的な研究で、その後、劉以順「参加共産国際〝一大〟的両個中国人」(『党史研究資料』一九八六年第六期)、同「参加共産国際一大的張永奎情況簡介」(『革命史資料』一九八六年第四期)などの研究がある。なお、劉沢栄はソビエト・ロシアでの活動、コミンテルン大会参加についての回想録を残している(劉沢栄「回憶同偉大列寧的会晤」『工人日報』一九六〇年四月二一日、劉沢栄「十月革命前後我在蘇聯的一段経歴」『文史資料選輯』第六〇輯、一九七九年)。

(2) 中国社会科学院近代史研究所翻訳室編訳『共産国際有関中国革命的文献資料(一九一九〜一九二八)』第一輯、中国社会科学出版社、一九八一年、一二〜一四頁。

(3) List of the Delegates to the First Congress of the Communist International in Moscow, *The Communist International*, No.1, 1919. なお、二人の代表者名は Lau-Siu-Djau, Chan-Su-Kooy と記されている。

(4) 李玉貞「旅俄華僑與孫中山先生的革命活動」(張希哲、陳三井主編『華僑與孫中山先生領導的国民革命学術研討会論文集』国史館、一九九七年)。

(5) 本稿におけるロシア在住中国人の動向、ならびにそれら聯合会の活動についての記述は、伊藤秀一編「十月革命後の数年間におけるソヴェト・中国・朝鮮勤労者の国際主義的連帯について」(『歴史評論』一六二、一六三号、一九六四年)、А. И. Картунова, К вопросу о контактах представителей Китайской секции РКП(б) с организациями КПК: По новым документам 1921-1922, *Проблемы Дальнего Востока*, 1988, No. 2(「ロシア共産党(ボ)中国人部代表と中共組織の連係の問題について」

『極東の諸問題』)、薛銜天、李玉貞「旅俄華人共産党組織及其在華建党問題」(『近代史研究』一九八九年第五期)、李玉貞『孫中山與共産国際』中央研究院近代史研究所、一九九六年、四三～五三頁、および前掲李玉貞「旅俄華僑與孫中山先生的革命活動」によっている。

(6) 第二回大会の二名の中国代表のうち、An En-hak(Ан Ен-хак)はしばしば安恩学という漢字が当てられてきたが、それが「安龍鶴」であることが最近になって判明した(前掲李玉貞「旅俄華僑與孫中山先生的革命活動」)。

(7) ロシア国立社会・政治史アルヒーフ(旧ロシア現代史資料研究・保存センター)所蔵資料(ф. 489, оп. 1, д. 14, л. 117-118)。ただし、極東局は、その後の紆余曲折をへて、一九二一年一月にイルクーツクに設けられた。

(8) 伊藤秀一「コミンテルンとアジア(一)――第二回大会に関する覚書」(『中国史研究』(大阪市立大学中国史研究会)六号、一九七一年、『研究』(神戸大学文学会)四七号、一九七一年)参照。

(9) エム・ア・ペルシッツ「ロシアにおける東方の国際主義者と民族解放運動の若干の問題(一九一八―一九二〇年七月)」(国際関係研究所訳『コミンテルンと東方』協同産業KK出版部、一九七一年、M. A. Персиц, Восточные интернационалисты в России и некоторые вопросы национально-освободительного движения (1918-июль 1920), *Коминтерн и Восток*, Москва, 1969)。

(10) 同前、およびK・V・シェヴェリョフ「中国共産党成立史のひとこま」(『極東の諸問題』日本語版、一〇巻二号、一九八一年、К. В. Шевелев, Из истории образования Коммунистической партии Китая, *Проблемы Дальнего Востока*, 1980, No. 4)。

(11) E. H. Carr, *The Bolshevik Revolution: 1917-1923*, Vol. 3, London, 1961, p. 109(邦訳:宇高基輔訳『ボリシェヴィキ革命』第三巻、みすず書房、一九七一年、八八頁)。

(12) 「国外東アジアの人民工作にかんするヴィレンスキー＝シビリャコフよりコミンテルン執行委員会宛の報告(一九二〇年九月一日、モスクワ)」(「文書四」)。

(13) 同前、および上田秀明『極東共和国の興亡』アイペックプレス、一九九〇年、九八、一〇八頁。なお、ヴィレンスキー＝

シビリャコフのウラジオストク着任を、前者は一九二〇年二月とし、後者は三月とする。

(14) 前掲シェヴェリョフ「中国共産党成立史のひとこま」。

(15) 原暉之『シベリア出兵——革命と干渉 一九一七〜一九二二』筑摩書房、一九八九年、五二七〜五二九頁、前掲上田『極東共和国の興亡』一〇八頁。

(16) Ю. М. Гарушянц, Борьба Китайских Марксистов за создание Коммунистической Партии Китая, *Народы Азии и Африки*, 1961, No. 3(「中国マルクス主義者の中国共産党創立への闘争」『アジア・アフリカの諸民族』)。

(17) M. Meisner, *Li Ta-chao and the Origins of Chinese Marxism*, Cambridge, Mass., 1967, pp. 115, 282.(邦訳:丸山松幸、上野恵司訳『中国マルクス主義の源流』平凡社、一九七一年、一六四〜一六五頁)。

(18) А. А. Мюллер, *В пламени революции* (*1917-1920 гг.*), Иркутск, 1957, стр. 144-145(『革命の炎の中で』)。李大釗との接触にかんする部分は、中国語に翻訳されている(繆勤爾「李大釗與布爾特曼」『党史研究資料』一九八一年第六・七期)。

(19) Meisner, *op. cit.*, p. 115.(前掲丸山、上野訳『中国マルクス主義の源流』一六四〜一六五頁)。

(20) В・Н・庫季科著、路遠編訳「布爾特曼其人」(『国外中共党史研究動態』一九九〇年第三期、В. Н. Кучко, Н. Г. Буртман——революционер, интернационалист, *Опыт и уроки истории КПК. К 60-летию образования партии*, Москва, 1981〔「ブルトマン——革命家、国際主義者」『中共史の経験と教訓——中共成立六〇周年記念』〕)。

(21) К-н, Л., Нюма Буртман, *Народы Дальнего Востока*, No. 2, 1921(「ニューマ・ブルトマン」『極東の諸民族』)。なお、この追悼文の著者К-н, Лは、ブルトマンと行動を共にした学友のカウフマン(L. G. Kaufman)である。

(22) 「ロシア共産党(ボ)中央委員会シベリアビューロー東方民族セクションの機構と活動の問題にかんするコミンテルン執行委員会宛の報告(一九二〇年一二月二一日、イルクーツク)」(「文書八」)。

(23) 同前、および前掲К-н, Л., Нюма Буртман.

(24) 本稿のポポフにかんする記述は、とくに注記しない限り、前掲李玉貞『孫中山與共産国際』五五〜五六頁、李丹陽、劉建一「英倫航稿——早期来華的蘇俄重要密使考」(『中共党史研究』一九九八年第五期)、同「早期来華的蘇俄重要密使——波波夫」(未刊稿)による。

(25) H. Owen Chapman, *The Chinese Revolution, 1926-27: a record of the period under communist control as seen from the nationalist capital, Hankou*, London, 1928, p. 45(邦訳：岡虎一訳『支那革命の本質』亜細亜出版協会、一九二九年、三八頁)。

(26) C. M. Wilbur, *Sun Yat-sen: Frustrated Patriot*, New York, 1976, pp. 115-116.

(27)「在上海佐藤少佐より総長宛電報(一九二〇年一〇月七日)」、「外高秘第三五一号　上海方面ニ於ケル過激派等ニ関スル件(一九二一年三月一八日)」(ともに《C》)。

(28)「上海に於ける過激派並朝鮮人の状況(大正十年八月四日内務省に於て開かれたる各府県高等課長会議席上に於て　警保局外事課長　大塚内務書記官口述)」(『外事警察報』五号、一九二一年八月)。

(29)「在上海佐藤少佐より総長宛電報(一九二〇年三月一二日)」(《C》)。

(30)「山崎駐上海総領事より内田外務大臣宛電報(一九二〇年五月一五日)」(《C》)。

(31) 前掲原『シベリア出兵』二七四、三四八頁。

(32) 前掲上田『極東共和国の興亡』一四四～一四五、一五三頁、H. K. Norton, *The Far Eastern Republic of Siberia*, London, 1923, p. 148.

(33)「ロシア共産党(ボ)中央委員会シベリアビューロー東方民族セクションの機構と活動の問題にかんするコミンテルン執行委員会宛の報告(一九二〇年一二月二一日、イルクーツク)」(「文書八」)。

(34) 以下、とくに断らない限り、ポタポフにかんする記述は、Г. В. Ефимов, *Сунь Ятсен. Поиск пути: 1914-1922*, Москва, 1981, стр. 118-119(『孫逸仙——道の探索』)、前掲李玉貞『孫中山與共産国際』五六～五九、一三一～一三四頁による。なお、ポタポフの中国における活動にかんする文書は、ロシア国立社会・政治史アルヒーフに保管されている(ф. 514, оп. 1, д. 6)。

(35)「上海電第三八号　諜報者(露国士官)ノ報(一九二〇年四月一九日)」(《C》)。

(36)「上海共同租界警察局より在上海アメリカ総領事への報告(一九二〇年一一月一一日)」(『陳競存先生年譜』一九二〇年条

〔海豊人文資料編輯組編刊『海豊人文資料』一七、一九九六年、所収、一七五頁〕)。

(37)「盧永祥復電(一九二〇年三月一三日)」(『五四愛国運動檔案資料』中国社会科学出版社、一九八〇年、六一八～六一九頁)。

(38) 閩南護法区における陳炯明の開明的施政については、嵯峨隆「陳炯明支配下の新文化運動——閩南護法区を中心に」(小島朋之、家近亮子編『歴史の中の中国政治——近代と現代』勁草書房、一九九九年)参照。

(39) 前掲李玉貞『孫中山與共産国際』一三一頁、および『陳競存先生年譜』一九二〇年四月二九日条(前掲『海豊人文資料』一七所収、一七五頁)。『陳競存先生年譜』には、使者の名前は「路博将軍」と記されているが、これはポタポフである。その詳しい考証は、劉徳喜「蘇俄、共産国際與陳炯明的関係」(『孫中山研究論叢』第六集、一九八八年)、邱捷「〝路博将軍〟及其同孫中山、陳炯明的会見」(『学術研究』一九九六年第三期)を見よ。なお、ソビエト・ロシアからの使者は、陳にレーニンの親書を手渡したという回想もある(陳其尤「一九一九年蘇聯派第一個代表到漳州」『文史資料選輯』第二四輯、一九六一年)が、その親書の存在は確認されていない。

(40) Wilbur, *op. cit.*, p. 115.

(41) A. S. Whiting, *Soviet Policies in China: 1917-1924*, Stanford, 1968, pp. 116, 305.『外務人民委員部通報』(*Вестник НКИД*)に掲載された陳炯明のレーニン宛書簡(一九二〇年五月一〇日)は、李玉貞によって全文が翻訳されている(前掲『孫中山與共産国際』一三二～一三三頁)。同書簡は「わたしは、ボリシェヴィズムが人々にもたらすものは福音であるということを固く信じています。わたしは、全力を傾けて全世界にボリシェヴィズムを広めてまいります」という字句からもわかるように、ボリシェヴィキへの全面的賛同を表明するものであった。

(42) 孫文、陳炯明ら国民党とソビエト・ロシアの関係については、以下の研究を参照されたい。劉徳喜『両個偉人和両個大陸』(中国檔案出版社、一九九五年)、前掲李玉貞『孫中山與共産国際』、M. Kriukov, The Winding Road to Alliance: Soviet Russia and Sun Yatsen (1918-1923), *Far Eastern Affairs*, 1999, No. 2-3; Н. Л. Мамаева, *Коминтерн и Гоминьдан: 1919-1929*, Москва, 1999(『コミンテルンと国民党』)。

(43) Wl. Wilenski (Sibirjakow), Am Vorabend der Entstehung der kommunistischen Partei in China, *Die Kommuni-*

stische Internationale（「中国共産党成立前夜」『コミュニスト・インターナショナル』ドイツ語版）No. 16, 1921.

（44）「ヴォイチンスキーの書簡（一九二〇年六月、上海）」（「文書一」）。

（45）「上海電第三八号　諜報者（露国士官）ノ報（一九二〇年四月一九日）」（《C》）。

（46）「ポタポフのチチェリン宛報告（一九二〇年一二月一二日、モスクワ）」（「文書七」）。

（47）杜洛斯基著、震瀛訳「我們要従那裏做起？」（原文は、L. Trotsky, What should we begin with?, *Soviet Russia*, Vol. 2, No. 24, Jun. 1920）。ただし、訳者は震瀛（袁振英）になっている。

（48）「ヴォイチンスキーの書簡（一九二〇年六月、上海）」（「文書一」）の編者注、および前掲 Ефимов, *Сунь Ятсен. Поиск пути: 1914-1922*, стр. 117-119（『孫逸仙——道の探索』）。

（49）馬貴凡「維経斯基第一次来華時的身分不是共産国際代表」（『党史通訊』一九八五年第一一期）。

（50）以下、とくに断らないかぎり、シベリア、極東におけるロシア共産党地方組織、対中工作機関の沿革は、И・Н・索特尼科娃報告、馬貴凡編訳「負責中国方面工作的共産国際機構」（『国外中共党史研究動態』一九九六年第四期）、Г. М. Адибеков, Э. Н. Шахназарова, К. К. Ширия, *Организационная Структура Коминтерна: 1919-1943*, Москва, 1997（『コミンテルンの組織構造』）、堀江則雄『極東共和国の夢』未来社、一九九九年、山内昭人「初期コミンテルンの組織構造（二）——東アジア関係」（「コミンテルンと東アジア」研究会、第二回例会報告、一九九九年七月）による。

（51）党組織の沿革は、*Сибирское бюро ЦК РКП(б), 1918-1920 гг.: сборник документов*, ч. 1, Новосибирск, 1978, стр. 59, 253-254, 304-305（『ロシア共産党（ボ）中央委員会シベリアビューロー（一九一八～一九二〇年）史料集』第I部）による。なお、この資料集を含め、党組織の沿革については、山内昭人氏の教示をうけた。記して謝意をあらわす。

（52）「ロシア共産党（ボ）中央委員会シベリアビューロー東方民族セクションの機構と活動の問題にかんするコミンテルン執行委員会宛の報告（一九二〇年一二月二一日、イルクーツク）」（「文書八」）。

（53）前掲索特尼科娃報告、馬貴凡編訳「負責中国方面工作的共産国際機構」。

（54）前掲李玉貞「旅俄華僑與孫中山先生的革命活動」。

(55) マーリンが中国に向けてモスクワを発つのは、一九二一年三月のことである。

(56) 前掲索特尼科娃報告、馬貴凡編訳「負責中国方面工作的共産国際機構」。

(57) 「コミンテルン極東書記局日本部の組織と活動にかんするロシア共産党(ボ)中央委員会シベリアビューローの計画(一九二〇年一〇月二五日以降)」、「スミルノフのジノヴィエフ宛書簡(一九二〇年一一月一三日)」(*Дальневосточная Политика Советской России: 1920-1922 гг.*, Новосибирск, 1996, стр. 147-151, 155-156『ソビエト・ロシアの極東政策』)。

(58) 極東共和国と中国との外交交渉については、М. А. Персиц, *Дальневосточная республика и Китай*, Москва, 1962(『極東共和国と中国』)、李嘉谷『中蘇関係(一九一七〜一九二六)』(社会科学文献出版社、一九九六年)第三章を参照。

(59) 「ロシア共産党(ボ)中央委員会シベリアビューロー東方民族セクションの機構と活動の問題にかんするコミンテルン執行委員会宛の報告(一九二〇年一二月二一日、イルクーツク)」(「文書八」)。

(60) 前掲堀江『極東共和国の夢』八七頁。

(61) B・И・グルーニン「グリゴリー・ヴォイチンスキー」(ソ連科学アカデミー極東研究所編著、毛里和子、本庄比佐子共訳『中国革命とソ連の顧問たち』国際問題研究所、一九七七年)参照。

(62) 東方学院(Восточный институт)は、一八九九年にウラジオストクで創立、一九二〇年には、国立極東大学東方学部となった。

(63) 張国燾はR・ノースとのインタビューで、コミンテルンからはヴォイチンスキーのほかに、金という朝鮮人が送り込まれてきたと述べており(Xenia J. Eudin, Robert C. North, *Soviet Russia and the East, 1920-1927*, Stanford, 1957, p. 90)、徐大粛はこの金を金万謙であろうとしている(徐大粛著、金進訳『朝鮮共産主義運動史　一九一八〜一九四八』コリア評論社、一九七〇年、二一頁)。この時期に極東で活動していたダーリンは、その回想録の中で、「セレブリャコフ」に「Ким Ман Гем」を当てており(С. А. Далин, *Китайские Мемуары: 1921-1927*, Москва, 1975, стр. 34『中国回想録』)、金万謙に間違いなかろう。ちなみに、金は高麗共産党でいえば、イルクーツク派に属する。一九二六年にソ連共産党中央委員会政治局によって、中東鉄道問題を解決するため、奉天に派遣され、張作霖と交渉するなど、その後も外交要員として活躍した。

（64）「ヴォイチンスキーのロシア共産党（ボ）中央委員会シベリアビューロー東方民族セクションへの書簡（一九二〇年八月一七日、上海）」（「文書二」）。

（65）張国燾『我的回憶』第一冊、明報月刊出版社、一九七一年、八五～八七頁、羅章龍「回憶党的創立時期的幾個問題」、張申府「中国共産党建立前後情況的回憶」（ともに、中国社会科学院現代史研究室、中国革命博物館党史研究室編『〃一大〃前後』（二）、第二版、人民出版社、一九八五年、所収）。

（66）棲梧老人（包恵僧）「中国共産党成立前後的見聞」（『新観察』一三期、一九五七年）。包恵僧は、中共第一回大会の出席者の中でも、とりわけ多くの、そして詳細な回想録を数度にわたって残している。それらはのちにまとめられ、『包恵僧回憶録』（人民出版社、一九八三年）として刊行された。原資料がほとんどなかった時期には、中共創立史研究に占めるかれの回想録（とくに「棲梧老人」の名で発表された「中国共産党成立前後的見聞」）の重みは圧倒的なものであったが、原資料が発掘されるにしたがって、かれの回想には、もっともらしい脚色や記憶の混乱が散見されることがあきらかになっている。包恵僧の回想録が当初より他の当事者（例えば董必武）から不信の目で見られていたことについては、劉廷暁、馬鴻儒「董必武同志為什麼放棄一大代表是十三人的意見？」（『党史通訊』一九八四年第八期）を見よ。ちなみに、当初「棲梧老人」は、董必武の筆名と推測されていたが、それが包恵僧の筆名であることを初めて論証したのは、香港の在野研究者の鄧文光である（鄧文光「研究現代史的甘苦」『人物與思想』一八期、一九六八年、のち鄧文光『現代史攷信録――研究現代史的甘苦（初稿）』東風出版社、一九七四年、同『中共建党運動史諸問題』青驄出版社、一九七六年に収録）。

（67）楊明斎の伝記としては、余世誠、張升善『楊明斎』（中共党史資料出版社、一九八八年）があり、さまざまな資料も収録しているが、ロシア在留時期の事跡ははっきりしていない。

（68）前掲張国燾『我的回憶』第一冊、八五～八六頁。

（69）*ВКП(б)*, *Коминтерн и Национально-Революционное Движение в Китае: Документы, Т.I.* (*1920-1925*), Москва, 1994, стр. 768, Steve A. Smith, *A Road is Made: Communism in Shanghai 1920-1927*, Richmond, 2000, pp. 16, 232.

（70）前掲 Далин, *Китайские Мемуары: 1921-1927*, стр. 31.

(71) А. И. Картунова, Интернациональная помощь рабочему классу Китая (1920-1922 гг.), *Проблемы Дальнего Востока*, 1973, No. 1(「中国労働者階級にたいする国際的援助」『極東の諸問題』)。

(72) 包恵僧「共産党第一次全国代表会議前後的回憶」、董必武「創立中国共産党」(ともに、前掲『"一大"前後』(二)所収)。

(73) イワノフの経歴にかんしては、В. Н. Никифоров, Алексей Алексеевич Иванов (Ивин), *Народы Азии и Африки*, 1965, No. 4(「アレクセイ・アレクセーヴィチ・イワノフ」『アジア・アフリカの諸民族』)、徐万民「伊文與伊鳳閣辨」(『中共党史研究』一九九三年第五期)、李丹陽「英倫航稿　最早與李大釗接触的蘇俄代表——伊万諾夫」(『中共党史研究』一九九九年第四期)参照。北京大学に残る公文書によれば、イワノフは一九一九年九月から北京大学に正式任用されている(関海庭、陳坡「関於柏烈偉和伊凡諾夫的若干材料」『党史通訊』一九八三年第一九期)。なお、一九二〇年代の初めに同じく北京大学に勤務し、ヨッフェの訪中のさいに協力した人物に同姓のイワノフ(A. I. Ivanov 中国名：伊鳳閣、ハラ・ホト〔黒城〕の西夏文物の研究で知られる)がおり、しばしばA・A・イワノフと混同されるが、別人である。

(74) 前掲 Далин, *Китайские Мемуары: 1921-1927*, стр. 31. 中国では、『維経斯基在中国的有関資料』(中国社会科学出版社、一九八二年、四六〇～四六一頁)が紹介したのがはじめであろう。

(75) 「ヴォイチンスキーのロシア共産党(ボ)中央委員会シベリアビューロー東方民族セクションへの書簡(一九二〇年八月一七日、上海)」(「文書二」)。

(76) 前掲棲梧老人「中国共産党成立前後的見聞」。

(77) 劉玉珊等編『張太雷年譜』天津大学出版社、一九九二年、三〇頁。

(78) 張西曼『歴史回憶』済東印書社、一九四九年、五頁。

(79) 「関謙関於北京無政府党互助団集会活動及籌資赴俄調査等情致王懐慶呈(一九二一年二月)」(中共北京市委党史研究室『北京青年運動史料』北京出版社、一九九〇年、四九九頁)。北京大学の公文書によれば、かれは一九二一年一月に同大学の露文系講師に任用されている(前掲関海庭、陳坡「関於柏烈偉和伊凡諾夫的若干材料」)。

(80) 前掲張国燾『我的回憶』第一冊、八五～八六頁。

(81)「ヴォイチンスキーの書簡(一九二〇年六月、上海)」(「文書一」)、「ヴォイチンスキーのロシア共産党(ボ)中央委員会シベリアビューロー東方民族セクションへの書簡(一九二〇年八月一七日、上海)」(「文書二」)。

(82)「上海でのコミンテルン関係の活動のための外貨資金の工面にかんするスミルノフのロシア共産党(ボ)中央委員会極東ビューロー宛の請願(一九二〇年一二月二一日以降)」(前掲 *Дальневосточная Политика Советской России: 1920-1922 гг.*, стр. 180『ソビエト・ロシアの極東政策』)。

(83)前掲張西曼『歴史回憶』五頁、関山復「関於柏烈偉和伊凡諾夫的幾点情況」(『党史通訊』一九八四年第三期)。後者によれば、ポレヴォイはソビエト・ロシアと関係を断ったのちも北京にとどまり、三〇年代まで北京大学でロシア語教師をつとめたという。

(84)高興亜「五四前後的北京大学俄語系」(『文史資料選輯』第一三五輯、一九九九年)。

(85)「ユーリンよりソビエト・ロシア政府宛書簡(一九二一年一〇月七日以前)」。この書簡は、中国政府が差し押さえた過激派の通信として、「高警第二七九四一号　過激派ノ極東宣伝ニ関スル件(一九二一年一〇月七日)」(《C》)に含まれているものである。

(86)「ロシア共産党(ボ)中央委員会シベリアビューロー東方民族セクションの機構と活動の問題にかんするコミンテルン執行委員会宛の報告(一九二〇年一二月二一日、イルクーツク)」(「文書八」)。

(87)李新、陳鉄健主編『偉大的開端』中国社会科学出版社、一九八三年、三二一頁。

(88)盧崇勝「〝南陳北李、相約建党〟的時間和地点」(『江漢論壇』一九八六年第五期)、荘有為「試述〝南陳北李、相約建党〟」(『中共党史論叢』上海交通大学出版社、一九八八年)。

(89)中共中央党史研究室一室編著『中国共産党歴史(上巻)』若干問題説明』中共党史出版社、一九九一年、四一頁、同『中国共産党歴史(上巻)』注釈集』中共党史出版社、一九九一年、三〇頁。

(90)「中大熱烈追悼南北烈士」(『漢口民国日報』一九二七年五月二四日)。

(91)北京にもどってきてのちの陳独秀にかんしては、『胡適口述自伝』華東師範大学出版社、一九九二年、一八五〜一八六頁、蘇長聚「関於『陳独秀伝』(上)一書中幾処史実的訂正與商榷」(『中共党史通訊』一九九一年第六期)参照。なお、胡適の日記(一九二〇年二月九日条)には、「C・T・S〔陳独秀〕のことがあり、授業せず」という記述があり(「胡適 日程與日記」『胡適遺稿及秘蔵書信』第一四冊、黄山書社、一九九四年、二四四頁)、陳の件で胡適が奔走していたことが知れる。

(92) 高一涵「李大釗同志略伝」(『中央副刊』六〇号、一九二七年五月二三日)。

(93) 高一涵「和大釗同志相処的時候」(『工人日報』一九五七年四月二七日)、同「李大釗同志護送陳独秀出険」(一九六三年一〇月執筆、『文史資料選輯』第六一輯、一九七九年)など。これら回想はのちにまとめられ、高一涵「回憶李大釗同志」として『五四運動回憶録(続)』(中国社会科学出版社、一九七九年)に収録された。

(94) 高一涵が当時、日本にいたことは、かれが一九二〇年二月一三日に日本から胡適、陳独秀に宛てて送った書簡(前掲『胡適遺稿及秘蔵書信』第三一冊、一七八〜一七九頁)にあきらかである。

(95) 高一涵の回想のほかに、「南陳北李、相約建党説」の「傍証」としてしばしば引用されるのは、少年中国学会のメンバーであった章志の以下の回想録(章志「関於馬列主義在天津伝播情況」張静如等編『李大釗生平史料編年』上海人民出版社、一九八四年、九八頁、および中共上海市委党史資料徴集委員会編『上海共産主義小組』知識出版社、一九八八年、七一頁)である。

陳独秀先生、李大釗先生とそれからもう一人の無政府主義の同志(山西の人だったが、姓名は忘れてしまった)が、当時(一九二〇年初めごろ)おりから北京より天津にやってきた。……翌日の夜、李、姜〔姜般若、天津の無政府主義者〕、山西の同志、南開の学友胡維憲とわたしとで、特別一区にあった某ソ連同志の家へ出かけ、北京、天津の地下活動状況について、一時間ほど話し合った。すると、翌日の天津『益世報』に「党人が会合、悪事をたくらむ」というニュースが載った。李大釗先生が急ぎ姜先生の家に知らせに来てくれたので、事が露見しないで済んだ。かれはすぐに北京へもどっていった。……陳独秀先生は用事があって先に上海に行ってしまっていたので、会議には参加できなかった。

この回想は、一九二〇年二月の李大釗に伴われた陳独秀の天津への避難行を伝えているようだが、これだけで両者がその際に共産党結成を話し合ったと判断するには、問題があろう。また、『益世報』が報じたという記事が実際に存在したことも確認されておらず、この曖昧な回想から「南陳北李、相約建党説」を導き出すのは、牽強附会を免れない。

(96) 前掲張国燾『我的回憶』第一冊、八七頁、原注②。

(97)「文書一」「文書二」。「文書二」には、「『中国社会主義新聞』の出版者」であり、「上海革命ビューローのメンバーである李同志」という字句が見え、資料集ロシア語版の編者はそれを不明とし、中国語版の編者はそれを李震瀛とするが、これは李漢俊のことであろう。いずれにせよ、李大釗でないことは確かである。

(98) 前掲張国燾『我的回憶』第一冊、八三頁。なお、カラハン宣言にたいする中国諸団体の熱狂的反響は、「対於俄羅斯労農政府通告的輿論」として『新青年』七巻六号(一九二〇年五月)に収録されている。

(99) ハルビンにおけるロシア人居留民の状況、およびハルビン労働者・兵士代表ソビエトの活動については、前掲原『シベリア出兵』一四四〜一五一頁、李興耕等著『風雨浮萍――俄国僑民在中国(一九一七〜一九四五)』中央編訳出版社、一九九七年、二二二〜四六頁、薛銜天等編『中蘇国家関係史資料彙編(一九一七〜一九二四年)』中国社会科学出版社、一九九三年、三二八〜三三四頁参照。

(100) ヴォイチンスキーの上海到着の正確な日時を伝える文書は残っていない。陳公培の回想(「回憶党的発起組和赴法勤工倹学等情況」、前掲『"一大"前後』(二))に、「わたしはこの年〔一九二〇年〕のメーデー以前に『星期評論』社でかれ〔ヴォイチンスキー〕に会った」という記述がある。また、上海に来たヴォイチンスキーの一行には、楊明斎のほかに朝鮮人「安某」がいたという関係者の証言があり(仿魯「清算陳独秀」『陳独秀評論』北平東亜書局、一九三三年)、高麗共産党関係者の安恭根、安秉讃などが考えられるが、確証はない。なお、ヴォイチンスキー一行が北京から上海に赴く途中に山東省済南に立ち寄り、当地の学生らと接触したという俗説が根拠のないものであることは、柳建輝「魏経斯基一九二〇年四月到過済南嗎?」(『党史研究』一九八六年第五期)が証明している。

(101)「ヴォイチンスキーの書簡(一九二〇年六月、上海)」(「文書一」)。

(102)「公信第二八六号第二部　極東全社会党局発表宣言書所載新聞切抜送附ノ件(一九二〇年六月一〇日)」(《C》)。

(103) 抱朴「批評中国出版的関於俄国革命的書籍(続)」(『時事新報』「学燈」一九二四年二月二七日)。

(104) В. Н. Никифоров, Абрам Евсеевич Ходоров, *Народы Азии и Африки*, 1966, No. 5(「アブラム・エヴセーヴィチ・ホドロフ」『アジア・アフリカの諸民族』), Whiting, *op. cit.*, pp. 116-118. 黄平『往事回憶』人民出版社、一九八一年、三～四頁、「俄代表與各報記者之談話」(『晨報』一九二〇年九月一八日)、石克強(К. В. Шевелев)「孫中山與遠東電訊社(一九二〇－一九二一)」(中国孫中山研究学会編『孫中山和他的時代』中華書局、一九八九年)、李丹陽、劉建一「霍多洛夫與蘇俄早期在華通訊社」(未刊稿)。

(105) ロスタ通信社の中国での活動の端緒を開いたのは、共産党員「アレクセーエフ」(Alegseev, Alexieff)であったという説がある(李雲漢『従容共到清党』中国学術著作奨助委員会、一九六六年、六五頁、Wilbur, *op. cit.*, pp. 117, 326-327)。その根拠は、布施勝治『ソウエート東方策』(燕塵社、一九二六年)であり、布施は同書で、一九二一年春ごろにモスクワから共産党員「アレクセーエフ」が訪中し、広州でロスタ通信社の支局やロシア語学校を開設する一方で、同年三月には孫文と会見し、ソビエト・ロシアと南方政府の相互協力にかんする協定が秘密裏に締結されたと伝える(二七〇～二七二頁)が、この「アレクセーエフ」が実在の人物かは疑わしい。一九二一年四月ごろにホドロフとストヤノヴィチが、広州で孫文にインタビューをしている(「孫文の知られないインタビュー」『極東の諸問題』日本語版、四巻一号、一九七五年)ので、ホドロフやストヤノヴィチの活動が「アレクセーエフ」のそれと勘違いされたものだろう。

(106) ダルタ通信社と『上海の生活』社が同じ建物にあり、共同歩調をとって活動していたことは、上海総領事館警察の徹底的な調査(木下義介『上海ニ於ケル過激派一般(大正十一年六月)』一五～一六頁《C》)によって判明する。なお、同調査によれば、ツェントロソユーズは現在の九江路と江西路の交差点に、ダルタ通信社と『上海の生活』社は、虹口の長治路と塘沽路の交差点にあった。

(107) 前掲木下『上海ニ於ケル過激派一般(大正十一年六月)』一二頁。

(108) 「特別要視察人状勢調　大正十年度」「最近ニ於ケル特別要視察人ノ状況　大正十一年一月調」(ともに、松尾尊兊編『続・現代史資料　2　社会主義沿革』2、みすず書房、一九八六年所収、六二、一一〇頁)。

(109) 前掲木下『上海ニ於ケル過激派一般(大正十一年六月)』一～二頁。

（110）中国政府と極東共和国（ユーリン使節団）の外交交渉は、結局国交樹立には至らぬまま、一九二二年一一月の極東共和国のソビエト・ロシアへの併合を迎えることになる。中ソが正式の国交関係を樹立するのは、一九二四年になってからである。

（111）「国外東アジアの人民工作にかんするヴィレンスキー＝シビリャコフよりコミンテルン執行委員会宛の報告（一九二〇年九月一日、モスクワ）」（「文書四」）。

（112）同前。

（113）コミンテルンの組織沿革史であるГ. М. Адибеков, Э. Н. Шахназарова, К. К. Шириня, *Организационная Структура Коминтерна: 1919-1943*, Москва, 1997（『コミンテルンの組織構造』）にも、一九二〇年に上海で「コミンテルン東アジア書記局」が成立したという記述はない。

（114）「中華工業協会」、ならびに五四運動前後の上海労働運動については、江田憲治『五四時期の上海労働運動』（『五四運動の研究』第五函、一七、同朋舎、一九九二年）が詳しい。

（115）「ヴォイチンスキーの書簡（一九二〇年六月、上海）」（「文書一」）。

（116）同前。

（117）「文書三」「文書四」。

（118）「文書一」。

（119）中国語版（中共中央党史研究室第一研究部訳）の訳者注では、ガルシャンツ（Garushiants）の考証によるとして、この人物をБ・И・パンクラトフ（潘克拉多夫）とする。パンクラトフ（B. I. Pankratov, 1892-?）は、ソ連の東洋学者として知られ、一九一六年にウラジオストクの東方学院を卒業、一九一八年より漢口でロシア語の教師をつとめるかたわら、湖南、湖北の方言を調査していた。二〇年代から三〇年代にかけて、北京の俄文法政専門学校、ロスタ通信社、ソ連駐北京大使館で勤務した（中国社会科学院文献情報中心編『俄蘇中国学手冊（上）』中国社会科学出版社、一九八六年、四四七頁、彭沢湘「自述」『党史研究資料』一九八三年第一期）。

（120）「文書一」の中国語訳（中共中央党史研究室第一研究部訳）では、「群益書店」となっている。

(121) И. М. Мусин, *Очерки рабочего движения в Китае: Вопросы китайской революции*, т. 1, Москва, 1927, стр. 228（「中国の労働運動概説」『中国革命の諸問題』第一巻）（前掲シェヴェリョフ「中国共産党成立史のひとこま」より再引用）。

(122) 「収駐崴邵領事電　民国九年六月一七日」「発駐崴邵領事電　民国九年六月一九日」（中央研究院近代史研究所編刊『中俄関係史料　一般交渉　民国九年』一九六八年、「俄対華外交試探」五〇頁）。

(123) 「文書四」。

(124) 同前。なお、ややのちのことになるが、党シベリアビューローは、一〇月一二日の会議で、東方民族セクションの活動を討議し、「中国と朝鮮における共産主義組織の創立に注意を向ける」よう勧告している（前掲ペルシッツ「ロシアにおける東方の国際主義者と民族解放運動の若干の問題（一九一八―一九二〇年七月）」）。

(125) 「文書八」。

(126) この報告の終わりに「『中国社会主義新聞』（Китайская социалистическая газета）のリ同志（т. Ли）は我々上海革命ビューローのメンバーである」とある。『中国社会主義新聞』が具体的に何を指すのかは不明だが、「リ同志」は李漢俊であろう。

(127) 一九二一年にコミンテルン執行委員会極東書記局がイルクーツクで刊行していた雑誌『極東の諸民族』（*Народы Дальне-го Востока*）の第二号（一九二一年六月二三日）には、「中国における社会主義文献」（Социалистическая литература в Китае）という文章があり、当時中国で出ていた書籍、雑誌の題名が中国音のロシア語転写で紹介されているが、その中に『誰是共産党』がある。また、「文書八」によれば、『共産党とは何か』の著者はミニン（Минин）とあるが、どういう人物かは不明である。

(128) 李得勝『一個兵的説話』（一九二〇年八月再版、出版社不明、上海革命歴史博物館（籌）編『上海革命史研究資料』上海三聯書店、一九九一年、所収）。著者の李得勝については経歴等不明である。なお、このパンフレットの内容は、真理社なる無政府主義団体が一九一九年四月に発行したという『兵士須知』（李得勝述）と同じである。『兵士須知』の表紙、内容、およびその散布状況については、中国第二歴史檔案館編『中国無政府主義和中国社会党』（江蘇人民出版社、一九八一年）の扉写真、および一九～二八、三〇、三三頁を見よ。ちなみに、前掲「中国における社会主義文献」では題名が『一個兵士的談話』になっている。

(129) 正式の中国題名は『十月革命給了我們什麼』であったらしい(前掲「中国における社会主義文献」)が、現物は確認されておらず、その出典も不明である。

(130) 「中俄通信社」が配信したニュースの一覧は、「中俄(華俄)通信社新聞稿目録」として、上海革命歴史博物館(籌)編『上海革命史資料與研究』第一輯(開明出版社、一九九二年)に収められている。同通信社の活動概況については、方行「新民主主義革命史上的第一個新聞通信社——上海「中俄(華俄)通信社」」(『上海党史研究』一九九二年第九期)、任武雄「建党時期的中俄通訊社和華俄通訊社」(『党史研究資料』一九九四年第一一期)参照。

(131) 「本報記者與華俄通信社駐華経理之談話」(『広東群報』一九二一年五月一七日)。

(132) 独秀「真的工人団体」(『労動界』二号、一九二〇年八月)。

(133) 沈以行等編『上海工人運動史』上巻、遼寧人民出版社、一九九一年、七六〜八二頁。

(134) 「通信」(『労動界』七号、一九二〇年九月)、「上海機器工会開発起会紀略」(同九号、一九二〇年一〇月)、「上海機器工会成立紀」(『民国日報』一九二〇年一一月二二日)。

(135) 前掲独秀「真的工人団体」。

(136) 「改造聯合」の宣言と規約(約章)は、『少年中国』二巻五期(一九二〇年一一月)に掲載されている。

(137) 「少年中国学会消息」(『少年中国』二巻三期、一九二〇年九月)。

(138) 諶小岑「五四運動中産生的天津覚悟社」(『五四運動回憶録』下冊、中国社会科学出版社、一九七九年)。

(139) ヴォイチンスキーは上海から日本に向けて何度かメッセンジャー(朝鮮人)を派遣し、日本の社会主義者(ヴォイチンスキーは大杉栄、堺利彦、山川均を念頭に置いていたようである)と接触しようとしている(「文書一」「文書二」)。

(140) 大杉栄著、飛鳥井雅道校訂『自叙伝・日本脱出記』岩波書店、一九七一年、二八四〜二九五頁、前掲「最近ニ於ケル特別要視察人ノ状況　大正十一年一月調」(前掲松尾編『続・現代史資料　2　社会主義沿革』2、一〇四頁)。なお、「M」なる使者については、「馬某なる人物が、前記ママエフ(馬邁也夫)と同一人物であるか否かは定かではない」(岩村登志夫『コミンテルンと日本共産党の成立』三一書房、一九七七年、七八、一〇五頁）という指摘があるほか、「Yi Ch'un suk」（李春熟）とする説がある（**R. A. Scalapino**, *The Japanese Communist Movement, 1920-1966*, Berkeley, 1967, p. 12；警保局「朝鮮人近況概要　大正十一年一月」朴慶植編『在日朝鮮人関係資料集成』第一巻、三一書房、一九七五年、一二四頁）。飛鳥井氏は、「李春熟」説をとっている。

（141）日本の研究では、「ロシア人のT」を「チェレン」とするものが多い（前掲大杉栄著、飛鳥井雅道校訂『自叙伝・日本脱出記』二九二～二九五頁、犬丸義一『第一次共産党史の研究　増補　日本共産党の創立』青木書店、一九九三年、七九頁）が、その根拠はあきらかでなく、また「チェレン」なる者の素性もまったく不明である。

（142）中国社会科学院近代史研究所編『白堅武日記』第一冊、江蘇古籍出版社、一九九二年、二七七頁（一九二〇年一〇月一〇日条）に「昨、俄労農代表包利克、外金斯克来談中国現在並将来、俄之組織統系可為鑑也」とある。白堅武は九日に李大釗（李と白とは北洋法政専門学校時代の学友で、非常に親密であった）とも会っていることから見て、ヴォイチンスキーを紹介したのは李大釗だったと考えられる。

（143）ヴォイチンスキー「我與孫中山的両次会見」（前掲『維経斯基在中国的有関資料』一〇九～一一三頁）。原載は、『プラウダ』一九二五年三月一五日。孫文との会見の日時について、ヴォイチンスキーは「一九二〇年の秋」としか述べていないが、同時に会見から「ほどなく、孫文は広州に行ってしまった」（孫文の広州への出発は一一月二五日）と述べているので、一応一一月としておく。

（144）同前。

（145）「広州共産党的報告」（中央檔案館編『中共中央文件選集』第一冊、中共中央党校出版社、一九八九年）、唐宝林、林茂生『陳独秀年譜』上海人民出版社、一九八八年、一三五頁、前掲ヴォイチンスキー「我與孫中山的両次会見」。

（146）「ソコロフ・ストラホフの広州政府にかんする報告（一九二一年四月二一日、発信地不明）」（「文書九」）。

（147）同前。

（148）前掲 *Далин*, *Китайские Мемуары : 1921-1927*, стр. 27-32（『中国回想録』）。

(149) ヴォイチンスキーの二度目の来華時期を一九二三年一一月から一二月とする説がある（例えば、前掲『維経斯基在中国的有関資料』四七二～四七三頁、周文琪、褚良如『特殊而複雑的課題――共産国際、蘇聯和中国共産党関係編年史』湖北人民出版社、一九九三年、六六頁）が、同時期にヴォイチンスキーはモスクワでコミンテルン執行委員会の会議に出席しており（「コミンテルン執行委員会会議記録（一九二三年一一月二六日）」〔「文書九五」〕）、この時期に中国を訪れることはなかったはずである。

(150) 「文書八」。

(151) 「上海でのコミンテルン関係の活動のための外貨資金の工面にかんするスミルノフのロシア共産党（ボ）中央委員会極東ビューロー宛の請願（一九二〇年一二月二一日以降）」（前掲 *Дальневосточная Политика Советской России: 1920–1922 гг.*, стр. 180〔『ソビエト・ロシアの極東政策』〕）。

(152) このほかに、一九二一年一月に上海でヴォイチンスキーに接触し、のちにかれからの情報をもとにして広州の政情を報告（「文書九」）したソコロフ＝ストラホフ（K. N. Sokolov-Strahov）なる人物がいるが、一九二〇年一一月時点でブラゴヴェシチェンスクにいたことがわかるだけで、来華の経緯や時期は不明である。

(153) 彭述之著、程映湘訳「被遺忘了的中共建党人物」（『争鳴』香港、六八期、一九八三年、原著は、Claude Cadart, Cheng Yingxiang, *L'Envol du communisme en Chine: Memoires de Peng Shuzhi*, Paris, 1983）。

(154) 抱朴（秦滌清）「赤俄遊記」（『晨報副鐫』一九二四年八月二七日）。

(155) 「文書八」。

(156) 国際労働組合評議会は、一九二〇年七月にモスクワで暫定的機関として設立され、翌年七月、その基盤の上に「赤色労働組合インターナショナル」（プロフィンテルン）が成立した（村田陽一編『コミンテルン資料集』第一巻、大月書店、一九七八年、五七八、六〇三頁）。同評議会は一九二〇年一一月に、チタ駐在のスムルギスにたいして、同地に国際労働組合評議会極東書記局を設置するよう命じている（Новые материалы о первом съезде Коммунистической Партии Китая, *Народы Азии и Африки*, 1972, No. 6〔「中国共産党第一回大会にかんする新資料」『アジア・アフリカの諸民族』〕）。

（157）以下、フロムベルグにかんする記述は、А.И.Картунова, Профинтерн и профсоюзное движение в Китае (Из истории их взаимоотношений), ***Народы Азии и Африки***, 1972, No.1（「プロフィンテルンと中国の労働組合運動（相互関係の歴史より）」）による。

（158）マーリンは上海で活動を共にした同志としてフロムベルグの名前を挙げている（「マーリンのコミンテルン執行委員会宛の報告（一九二二年七月一一日）」〔Tony Saich, *The Origins of the First United Front in China: The Role of Sneevliet* (*Alias Maring*), Leiden, 1991, p.306；李玉貞主編『馬林與第一次国共合作』光明日報出版社、一九八九年、六〇頁〕）。

（159）呉家林、謝蔭明『北京党組織的創建活動』（中国人民大学出版社、一九九一年）は、「プロフィンテルン代表フロムベルグ（弗来姆堡）の援助をうけて、北京の共産党組織は『工人週刊』を創刊した」と述べる（二三九頁）が、その根拠は示されていない。フロムベルグの中国での活動がいつまで続いたのかは、よくわからないが、日本の官憲側の資料によれば、一九二七年時点では上海におけるソ連系銀行「ダリバンク」の総支配人であったという（「上海に於ける労農露国ダリバンク捜査及び封鎖事件」『外事警察報』六二号、一九二七年八月）。

（160）「ロシア共産党（ボ）中央委員会シベリアビューロー東方民族セクションの機構と活動の問題にかんするコミンテルン執行委員会宛の報告（一九二〇年一二月二一日、イルクーツク）」（「文書八」）。

（161）徐相文「従蘇俄的亜洲戦略看中共「一大」以前的建党活動」（『国史館館刊』復刊第二三期、一九九七年）は、ヴォイチンスキーの召還が、極東共和国と北京政府の外交交渉を円滑に進めるために行われた譲歩策だとしているが、うがちすぎであろう。ヴォイチンスキーらの活動が外交交渉の取引材料になるほど北京政府にとって脅威であったとは考えにくいからである。

（162）『共産党』三、四号の実際の発行が、雑誌奥付の一九二一年四月、同五月よりさらに遅れたことについては、第一章の**表2**参照。

（163）『共産党』三号は、上海のフランス租界警察によって版面の一部が没収されたため、一頁分が欠落している。また、『新青年』八巻六号の「本社特別啓事」は、「特種なる理由」により、以後の発行地を広州に移すことを声明している。この「特種なる理由」とは、同誌九巻一号の「編輯室雑記」によれば、八巻六号の原稿が印刷完了直前にすべて官憲側に没収されてしまったことである。ただし、その「本社特別啓事」は官憲側を欺くための便法で、実際にはその後も密かに上海で発行されたという(茅盾『我走過的道路』上冊、生活・読書・新知三聯書店香港分店、一九八一年、一五七頁、陳望道「関於上海馬克思主義研究会活動的回憶――陳望道同志生前談話紀録」『復旦学報(社会科学)』一九八〇年第三期)。

(164) 前掲「マーリンのコミンテルン執行委員会宛の報告(一九二二年七月一一日)」(Saich, *op. cit.*, p. 309;前掲李玉貞『馬林與第一次国共合作』六二頁)。

(165) 包恵僧「党的〝一大〟前後」(前掲『上海共産主義小組』一一七頁)。李達も同様のことを述べている(「李達自伝(節録)」『党史研究資料』一九八〇年第八期)。

(166) 近藤栄蔵『コムミンテルンの密使』文化評論社、一九四九年、一二八〜一二九頁。

(167) この「黄某」が黄介民であることは、李丹陽「朝鮮人〝巴克京春〟来華組党述論」(『近代史研究』一九九二年第四期)によって紹介されている。

(168) 前掲「最近ニ於ケル特別要視察人ノ状況　大正十一年一月調」(前掲松尾『続・現代史資料 2 社会主義沿革』2、一〇六頁)。なお、近藤は上海からの帰途、下関で日本警察に捕まっている。

(169) 政治綱領などをみると、一九一二年に結成された「中国社会党」と類似する部分もあり、同党の亜流ではないかとも想像される。

(170) 楊奎松「有関中国早期共産主義組織的一些情況」(『党史研究資料』一九九〇年第四期)、および楊奎松、董士偉『海市蜃楼與大漠緑洲――中国近代社会主義思潮研究』上海人民出版社、一九九一年、一八五〜一八七頁、楊世元「一九二〇年的〝重慶共産主義組織〟析解」(『重慶党史研究資料』一九九六年第一期)。

(171) 『晨報副鐫』一九二四年八月二六、二八日。抱朴は、本名秦滌清、無政府主義者だったが、一九二〇年に上海社会主義青年団(これは「本物」の共産党の系列)に加入し、翌年にロシア留学をはたす。

(172) 『江亢虎新俄遊記』商務印書館、一九二三年、六〇頁。

(173) 極東諸民族大会は、コミンテルンのイニシアチブの下、ワシントン会議に対抗するために、極東各国の革命団体を招集して一九二二年一月二一日から二月一日まで、モスクワで開催(二月二日にペトログラードで閉幕)された会議である。大会の概要については、S・ゴルブノワ「極東民族大会と中国の革命運動」(『極東の諸問題』日本語版、一六巻六号、一九八七年、С. А. Горбунова, Съезд народов Дальнего Востока и революционное движение в Китае, *Проблемы Дальнего Востока*, 1987, No. 4)、川端正久『コミンテルンと日本』(法律文化社、一九八二年)第四章が詳しい。同大会の中国代表については、楊奎松「遠東各国共産党及民族革命団体代表大会的中国代表問題」(『近代史研究』一九九四年第二期)が、原文書を駆使して検討している。

(174)　CP「我観察過的俄羅斯」(『広東群報』付録『青年週刊』六号、一九二二年四月二日)。

(175)　崔醒吾「張民権是否到莫斯科?」(『時事新報』「学燈」一九二一年一〇月二四日)。

(176)　張民権(号は美真)は五四時期に活躍したエスペランティスト、無政府主義者で、当時の報道にしばしば名前が見えるが、生卒年や籍貫(一説に湖南の人という)などは未詳。諸資料を総合すると、かれは一九一八年に成立した留日学生救国団の幹部で、一九一九年春に救国宣伝のため上海から広東、東南アジアへ赴き、一九二〇年二月ごろに帰国、三月から四月にかけて、福建省漳州で無政府主義の宣伝を行ったが、四月二〇日に陳炯明側に検挙されて上海に退去、上海ではエスペラント学校である新華学校に関係した。一九二〇年一〇月には上海で工商友誼会の成立大会に出席するなど「活躍分子」としてさまざまな団体に顔を出したのち、一九二一年六月中旬に同志らからの資金援助をうけてコミンテルン大会出席のため上海からモスクワに向かって出発した。モスクワから帰国してのち、まもなく死亡したと言われる。前掲李丹陽、劉建一「英倫航稿——早期来華的蘇俄重要密使考」によれば、「張民権」と、当時の無政府主義活動家である「張墨池」、同じく無政府主義者で『民声』の編集にも参加した「盛国成」は同一人物であるというが、その根拠は示されていない。ちなみに張墨池は一九二二年時点で、中韓国民互助社の中心的メンバーとして活動している(孫安石「一九二〇年代、上海の中朝連帯組織——「中韓国民互助社總社」の成立、構成、活動を中心に」『中国研究月報』五七五号、一九九六年)。また、張民権は広東省五華の人で、一九二一年に国民党に加入、一九二六年ごろには国共合作下の広州にいて、のちにソ連に留学し、一九四九年以後には台湾にいたという記録もある(中華民国留俄同学会編『六十年来中国留俄学生之風霜踔厲』中華文化基金会、一九八八年、三八〜三九、五二七〜五二八頁)が、この張民権が先の張民権と同一人物か否かは不明。

(177) 以下、とくに断らない限り、コミンテルンと朝鮮人共産主義者との関係にかんしては、水野直樹「コミンテルンと朝鮮——各大会の朝鮮代表の検討を中心に」(『朝鮮民族運動史研究』一号、一九八四年)による。

(178) 中央檔案館所蔵「中共駐共産国際代表団檔案」。モスクワのアルヒーフにも類似の文書がある(ロシア国立社会・政治史アルヒーフ所蔵資料 ф. 495, оп. 154, д. 81, л. 9)。

(179) 前掲楊奎松「遠東各国共産党及民族革命団体代表大会的中国代表問題」。

(180) **Wl. Wilenski(Sibirjakow), Am Vorabend der Entstehung der kommunistischen Partei in China**, *Die Kommunistische Internationale*(「中国共産党成立前夜」『コミュニスト・インターナショナル』ドイツ語版)No. 16, 1921.

(181) 独語で発音すれば、「ヤオ・ツォ・ジン」であるが、同時に名前をあげられている「Di-Kan(ディ・カン)」=狄侃、「Kai-Bei-Dsin(カイ・バイ・ドゥジン)」=康白情、「Wan-Dei-Shi(ヴァン・ダイ・シ)」=王徳熙、「Fan-Fu-Guan(ファン・フ・グアン)」=馮復光、「Tzen-Tsao-Schen(ツェン・ツァオ・シェン)」=陳肇燊らが、いずれも一九二〇年初頭の全国学生連合会理事会の理事であることから見て、「Jao-Tso-sin」が姚作賓であることはまちがいない。当時の学連理事の氏名については、「両学生会消息」(『申報』一九一九年一二月一二日)、「学生総会理事会開会」(『民国日報』一九二〇年二月一四日)参照。

(182) ヴィレンスキーによれば、「全国の学生代表から構成される学生組織の執行委員会」(すなわち「全国学生連合会総会理事会」のこと)の七名の構成員のうち、姚作賓を含む三人は「大同党」のメンバー、一人は「真理社」の出身であるとされる。なお、ヴォイチンスキーも上海で、上海学連の幹部であった狄侃、程天放らと接触していた(程天放「李公祠四年」『伝記文学』一巻七期、一九六二年)。

(183) 「盧永祥復電(一九二〇年三月一三日)」(前掲『五四愛国運動檔案資料』六一八～六一九頁)。

(184) 「ロシア共産党(ボ)中央委員会シベリアビューロー東方民族セクションの機構と活動の問題にかんするコミンテルン執行委員会宛の報告(一九二〇年一二月二一日、イルクーツク)」(「文書八」)。なお、日本の外務省文書でも、姚作賓が全国学連を「代表し、露国過激派との連携を図る為め、本年[一九二〇年]四月哈爾賓、浦塩地方に旅行せし」事実が確認されている(「外

秘乙第二二五号　要注意支那人ノ動静ニ関スル件（一九二〇年八月九日）」〔《D》〕）。
(185)「俄学生請求世界同情」（『民国日報』一九二〇年三月二四日）。
(186)「上海に於ける思想団体」（『外事警察報』二一号、一九二三年）。
(187)黄紀陶「黄介民同志伝略」（『清江文史資料』第一輯、一九八六年）。ただし、黄介民からの聞き取りをもとにしたこの伝記は、「新亜同盟党はのちに大同党と改称した」とするだけで、その改称の時期については明言していない。
(188)陳其尤「一九一九年蘇聯派第一個代表到漳州」（『文史資料選輯』第二四輯、一九六一年）。
(189)王希天の経歴については、仁木ふみ子『震災下の中国人虐殺』（青木書店、一九九三年）参照。
(190)コスモ倶楽部については、松尾尊兊「コスモ倶楽部小史」（『京都橘女子大学研究紀要』二六号、二〇〇〇年）参照。
(191)山鹿泰治『たそがれ日記』第一分冊・四「秘密結社大同党」（「たそがれ日記」の該当部分は、坂井洋史「山鹿泰治と中国――『たそがれ日記』に見る日中アナキストの交流」（『猫頭鷹』二号、一九八三年）に全文が載録されているので、それに依拠した）。なお、山鹿によれば、大同党は「自由と平和のために努力する者の結社」であり、「国籍と階級を越えて五大洲に同志を求める」ことを掲げていたという。
(192)劉沢栄「十月革命前後我在蘇聯的一段経歴」（『文史資料選輯』第六〇輯、一九七九年、二一九頁）。なお、『解放與改造』一巻二号（一九一九年九月）に掲載された今井政吉著、超然、空空訳「列寧與脱洛斯基之人物及其主義之実現」も、ボリシェヴィキの主義を「純粋なる大同主義」ととらえている。
(193)王覚源『中国党派史』正中書局、一九八三年、九四頁。同書は大同党の政綱のほか、そのメンバーが中国人、朝鮮人、台湾人、ベトナム人、インド人ら中外の人士を含むものであったことを簡単に紹介しているが、その典拠は示されていない。
(194)前掲黄紀陶「黄介民同志伝略」。
(195)前掲李玉貞『孫中山與共産国際』五七頁。
(196)前掲黄紀陶「黄介民同志伝略」。以下、とくに断らない限り、黄介民の経歴はこの伝記による。
(197)趙素昂（本名は趙鏞殷、一八八七〜一九五八）は、朝鮮独立運動の理論家、とくにその「三均主義」をもって知られている。

明治大学に学んでのち、一時帰国して法学専修学校で教鞭をとったが、その後中国に渡り、独立運動に加わった。一九一九年四月に上海で大韓民国臨時政府が成立すると、その国務院秘書長に就任した。一九二〇年代初めには、他の臨時政府の要員らと同様にコミンテルンと連絡をとりながら活動したようで、例えばマーリンのコミンテルンへの報告でも、朝鮮人共産主義者の一人として名前が挙げられている（前掲「マーリンのコミンテルン執行委員会宛の報告（一九二二年七月一一日）」〔Saich, *op. cit.*, p. 314；前掲李玉貞『馬林與第一次国共合作』六六〜六七頁〕）。一九二九年には金九、李東寧らと韓国独立党を結成、臨時政府が重慶に移ってのちも外務部長をつとめるなど、政界で重きをなした。

(198) 趙素昂の自伝でも黄覚（黄介民）との接触が言及されているという（崔忠植『三均主義與三民主義』正中書局、一九九二年、一二頁）。

(199) 日中共同防敵軍事協定にたいする留日学生の反対運動と留日学生救国団の活動については、張恵芝『〝五四〟前夕的中国学生運動』（山西教育出版社、一九九六年）が詳しい。

(200) 黄介民は、一九二〇年四月一八日の「籌備労動紀念大会」に陳独秀とともに参加（『民国日報』一九二〇年四月二〇日）、一九二〇年五月一日の「五一節紀念大会」には主席をつとめ（『民国日報』一九二〇年五月三日）、一九二〇年五月一六日時点では、中華工業協会総務部主任兼対外代表であった（『民国日報』一九二〇年五月一九日）。

(201) 一九二一年初頭以来、上海など中国各地に設立された中韓互助社（中韓国民互助社）については、小野信爾「三一運動と五四運動」（飯沼二郎、姜在彦編『植民地期朝鮮の社会と抵抗』未来社、一九八二年）、前掲孫安石「一九二〇年代、上海の中朝連帯組織——「中韓国民互助社總社」の成立、構成、活動を中心に」参照。

(202) 黄介民はのちに、中華工業協会の仕事を継続するとともに、YMCAの識字教科書の編纂に参加、上海の五三〇運動にも加わった。その後、江西にもどり「江西革命同志会」を組織して国民革命軍の北伐に呼応、江西省政府水利局長をつとめたが、一九二七年の国民党の反共化ののち、蔣介石の独裁に不満を抱き、国民党の要職を辞して郷里にもどり閑居した。中華人民共和国成立後は、国民党革命委員会中央団結委員会委員、江西省人民政府監察庁副庁長などを歴任。

(203) 前掲「上海に於ける思想団体」。

(204) 前掲山鹿『たそがれ日記』第一分冊・四「秘密結社大同党」。
(205) 前掲ヴィレンスキー＝シビリャコフ「中国共産党成立前夜」。
(206) ロシア国立社会・政治史アルヒーフ所蔵資料(ф. 489, оп. 1, д. 14, л. 117-118)。
(207) 韓人社会党が上海で高麗共産党に改称するのは、一九二一年五月のことである。詳しくは、前掲水野直樹「コミンテルンと朝鮮――各大会の朝鮮代表の検討を中心に」参照。
(208) 前掲徐大粛『朝鮮共産主義運動史　一九一八～一九四八』一三頁。
(209) 王若飛「関於大革命時期的中国共産党」(『近代史研究』一九八一年第一期)。
(210) 「巴克京春」が朴鎮淳であることの考証、ならびに朴鎮淳の中国共産主義運動への関与については、前掲李丹陽「朝鮮人〝巴克京春〟来華組党述論」参照。
(211) 周恩来「共産国際和中国共産党(一九六〇年七月)」(『周恩来選集』下巻、人民出版社、一九八四年、三〇三頁)。
(212) 前掲張国燾『我的回憶』第一冊、八二、一三〇頁。
(213) 「ヴォイチンスキーのロシア共産党(ボ)中央委員会シベリアビューロー東方民族セクションへの書簡(一九二〇年八月一七日、上海)」(「文書二」)。
(214) 上海の大韓民国臨時政府と中国共産主義運動の関係にかんする研究としては、沐濤、孫科志『大韓民国臨時政府在中国』上海人民出版社、一九九二年、前掲李丹陽「朝鮮人〝巴克京春〟来華組党述論」、孫春日「上海臨時政府と中国共産党創建の初期活動(一九一九年九月～一九二一年七月)」(『白山学報』〔ハングル〕四二号、一九九三年)があり、初歩的な検討をしている。なお、辛亥革命以来の革命家である劉維舟(一九二五年に中共入党)は回想の中で、「民国九年(一九二〇年五月)に朝鮮の金笠、李某の二同志の紹介で、上海で朝鮮共産党に入党した」と述べている(劉維舟「我的回憶」『中共党史資料』第一輯、一九八二年)が、その真偽は不明である。
(215) 「ロシア共産党(ボ)中央委員会シベリアビューロー東方民族セクションの機構と活動の問題にかんするコミンテルン執行委員会宛の報告(一九二〇年一二月二一日、イルクーツク)」(「文書八」)。

(216) クラスノシチョーコフにかんしては、近年三種の伝記が世に問われている。上杉一紀『ロシアにアメリカを建てた男』旬報社、一九九八年、前掲堀江『極東共和国の夢』、Б. И. Мухачев, Александр Краснощеков, Владивосток, 1999(『アレクサンドル・クラスノシチョーコフ』)。

(217) 前掲「マーリンのコミンテルン執行委員会宛の報告(一九二二年七月一一日)」(Saich, *op. cit.*, pp. 312-313;前掲李玉貞『馬林與第一次国共合作』六五頁)。

(218) ブラゴヴェシチェンスクの中国人共産主義者とその活動については、「阿穆爾華僑傾向共産」(『民国日報』一九二一年一月二九日)、В. М. Устинов, Китайские коммунистические организации в Советской России (1918-1920 гг.), *Вопросы Истории КПСС*, 1961, No. 4(「ソビエト・ロシアにおける中国人共産主義組織」『ソ連共産党歴史問題』)、前掲伊藤秀一「十月革命後の数年間におけるソヴェト・中国・朝鮮勤労者の国際主義的連帯について」、薛衛天「関於旅俄華工聯合会機関報『大同報』」(『近代史研究』一九九一年第三期)、余敏玲「蘇聯境内出版的中文期刊　一九一八〜一九三七」(『前進報』中央研究院近代史研究所、一九九六年)参照。

(219) 前掲李玉貞『孫中山與共産国際』八五頁。ただし、江亢虎の伝記(例えば、汪佩偉『江亢虎研究』武漢出版社、一九九八年)には、江とクラスノシチョーコフがアメリカ在留時代からの友人であったとの記述はある(同書、一七二頁)ものの、江の帰国が俄国共産華員局の委任をうけたものだったことを示す傍証はない。

(220) 「劉謙のロシア共産党(ボ)アムール州委員会宛の報告(一九二〇年一〇月五日)」(「文書六」)。

(221) 前掲李玉貞『孫中山與共産国際』八五頁。

(222) А. И. Картунова, К вопросу о контактах представителей Китайской секции РКП(б) с организациями КПК: По новым документам 1921-1922, *Проблемы Дальнего Востока*, 1988, No. 2(「ロシア共産党(ボ)中国人部代表と中共組織の連係の問題について」『極東の諸問題』)。

(223) 前掲李玉貞『孫中山與共産国際』三七一頁。

(224) 前掲『江亢虎新俄遊記』六〇頁。なお、同書によれば、劉謙の死後、黒龍江省黒河にあった中国社会党の旧支部(これが江亢虎の中国社会党の流れを汲むものかは不明）は、ロシア領内に逃れて「中国共産党」に改組されたという。

（225）劉沢栄は新設されるコミンテルン極東書記局の構成員に予定され（前掲 *Дальневосточная Политика Советской России: 1920-1922 гг.*, стр. 155, 176〔『ソビエト・ロシアの極東政策』〕）、一二月一三日に中国政府の官員張斯麟とともに満洲里に到着した（瞿秋白「欧俄帰客談」『瞿秋白文集（政治理論編）』第一巻、人民出版社、一九八七年、一四九頁）が、帰国後は共産主義運動から身を引き、中国政府の外交部に勤務した。

（226）「文書八」。劉沢栄にたいする低い評価は、「ベラ・クンのスミルノフ宛書簡（一九二〇年一〇月一日）」（前掲 *Дальневосточная Политика Советской России: 1920-1922 гг.*, стр. 142〔『ソビエト・ロシアの極東政策』〕）にも見てとることができる。

（227）前掲「特別要視察人状勢調　大正十年度」（前掲松尾『続・現代史資料 2 社会主義沿革』2、六二頁）、「大正十一年　朝鮮治安状況　其ノ二（国外）」（朝鮮総督府警保局『大正十一年　朝鮮治安状況』第二巻、高麗書林、一九八九年復刻、四二四頁）。

（228）「上海ニ於ケル共産党ノ状況」（『外務省警察史　支那ノ部（未定稿）』〔『日本外務省特殊調査文書』第二八巻、高麗書林、一九八九年復刻、九頁〕）。

（229）「警視庁に於ける施存統の陳述要領」（『外事警察報』一〇号、一九二二年）。本書付録三「施存統の供述」参照。

（230）前掲『大正十一年　朝鮮治安状況』第二巻、三七一頁、および「上海に於ける過激派並朝鮮人の状況（大正十年八月四日内務省に於て開かれたる各府県高等課長会議席上に於て　警保局外事課長　大塚内務書記官口述）」（『外事警察報』五号、一九二一年）は、朴鎮淳、李東輝、姚作賓の上海出発を六月一九日とする。

（231）前掲近藤栄蔵『コムミンテルンの密使』一三一〜一三二頁。

（232）前掲水野直樹「コミンテルンと朝鮮――各大会の朝鮮代表の検討を中心に」。

（233）イルクーツク派高麗共産党の成立経緯については、原暉之「ロシア革命、シベリア戦争と朝鮮独立運動」（菊地昌典編『ロシア革命論』田畑書店、一九七七年）参照。

（234）Торжественное открытие, учредительного съезда корейских коммунистических организаций, *Бюллетени Дальне-*

Восточного Секретариата Коминтерна, No. 6, 1921（「開会式典　朝鮮共産主義組織創立大会」『コミンテルン極東書記局通報』）。

(235) 全国学連の活動概要については、翟作君等「新民主主義革命時期中華全国学生聯合会歴次代表大会介紹」（『青運史研究』一九八四年第一期～一九八五年第二期）、翟作君、蔣志彦『中国学生運動史』（学林出版社、一九九六年）があるが、一九二〇～一九二一年の記述はあまり詳しいとはいえない。

(236) 一九一九年後半における中国学生運動について、社会改造へと踏み出していくその内的意識転換を詳細に検討した研究としては、小野信爾「労工神聖の麵包――民国八年秋・北京の思想状況」（『東方学報』京都、第六一冊、一九八九年）がある。

(237) 「外秘乙第二三九号　支那四川省留日私費学生ノ暴行ニ関スル件（一九一八年四月九日）」（《G》）。

(238) 「外秘乙第三九〇号　支那留学生中ノ勢力者等ニ関スル件（一九一九年八月一八日）」（《G》）。

(239) 「学生総会歓送劉振羣紀事」（『申報』一九二〇年一月三日）。なお、姚作賓を留日学生代表として派遣することは、留日学生総会が正式に承認したものだったようである（「留日学生国恥会盛況」『民国日報』一九二〇年五月一四日）。

(240) 前掲翟作君、蔣志彦『中国学生運動史』四八頁。

(241) 許徳珩「五四運動六十周年」（前掲『五四運動回憶録（続）』六四頁）。全国学連が学生運動家のステップアップのための単なる踏み台として映ったことがうかがわれる。

(242) 「昨日国民大会之盛況」（『民国日報』一九二〇年二月一日）、「国民大会委員会紀事」（同、二月一一日）。

(243) 天津学連の動向については、片岡一忠『天津五四運動小史』（『五四運動の研究』第一函、二、同朋舎、一九八二年）参照。

(244) 「全国学生会宣言」（『時事新報』一九二〇年五月一六日）。

(245) 「学生聯合会開会紀」（『民国日報』一九二〇年三月二一日）、「学生総会評議部開幕」（同三月二八日）、前掲「全国学生会宣言」。

(246) 「通告各地一致罷課」（『民国日報』一九二〇年四月一四日）。

(247) 「体育場学生大会記」（『民国日報』一九二〇年四月一五日）。

(248) 無射「為京津滬学生解紛」(『民国日報』一九二〇年四月二〇日)。北京政府の認否問題は、翌一九二一年の第三回全国学連代表大会で尖鋭な対立を生み、学連の分裂、一時解体を引き起こした(前掲翟作君、蔣志彦『中国学生運動史』八三〜八六頁)。

(249) 「封閉学生総会與各界聯合会」(『申報』一九二〇年五月七日)。この日には、全国学連だけでなく、同じくフランス租界内に置かれていた上海学連、全国各界連合会、上海各界連合会も封鎖された。

(250) 前掲「全国学生会宣言」。

(251) 前掲ヴィレンスキー゠シビリャコフ「中国共産党成立前夜」は、「北京の学連は、上海の学連を、それ〔北京の学連〕に隠れてさらなる陰謀をたくらむ南方の軍国主義者〔国民党勢力を指す〕の手中にある玩具とみなしている」と伝えている。当時の共産主義者の孫文評価、あるいは国民党評価が相当に低かったことはよく知られている。のちの国共合作路線の開始にあたって、その最大の障害になったものは、かれら共産主義者の孫文、国民党への不信感であった。なお、一九二〇年の全国学連の動きに国民党の政治主張に呼応する一面があったことは、末次玲子「五・四運動と国民党勢力」(中央大学人文科学研究所編『五・四運動史像の再検討』中央大学出版部、一九八六年)が指摘している。

(252) 当時の学連幹部の一人である喩育之の談話(李丹陽女史の教示による)。

(253) 「外秘乙第二二五号　要注意支那人ノ動静ニ関スル件(一九二〇年八月九日)」(《D》)。

(254) 「学生総会之通電」(『時事新報』一九二〇年五月二五日)。

(255) 「両学生会選挙近聞」(『民国日報』一九二〇年七月七日)。

(256) 「学生総会第二届理事会記」(『申報』一九二〇年一〇月一〇日)。

(257) 「学生総会理事交替会」(『民国日報』一九二〇年七月三〇日)。

(258) 范体仁「孫中山先生在全国学聯第五届代表大会上」(『江蘇文史資料選輯』第七輯、一九八一年)。

(259) 前掲「李達自伝(節録)」。李達が姚作賓らの大同党系「共産党」のことを知っていたか、あるいはそれにも関わっていたかは不明である。また、姚作賓らが李達らの中共結党に向けた活動を知っていたかも不明である。

(260) 「学生会報告当選理事」(『民国日報』一九二一年一月二八日)。

(261)「外秘乙第五五九号　留日学生救国団ノ近状(一九二一年四月二九日)」(《G》)。姚作賓がもっぱら行動の人であったためか、当時の主要な雑誌、新聞に目を通しても、かれの書いた文章は見つけることができず(それはかれの「共産党」の指向や内実がよくわからない理由のひとつでもある)、この書簡などは数少ない文章のひとつである。

(262)「学界歓迎策進会代表」(『民国日報』一九二一年一月二四日)、「学生会代表出発考察」(同三月二三日)、「南京学生聯合会紀事」(同四月二日)。

(263)「援救被捕学生報告書」(『民国日報』一九二一年一月二六日)、「三団体参観燮昌火柴廠」(同二月二六日)。

(264)「外秘乙第一〇六七号　上海学生聯合会総会理事内定ノ件(一九二一年七月一一日)」(《G》)。

(265) 陳独秀らの中国共産党がコミンテルンから多額の資金援助を受けていたことはよく知られている。ちなみに、一九二二年の援助額は一万六千元あまり(「中共中央執行委員会書記陳独秀給共産国際的報告(一九二二年六月三〇日)」前掲『中共中央文件選集』第一冊、四七頁)で、党の経費の九四%を占めていた。

(266) 抱朴「赤俄游記」(『晨報副鐫』一九二四年八月二八日)。

(267) 姚作賓の数奇な後半生(日中戦争時期には対日協力者、つまり「漢奸」となり、青島市長をつとめる)については、拙稿「中国「ニセ」共産党始末(続)――姚作賓は生きていた」(『飈風』三二号、一九九七年)を参照されたい。

第三章

(1)「共産主義小組」という呼称は、中共第一回大会以前に各地で活動したグループにたいするのちの総称である。当時、それらグループのメンバーは自らの組織を「共産党」あるいは「共産党支部」と呼んでいたらしく、それゆえ第一回大会以前の各地の組織を「共産主義小組」と表記することには、中国でも異論がある。詳しくは、方暁編『中共党史辨疑録』上冊、山西教育出版社、一九九一年、二九～三一頁、および中共中央党史研究室一室編著『《中国共産党歴史(上巻)》注釈集』中共党史出版社、一九九一年、三五～三七頁を見よ。本稿では、当時の呼称が一定していないことにかんがみて、「共産主義グループ」「共産主義組織」などを使用するが、もちろんこれは当時の呼称を意味するものではない。

（2）中国社会科学院現代史研究室、中国革命博物館党史研究室編『〃一大〃前後』（二）、第二版、人民出版社、一九八五年所収の陳望道「回憶党成立時期的一些情況」、邵力子「党成立前後的一些情況」、および「李達自伝（節録）」（『党史研究資料』一九八〇年第八期）。

（3）例えば、任武雄「一九二〇年陳独秀建立的社会主義研究社――兼談上海〃馬克思主義研究会〃的問題」（『党史研究資料』一九九三年第四期）。

（4）「上海共産主義小組」にかんする各種回想録の異同を比較検討した研究としては、本庄比佐子「上海共産主義グループの成立をめぐって」（『論集近代中国研究』山川出版社、一九八一年）、味岡徹「「中国共産党小組」をめぐる若干の問題」（『駒沢大学外国語部論集』三〇号、一九八九年）がある。

（5）日記発見の経緯にかんしては、安志潔、兪壽臧「珍蔵七十一載　重現在党的紀念日――兪秀松烈士部分日記被発現」（『上海党史』一九九一年第七期）参照。

（6）「兪秀松烈士日記」（上海革命歴史博物館（籌）編『上海革命史資料與研究』第一輯、開明出版社、一九九二年、二九七頁）。原文は、「経過前回我們所組織底社会共産党以後、対於安那其主義和波爾雪佛克主義、都覚得茫無頭緒、従前信安那其主義、的確是盲従的」である。

（7）海隅孤客（梁冰絃）「解放別録」（沈雲龍主編『近代中国史料叢刊』第一九輯、文海出版社、一九六八年。原載は、『自由人』〔香港〕一九五一年一一月二四日、二八日、一二月一日、五日）、鄭佩剛「無政府主義在中国的若干史実」（『広州文史資料』第七輯、一九六三年）、「鄭佩剛的回憶」（前掲『〃一大〃前後』（二）所収）。鄭佩剛の回想録は、あきらかに梁冰絃の回想録を参考にして書かれているので、厳密にいえば、「社会主義者同盟」の裏付けとなるのは、梁冰絃回想のみということになる。なお、これら中国無政府主義者の回想録をまとめたものとしては、嵯峨隆等編訳『中国アナキズム運動の回想』（総和社、一九九二年）がある。

（8）「譚祖蔭的回憶」（中共中央党史資料徴集委員会編『共産主義小組』下、中共党史資料出版社、一九八七年）、「黎昌仁的回憶」（高軍等編『無政府主義在中国』湖南人民出版社、一九八四年）、譚天度「広東党的組織成立前後」（前掲『〃一大〃前後』

（二）所収）。

（9）任武雄「対〝社会主義者同盟〟的探索」（『党史研究資料』一九九三年第六期）、胡慶雲「何謂社会主義者同盟」（『党史研究資料』一九九三年第一〇期）、沈海波「試論社会主義者同盟」（『党史研究與教学』一九九八年第一期）など。

（10）楊奎松「従共産国際檔案看中共上海発起組建立史実」（『中共党史研究』一九九六年第四期）、金立人「中共上海発起組成立前後若干史実考」（『党的文献』一九九七年第六期、一九九八年第一期）。

（11）金氏のこの解釈は、かれもその編者の一員である中共上海市委党史研究室『中国共産党上海史』（上海人民出版社、一九九九年）でも踏襲されている。

（12）И. М. Мусин, *Очерки рабочего движения в Китае: Вопросы китайской революции*, т. 1, Москва, 1927, стр. 228（「中国の労働運動概説」『中国革命の諸問題』第一巻）。

（13）施復亮（施存統）「中国共産党成立時期的幾個問題」、沈雁冰「回憶上海共産主義小組」（ともに、前掲『〝一大〟前後』（二）所収）。

（14）陳望道「談馬克思列寧主義在中国的勝利」（『陳望道文集』第一巻、上海人民出版社、一九七九年）。

（15）Китайская Компартия на III конгрессе Коминтерна (Доклад Китайской делегации), *Народы Дальнего Востока*, No. 3, 1921（「コミンテルン第三回大会での中国共産党（中国人参加者の報告）」『極東の諸民族』）、「張太雷在共産国際第三次代表大会的書面報告（一九二一年六月一〇日）」（中央檔案館編『中共中央文件選集』第一冊、中共中央党校出版社、一九八九年、五五二頁）。

（16）片山政治編『日本共産党史（戦前）』公安調査庁、一九六二年五月、現代史研究会復刻版、一九六二年一二月、一八～一九頁、および拙稿「施存統と中国共産党」（『東方学報』京都、第六八冊、一九九六年）の「附録二　施存統証言」。

（17）Доклад Делегации Китайского Социалистического Союза Молодежи на 2-м Конгрессе Коминтерна Молодежи, *Народы Дальнего Востока*, No. 4, 1921（「青年コミンテルン第二回大会での中国社会主義青年団の報告」『極東の諸民族』）、共青団中央青運史研究室、中国社会科学院現代史研究室編『青年共産国際與中国青年運動』中国青年出版社、一九八五年、五二頁。

(18)「中国社会主義青年団第一次全国大会」(『先駆』八号、一九二二年五月)も、「一九二〇年八月某日、上海で八人の青年社会主義者が、社会改造の実行と主義の宣伝のために、一個の団体を組織した。この団体は上海社会主義青年団と呼ばれた」と伝えている。

(19) 施存統は一九二七年に発表した中共からの離党声明(「悲痛中的自白」『中央副刊』一九二七年八月三〇日)でも、「一九二〇年五月に陳独秀、戴季陶ら諸先生が共産党結成の発起をしたさい、わたしもその中にいた」と述べている。

(20) 仲甫は陳独秀の字だが、陳の名は別にあげられているので、王仲甫と陳独秀は別人と考えざるを得ない。また、施存統は「暁民共産党事件」の法廷証言でも、同志として「王仲甫」の名前を挙げているので、単なる誤記とも考えにくい。

(21)「兪秀松の駱致襄宛書簡(一九二〇年四月四日)」(『紅旗飄飄』第三一集、中国青年出版社、一九九〇年、二三五頁)。

(22) 施復亮(施存統)「中国共産党成立時期的幾個問題」(『党史資料叢刊』一九八〇年第一輯)、同「中国共産党成立時期的幾個問題」、「中国社会主義青年団成立前後的一些情況」(ともに前掲『〝一大〟前後』(二)所収)。

(23) なお、中国共産党第一回大会の関係文書である「中国共産党第一次代表大会」も、「中国の共産主義組織は、昨年(一九二〇年)の中ごろから成立している。当初、上海における同組織は全部でわずか五人にすぎなかった」と述べている(前掲『中共中央文件選集』第一冊、五五六頁)。

(24)「兪秀松の自己経歴書(一九三〇年、モスクワ)」(ロシア国立社会・政治史アルヒーフ(旧ロシア現代史資料研究・保存センター)所蔵資料〔ф. 495, оп. 225, д. 3001〕、楊福茂「兪秀松対創建中国共産党和社会主義青年団的貢献」『中共党史研究』二〇〇〇年第五期より再引用)。

(25) 陳公培「回憶党的発起組和赴法勤工倹学等情況」(前掲『〝一大〟前後』(二))。

(26) 前掲「兪秀松烈士日記」六月一九日条。

(27)『民国日報』「覚悟」一九二〇年六月一九日には、六月一六日夜の施存統壮行宴で作られたと見られる費哲民、孫祖基の送別の詩二首が掲載されている。

(28)『民国日報』「覚悟」一九二〇年六月一六日には、戴季陶が六月一七日に湖州に発つ旨の記載がある。

(29) 当時、陳独秀は自らのグループを、「社会党」と呼んでいたこともある（「対於時局的我見」『新青年』八巻一号、一九二〇年九月）。

(30) 李達が日本留学を終え、中国へ向け帰国したのは一九二〇年八月一九日、いったん杭州に遊んだのち、上海に着いたのは、九月六日である（「外秘乙第三二五号　留日学生総会竝全会文牘主任李達ノ行動（一九二〇年九月一〇日）」、「外秘乙第三九五号　留日学生総会ニ関スル件（一九二〇年九月二七日）」〔ともに《G》〕）。回想録に依拠する中共成立史研究において、李達の回想は大きな部分を占めるが、こと一九二〇年八月以前の事柄についての記述は、相当に慎重に扱わなければなるまい。

(31) 周佛海「扶桑笈影溯当年」（『陳公博・周佛海回憶録合編』春秋出版社、一九六七年、一三九〜一四〇頁）。

(32) 前掲施復亮「中国共産党成立時期的幾個問題」。

(33) 独秀「真的工人団体」（『労動界』二号、一九二〇年八月）。

(34) 海隅孤客（梁冰絃）「解放別録」（前掲『近代中国史料叢刊』第一九輯、八頁。原載は『自由人』〔香港〕一九五一年一一月二四日）。

(35) 「鄭佩剛的回憶」（前掲『"一大"前後』（二））。

(36) 北京大学図書館、北京李大釗研究会編『李大釗史事総録』北京大学出版社、一九八九年、五四五頁。なお、「同志凌霜的一封来信」は、『国風日報』の副刊「学匯」（一九二三年六月一八、二〇〜二五日）にも掲載されており（中国人民大学中共党史系中国近現代政治思想史教研室編刊『中国無政府主義資料選編』一九八二年、四五八〜四七一頁）、それによれば書簡の日付は一九二三年三月一〇日である。

(37) 原著は、Arthur Ransome, *Six weeks in Russia in 1919*, London, 1919 である。兼生訳『一九一九年旅俄六週見聞記』は、単行本出版に先立って、『晨報』副刊に連載（一九一九年一一月一二日〜一九二〇年一月七日）された。

(38) 「広州共産党的報告」（前掲『中共中央文件選集』第一冊、二〇頁）。

(39) 当時、広州で活動していた無政府主義者の譚祖蔭も、一九二〇年一〇月ごろに、Perkin（波金）〔恐らくはペルリンのこと〕らロシア人が、李大釗の命を受けた黄凌霜に連れられて広州へやって来たと述べている（前掲「譚祖蔭的回憶」）。

(40) 諶小岑「五四運動中産生的天津覚悟社」(『五四運動回憶録』下冊、中国社会科学出版社、一九七九年)。「華俄通信社」の活動に加わったとされる覚悟社の二人とは、一九二一年五月にホドロフを伴って広州にやってきたと伝えられる(『広東群報』一九二一年五月一七日)薛撼岳、および梁乃賢であろう。

(41) *Доклад Делегации Китайского Социалистического Союза Молодежи на 2-м Конгрессе Коминтерна Молодежи*, *Народы Дальнего Востока*, No. 4, 1921(「青年コミンテルン第二回大会での中国社会主義青年団の報告」『極東の諸民族』)。なお、この報告は、社会主義青年団の当初の名称は、「青年社会革命党」であったと述べている。

(42) 前掲「鄭佩剛的回憶」。

(43) 佛突(陳望道)「日本社会主義同盟会底創立」(『民国日報』「覚悟」一九二〇年八月二二日)は日本社会主義同盟の規約草案を翻訳、紹介するのみならず、「中国側にもすでにかれら[日本社会主義同盟の発起者]から直接に連絡があった」と伝えている。

(44) 外国語学社の活動を伝えるものは、ほとんどが回想録である。それらをまとめた研究としては、陳紹康「上海外国語学社的創建及其影響」(『上海党史』一九九〇年第八期)、青谷政明「外国語学社(上海)ノート」(『地域総合研究』二〇巻一号、一九九二年)などがある。

(45) 中共中央文献研究室編『劉少奇伝』中央文献出版社、一九九八年、二三～二五頁、同『任弼時伝(修訂本)』中央文献出版社、二〇〇〇年、二九～三一頁、蕭勁光「赴蘇学習前後」(『革命史資料』三、文史資料出版社、一九八一年)。

(46) 彭述之著、程映湘訳「被遺忘了的中共建党人物」(『争鳴』香港、六八期、一九八三年)。

(47) 「湖南之俄羅斯研究会」(『民国日報』一九二〇年九月二三日)、秋白(瞿秋白)「北大三青年赴俄之旅況――願赴俄者注意」(『晨報』一九二〇年一二月一四日)、抱朴(秦滌清)「赤俄遊記」(『晨報副鐫』一九二四年八月二三日)。

(48) S. N. Naumov, A Brief History of the Chinese Communist Party, in: C. M. Wilbur and J. L. How, *Missionaries of Revolution: Soviet advisers and Nationalist China, 1920-1927*, Cambridge, Mass., 1989, p. 450(原文は、Калачев [С. Н. Наумов], Краткий очерк истории Китайской коммунистической партии, *Кантон*, 1927, No. 1)。なお、「外国語学社」の学生名簿(推定)は、慕水「外国語学社師生名録」として、前掲『上海革命史資料與研究』第一輯に収録されている。

(49) 「組織世界語学会」(『民国日報』一九二〇年三月二七日)、「世界語学社議訂草章」(同四月一日)、侯志平『世界語運動在中国』中国世界語出版社、一九八五年、二七頁。
(50) 木下義介『上海ニ於ケル過激派一般(大正十一年六月)』二七〜三六頁(《C》)。
(51) 王迪先「関於上海外国語学社和赴俄学習的幾個問題」(『党史研究資料』一九八五年第一期)。前掲「鄭佩剛的回憶」は、陳独秀、沈玄廬らが新華学校に講演に来たこともあると述べている。なお、鄭佩剛がロシアからやって来た新華学校の教員として名前をあげる「Stoping」とはストパニのことであろう。
(52) 劃平(廖劃平)「旅俄通信」(『人声』二号、一九二一年、前掲王迪先「関於上海外国語学社和赴俄学習的幾個問題」所収)、袁文彰「赴俄失敗的回憶」(『民国日報』「杭育」一九二四年七月三〇日、抱朴「赤俄遊記」(『晨報副鐫』一九二四年八月二五日)。
(53) 「世界語学会追悼会紀」(『民国日報』一九二一年四月一一日)。
(54) 「俄国同志 V. Stopani 来函」(『民声』三一号、一九二一年四月)。
(55) 前掲「兪秀松烈士日記」六月二九日条。
(56) 前掲抱朴「赤俄遊記」。
(57) 「少年俄人自戕之検験」(『民国日報』一九二一年三月三一日)、「一個自殺的青年」(『民声』三一号、一九二一年四月)。
(58) 前掲劃平「旅俄通信」。
(59) 「上海機器工会聚餐会紀事」(『労動界』一九号、一九二〇年一二月)。
(60) 「上海機器工会開発起会紀略」(『労動界』九号、一九二〇年一〇月)、「本埠機器工会開会記」(『民国日報』一九二〇年一〇月六日)。
(61) 「上海機器工会成立紀」(『民国日報』一九二〇年一一月二二日)、江田憲治「孫文の上海機器工会における演説」(『孫文研究』一四号、一九九二年)。なお、参会者の数を後者は「三百余人」とする。
(62) 前掲「上海機器工会聚餐会紀事」。

（63）前掲「上海機器工会開発起会紀略」。
（64）「美国ＩＷＷ致上海機器工会書」（『労動界』二四号、一九二一年一月）。なお、同書簡はＩＷＷ執行部総幹事ロイ・ブラウン（Roy Brown）の名義で、一九二〇年一二月一四日付である。
（65）「北京電」（『申報』一九二〇年一〇月一六日）。
（66）独秀「無理的要求」（『労動界』六号、一九二〇年九月）、漢俊「我対於罷工問題的感想」（『民国日報』一九二一年三月五日）、同「法租界電車罷工給我們的教訓」（『民国日報』「覚悟」一九二一年三月八日）。
（67）「北京共産主義組織的報告」（前掲『中共中央文件選集』第一冊、一〇〜一九頁）。この報告は、一九五六年から翌年にかけて、当時のソ連共産党中央から中国共産党に返還された「コミンテルン駐在中共代表団文書（中共駐共産国際代表団檔案）」に含まれていたもので、原文書はロシア語である。その発見の経緯については、李玲「「中国共産党第一個綱領」俄文本的来源和初歩考証」（『党史研究』一九八〇年第三期）参照。なお、現在見られるのは、ロシア語から翻訳した中国語版だけで、ロシア語原文書は公表されていない。
（68）原文（中国語）では『労働者』になっているが、『労働者』は広州で出された雑誌なので、北京のグループが一九二〇年一一月に創刊した『労働音』を誤記したものだろう。
（69）原文（中国語）では『経済学談話』になっているが、『馬格斯資本論入門』（李漢俊訳）の原題（*Shop Talks on Economics*）を訳したものだろう。
（70）『ロシア革命と階級闘争』が何を翻訳したものかは不明。『共産党綱領』は、のちに出版された希曼訳『俄国共産党綱』（人民出版社、一九二二年一月）と同じものだろう。『俄国共産党綱』については、本書付録二「中国社会主義関連書籍解題」参照。
（71）報告では、『曙光』は、「純粋の我々の雑誌ではなく、混合的な刊行物である」とされている。『曙光』は、山東出身の学生宋介が中心となって一九一九年一一月に創刊した雑誌であり、報告に言う「我々の同志」とは宋介を指すと見られる。
（72）「発起馬克斯学説研究会啓事」（『北京大学日刊』一九二一年一一月一七日）。

（73）ちなみに、ヴォイチンスキーは同年一〇月に北京を訪れている（本書一三七頁参照）。ヴォイチンスキーの来京を受けて共産主義組織が設立されたということは、大いにあり得ることであろう。

（74）中共北京市委党史研究室編『北京青年運動史料』北京出版社、一九九〇年、四九七～五一一頁。なお、関謙の報告は、『近代史資料』一九五七年第五期、中国社会科学院近代史研究所、中国第二歴史檔案館史料編輯部編『五四愛国運動檔案資料』（中国社会科学出版社、一九八〇年）、中国第二歴史檔案館編『中国無政府主義和中国社会党』（江蘇人民出版社、一九八一年）、『歴史檔案』一九九一年第四期などにも一部が収録されているが、『北京青年運動史料』のそれがもっとも網羅的である。

（75）関謙の報告では、共産主義派は「社会主義青年団」「共産主義青年団」という名称になっているが、その構成員（李大釗、張国燾、劉仁静ら）から見ても、また当時「団」と「党」とが不分明であったことから見ても、「団」と「党」を含む北京共産主義組織の動向を伝えていると見てよいだろう。

（76）キム第二回大会が実際にモスクワで開かれたのは、七月九日である。

（77）通説では、キムが中国に派遣した最初の代表は、一九二一年に来華したダーリン（S. A. Dalin）ということになっているが、かれの回想録（С. А. Далин, *Китайские Мемуары: 1921-1927*, Москва, 1975〔『中国回想録』〕）にも、あるいは他のロシア語資料集にもグリーンに該当する使者の派遣は見えない。

（78）「万国青年共産党写給上海社会主義青年団的信」（『共産党』四号、一九二一年五月）。

（79）「十月革命影響及中蘇関係文献檔案選輯」（『近代史資料』一九五七年第五期）。

（80）上海の外国語学社が入露の第一陣として送り出した董鋤平らの一行七、八人は満洲里で逮捕されており（董鋤平「回憶中国労動組合書記部」『党史資料叢刊』一九八二年第一期）、恐らく何孟雄もこれと一緒に捕まったものと見られる。なお、逮捕された学生の中には、北京の無政府主義派が資金援助をした四川出身の三名のアナキスト学生（劉仲容、劉稀、孟知眠）も含まれていた。四川の無政府主義組織の当時の活動については、楊世元「一九二〇年的〝重慶共産主義組織〟析解」（『重慶党史研究資料』一九九六年第一期）参照。

（81）抱朴「赤俄遊記」（『晨報副鐫』一九二四年八月二三日）によれば、同じくこの時期に入露を企てた抱朴は、五月にハルビンで、チチハルの獄から釈放された十三人の青年に接触している。そのさい、釈放された青年たちは、抱朴らに入露の危険性を指摘して、それを断念するよう勧告したという。

(82) 朱政、任鋭「中共〝一大〟前党員簡介」(上海革命歴史博物館(籌)編『上海革命史研究資料』上海三聯書店、一九九一年)、呉家林、謝蔭明『北京党組織的創建活動』中国人民大学出版社、一九九一年、一〇六〜一一三頁、「北京共産主義小組有多少成員?」(前掲方暁編『中共党史辨疑録』上冊)など。

(83) S. N. Naumov, A Brief History of the Chinese Communist Party, in: Wilbur and How, *op. cit.*, pp. 450-451(原文は、Калачев [С. Н. Наумов], Краткий очерк истории Китайской коммунистической партии, *Кантон*, 1927, No. 1)。

(84) 北京共産主義組織の最初期のメンバーとしては、このほかに張申府がいた。張は一九二〇年一〇月に北京を離れ、上海経由でフランスに渡ったため、ナウモフらの記述からは抜け落ちているのであろう。なお、張申府は後年、詳細な回想録を残している(V. Schwarcz, *Time for telling truth is running out: Conversations with Zhang Shenfu*, New Haven, 1992)。

(85) 広州共産主義グループの考証研究については、「広東党的早期組織何時建立?」(前掲方暁編『中共党史辨疑録』上冊)参照。

(86) 「広州共産党的報告」(前掲『中共中央文件選集』第一冊、二〇〜二五頁)。原文書はロシア語であるが、現在見られるのは、ロシア語から翻訳した中国語版だけで、ロシア語原文書は公表されていない。

(87) 陳独秀が上海を発ったのは一九二〇年一二月一七日、香港経由で広州に到着したのは、一二月二五日である(「陳独秀君啓程赴粤」『民国日報』一九二〇年一二月一八日、「香港電　陳独秀昨抵粤(二六日)」『申報』同一二月二七日)。この時、陳独秀とともに広州入りした者には、袁振英、李季らがいた。

(88) М. А. Персиц, Из Истории Становления Коммунистической Партии Китая, *Народы Азии и Африки*, 1971, No. 4(「中国共産党形成の歴史より」『アジア・アフリカの諸民族』)、K・V・シェヴェリョフ「中国共産党成立史のひとこま」(『極東の諸問題』日本語版、一〇巻二号、一九八一年、К. В. Шевелев, Из истории образования Коммунистической партии Китая, *Проблемы Дальнего Востока*, 1980, No. 4)。なお、ペルリンの回想は、一部が上記二論文に引用されている。

(89) 兼生「実際的労動運動」(『労働者』一号、一九二〇年一〇月)には、「一九二〇年九月廿八日、草於広州東山」とある。

(90) 前掲「譚祖蔭的回憶」。
(91)「ヴォイチンスキーのロシア共産党(ボ)中央委員会シベリアビューロー東方民族セクションへの書簡(一九二〇年八月一七日、上海)」(「文書二」)。
(92)「ストヤノヴィチの書簡(一九二〇年九月二九日、広州)」(「文書五」)。
(93)「俄語学校招生広告」(『広東群報』一九二一年二月一六日)。
(94) 前掲 Далин, *Китайские Мемуары: 1921-1927*, стр. 90.
(95)「譚平山答詞」(『青年週刊』四号、一九二一年三月)。
(96) 羅章龍は、「当時、党と団とは分かれていなかった」と述べている(「羅章龍談北京団及『先駆』」『青運史資料與研究』第一集、一九八二年)。初期の共産党と社会主義青年団の関係については、前掲拙稿「施存統と中国共産党」参照。
(97)「共産党広州部的伝単」(『広州晨報』一九二〇年一二月二四日〔《C》〕)。なお、一九二〇年秋にも「広東共産党」のビラが広州市内で散布されたという報道がある(「共産党的粤人治粤主張」『労働者』二号、一九二〇年一〇月)。
(98)「公第一七四号　社会主義青年団簡章報告ノ件(一九二〇年一二月八日)」(《C》)。
(99)「来函」(『広東群報』一九二一年三月三日)。
(100)「広州社会主義青年団之組織」(『広東群報』一九二一年一月二七日)。
(101) Б. Шумяцкий, Юношеское революционное движение Китая (обзор отчетов о работе), *Бюллетени Дальне-Восточного Секретариата Коминтерна*, No. 2, 1921(『コミンテルン極東書記局通報』)。なお、この文章の執筆時期は、一九二一年二月である。
(102) 陳独秀の広州赴任の背景、および同地での活動については、村田雄二郎「陳独秀在広州(一九二〇~二一年)」(『中国研究月報』四九六号、一九八九年)が詳しい。
(103) 張国燾『我的回憶』第一冊、明報月刊出版社、一九七一年、一二八頁。
(104)「陳独秀先生在公立法政演講詞――社会主義批評」(『広東群報』一九二一年一月一八、一九日)。

(105)　これら六通の公開書簡は、『新青年』九巻四号(一九二一年八月)にまとめて掲載されたが、その初出を示せば、以下のとおりである。区声白「致陳独秀先生書」(『広東群報』一月二二日)、「陳独秀答声白的信」(同二七日)、声白「答陳独秀先生書」(同二月一四〜一六日)、「陳独秀再答区声白書」(『新青年』九巻四号、一九二一年八月)、「区声白再答陳独秀書」(『民声』三〇号増刊、四月五日)、「陳独秀三答区声白書」(『新青年』九巻四号、一九二一年八月)。
(106)　「無政府主義論戦」の詳細は、蔡国裕『一九二〇年代初期中国社会主義論戦』(台湾商務印書館、一九八八年)の第四章「無政府主義者與馬克思主義者的論戦」、および嵯峨隆「劉師復死後の『民声』について」(『法学研究』六八巻二号、一九九五年)を見よ。
(107)　玄廬「告晨報記者」、同「答晨報攻撃我個人的」、「袁振英質問夏重民」、博(陳公博)「可憐的生活和主張」(以上『広東群報』一九二一年三月三日)、博「正告夏重民君」(同三月四日)。陳独秀は文章こそ書かなかったものの、『広州晨報』の社長夏重民にたいして、名誉毀損の抗議をし、二四時間以内に謝罪するよう求めた(『広東群報』三月三日)。
(108)　雑誌『民声』については、狭間直樹「『民声』解題」(『民声』原本復刻版、朋友書店、一九九二年)参照。
(109)　復刊後の『民声』の傾向については、前掲嵯峨隆「劉師復死後の『民声』について」が詳しい。
(110)　前掲「黎昌仁的回憶」。
(111)　「関謙関於北京社会主義青年団與無政府党互助団活動情形致王懐慶呈(一九二一年三月一三日)」(前掲『北京青年運動史料』五〇三頁)。
(112)　独秀「中国式的無政府主義」(『新青年』九巻一号、一九二一年五月)。
(113)　胡慶雲、肖甡「関於湖南共産主義小組問題的商権」(『近代史研究』一九八四年第二期)。
(114)　「董必武的回憶」(前掲『共産主義小組』上)、包恵僧「創党的開始及武漢臨時支部」(前掲『共産主義小組』上)。
(115)　包恵僧「共産党第一次全国代表会議前後的回憶」、董必武「創立中国共産党」(ともに、前掲『〃一大〃前後』(二)所収)。
(116)　前掲包恵僧「共産党第一次全国代表会議前後的回憶」、董必武「董必武談中国共産党第一次全国代表大会和湖北共産主義小組」(前掲『〃一大〃前後』(二))。

(117)「心社意趣書」(『民声』一四号、一九一四年六月)。
(118) 包恵僧が翌年春に発表した「我対於武漢労動界的調査和感想」(『民国日報』「覚悟」一九二一年四月九日)は、こうした工場視察の経験をもとにしたものである。
(119) 包恵僧「回憶武漢共産主義小組」(『党史研究資料』一九七九年第九期)。
(120) エドガー・スノー著、松岡洋子訳『中国の赤い星(増補決定版)』筑摩書房、一九七五年、一〇七頁。
(121) 同前、一〇六頁。これら三冊の書誌については、本書付録二「中国社会主義関連書籍解題」(A九、一四、二〇)を見よ。
(122)「文化書社第一次営業報告」(張允侯等編『五四時期的社団』(一)、生活・読書・新知三聯書店、一九七九年、五三〜五四頁)。
(123)「張文亮日記」(前掲『共産主義小組』下、五一八頁)。
(124)「給蔡和森的信(一九二一年一月二一日)」(中共中央文献研究室編『毛沢東文集』第一巻、人民出版社、一九九三年)。
(125)「新民学会会務報告(第二号)」(前掲『五四時期的社団』(一)、五九七頁)、「毛沢東の彭璜宛書簡(一九二一年一月六日)」(中共中央文献研究室編『毛沢東年譜』上巻、人民出版社・中央文献出版社、一九九三年、七九頁)。ただし、「毛沢東の彭璜宛書簡」は、一月一三日に開催する団の成立大会への彭の出席を促すものであって、厳密に言えば、同日に成立大会が開催されたことを伝える資料はない。
(126)「蔡林彬給毛沢東(一九二〇年八月一三日)」、「蔡林彬給毛沢東(同九月一六日)」(『蔡和森文集』人民出版社、一九八〇年)。
(127)「長沙共産主義小組綜述」(前掲『共産主義小組』下、四七四〜四七六頁)。
(128) その主なものとしては、「済南共産主義小組綜述」(前掲『共産主義小組』下)、余世誠、劉明義『中共山東地方組織創建史』(石油大学出版社、一九九六年)がある。
(129) 例えば、済南グループへの働きかけをしたのが、北京の陳為人であるとか、ヴォイチンスキーら一行が一九二〇年四、五月に北京から上海に向かう途中に済南に立ち寄り、当地の社会主義者たちに接触したというような回想があるが、それらの信憑性は、柳建輝「陳為人幇助建立中共山東党組織的時間問題」(『党史研究』一九八六年第四期)、同「魏経斯基一九二〇年四月到過済南嗎?・」(『党史研究』一九八六年第五期)によって否定されている。

(130) 柳建輝「〃済南共産主義小組〃成員新探」(『党史研究資料』一九八六年第一一期)。なお、王尽美は人名辞典などでは、「王燼美」と表記されることもあるが、「王尽美」が正しいという(邵維正「中国共産党第一次全国代表大会召開日期和出席人数的考証」『中国社会科学』一九八〇年第一期)。

(131)「李達自伝(節録)」(『党史研究資料』一九八〇年第八期)。

(132)「山東新文化與齊魯書社」(『晨報』一九二〇年一〇月七日)。

(133)「済南齊魯書社広告」(『新青年』八巻二号、一九二〇年一〇月)。

(134) 丁龍嘉、張業賞『王尽美』河北人民出版社、一九九七年、二五頁。

(135)「会務報告」(『励新』一巻一号、一九二〇年一二月)、「我們為什麼要発行這種半月刊」(同)。ともに、前掲『共産主義小組』下、六二〇〜六二二頁所収。

(136) И・Н・索特尼科娃報告、馬貴凡編訳「負責中国方面工作的共産国際機構」(『国外中共党史研究動態』一九九六年第四期)、Г. М. Адибеков, Э. Н. Шахназарова, К. К. Ширния, *Организационная Структура Коминтерна: 1919-1943*, Москва, 1997, стр. 26-28(『コミンテルンの組織構造』)、前掲 Далин, *Китайские Мемуары: 1921-1927*, стр. 27-38(『中国回想録』)。それぞれの経歴については、ダーリンの回想録に詳しい。

(137)『コミンテルン極東書記局通報』(不定期刊)は一九二一年二月二七日に創刊、九号まで刊行されたといわれる(К. В. Шевелев, Предыстория единого фронта в Китае и учредительный съезд КПК, *Китай: традиции и современность*, Москва, 1976, стр. 208〔「中国統一戦線の前史と中共創立大会」『中国——伝統と現代』〕)が、現存するのは七号(五月二九日)までである。

(138)『極東の諸民族』は、一号から五号(一九二一年一一月一〇日)まで発行された。

(139) В. Власовский, Забастовочное движение в Китае(Обзор Китайской рабочей прессы); А. Ильич, Библиография(Обзор изданий Китайской компартии).

（140）引用があきらかなものは、以下のとおり。翼成「一個工人的報告」（『労動界』一号）、畸「上海申新紡紗廠一瞥」（同一号）、袁実篤「上海米貴罷工的情形」（同一～四号）、独秀「真的工人団体」（同二号）、呉芳「最近労動界罷工運動一班」（同六号）。

（141）「ロシア共産党（ボ）中央委員会シベリアビューロー東方民族セクションの機構と活動の問題にかんするコミンテルン執行委員会宛の報告（一九二〇年一二月二一日、イルクーツク）」（「文書八」）。

（142）Цюй-Бо (Кантон), Положение китайских рабочих и их надежды на Россию; Юй-Сун-хуа, Зачем я приехал в Советскую Россию. なお、瞿秋白の書簡は、「中国工人的状況和他們対俄国的期望」として、『瞿秋白文集（政治理論編）』第一巻（人民出版社、一九八七年）に収められているが、『通報』掲載版からの翻訳ではなく、『アジア・アフリカの諸民族』（*Народы Азии и Африки*）一九七〇年第五号掲載版からの翻訳である。

（143）周永祥『瞿秋白年譜新編』学林出版社、一九九二年、四〇～五三頁。

（144）Ян-Сюнь, Рабочий вопрос в Китае.

（145）「ロシア共産党（ボ）中央委員会シベリアビューロー東方民族セクションの機構と活動の問題にかんするコミンテルン執行委員会宛の報告（一九二〇年一二月二一日、イルクーツク）」（「文書八」）。

（146）Б. Шумяцкий, Юношеское революционное движение Китая (обзор отчетов о работе).

（147）Б. Шумяцкий, Из истории комсомола и компартии Китая (Памяти одного из организаторов Комсомола и Компартии Китая тов. Чжан-Та-Лая), *Революционный Восток*, No. 4-5, 1928, стр. 212（「中国の共産主義青年団、共産党の歴史より（中国共産主義青年団、中国共産党の組織者・張太雷同志を悼む）」『革命の東方』）。漢訳：張泉田訳「中国共青団和共産党歴史片断」（『回憶張太雷』人民出版社、一九八四年、一九〇頁）。

（148）Социалистическая литература в Китае, *Народы Дальнего Востока*, No. 2, 1921.

（149）文献目録にリストアップされているのは、以下の四十二種である。
【共産主義】『共産党宣言』『資本論入門』『馬克斯経済学説』『階級戦争』『科学的社会主義』『共産党計画』『旅俄六週見聞録』『新俄羅斯之研究』

【社会主義】『社会主義史』『工団主義』『社会改造原理』『政治理想』『到自由之路』『実業自治』『社会主義運動』『社会問題』『各国社会思潮』『近世経済思想史』『政治思想学史』『克魯泡特金的理想』

【パンフレット】『蘇維埃俄羅斯』『一個兵士的談話』『両個工人的談話』『職業同盟』『告遠東少年』『誰是共産党』『共産党無政府党及議会』『共産党指針』『十月革命給了我們什麼』『社会改造家之伝略』

【雑誌】『共産党』『新青年』『曙光』『労働者』『労働音』『労動界』『労動與婦女』『星期評論』

【新聞】『群報』『民国日報』『来報』『閩星』

(150) 前掲『中共中央文件選集』第一冊、五四七～五五一頁。前掲『中国共産党上海史』四二頁には、原文書の写真が掲載されている。なお、李新、陳鉄健編『偉大的開端』(中国社会科学出版社、一九八三年)は、「宣言」の原件はロシア語である」とする(三三三頁)が、ロシア語の「宣言」の存在は確認されていない。

(151) 前掲李玲「『中国共産党第一個綱領』俄文本的来源和初歩考証」。ちなみに、同誌第六号と第一〇号(ともに一九五八年)には、これまた「アルヒーフ」に含まれていた中共一全大会関連の三文書が訳載されているという。

(152) 近年、中国共産党史にかんする未公刊資料を渉猟してめざましい成果をあげている楊奎松氏は、「中国共産党宣言」は、ヴォイチンスキーが上海の共産主義組織(いわゆる中共発起グループ)と共同で起草した、あるいはかれが中国共産党に代わって起草したと述べ、ヴォイチンスキーの介在を指摘している(楊奎松『中間地帯的革命——中国革命的策略在国際背景下的演変』中共中央党校出版社、一九九二年、二五頁、同『中共與莫斯科的関係(一九二〇～一九六〇)』東大図書公司、一九九七年、七頁)。その蓋然性は高いが、根拠は示されていない。

(153) 回訳に際して依拠したはずの英語版の「宣言」の方は発見されていない。

(154) 「極東諸民族大会」とその中国代表団については、川端正久『コミンテルンと日本』(法律文化社、一九八二年)第四章、同「極東諸民族大会と中国」(『思想』七九〇、七九一号、一九九〇年)、楊奎松「遠東各国共産党及民族革命団体代表大会的中国代表問題」(『近代史研究』一九九四年第二期)参照。

(155) 従来、極東諸民族大会に出席した中国代表団には、張国燾のほかに張太雷もいたとされ、この「Chang」は英語に堪能な張太雷であるという説もあった（例えば、Tony Saich, ed., *The Rise to Power of the Chinese Communist Party : documents and analysis*, New York, 1994, p. 95）が、張太雷はこの大会の準備作業にたずさわっただけで、大会そのものには参加していないことが近年あきらかになっている（S・ゴルブノワ「極東民族大会と中国の革命運動」『極東の諸問題』日本語版、一六巻六号、一九八七年、С. А. Горбунова, Съезд народов Дальнего Востока и революционное движение в Китае, *Проблемы Дальнего Востока*, 1987, No. 4, 銭听濤「張太雷在一九二一年」『北京党史研究』一九九六年第三期、A. Pantsov, *The Bolsheviks and the Chinese Revolution : 1919-1927*, Honolulu, 2000, p. 226）。なお、前掲『中共中央文件選集』第一冊の編者も、この「Chang」を張国燾としている（五五一頁）。

(156) 張国燾は一九二一年一一月七日に満洲里に到着してのち入露し、その後二カ月ほどイルクーツクに滞在していた。またその間、かれは「極東諸民族大会」への報告作成に追われていた（前掲楊奎松「遠東各国共産党及民族革命団体代表大会的中国代表問題」、および前掲張国燾『我的回憶』第一冊、一九〇頁）。

(157)『極東の諸民族』創刊号には発行期日が記されていないが、第二号と第三号の発行期日（それぞれ一九二一年六月二三日、八月一日）、および創刊号の内容から判断して、一九二一年五月後半と考えられる。

(158) Б. Шумяцкий, Коммунистический Интернационал на Дальнем Востоке.

(159) 前掲シェヴェリョフ「中国共産党成立史のひとこま」は、シュミャーツキーのこの文章に言及した数少ない研究の一つである。同論文によれば、『極東の諸民族』と同じく当時イルクーツクで発行されていた『共産主義者』（*Коммунист*）第七号（一九二一年）にも、シュミャーツキー論文に引かれたのとほぼ同じ文言が掲載されていたが、『共産主義者』版では『極東の諸民族』版の「大衆闘争」が「階級闘争」に置き換えられ、「その打撃」が「その資本主義にたいする打撃」になっているという。ただし、シェヴェリョフは、傍線部中の「最近」という言葉に引きずられて、その文言が張太雷報告に言うところの「中共三月会議」で決定されたと考えている。

(160) 前掲シェヴェリョフ「中国共産党成立史のひとこま」の考証に従えば、『共産主義者』（*Коммунист*）版と全く同一ということになる。

（161）『極東の諸民族』第一号の諸論文の執筆時期については、М. А. Персиц, Из Истории Становления Коммунистической Партии Китая, *Народы Азии и Африки*, 1971, No. 4（「中国共産党形成の歴史より」『アジア・アフリカの諸民族』）が考証している。

（162）ヴォイチンスキーは、『共産党』創刊号と同じ日に発行された『労動界』一三号に「中国労動者與労農議会的俄国」（署名：呉廷康）を初めて発表、ロシア革命記念日を祝うとともに、中国の労働者、農民がロシアに続いて立ち上がるよう呼びかけている。なお、この文章は「演説」として掲載されているが、どこでなされた演説かは不明である。

（163）中国共産党の正式成立は、通説では一九二一年七月の第一回大会を画期とすることが多い。「一九二一年七月に上海で共産党の第一回大会が開かれ、中国共産党が結成された」という記述である。だが、その説明は多くの前提をもとにして初めて可能な記述であることを指摘しなければならない。そのひとつは、共産党なるものは代表大会によって初めて成立するのだ、という前提である。だが、その場合、代表大会に先だって「中国共産党宣言」なる文書が採択され、『共産党』なる雑誌が発行されていたということは、いかに解釈すればよいのか。また、一九二一年六月（つまり中共一全大会以前）に開催されたコミンテルン第三回大会に参加した張太雷らは、明確に「中国共産党」の代表として列席しているが、それはいかに解釈すればよいのか。これらの事実は、中国共産党が一九二一年七月以前にすでに存在していたということ、また、一九二一年七月の党大会は「第一回大会」ではあっても、それによって党が成立したわけではなかったことを物語っているだろう。手続き論から言っても、第一回大会の文書には、「本党の名称は「中国共産党」とする」の字句はあっても、党の成立を宣言するような文言はない。

（164）Китайская Компартия на III конгессе Коминтерна（Доклад Китайской делегации）, *Народы Дальнего Востока*, No. 3, 1921.

（165）前掲 Персиц, Из Истории Становления Коммунистической Партии Китая.

（166）益群訳「在共産国際第三次代表大会上的報告（一九二一年六月一〇日　莫斯科）」（『中央檔案館叢刊』一九八七年第五期）。報告は、当初中国語か英語で書かれたはずだが、それらは見つかっていない。

（167） 前掲益群訳「在共産国際第三次代表大会上的報告（一九二一年六月一〇日　莫斯科）」、「張太雷在共産国際第三次代表大会的書面報告（一九二一年六月一〇日）」（前掲『中共中央文件選集』第一冊）。ただし、この中国訳は必ずしも正確とは言えないので、前掲ペルシッツ論文によって補正した。なお、『極東の諸民族』版テキストでは、七つの地方党組織の地名とその組織概要の部分が削除されている。

（168） 前掲 Персиц, Из Истории Становления Коммунистической Партии Китая.

（169） 中国での「三月会議」を主題とする研究には、以下のものがある。王述観「中共一大前曾召開過三月代表会議」（『中共党史研究』一九八八年第四期）、同「関於張太雷致共産国際〝三大〟報告的幾個問題」（『党史研究資料』一九九一年第八期）、柳建輝、鄭雅茹「中共一大前召開過三月会議嗎？——與王述観商権」（『中共党史研究』一九八九年第四期）、沈海波「〝中共三月代表会議〟辨析」（『上海革命史資料與研究』第一輯、一九九二年）、蘇開華「関於中国共産党創立幾個問題的辨正」（『中共党史研究』一九九二年第四期）、同「一九二一年〝三月代表会議〟性質辨析」（『党史研究與教学』一九九五年第五期）、銭听濤「也談一九二一年〝三月代表会議〟——與蘇開華商権」（『中共党史研究』一九九三年第一期）、同「我対一九二一年〝三月代表会議〟的看法」（『中共党史通訊』一九九四年第六期）。

（170） 前者は、瞿秋白、李宗武（瞿秋白とともにモスクワ特派員として派遣されてきたジャーナリスト）の二人の署名で書かれたもので、前掲『瞿秋白文集（政治理論編）』第一巻、二九三〜二九九頁に、その中国語訳が収録されている。後者は、一九二九年冬から一九三〇年春にかけて、瞿秋白がモスクワのレーニン国際学院で行った報告「中国共産党歴史概論」のもとになった原稿で、中央檔案館編『中共党史報告選編』（中共中央党校出版社、一九八二年）で公表されたのち、『瞿秋白文集（政治理論編）』第六巻、人民出版社、一九九六年、八七四〜九二四頁に収録されている。

（171） 李玲「関於「張太雷致共産国際第三次代表大会的報告」的作者——與葉孟魁商権」（『中共党史研究』一九九二年第三期）。

（172） 前掲周永祥『瞿秋白年譜新編』四〇〜四七頁。

（173） 前掲『瞿秋白文集（政治理論編）』第六巻、八八三頁。文中の「秋白の報告」とは前述「中国における社会主義運動」を指すものと見られる。

(174) かれにかんする回想録の多くは、前掲『回憶張太雷』に収録されている。
(175) 張太雷は革命烈士として長らく顕彰されてきたため、かれの伝記や年譜では、中共とはその草創期より密接な関係があったかのように記されているが、最近になってそれを裏付ける資料が実は欠けていることが、ようやく指摘されるようになった。例えば、銭听濤「関於張太雷如何加入中共及與此有関的一些問題」(張太雷研究会編『張太雷研究学術論文集』南京大学出版社、一九九三年)がある。
(176) Б. Шумяцкий, Из истории комсомола и компартии Китая (Памяти одного из организаторов Комсомола и Компартии Китая тов. Чжан-Та-Лая), *Революционный Восток*, No. 4-5, 1928, стр. 194-230.
(177) 例えば、劉玉珊等編『張太雷年譜』(天津大学出版社、一九九二年)は、現在における最も詳細な年譜だが、入露前後の記述は、ほぼ全面的にシュミャーツキーの回想録に依拠している。
(178) ちなみに、『労動界』全号を見渡しても、張太雷の文章は一篇もない。
(179) 独秀「真的工人団体」(『労動界』二号、一九二〇年八月)。また、瞿秋白の文章(『コミンテルン極東書記局通報』一号に掲載された「中国労働者の状況とロシアにたいするかれらの期待」)の一節も、張太雷のものとして引用されている。
(180) 前掲 Персиц, Из Истории Становления Коммунистической Партии Китая. ペルシツは、張太雷報告が「三月会議」に言及していることを根拠のひとつにしている。なお、一九二〇年代に、シベリア、極東で活動したダーリンは、張太雷のイルクーツク到着を一九二一年三月と回想している(前掲 Далин, *Китайские Мемуары: 1921-1927*, стр. 34)が、ダーリンがイルクーツクに到着したのは同年八月であり、その一段もやはりシュミャーツキーの回想録に依拠しているようである。
(181) ロシア国立社会・政治史アルヒーフ所蔵資料(ф. 495, оп. 154, д. 87, л. 12)。
(182) ほぼ同じ時期に北京から陸路入露した瞿秋白の一行は、天津からイルクーツクまで二カ月半あまりを要している。かれらは途中の都市で、しばしば数日の滞在をしているから、実際の行程は一カ月半から二カ月ほどと見られる。
(183) ロシア国立社会・政治史アルヒーフ所蔵資料(ф. 533, оп. 1, д. 32, л. 5)。
(184) 諶小岑「張太雷與天津第一個団小組」(前掲『回憶張太雷』)。ただし、これもシュミャーツキーの回想録を読んでのちに書かれたことが明白(明示はされていないが、シュミャーツキー回想からの引用が何カ所かある)で、必ずしも全面的に信用できるとは言えない。一方、北洋大学時代まで張太雷の親友であった呉南如の回想によると、呉と張太雷は一九二〇年五月の大学卒業まで、学業に専念していて、学生運動などには一切かかわりを持たなかったが、張は一九二〇年の冬に呉の後任として天津のポレヴォイのもとで働きはじめ、それ以後、中共の初期組織に関係を持つようになったのだという(華羊「瞿秋白與張太雷早年事」『中共研究』一〇巻七期、一九七六年)。

(185) 本章注98参照。

(186) 前掲 Шумяцкий, Юношеское революционное движение Китая (обзор отчетов о работе). この会議記録を引用したシュミャーツキーは、『ライバオ』にかんして、実際には第一号は一九二一年一月四日に刊行されたという編者注を付している。

(187) 『来報』は、前記の「中国における社会主義文献」(本章注148 149参照)や張太雷のコミンテルンへの書面報告でも名前が挙げられている。

(188) このほか、張太雷と北京の共産主義グループの人士との交流を推測させるものとしては、心美(鄧中夏)「長辛店旅行一日記」(『晨報』一九二〇年一二月二一日)がある。

(189) 前掲張国燾『我的回憶』第一冊、一三五頁。

(190) 「関謙関於北京社会主義青年団活動情形致王懐慶報告(一九二一年三月一七日)」(前掲『北京青年運動史料』五〇四～五〇五頁)。

(191) 「兪秀松の両親および家人宛の書簡(一九二一年四月六日、ハルビン)」(前掲『紅旗飄飄』第三一集、一三九頁)。

(192) ロシア国立社会・政治史アルヒーフ所蔵資料(ф. 490, оп. 1, д. 208, л. 92)。その信任状の日付は、一九二一年五月一六日である。なお、同大会のもう一人の中国代表である兪秀松の信任状(л. 93)も、中国の組織のものではなく、コミンテルン執行委員会書記局のもの(日付は六月四日)である。

(193) Торжественное открытие, учредительного съезда корейских коммунистических организаций, *Бюллетени Дальне-Восточного Секретариата Коминтерна*, No. 6, 1921(「開会式典　朝鮮共産主義組織創立大会」『コミンテルン極東書記局通報』)、

Учредительный Съезд Корейской Коммунистической Партии (Торжественное открытие Съезда), *Народы Дальнего Востока*, No. 2, 1921, стр. 189, 217（「朝鮮共産党創立大会（創立大会式典）」『極東の諸民族』）。これらの式典記録の中で、張太雷は「ジャン同志（тов. Чжан）」「チェ同志（тов. Ч）」として登場する。

（194）江亢虎『江亢虎新俄遊記』商務印書館、一九二三年、六〇頁。江亢虎は、「少年共産党」について、かれらは張太雷や兪秀松と同じく社会主義青年団よりやって来た大勢の留学生たちだったが、張や兪の代表資格を認めようとしなかったと述べている。この時期、大挙してやって来た社会主義青年団の留学生たちとは、恐らく袁篤実、卜士奇、呉芳、王一飛らを指すと見られる（ロシア国立社会・政治史アルヒーフ所蔵資料 ф. 490, оп. 1, д. 46, л. 17; ф. 490, оп. 1, д. 208, л. 96-97）。張太雷、兪秀松らからやや遅れてモスクワに到着したかれらが、江亢虎の伝えるように、張、兪らと一線を画していたとすれば、張、兪の当時の立場をうかがう上でも興味深い。社会主義青年団の一部留学生と兪秀松らとの間で軋轢のあったことは、前掲抱朴「赤俄遊記」からもうかがえる。

（195）「張太雷、兪秀松のジノヴィエフ宛書簡（一九二一年六月）」「兪秀松のコミンテルン極東書記局への声明（一九二一年九月二八日）」（ともに、中央檔案館所蔵文書）。

（196）中国の場合、共産党ではないが、例えば一九二三年にモスクワを訪れた蔣介石はコミンテルン執行委員会にたいして、国民党の党員数を、あきらかに過大な六十万と報告し、それが上海の党本部にある党員名簿によって裏付けられると述べている（「国民党代表団の参加したコミンテルン執行委員会会議速記記録（一九二三年一一月二六日）」「文書九六」）。コミンテルン関連の会議における報告の「誇大化」の傾向とその信憑性をめぐる議論については、前掲川端正久『コミンテルンと日本』二二八～二四八頁参照。

（197）Б. Шумяцкий, Из истории комсомола и компартии Китая (Памяти одного из организаторов Комсомола и Компартии Китая тов. Чжан-Та-Лая), *Революционный Восток*, No. 4-5, 1928, стр. 215.

（198）*Protokoll des III. Kongresses der Kommunistischen Internationale* (*Moskau, 22. Juni bis 12. Juli 1921*), Hamburg, 1921, SS. 13, 1068.

(199) 前掲『江亢虎新俄遊記』二六頁、汪佩偉『江亢虎研究』(武漢出版社、一九九八年)の口絵写真、およびロシア国立社会・政治史アルヒーフ所蔵資料(ф. 490, оп. 1, д. 32, л. 10; ф. 490, оп. 1, д. 201, л. 12; ф. 490, оп. 1, д. 207, л. 48)。

(200) 「江亢虎のジノヴィエフ宛書簡(一九二一年六月二九日、モスクワ)」(ロシア国立社会・政治史アルヒーフ所蔵資料ф. 490, оп. 1, д. 208, л. 95)。

(201) 遊人『新俄回想録』軍学編輯局、一九二五年、九二～九三頁。同書は一九二一年に単身ソビエト・ロシアを訪問したある中国軍人の旅行記である。同書において、江亢虎は友人の「海通君」として登場する。

(202) 「張太雷、兪秀松のジノヴィエフ宛書簡(一九二一年六月)」(中央檔案館所蔵文書)、ロシア国立社会・政治史アルヒーフ所蔵資料(ф. 495, оп. 154, д. 81, л. 9-12; ф. 490, оп. 1, д. 208, л. 96-97)。

(203) 同前(ф. 495, оп. 154, д. 81, л. 12-13)。

(204) Xenia J. Eudin, Robert C. North, *Soviet Russia and the East, 1920-1927*, Stanford, 1957, pp. 139-140, 前掲川端正久『コミンテルンと日本』七九頁。

(205) 『張太雷文集(続)』江蘇人民出版社、一九九二年、五頁の訳者(馬貴凡)注。

(206) 余世誠「参加共産国際〝三大〟的另一名中国共産党人是楊明斎」(『党史研究資料』一九八四年第一期)、余世誠、張升善『楊明斎』中共党史資料出版社、一九八八年、一七～一八、七五頁。

(207) 抱朴「赤俄遊記」(『晨報副鐫』一九二四年八月二六日)。抱朴こと秦滌清は、一九二一年七月一六日にイルクーツクで楊明斎に会っている。

(208) ロシア国立社会・政治史アルヒーフ所蔵資料(ф. 495, оп. 154, д. 112)。この文献を最初に紹介した楊奎松氏は、傍聴者として瞿秋白とともに「陳聞影」の名を挙げる(前掲楊奎松「遠東各国共産党及民族革命団体代表大会的中国代表問題」)が、これはロシア語表記された人名にいい加減な漢字を当てたものと見え、正しくは「陳為人」である。

(209) 「兪秀松の両親および家人宛の書簡(一九二一年四月一日、北京)」、「同(一九二一年四月六日、ハルビン)」(前掲『紅旗飄飄』第三一集、二三八～二四〇頁)。

(210)　ロシア国立社会・政治史アルヒーフ所蔵資料(ф. 490, оп. 1, д. 17, л. 9; ф. 490, оп. 1, д. 208, л. 93)。なお、瞿秋白は「多余的話(一九三五年五月)」の付録「記憶中的日期」で、「一九二一年五月　張太雷モスクワに到着、共産党入りを紹介」と述べ(『瞿秋白文集(政治理論編)』第七巻、人民出版社、一九九一年、七二四頁)、張太雷のモスクワ到着を五月としているが、記憶違いであろう。

(211)　抱朴「赤俄遊記」(『晨報副鐫』一九二四年八月二六、二七日)。

(212)　陳為人の当時の活動については、呂芳文『陳為人伝』(人民出版社、一九九七年)三〇〜四八頁参照。ただし、その入露の経緯については、すべて回想録と推測に基づいている。

(213)　蘇開華「関於中国共産党創立幾個問題的辨正」(『中共党史研究』一九九二年第四期)。

(214)　**Доклад Делегации Китайского Социалистического Союза Молодежи на 2-м Конгрессе Коминтерна Молодежи**, *Народы Дальнего Востока*, No. 4, 1921(「青年コミンテルン第二回大会での中国社会主義青年団の報告」『極東の諸民族』)、「中国社会主義青年団代表的報告」(共青団中央青運史研究室、中国社会科学院現代史研究室編『青年共産国際與中国青年運動』中国青年出版社、一九八五年)。なお、キムへの報告の作成者にかんする考証には、任武雄「一篇重要報告的作者考——兼談中国社会主義青年団中央成立時間」(『党史研究資料』一九九一年第六期)、陳紹康「対「一篇重要報告的作者考」之補証」(『党史研究資料』一九九一年第一一期)があり、それがほぼ兪秀松の手になることが確認されている。

(215)　抱朴「赤俄遊記」(『晨報副鐫』一九二四年八月二六日)。

(216)　「家書」(前掲『張太雷文集(続)』一頁)。なお、この書簡は残闕で、日付もない。内容から推して、入露直前に書かれたことはまちがいないが、引用部分以外には入露の目的や経緯は記されていない。

(217)　「兪秀松の両親および家人宛の書簡(一九二一年四月六日、ハルビン)」。

(218)　兪秀松と杭州、北京、上海でともに行動した施存統は、一九二一年秋に日本へやって来た張太雷と会っているが、その後日本警察に逮捕されたあとの供述では、張とは日本で会ったのが初めてだったと述べている(前掲拙稿「施存統と中国共産党」「附録二　施存統証言」)。断定はできないが、入露以前の張太雷の知名度の低さ(雑誌等に文章を発表することもなかった)からしても、兪秀松とも面識がなかった可能性が高い。

(219) その点、ほぼ同時期に開催されたキム第二回大会への中国社会主義青年団の報告は、コミンテルンへの党の報告に比べ、相当に詳細である。

(220) 張太雷の語学力(英語)は定評のあるもので、のちソビエト・ロシアからマーリンやボロジンが中国を訪れたさいには、かれがしばしば通訳兼助手をつとめている。通訳体制の整っていなかった初期中共とコミンテルンの関係には、個人的折衝に負う部分も相当にあったから、中共党員の外国語によるコミュニケーション能力(張太雷の英語、瞿秋白のロシア語)には、もっと目を向けられるべきである。

(221) 「コミンテルン第三回大会における張太雷の演説(一九二一年七月一二日)」(日本国際問題研究所中国部会編『中国共産党史資料集』第一巻、勁草書房、一九七〇年、五二~五三頁)。なお、コミンテルン第三回大会にかんする資料状況については、前掲川端正久『コミンテルンと日本』六五~八〇頁、伊藤秀一「二〇世紀のアジアとコミンテルン」(『アジア歴史研究入門』第五巻、同朋舎出版、一九八四年)、村田陽一『コミンテルン資料集』別巻(大月書店、一九八五年)参照。

(222) ロシア国立社会・政治史アルヒーフ所蔵資料(ф. 533, оп. 1, д. 32, л. 5)。

(223) キムへの報告は、大会終了後に、「キム第二回大会での中国社会主義青年団の報告」として、イルクーツクの『極東の諸民族』第四号(一九二一年一〇月一五日)に掲載された。

(224) 「中国社会主義青年団第一次全国大会」(『先駆』八号、一九二二年五月)。

第四章

(1) 「法捕房捜外国語学社」(『民国日報』一九二一年四月三〇日)。ただし、外国語学社はその後も『民国日報』に学生募集の広告を出している(例えば、同年七月一五日)。

(2) 「中国社会主義青年団第一次全国大会」(『先駆』八号、一九二二年五月)。

(3) 「シュミャーツキーのコミンテルン執行委員会宛の報告電報(受信は一九二一年三月二七日)」М. А. Персиц, Из Истории

Становления Коммунистической Партии Китая, *Народы Азии и Африки*, 1971, No. 4, стр. 51（「中国共産党形成の歴史より」『アジア・アフリカの諸民族』）。

（4） Б. Шумяцкий, Коммунистический Интернационал на Дальнем Востоке, *Народы Дальнего Востока*, No. 1, 1921（『極東の諸民族』）。この文章の執筆時期については、前掲 Персиц, Из Истории Становления Коммунистической Партии Китая の考証による。

（5） ニコリスキーがプロフィンテルンの代表だという説は、主に中国大陸で言われていたものだが、その淵源は、包恵僧の一九五〇年代の回想録（「中国共産党成立前後的見聞」『新観察』一三期、一九五七年、「共産党第一次全国代表会議前後的回憶」〔中国社会科学院現代史研究室、中国革命博物館党史研究室編『〝一大〟前後』（二）、第二版、人民出版社、一九八五年〕）である。なお、かれはコミンテルンの代表だったという説が提示されたこともあった（周佛海「逃出了赤都武漢」〔蔣永敬輯『北伐時期的政治史料——一九二七年的中国』正中書局、一九八一年所収〕、Dov Bing, The Founding of a Comintern Bureau in the Far East, *Issues & Studies*, Vol. 8, No. 7, 1972）。

（6） А. И. Картунова, Забытый участник I съезда КПК, *Проблемы Дальнего Востока*, 1989, No. 2（「忘れられた中共第一回大会の参加者」『極東の諸問題』）。この研究を援用した中国の研究としては、李玉貞「参加中共〝一大〟的尼科爾斯基」（『党史研究資料』一九八九年第七・八期）がある。なお、任止戈（任武雄）「読史劄記」（『党史研究資料』一九八三年第七期）は、ニコリスキーがプロフィンテルンではなく、コミンテルンの代表であることを考証した中国での先駆的な研究であるが、資料的制約のために、ニコリスキーの経歴などをあきらかにすることはできなかった。

（7） 国際労働組合評議会極東ビューローにかんしては、第二章の注156参照。

（8） Tony Saich, *The Origins of the First United Front in China: The Role of Sneevliet (Alias Maring)*, Leiden, 1991, p. 205 も参照。

（9） 「マーリンのコミンテルン執行委員会宛の報告（一九二二年七月一一日）」（Saich, *op. cit.*, p. 306; 李玉貞主編『馬林與第一次国共合作』光明日報出版社、一九八九年、五九頁）（以下「マーリン報告」と略称）は、自身とニコリスキーは「同時に到着した」と述べている。マーリンの上海到着が一九二一年六月三日であることからして、ニコリスキーの到着もそのころと考えられる。なお、マーリンの上海到着の日時については、本章注17参照。

（10）「マーリン報告」。カルトゥノワが伝えるイルクーツクからの指令（ロシア国立社会・政治史アルヒーフ〔旧ロシア現代史資料研究・保存センター〕所蔵資料 ф. 495, оп. 154, д. 133, л. 37, 39）も、「党のあらゆる代表会議には、ニコリスキー同志が出席しなければならない」というものである。なお、カルトゥノワはそこに、これは中共の会議を指すだけでなく、当時上海にいた朝鮮の革命的マルクス主義者の代表会議への出席も含むという注記をしている。

（11）「中国での活動状況にかんするリーディンのコミンテルン執行委員会極東局宛の報告（一九二二年五月二〇日）」（「文書二一」）、「特別要視察人状勢調　大正十年度」（松尾尊兊編『続・現代史資料　2　社会主義沿革』2、みすず書房、一九八六年所収、六一～六二頁）。

（12）Saich, *op. cit.* 前掲李玉貞主編『馬林與第一次国共合作』、および、『馬林在中国的有関資料』（増訂本）、人民出版社、一九八〇年。なお、セイチ（Saich）の編纂した資料集は、アムステルダムの社会史国際研究所所蔵のマーリン文書を発掘、整理した貴重なものだが、その翻訳や引用には、若干の問題があると指摘されている（Book Review by F. Christiansen, *International Review of Social History*, Vol. 38, Part 2, 1993）。また、李玉貞の編纂した資料集は、社会史国際研究所所蔵のマーリン文書のほか、中国革命博物館所蔵の外交史料の中からマーリン関係の文書を発掘して、翻訳、編集したものである。

（13）三者の協議では、極東局を上海に設けることが話し合われたが、既述のように、極東局は紆余曲折ののち、一九二一年一月にイルクーツクに設置された。

（14）「マーリン報告」。なお、マーリンはコミンテルン第二回大会ののち、短期間オランダにもどっている（Saich, *op. cit.*, p. 31）。

（15）「マーリン報告」。

（16）Notes on a Conversation with H. Sneevliet, in Harold R. Isaacs (ed.), Documents on the Comintern and the Chinese Revolution, *China Quarterly*, No. 45, 1971, p. 102.

(17)　マーリンの中国への旅程にかんしては、Saich, *op. cit.*, pp. 31-33 および山内昭人「片山潜の盟友リュトヘルスとインタナショナル(Ⅶ)」(『宮崎大学教育学部紀要(社会科学)』七五号、一九九三年)が詳しい。

(18)　前掲李玉貞主編『馬林與第一次国共合作』二〜九頁。

(19)　「上海駐在オランダ代理総領事より蘭領インド総督宛の書簡(一九二一年七月一一日)」(前掲李玉貞主編『馬林與第一次国共合作』一三〜一四頁)、Dov Bing, Sneevliet and the Early Years of the CCP, *China Quarterly*, No. 48, 1971.

(20)　Saich, *op. cit.*, p. 33, 前掲李玉貞主編『馬林與第一次国共合作』一二〜一五頁。

(21)　フロムベルグについては、第二章第二節参照。

(22)　「蘭領インド高等法院検察総長より上海駐在オランダ代理総領事宛の書簡(一九二一年六月三〇日)」「蘭領インド高等法院検察総長より関係者宛の書簡(同七月四日)」(前掲李玉貞主編『馬林與第一次国共合作』一一〜一三頁)。

(23)　「東京『オリエンタル・エコノミスト』編集三浦氏宛の書簡(一九二〇年一一月四日)」(前掲李玉貞主編『馬林與第一次国共合作』四九頁)。

(24)　『東洋経済新報』と三浦銕太郎については、松尾尊兊「解説・三浦銕太郎小論」(松尾編『大日本主義か小日本主義か――三浦銕太郎論説集』東洋経済新報社、一九九五年)参照。

(25)　リュトヘルスにかんしては、そのマーリンとの関係も含めて、山内昭人『リュトヘルスとインタナショナル史研究――片山潜・ボリシェヴィキ・アメリカレフトウィング』(ミネルヴァ書房、一九九六年)が非常に詳細な研究である。なお、同書は、リュトヘルスの日本訪問(一九一八年)に際して、片山潜が三浦を紹介した(さらに、リュトヘルスは日本で三浦に会ったらしい)ことを紹介している(二七四〜二七五頁)。

(26)　「マーリン報告」。

(27)　「マーリン報告」。

(28)　「マーリンのコミンテルン執行委員会宛の書簡(一九二一年七月九日)」(前掲 Персиц, Из Истории Становления Коммунистической Партии Китая, *Народы Азии и Африки*, 1971, No. 4, стр. 51[「中国共産党形成の歴史より」『アジア・アフリカの諸

民族』」)。

(29) Isaacs, *op. cit.*, p. 102.

(30)「李達自伝(節録)」(『党史研究資料』一九八〇年第八期)。

(31) 鄧文光「中共創始人〝南陳北李〟何故未出席〝建党大会〟」(鄧文光『中共建党運動史諸問題』青驄出版社、一九七六年。原載は『南北極』月刊、五三期、一九七四年)、王其彦「陳独秀没出席中共〝一大〟的原因」(『齊魯学刊』一九九一年第四期)。

(32) 陳紹康「党的〝一大〟後陳独秀回滬時間考」(『党史研究資料』一九八二年第一一期)、村田雄二郎「陳独秀在広州(一九二〇〜二一年)」(『中国研究月報』四九六号、一九八九年)。

(33)「周佛海より施存統あての書簡(一九二一年四月一九日)」(「外秘乙第五六〇号 要注意支那人ノ件(一九二一年四月二九日)」〔《B》〕)。

(34)『謝覚哉日記』人民出版社、一九八四年、四九頁。

(35) 公博(陳公博)「十日旅行中的春申浦」(『新青年』九巻三号、一九二一年七月)。なお、『新青年』の同号は、雑誌の発行期日表示は七月一日になっているが、陳公博のこの文章は七月下旬の上海滞在記であり、実際の刊行はどう考えても八月以降である。

(36)「南京大会記略」「会員消息」(ともに『少年中国』三巻二号、一九二一年九月)。

(37) 毛沢東、何叔衡、陳公博、劉仁静以外の代表の上海への足どりの推定にかんしては、邵維正「中国共産党第一次全国代表大会召開日期和出席人数的考証」(『中国社会科学』一九八〇年第一期)、李新、陳鉄健主編『偉大的開端』(中国社会科学出版社、一九八三年、四三三〜四三八頁)を見よ。

(38) Конгресс Коммунистической Партии в Китае.

(39) 李玲「「中国共産党第一個綱領」俄文本的来源和初歩考証」(『党史研究』一九八〇年第三期)。なお、その際の漢訳題名は「中国共産党第一次代表大会」であった。

(40) 中央檔案館の所蔵する「コミンテルン駐在中共代表団文書(中共駐共産国際代表団檔案)」のロシア語文書から漢訳した

「中国共産党第一次代表大会」が公表されたのは、一九八〇年代になってからである(中国社会科学院現代史研究室、中国革命博物館党史研究室編『〝一大〟前後』(一)、人民出版社、一九八〇年、中央檔案館編『中国共産党第一次代表大会檔案資料』人民出版社、一九八二年)。その後、漢訳「中国共産党第一次代表大会」は、中央檔案館編『中共中央文件選集』第一冊(中共中央党校出版社、一九八九年、五五六～五五九頁)に収録されたが、そのもとになったロシア語版は公表されていない。

(41) Новые материалы о первом съезде Коммунистической Партии Китая, *Народы Азии и Африки*, 1972, No. 6(「中国共産党第一回大会の新資料」『アジア・アフリカの諸民族』)。なお、この文書の性質、内容を検討した研究としては以下のものがある。К. В. Шевелев, К датировке 1 съезда Коммунистической Партии Китая, *Народы Азии и Африки*, 1973, No. 1(「中国共産党第一回大会の会期について」『アジア・アフリカの諸民族』)、М. А. Персиц, О характере записки《Конгресс Коммунистической Партии в Китае》, *Народы Азии и Африки*, 1973, No. 1(「報告文書〝中国共産党代表大会〟の性格について」『アジア・アフリカの諸民族』)、蜂屋亮子「中国共産党第一次代表大会文献の重訳と、大会会期・代表についての論考」(『お茶の水史学』三一号、一九八八年)、陳小枚、齊得平「対「中国共産党第一次代表大会」的考証」(『中共党史研究』一九九八年第四期)。この中でも、蜂屋論文はとくにすぐれた校訂、考証作業をしている。

(42) 前掲 Новые материалы о первом съезде Коммунистической Партии Китая, *Народы Азии и Африки*, 1972, No. 6, стр. 151, 前掲『中共中央文件選集』第一冊、五五六頁。

(43) 丸山松幸「中共一全大会存疑」(『中国研究月報』五二六号、一九九一年)。

(44) C. M. Wilbur, ed., *The Communist Movement in China : An Essay written in 1924 by Ch'en Kung-po*, New York, 1966, p. 79(中国語訳：中国社会科学院近代史研究所翻訳室訳『共産主義運動在中国』中国社会科学出版社、一九八二年、九八頁)。

(45) この日付の誤記の可能性を最初に指摘したのは、シェヴェリョフの旧ソ連時代の研究(Шевелев, К датировке 1 съезда Коммунистической Партии Китая, *Народы Азии и Африки*, 1973, No. 1, стр. 78)である。その後、前掲蜂屋「中国共産党第一次代表大会文献の重訳と、大会会期・代表についての論考」が、あらためてそれが誤記であり、正しくは「七月二〇日」とすべきだということを論証したが、中国の学界ではその後もこの誤記問題が検討された形跡はなく、現在でも、大会は本来

「六月二〇日」に開催の予定であったとされている。なお、シェヴェリョフ論文は同時に、この報告のロシア語としての不備を検討し、それが当初英語で執筆されたこと、そしてそれがロシア語に堪能ならざる者によってロシア語訳されたという卓抜な指摘をしている。

(46) 例えば、ややのちのことになるが、「コミンテルン執行委員会東方書記局会議でのロイ(M. N. Roy)の中国情勢に関する報告(一九二七年九月一七日)」(*ВКП(б), Коминтерн и Национально-Революционное Движение в Китае: Документы, Т. II. (1926-1927)*, Москва, 1996, стр. 884)は、中国にいたロイがコミンテルン第八回執行委員会総会の決議を受けとったのは、「七月末(**конце июля**)」であったと述べているが、かれは七月上旬に武漢を離れており、この「七月末」は「六月末(**конце июня**)」の誤りだと思われる。

(47) 前掲包恵僧「共産党第一次全国代表会議前後的回憶」、包恵僧「我所知道的陳独秀」(『党史研究資料』一九七九年第三期)。なお、包恵僧は、帰途にはさらに一人あたり五十元が支給されたと述べている。

(48) 丸山昏迷『北京』大阪屋號書店、一九二一年、五一六頁。

(49) 「中共中央執行委員会書記陳独秀給共産国際的報告(一九二二年六月三〇日)」(前掲『中共中央文件選集』第一冊、四七頁)。

(50) それ以前の中共関係者の文章には、一九二〇年を中共成立とし、翌年の第一回大会とハッキリと分けるものが散見される。例えば、「中国共産党的歴史與策略(討論大綱)」(社会科学研究会編印、一九二七年一月、上海革命歴史博物館(籌)編『上海革命史研究資料』上海三聯書店、一九九一年、所収)や鄧中夏が一九三〇年に執筆した『中国職工運動簡史』などがそうである。

(51) 「陳独秀とコミンテルン」国際シンポジウム(北京、一九九九年)での姚金果の総述(『陳独秀研究動態』一九輯、二〇〇〇年)。

(52) 例えば、葉永烈『紅色的起点』(上海人民出版社、一九九一年)は、中共第一回大会をめぐるルポルタージュ風読み物ではあるが、中国での研究や内外での関連資料の発掘、研究の交流がどのようになされたのかにも相当に言及しており、研究史概説の意味も持っている。

(53) 陳公博の修士論文をもとにした『中国における共産主義運動』(C. M. Wilbur, ed., *The Communist Movement in Chi-*

na: An Essay written in 1924 by Ch'en Kung-po, New York, 1966）の存在が中国で知られるようになったのは、一九七二年ごろであった。その経緯については、前掲葉永烈『紅色的起点』二七〜二八頁に詳しい。

（54）前掲「中国共産党的歴史與策略（討論大綱）」、およびS. N. Naumov, A Brief History of the Chinese Communist Party, in: C. M. Wilbur and J. L. How, *Missionaries of Revolution: Soviet Advisers and Nationalist China, 1920-1927*, Cambridge, Mass., 1989, p. 452（原文は、Калачев [С. Н. Наумов], Краткий очерк истории Китайской коммунистической партии, *Кантон*, 1927, No. 1）。

（55）周佛海「逃出了赤都武漢」（蔣永敬輯『北伐時期的政治史料——一九二七年的中国』正中書局、一九八一年、二七八〜二七九頁）。

（56）周佛海のこの回想録は、その後それを引用した朱枕薪が氏名不詳の済南代表二人を省いた十一人のリストを掲げ（朱枕薪「中国共産党運動之始末」『新国家雑誌』一巻八号、一九二七年八月、同文章は『醒獅』一四四・一四五、一四六・一四七期、同八〜九月にも転載された）、それがしばしば再引用されたため、例えば戦前日本の中共研究の「十一人」出席説（例えば、大塚令三「中国共産党の成立期に就て」『満鉄支那月誌』第七年一号、一九三〇年、同『支那共産党史』上巻、生活社、一九四一年、一八、二三頁、波多野乾一「中国共産党の成立」『最近支那年鑑（昭和十年版）』東亜同文会、一九三五年、一五九八頁）の根拠となった。

（57）日本国際問題研究所中国部会編『中国共産党史資料集』第一巻、勁草書房、一九七〇年、五八〜六三頁（原文は「第一次代表大会的回憶」『共産国際』七巻四・五期、一九三六年九月）。

（58）胡喬木『中国共産党的三十年』人民出版社、一九五一年、七頁。

（59）E. Snow, *Red Star over China*, New York, 1961, p. 157（松岡洋子訳『中国の赤い星（増補決定版）』筑摩書房、一九七五年、一〇七頁）。

（60）斯諾著、張宗漢訳『毛沢東自伝』延安文明書局、一九三七年、史諾著、張洛甫訳『毛沢東自伝』陝西延安書店、一九三七年、史諾、蕭三等著『毛沢東生平』太岳新華書店、一九四七年。現物は未見、その書誌は、中国人民大学図書館編『解放区根

拠地図書目録』(中国人民大学出版社、一九八九年、八六頁)による。スノウが毛沢東との会見記を整理し、『中国の赤い星』を書き上げたのは、一九三七年と言われている。延安で刊行された『毛沢東自伝』は『中国の赤い星』の完訳ではなく、毛沢東の半生の自伝部分のみの翻訳であっただろう。

(61) 蕭三が毛沢東伝執筆のために、当時しばしば毛沢東に取材していたことは、王政明『蕭三伝』(北京図書館出版社、一九九六年)三二三〜三二六頁に詳しい。なお、蕭三はのちに自らの毛沢東伝にかんする訂正文(「対「毛沢東故事選」的幾点重要更正」『北方文化』一巻六号、一九四六年五月)を発表して、中共一大の出席者を訂正(毛沢東、何叔衡、董必武、陳潭秋、王爐《ママ》美、鄧恩銘、李達、李漢俊ら「十二、三人」)したさい、『解放日報』に発表した文章は事前に毛沢東に目を通してもらったものではなく、文責はすべて自分が負うものだと述べているが、常識的に考えて、中共中央の機関紙に掲載される毛沢東伝を毛自身が事前に読んでいないはずはない。ちなみに、さらにのちの『毛沢東同志的青少年時代』(一九四九年)では、出席者は「毛沢東……ら合計十二人」に訂正された。

(62)「中国共産党第七次全国代表大会的工作方針(一九四五年四月二一日)」(『毛沢東文集』第三巻、人民出版社、一九九六年、二九一頁)。

(63)「十二人説」の起源は李達だという説もある(葉蠖生「対「関於中共〝一大〟代表人数的幾種説法」一文的質疑」『党史研究資料』一九七九年第一四期)。李達が一九四九年前後に執筆した自伝(再入党申請のためのもの、「李達自伝(節録)」として『党史研究資料』一九八〇年第八期所収)において、中共一大の出席者を十二人としていた、というのがその根拠である。だが、「十二人説」は、それ以前から中共の公式見解であったから、李達も再入党申請にあたって、人名は変更したものの、出席者数はそれに倣ったのであろう。かれが当時の通説に忠実であろうとしたことは、大会の開幕日をこれまた通説であった「七月一日」としていることからもあきらかである。ただし、李達の自伝が「十二人説」の傍証となったことは確かであろう。

(64)「十二人説」の定説化に大きく影響したのは、前掲胡喬木『中国共産党的三十年』であるが、実は同書を出版しようとした胡喬木は、毛沢東に中共一大の出席者数を再確認していた。そのさい、「第一回代表大会の代表人数については、各説ではいずれも十三人ですが、ただ李達だけが十二人と言っており、その理由は包恵僧が代表ではないからというものです。この二説はどちらが正しいのでしょうか」という胡の問い合わせにたいして、毛は「十二人である」と回答している(「在胡喬木関於『中国共産党的三十年』一文中幾処提法的請示信上的批語(一九五一年六月二一日)」『建国以来毛沢東文稿』第二冊、中央文献出版社、一九八八年、三六七頁)。一方、海外の研究者では、陳潭秋の「中国共産党第一回全国代表大会の回顧」の発表後、「十三人説」をとるものが多かった。詳しくは、前掲蜂屋「中国共産党第一次代表大会文献の重訳と、大会会期・代表についての論考」参照。

(65)「董必武同志関於〝一大〟情況給何叔衡同志的復信(一九二九年一二月三一日)」(前掲中央檔案館編『中国共産党第一次代表大会檔案資料』所収)。

(66) N. Wales, *Red Dust: Autobiographies of Chinese Communists*, Stanford, 1952, p. 39.

(67)「慶祝中国共産党誕生二十八周年(一九四九年七月一日)」(『董必武選集』人民出版社、一九八五年、二二二頁)。

(68)「董老的囑咐」(『中国青年報』一九五六年九月一五日)、および『新観察』主編欧陽柏への回答(一九五六年、董庭芝、章祖蓉「関於中共〝一大〟代表人数的幾種説法」『党史研究資料』一九七九年第一期、所引)。「十二人説」が定説であった時期にも「十三人説」を堅持した人物としては、包恵僧をあげることができる。ただし、かれの場合は、その「十二人説」では自らが除かれることになるという事情があった。

(69)「董必武同志関於鑑別〝一大〟文件給中央檔案館的復信(一九五九年九月五日)」(前掲中央檔案館編『中国共産党第一次代表大会檔案資料』所収)。

(70) 劉廷暁、馬鴻儒「董必武同志為什麼放棄一大代表是十三人的意見?」(『党史通訊』一九八四年第八期)。なお、李達の回想録とは、一九五五年に書かれた「中国共産党的発起和第一次、第二次代表大会経過的回憶」(前掲『〝一大〟前後』(二))であろう。この文章は、のちに修正のうえ、「七一回憶」(『七一月刊』一九五八年第一期)、「沿着革命的道路前進——為紀念党成立四十周年而作」(『中国青年』一三・一四期、一九六一年)として公表された(ともに『李達文集』第四巻、人民出版社、一九八八年所収)。

(71) 前掲「董必武同志関於鑑別〝一大〟文件給中央檔案館的復信(一九五九年九月五日)」。

(72) 沈徳純、田海燕「中国共産党〝一大〟的主要問題——訪問第一次代表大会代表董必武同志」(『人民日報』一九六一年六月三〇日)。
(73) 前掲劉廷暁、馬鴻儒「董必武同志為什麼放棄一大代表是十三人的意見?」。
(74) 同前。
(75) 「董必武談中国共産党第一次全国代表大会和湖北共産主義小組」(前掲『〝一大〟前後』(二))。
(76) 例えば、董必武の逝去二周年を記念して書かれた舒懐「深切地懐念敬愛的董老」(『人民日報』一九七七年四月二日)は、一九六一年の談話をそのまま引用している。
(77) 中共一大関係のロシア語文献の中国語訳と董必武の訂正談話が、中国国内で一般の研究者の目にしうる形で公表されたのは、それぞれ『一大回憶録』(知識出版社、一九八〇年)と『〝一大〟前後』(二)(人民出版社、一九八〇年)が最初ではないかと思われる。実は、中共一大関係の三文書は、一九六〇年代から七〇年代にかけて、それぞれアメリカとソ連で発見、公表されていたから、独り中国だけがそれらを「国家機密」扱いしていたということになる。
(78) 「李達自伝(節録)」(『党史研究資料』一九八〇年第八期)。本章注63も参照。なお、李達は、その後も一貫して包恵僧を除く「十二人説」をとり続ける。
(79) 「包恵僧の代表問題にかんする李達の中国革命博物館宛の返信(一九五七年三月一八日)」(前掲董庭芝、章祖蓉「関於中共〝一大〟代表人数的幾種説法」所引)。同様の説明は「李達の中央檔案館宛の書簡(一九五九年九月)」(前掲『李達文集』第四巻、七二〇頁)にも見える。
(80) 「李達の葉蠖生にたいする談話(時期不明)」(前掲葉蠖生「対「関於中共〝一大〟代表人数的幾種説法」一文的質疑」所引)。
(81) 前掲「董必武談中国共産党第一次全国代表大会和湖北共産主義小組」。
(82) 前掲劉廷暁、馬鴻儒「董必武同志為什麼放棄一大代表是十三人的意見?」。
(83) 「毛沢東の中国共産党第九回全国代表大会での演説(一九六九年四月一日)」(『建国以来毛沢東文稿』第一三冊、中央文献出版社、一九九八年、二三~二四頁)。

(84) 前掲「董必武談中国共産党第一次全国代表大会和湖北共産主義小組」。

(85) 董必武は、中共九期一中全会(一九六九年)では中央政治局委員(序列第一九位)、林彪失脚後の一〇期一中全会(一九七三年)では中央政治局常務委員(序列第九位)であった。

(86) 李達、包恵僧、劉仁静は、ともに離党後の経歴が問題にされ、文革時期にはそれぞれ「ブルジョア学者」「国民党の手先」「トロツキスト」というレッテルを貼られて迫害を受けた。

(87) 蜂屋亮子「中国共産党第一次代表大会文献の重訳と、大会会期・代表についての論考」(『お茶の水史学』三一号、一九八八年)。

(88) 邵維正「中国共産党第一次全国代表大会召開日期和出席人数的考証」(『中国社会科学』一九八〇年第一期)。なお、邵氏は、中国における中共創立史研究の画期的著作である前掲李新、陳鉄健主編『偉大的開端』の中共一大関連部分の執筆者でもあり、のちにその増補版ともいうべき『中国共産党創建史』(解放軍出版社、一九九一年)を世に問うている。

(89) 中共中央党史研究室『中国共産党歴史』上巻、人民出版社、一九九一年、五六頁。ただし、概説などでは、煩を避けるために包恵僧を含めて単に十三人の出席者とすることも多い。例えば、中共中央党史研究室『光輝歴程——従一大到十五大』中共党史出版社、一九九八年、三二頁、などはそうである。

(90) この説をとるものに、鄧文光「研究現代史的甘苦」(『人物與思想』一八期、一九六八年、のち鄧文光『現代史攷信録——研究現代史的甘苦(初稿)』東風出版社、一九七四年、および同書の改訂版である前掲鄧文光『中共建党運動史諸問題』に収録)、K・V・シェヴェリョフ「中国共産党成立史のひとこま」(『極東の諸問題』日本語版、一〇巻二号、一九八一年、K.B. Шевелев, Из истории образования Коммунистической партии Китая, *Проблемы Дальнего Востока*, 1980, No. 4)、藤田正典「中国共産党第一次全国代表大会の参加代表、会期について」(『近代中国』第八巻、一九八〇年)、鄭学稼『中共興亡史』第一巻下(帕米爾書店、一九八四年再版)六四六〜六四八頁、などがある。

(91) 張国燾『我的回憶』第一冊、明報月刊出版社、一九七一年、一三八頁。

(92) 「蜂屋論文」によれば、胡華『中国新民主主義革命史(初稿)』(広州、一九五〇年初版)、『人民手冊　一九五一』(大公報社)

などが、何叔衡の名前を落としているという。

(93) 前掲張国燾『我的回憶』第一冊、一四五頁、前掲周佛海「逃出了赤都武漢」(前掲蔣永敬輯『北伐時期的政治史料——一九二七年的中国』二七九頁)。

(94) 前掲公博「十日旅行中的春申浦」。なお、陳潭秋「中国共産党第一回全国代表大会の回顧」(本章注57参照)と劉仁静の回想(「一大瑣憶(一九七九年一二月二一日)」前掲『一大回憶録』所収)は、再開後の会議に欠席した人物として、陳公博のほかに、李漢俊の名をあげるが、陳潭秋の回想は、捜査のあった日に会場に李漢俊と陳公博が居残ったこととの混同と考えられる。劉仁静の回想はその陳潭秋の回想録に倣ったものである。

(95) 「蜂屋論文」は、陳公博の修士論文「中国における共産主義運動」での出席者十二人の記述にかんして、「陳公博は……「十二人」と書いたとき、自分を除外した数字だということを知っていた筈である」と述べているが、この数字が記憶違いである可能性も捨てきれないように思われる。

(96) 「七月一日」が建党記念日になった由来については、許玉林、蔡金法「党的紀念日〝七一〟的由来」(『党史資料叢刊』一九七九年第一期)、邵維正「〝七一〟的由来」(『党史研究』一九八〇年第一期)、葵聞、李志春「対「〝七一〟的由来」一文提点不同看法」(『党史研究』一九八〇年第五期)、前掲藤田「中国共産党第一次全国代表大会の参加代表、会期について」参照。

(97) それらは、前掲鄧文光『現代史攷信録——研究現代史的甘苦(初稿)』、同『中共建党運動史諸問題』に収録されている。

(98) 例えば、鄧文光「中共建党日期之研究」(『人物與思想』二三期、一九六九年)は、中共一大の開幕日を、今日の定説である「七月二三日」とした最も早い論文であるが、それは不確かな資料に基づいて逆算した日付が「七月二三日」だったというまぐれ当たりであった。

(99) 前掲邵維正「中国共産党第一次全国代表大会召開日期和出席人数的考証」。

(100) ロシア語文書「中国共産党代表大会」は「蜂屋論文」に考証、校訂を経た日本語訳があるので、基本的にそれを利用する。

(101) 前掲 Персиц, О характере записки 《Конгресс Коммунистической Партии в Китае》は、「中国共産党代表大会」中の「七月二三日になって、ようやく[全員が]上海に到着したので、……代表大会は開会された」のくだりについて、二つの解釈が可能だと述べている。すなわち、開会は「七月二三日」の当日だという解釈と、その次の日だという解釈である。だが、スムルギスの書簡（本章注104参照）は「さる七月二三日から……中国人たちによる代表者会議が挙行されました」と述べている。「中国共産党代表大会」の行論から普通に解釈しても、開会は二三日と考えて間違いあるまい。

(102) 前掲公博「十日旅行中的春申浦」。

(103)『申報』一九二一年八月一、二、三日、『民国日報』八月二日。

(104) この書簡は、カルトゥノワがモスクワのアルヒーフ文書の中から発見し、Новые материалы о первом съезде Коммунистической Партии Китая, *Народы Азии и Африки*, 1972, No. 6（「中国共産党第一回大会の新資料」『アジア・アフリカの諸民族』）として公表された。中国語訳は、中国社会科学院現代史研究室、中国革命博物館党史研究室選編『〝一大〟前後』（三）（人民出版社、一九八四年）に見える。

(105) 各説の代表的なものをあげれば、以下のとおり。

【七月三一日説】前掲邵維正「中国共産党第一次全国代表大会召開日期和出席人数的考証」、同『中国共産党創建史』、前掲藤田「中国共産党第一次全国代表大会の参加代表、会期について」、前掲丸山「中共一全大会存疑」。

【八月一日説】李玲「中国共産党第一次全国代表大会幾個問題的考証」（『党史研究』一九八三年第五期）、「蜂屋論文」、沈海波「中共〝一大〟八月一日閉幕考」（『上海党史』一九九〇年第七期）。

【八月二日説】王国栄「中共〝一大〟結束日期新探」（『浙江学刊』一九八四年第三期）、周子信「党的〝一大〟閉幕日期是八月二日」（『革命史資料』一九八六年第二期）。

【八月五日説】前掲シェヴェリョフ「中国共産党成立史のひとこま」、曹仲彬「党的〝一大〟閉幕日期考」（『近代史研究』一九八七年第二期）、同「党的一大八月五日嘉興閉幕考辨」（『中共党史研究』二〇〇〇年第四期）、任武雄「中共創建史上両個問題的探索」（『上海党史研究』一九九六年第三期）。

なお、中国共産党は閉幕日について、一九八一年の『中共党史大事年表』（人民出版社）では、七月三一日としていたが、一九八七年版の同書や一九九一年の『中国共産党歴史大事記』（人民出版社）、一九九一年の『中国共産党歴史（上巻）』注釈集』

（中共党史出版社）では、「八月一日、あるいは二日」と見解を改めている。
(106) 翌日とするものには、前掲周佛海「逃出了赤都武漢」、前掲陳潭秋「中国共産党第一回全国代表大会の回顧」があり、翌々日とするものには、前掲「董必武同志関於〃一大〃情況給何叔衡同志的復信（一九二九年一二月三一日）」がある。
(107) 嘉興南湖の暴風事故の記事を最初に指摘したのは、前掲藤田「中国共産党第一次全国代表大会の参加代表、会期について」である。
(108) それら官憲側文書は、Saich, *op. cit.* 前掲李玉貞主編『馬林與第一次国共合作』に収められている。
(109) 「外秘乙第九九五号 在上海支那共産党ノ行動（一九二一年六月二九日）」（《C》）。
(110) 「法租界取締集会新章」（『民国日報』一九二一年七月三一日）。この条例の存在については、「蜂屋論文」の教示を受けた。
(111) 前掲公博「十日旅行中的春申浦」。
(112) 葉永烈『葉永烈採訪手記』上海社会科学院出版社、一九九三年、五六七〜五六九頁。
(113) 「中共建党伝奇」（『党史信息報』七八号、一九八九年三月）。この文章は、租界警察の一員であった薛耕莘の回想によるとして、大要次のように述べる。フランス租界当局は中共一大以前に李書城（李漢俊の実兄）をつうじて大会開催の予定をつかんでいたが、干渉しない方針にしていた。ところが北京政府が遣わした刺客が手榴弾を持っていたところを租界当局に逮捕され、その刺客の目標が過激党の会議であることがわかったため、会議の延期を要請するために人を差し向けた、と。
(114) 大会で採択された二文書の原文は発見されていない。現在確認されているのは、ロシア語訳（全文は公表されていないが、前掲『光輝歴程――従一大到十五大』二三〜二四頁にロシア語版の写真がある）からの回訳「中国共産党第一個綱領」「中国共産党第一個決議」（前掲『中共中央文件選集』第一冊、三〜九頁）と中国語よりの英訳 "The First Program of the Communist Party of China 1921", "The First Decision as to the Object of the Communist Party of China 1921"（C. M. Wilbur, ed., *The Communist Movement in China : An Essay written in 1924 by Ch'en Kung-po*, New York, 1966, pp. 102-105）である。前者は、党の「綱領」（Program）と題されているが、内容は綱領というよりもむしろ党規約である。この時期には、外国の共産党の「規約」が「党綱」（党の綱領）と訳されることがあった（例えば、『共産党』二号に訳載された「美国共産党党綱」の原文

〔第一章注149参照〕は、アメリカ統一共産党のConstitution〔日本語では規約、中国語でいえば章程〕から、「党綱」という字句が規約を指すのに用いられたのであろう。混乱を避けるために、本書では前者を「規約」、後者を「決議」と呼ぶことにする。なお、それら二文書の諸版の検討については、「蜂屋論文」が詳しく、諸版の校訂を経た日本語訳を提示しているので、蜂屋氏の訳に従う。
(115) 版本によっては、「加入する」を「連合する」にするものがある。「加入」と「連合」では、ニュアンスに大きな差があるが、中共側が他国の共産党の文書を翻訳したさい、コミンテルンへの「加入」と「連合」をほぼ同義で使用している例がある(詳しくは、「蜂屋論文」参照)ので、ここでは「加入」をとる。
(116) **Steve A. Smith**, *A Road is Made: Communism in Shanghai 1920-1927*, **Richmond, 2000, p. 28.**
(117) 前掲「中国共産党代表大会」。
(118) 「中国共産党代表大会」では、この箇所は、「将校」「士官」を意味する **офицер**、あるいは「企業家」を意味する **предприниматель** になっているが、これは下級官吏を意味する中国語の「胥吏」が翻訳の過程で誤訳されてしまったものであろう。
(119) 包恵僧「共産党第一次全国代表会議前後的回憶」(前掲『〃一大〃前後』(二))、劉仁静「回憶我在北大馬克思学説研究会的情況」(『党史研究資料』一九七九年第一六期)。
(120) 前掲劉仁静「回憶我在北大馬克思学説研究会的情況」。なお、この回想録で言われている「張国燾は回想録の中で……」とは、前掲張国燾『我的回憶』第一冊、一三六頁のくだりである。
(121) 前掲包恵僧「共産党第一次全国代表会議前後的回憶」。
(122) 劉仁静「回憶党的一大」(前掲『〃一大〃前後』(二))。
(123) 前掲張国燾『我的回憶』第一冊、一三九頁。
(124) 『共産党』に訳載された「美国共産党党綱」(訳者：P生＝沈雁冰)は、正確に言えば、「アメリカ統一共産党」の一九二〇年五月の「規約」である。詳しくは、第一章注149参照。
(125) 実際には原文は「アメリカ統一共産党」の「綱領」である。第一章注149参照。

（126）『共産党』一号には、イギリス共産党の機関誌『コミュニスト』（*The Communist*）一号（一九二〇年八月五日）掲載の文章（Arthur McManus, The Task awaiting the Communist Party）の翻訳（「共産党未来的責任」）が掲載されているが、『コミュニスト』の同じ号には、イギリス共産党第一回大会の大会報告 "The Communist Conference" も掲載されている。

（127）村田陽一「資料　日本共産党準備委員会の宣言・規約（一九二一年四月）」（労働運動史研究会編『日本の統一戦線運動』労働旬刊社、一九七六年）。

（128）岩村登志夫『コミンテルンと日本共産党の成立』（三一書房、一九七七年、一三五〜一三六頁）は、「日本共産党規約」がイギリス共産党第三回大会の規約に酷似していることを指摘している。

（129）また、マーリンの意向が中共一大に反映されなかった原因として、コミンテルンの権威を振りかざすかれの専横的態度が中国人党員の反感を買ったからだとする回想もある（例えば、前掲張国燾『我的回憶』第一冊、一三三〜一四三頁）。

（130）施存統「悲痛中的自白」（『中央副刊』一九二七年八月三〇日）。

（131）中共党員としての施存統の活動、およびその離党問題については、拙稿「施存統と中国共産党」（『東方学報』京都、第六八冊、一九九六年）参照。民主諸党派時期の活動については、以下の研究がある。平野正「施復亮と中間路線論」（平野『中国の知識人と民主主義思想』研文出版、一九八七年）、齊衛平「論施復亮與抗戦勝利後的中間路線」（『近代史研究』一九八八年第三期）、水羽信男「施復亮の「中間派」論とその批判をめぐって」（今永清二編『アジアの地域と社会』勁草書房、一九九四年）。

（132）外務省外交史料館に所蔵されている施存統関係の文書は、前掲拙稿「施存統と中国共産党」に、「附録一」として収録した。

（133）存統「回頭看二十二年来的我」（『民国日報』「覚悟」一九二〇年九月二〇〜二四日）。

（134）施存統の略伝としては以下のものがある。王水湘等「施存統」（『中共党史人物伝』第四四巻、陝西人民出版社、一九九〇年）、齊衛平「施復亮伝」（『中国各民主党派史人物伝』第一巻、華夏出版社、一九九一年）。また、施存統の初期思想、およびかれと共産党の創立の関係を論じたものとしては、陶水木「施存統対馬克思主義早期伝播的貢献」（『杭州師範学院学報』一九九一年第四期）、陳紹康「論早期団的領導人兪秀松和施存統」（『上海革命史資料與研究』第一輯、開明出版社、一九九二年）、梁妙珍「施存統與中国共産党的創建」（同上）、Wen-Hsin Yeh, *Provincial Passages, Culture, Space, and the Origins of Chi-*

nese Communism, Berkeley, 1996 等がある。留日時期以前のかれの経歴については、これら伝記を適宜利用する。
(135)「省教育庁より省長宛の査察報告」(「浙江学潮底動機(?)」『星期評論』三九号、一九二〇年二月所引)。
(136)「非孝」事件の概要については、齊衛平「施存統著「非孝」引起一場軒然大波」(『民国春秋』一九九〇年第一期)参照。
(137) 小野信爾「五四時期の理想主義——惲代英のばあい」(『東洋史研究』三八巻二号、一九七九年)、砂山幸雄「「五四」の青年像——惲代英とアナーキズム」(『アジア研究』三五巻二号、一九八九年)、狭間直樹「五四運動の精神的前提——惲代英のアナキズムの時代性」(『東方学報』京都、第六一冊、一九八九年)参照。
(138)「浙江一師風潮」の顚末については、坂井洋史「五四時期の学生運動断面『陳昌標日記』に見る「一師風潮」」(『言語文化』二六号、一九八九年)が、当時の浙江一師学生陳昌標の日記をもとに詳細に論じている。
(139)「国務院致各省密電稿(一九一九年一二月二日)」(張允侯等編『五四時期的社団』(三)、生活・読書・新知三聯書店、一九七九年、一四三頁)。
(140)「兪秀松烈士日記」(上海革命歴史博物館(籌)編『上海革命史資料與研究』第一輯、開明出版社、一九九二年)一九二〇年六月二七日条。
(141) 独秀「浙江新潮—少年」(『新青年』七巻二号、一九二〇年一月)。
(142)「兪秀松の家人宛書簡(一九二〇年三月四日)」(『紅旗飄飄』第三一集、中国青年出版社、一九九〇年、二三三頁)。
(143) 北京の工読互助団に集った青年男女の「自由恋愛」観、および易群先をめぐるトラブルについては、清水賢一郎「革命と恋愛のユートピア——胡適の「イプセン主義」と工読互助団」(『中国研究月報』五七三号、一九九五年)が詳しい。
(144) 存統「『工読互助団』底実験和教訓」(『星期評論』四八号、一九二〇年五月)。
(145)「兪秀松の駱致襄宛書簡(一九二〇年三月)」(前掲『紅旗飄飄』第三一集、二三五頁)。
(146)「兪秀松の駱致襄宛書簡(一九二〇年四月四日)」(同前、二三六〜二三七頁)。
(147) 玄廬「学生與文化運動」(『星期評論』三九号、一九二〇年二月)。なお、杭州で印刷できなくなった『浙江新潮』第三号は、沈玄廬、戴季陶の援助によって星期評論社が印刷をひきうけたという(倪維熊「『浙江新潮』的回憶」『五四運動回憶録』下、中国社会科学出版社、一九七九年)。

(148) 沈仲九の経歴については不明な点が多いが、坂井洋史「山鹿泰治と中国――『たそがれ日記』に見る日中アナキストの交流」(『猫頭鷹』二号、一九八三年)に触れるところがある。

(149) 当時の星期評論社同人の生活は、前掲「兪秀松烈士日記」がいきいきと伝えている。

(150) 前掲「兪秀松の駱致襄宛書簡(一九二〇年四月四日)」。

(151) 季陶「我対於工読互助団的一考察」(『星期評論』四二号、一九二〇年三月)。

(152) 前掲「兪秀松の駱致襄宛書簡(一九二〇年四月四日)」。

(153) 同前、および前掲「兪秀松烈士日記」一九二〇年六月二七日条。

(154) 前掲存統「『工読互助団』底実験和教訓」。

(155) 本書付録三「施存統の供述」参照。

(156) 前掲「兪秀松烈士日記」七月一〇日、一二日条には、沈仲九、夏丏尊らが日本留学の考えを抱いていたこと、また兪自身も沈玄廬に日本留学を勧められていたことが記されている。

(157) 存統「青年応自己増加工作」(『民国日報』「覚悟」一九二〇年八月二六日)。

(158) 戴天仇「三民主義」(『解放』一九二〇年二月号)。

(159) 季陶「到湖州後的感想」(『建設』二巻六号、一九二〇年八月)。

(160) 宮崎龍介「新装の民国から」(『解放』一九一九年一二月号)。

(161) 前掲「兪秀松烈士日記」六月一九日条。

(162) 「宮崎龍介より伊藤燁子宛書簡(一九二〇年六月二六日)」(宮崎智雄氏所蔵)。

(163) 「新人記会《ママ》事」(『先駆』三号、一九二〇年四月)。

(164) 「宮崎龍介より伊藤燁子宛書簡(一九二〇年五月九日)」「同(五月一三日)」「同(五月一九日)」「同(五月二七日)」(宮崎智雄氏所蔵)。なお、北京大学学生訪日団の活動については、第一章注40参照。

(165) H・スミス著、松尾尊兊、森史子訳『新人会の研究——日本学生運動の源流』東京大学出版会、一九七八年、五五頁。
(166)「外秘乙第一九号 無政府主義宣伝雑誌「自由」ノ通信者ニ関スル件(一九二一年一月一〇日)」(《B》)。
(167) 前掲存統「青年応自己増加工作」。
(168) 存統「対於抄近路求学的朋友底忠告」(『民国日報』「覚悟」一九二一年一月二七日)。
(169) 本書付録三「施存統の供述」参照。
(170) 前掲存統「青年応自己増加工作」、同「対於抄近路求学的朋友底忠告」。
(171)「外秘乙第一六二二号 支那人施存統追放処分ニ関スル本邦人ノ感想(一九二一年一二月二九日)」(《F》)。
(172) 前掲存統「対於抄近路求学的朋友底忠告」。
(173) 存統「評戴季陶先生的中国革命観」(『中国青年』九一・九二期、一九二五年九月)。
(174) 前掲存統「青年応自己増加工作」。
(175) 施存統は後年、「北京の工読互助団が失敗に終わって上海にやってきた当時、……まとまったお金が入った時には、すぐにそれをアナキズムの団体にカンパしてパンフレットを印刷したものである」と述べている(存統「本団的問題」『先駆』二一号、一九二三年六月)。
(176)「外秘乙第一九号 無政府主義宣伝雑誌「自由」ノ通信者ニ関スル件(一九二一年一月一〇日)」(《B》)。
(177)「外秘乙第五二号「アナーキズム」宣伝文書ノ件(一九二一年一月一五日)」(《B》)。なおこの報告は、「昨年六月頃宮崎滔天なるもの本邦に同伴したるものの趣なり」と述べているが、同時期には宮崎滔天、宮崎龍介ともに訪中していない。
(178) 存統「改革底要件」(『民国日報』「覚悟」一九二一年一月一〇日)。
(179)「外秘乙第五二三号 要注意支那人施存統ノ行動(一九二一年四月二三日)」(《B》)。
(180) 本書付録三「施存統の供述」参照。
(181) 謝晋青(生卒年未詳、江蘇省徐州の人)は、一九二〇年前後の『民国日報』「覚悟」に、東京からたびたび「日本通訊」を寄稿していた「東方書報社」の成員として知られている。留日時期の施存統とも交流があり、警視庁によって「要視察支那人」に指定されていたが、一九二一年八月末に帰国している(「外秘乙第六四三号　要注意支那人謝晋青ノ行動(一九二一年五月一四日)」「外秘乙第九〇七号　要注意支那人ノ行動(一九二一年六月一八日)」〔ともに《B》〕、および警保局『在留外国人概況大正十年十二月』〔《A》〕、五〇頁)。

(182) 権熙国は当時、留日学生活動家として知られていた。その「コスモ倶楽部」とのかかわり、および経歴については、松尾尊兊「コスモ倶楽部小史」(『京都橘女子大学研究紀要』二六号、二〇〇〇年)参照。

(183) 原著は言うまでもなく、エンゲルスの『空想より科学へ――社会主義の発展』である。堺の翻訳は、一九一八年三、四月に『新社会』四巻六号、七号に掲載され(七号は発売禁止)、のち一九二一年五月に大鐙閣から『空想的及科学的社会主義』として刊行された。施存統は「供述」で、未刊行になった売文社版の『空想的及科学的社会主義』を購入するために堺を訪問したと述べている。

(184) 『労働運動(第二次)』一三号、一九二一年六月。

(185) 『労働運動(第二次)』八号、一九二一年四月。

(186) 「外秘乙第五六〇号　要注意支那人ノ件(一九二一年四月二九日)」(《B》)。

(187) 施復亮「中国共産党成立時期的幾個問題」(前掲『〃一大〃前後』(二))。

(188) 彭湃、林孔昭が、堺利彦らの結成した「コスモ倶楽部」に関係していたことは官憲側の報告に見える(「外秘乙第七八〇号「コスモ」倶楽部員会合豫報(一九二〇年一二月一三日)」、「外秘乙第四四七号　支那人「コスモ」倶楽部会員募集ニ関スル件(一九二二年一一月二八日)」〔ともに《D》〕)。なお、林孔昭は東京高等師範学校に学ぶ留学生だった(『日本留学中華民国人名調』興亜院、一九四〇年、一七八頁)。

(189) 「外秘乙第七二一号　要注意支那人「施存統」ノ行動(一九二一年五月二五日)」(《B》)。

(190) 「外秘乙第九〇七号　要注意支那人ノ行動(一九二一年六月一八日)」(《B》)。

(191) 「外秘乙第一六二一号　支那人施存統追放処分ニ関スル本邦人ノ感想(一九二一年一二月二九日)」(《F》)。また、施存統は警視庁での供述では、陳独秀と戴季陶から生活費を支給してもらっていると述べている。

(192)「外秘乙第九〇七号　要注意支那人ノ行動(一九二一年六月一八日)」(《B》)。
(193)前掲拙稿「施存統と中国共産党」附録の「施存統著作繫年目録初稿(一九一九～一九三三年)」参照。
(194)それらは、帰国後に、施存統編訳『社会経済叢刊』(泰東図書局、一九二三年一月)として、改めて刊行された。詳しくは、本書付録一「日中社会主義文献翻訳対照表」の河上肇、山川均の項を参照。なお、かれとともに「日本グループ」の一員であった周佛海も、この二人の文章を鋭意翻訳している。
(195)CT(施存統)「我們要怎麼様幹社会革命?」(『共産党』五号、一九二一年六月)。
(196)山川均「労働運動に対する知識階級の地位」(『解放』一九二〇年八月号)。この時期の河上肇における「人間の意識的行動」への言及については、山之内靖「解題」(『河上肇全集』第一一巻、岩波書店、一九八三年、五五一～五五三頁)に詳しい。
(197)光亮(施存統)「河上底左傾」(『民国日報』「覚悟」一九二一年九月二五日)、CT「介紹『社会主義研究』」(同九月二七日)は、施存統が山川、河上の著作に絶えず注意を払っていたことを物語っている。
(198)前掲CT「我們要怎麼様幹社会革命?」。
(199)存統「馬克思底共産主義」(『新青年』九巻四号、一九二一年八月)。なお、『新青年』の同号の発行期日表示は八月一日になっているが、この文章の日付は八月一四日であり、実際の刊行はどう考えても九月以降である。
(200)施存統「唯物史観在中国底応用」(『民国日報』「覚悟」一九二一年九月八日)。
(201)前掲CT「我們要怎麼様幹社会革命?」。
(202)例えば、山川均「ソヴィエット政治の特質とその批判――プローレタリアン・ディクテートルシップとデモクラシー」(『社会主義研究』一九二〇年六月号)。なお、「ゴータ綱領批判」の日本語への翻訳、紹介は、一九二一年後半に堺利彦と河上肇によってなされた(堺訳「ゴータ綱領の批評」『社会主義研究』一九二一年一〇月号、河上「一八七五年に書いたマルクスの手紙」『社会問題研究』第二七冊、一九二一年一一月)。
(203)熊得山訳「哥達綱領批評」(『今日』一巻四号、一九二二年五月)。
(204)山川均著、李達訳「従科学的社会主義到行動的社会主義」(『新青年』九巻一号、一九二一年五月)。この文章の掲載の経緯については、第一章注123参照。

(205) 前掲存統「馬克思底共産主義」。

(206) 施存統「第四階級独裁政治底研究」(『民国日報』「覚悟」一九二一年七月二一日)、前掲施存統「唯物史観在中国底応用」。

(207) 光亮「一封答覆『中国式的無政府主義』者的信」(『民国日報』「覚悟」一九二一年七月一五日)。

(208) 前掲存統「馬克思底共産主義」、同CT「我們要怎麼様幹社会革命?」。

(209) 河上肇の講演「マルクスの所謂共産主義の過渡期と完成期(一九二一年五月二九日)」(前掲山之内靖「解題」『河上肇全集』第一一巻、五五七〜五五九頁)。この講演は、のちに「マルクス主義に謂ふ所の過渡期について」(『経済論叢』一三巻六号、一九二一年一二月)としてまとめられた。なお、この文章も、施存統によって翻訳されている(光亮訳「馬克思主義上所謂『過渡期』」『民国日報』「覚悟」一九二一年一二月一八、一九日)。

(210) 前掲光亮「一封答覆『中国式的無政府主義』者的信」。

(211) 光亮「再與太朴論主義底選択」(『民国日報』「覚悟」一九二一年七月三一日)。

(212) 「施存統の太朴宛書簡」(「外秘乙第九三〇号 要注意支那人「施存統」ノ行動(一九二一年六月二二日)」〈《B》〉)。なお、この書簡は邵力子に『民国日報』紙上への掲載を依頼したものだが、日本の警察側によって差し押さえられたようで、掲載には至っていない。

(213) 前掲CT「我們要怎麼様幹社会革命?」。

(214) 張景「安那其主義在中国的伝播活動断片」(『文史資料選輯』第九〇輯、一九八三年)。

(215) CT「介紹『社会主義研究』」(『民国日報』「覚悟」九月二七日)。

(216) 本書付録三「施存統の供述」。なお、供述によれば、そのさいの紹介者は友人の唐伯焜であった。唐伯焜は、当時『民国日報』副刊「婦女評論」に堺の『婦人問題』(無産者パンフレット、一九二一年一〇月)の翻訳を寄稿した人物であるが、経歴等は未詳。

(217) 「施存統の追放顚末」(『外事警察報』一〇号、一九二二年二月)。

(218) 張太雷が極東諸民族大会の開催準備作業に参加した、あるいはそこで重要な役割を果たしたという説は、シュミャーツキーの張太雷追悼文(Б. Шумяцкий, Из истории комсомола и компартии Китая (Памяти одного из организаторов Комсомола и Компартии Китая тов. Чжан-Та-Лая), *Революционный Восток*, No. 4-5, 1928(「中国の共産主義青年団、共産党の歴史より(中国共産主義青年団、中国共産党の組織者・張太雷同志を悼む)」『革命の東方』)がもとになっている。ただし、この追悼文は第三章第三節で検討したように、信憑性に疑問の残るものであり、例えば、張太雷は同大会そのものには参加していないにもかかわらず、シュミャーツキーは張が参加したとしている。したがって、張が同大会の準備作業にどの程度かかわっていたかも、さらなる検討を要する。

(219) 「マーリンのコミンテルン執行委員会宛の報告(一九二二年七月一一日)」(Saich, *op. cit.*, p. 315; 前掲李玉貞主編『馬林與第一次国共合作』六七〜六八頁)。

(220) 前掲拙稿「施存統と中国共産党」の「附録二 施存統証言」。

(221) 本書付録三「施存統の供述」。

(222) 「供述」では、「在上海露国過激派員S君」を「セメシュコの如し」とするが、誤りである。

(223) 前掲張国燾『我的回憶』第一冊、一五七〜一六一頁。

(224) 同前、一三五頁。「海派」はもと京劇の上海派より派生した語で、ここでは時流に敏感で軽佻浮薄というニュアンスを伴っている。

(225) それぞれ、「最近ニ於ケル特別要視察人ノ状況 大正十一年一月調」、「堺利彦等予審終結意見書」(ともに、前掲松尾編『続・現代史資料 2 社会主義沿革』2、一一〇、四九四頁)。

(226) それぞれ、前掲張国燾『我的回憶』第一冊、一五八頁、片山政治編『日本共産党史(戦前)』公安調査庁、一九六二年五月、現代史研究会復刻版、一九六二年一二月、二七頁。

(227) 前掲陳紹康「党的〝一大〟後陳独秀回滬時間考」、前掲村田雄二郎「陳独秀在広州(一九二〇〜二一年)」、『民国日報』一九二一年一〇月六、二〇、二七日。

(228) 『包恵僧回憶録』人民出版社、一九八三年、四二〇頁。

(229) 徳田球一「わが思い出」(『徳田球一全集』第五巻、五月書房、一九八六年、一三八頁)。

(230) 川端正久『コミンテルンと日本』法律文化社、一九八二年、八八~九六頁、犬丸義一『第一次共産党史の研究 増補 日本共産党の創立』青木書店、一九九三年、一一七~一二一頁。

(231) 管見の及ぶ限りでは、前掲川端『コミンテルンと日本』の言及(九四、九六頁)がほぼ唯一のものである。

(232) 「外秘收第四六二八号 共産主義宣伝運動者英国人退去処分方上申(一九二一年一一月三〇日)」、「英国人追放処分ニ関スル件(一九二一年一二月一日)」(ともに《E》)。

(233) 近藤栄蔵『コムミンテルンの密使』文化評論社、一九四九年、一六五~一七一頁、同志社大学人文科学研究所編『近藤栄蔵自伝』ひえい書房、一九七〇年、二三九~二四八頁。

(234) 前掲「外秘收第四六二八号 共産主義宣伝運動者英国人退去処分方上申(一九二一年一一月三〇日)」、前掲「最近ニ於ケル特別要視察人ノ状況 大正十一年一月調」(前掲松尾編『続・現代史資料 2 社会主義沿革』2、一一〇頁)。

(235) 前掲「最近ニ於ケル特別要視察人ノ状況 大正十一年一月調」に見える「秘密結社日本共産党一派ノ運動計劃及予算」(一二〇~一二六頁)が近藤、山川の作成した文書に相当するものであろう。

(236) *Дальневосточная Политика Советской России: 1920-1922 гг.*, Новосибирск, 1996, стр. 167-168, 176, 234-235, 257-258, 271-272, 274, 308(『ソビエト・ロシアの極東政策』)。なお、グレイは、しばしば「イワン・パヴロヴィチ・クラルク(Иван Павлович Кларк)」とも呼ばれた。

(237) 「クラルクの書簡(一九二一年一〇月一五日、上海)」(前掲 *Дальневосточная Политика Советской России: 1920-1922 гг.*, стр. 308)、「外秘收第四六二八号 共産主義宣伝運動者英国人退去処分方上申(一九二一年一一月三〇日)」、「英国人追放処分ニ関スル件(一九二一年一二月一日)」(ともに《E》)。

(238) 「マーリンのコミンテルン執行委員会宛の報告(一九二二年七月一一日)」(Saich, *op. cit.*, p. 315; 前掲李玉貞主編『馬林與第一次国共合作』六八頁)。

(239) 『東京朝日新聞』一九二一年一二月七日、『読売新聞』一九二一年一二月二八日。
(240) 『読売新聞』一九二一年一二月二八日。
(241) 「鍾復光同志談施存統（一九八〇年二月九日）」（未刊稿）。
(242) 施存統は「供述」「証言」で、ともにその来日を一九二〇年七月一〇日とするが、前述のとおり、六月二六日には東京の宮崎宅を訪れており、実際の来日は六月二六日以前である。七月一〇日は、かれが下宿に入居した日か、あるいは東京同文書院に入学した日を指すものかも知れない。
(243) 前掲片山政治編『日本共産党史（戦前）』二三頁。
(244) ゴールマンは、ヴォイチンスキーの帰国後、引き続きマーリンらの活動にも協力していた（Saich, *op. cit.*, pp. 248, 272, 284；前掲李玉貞主編『馬林與第一次国共合作』二九、三八、四七頁、「文書三九」）。
(245) 前掲片山政治編『日本共産党史（戦前）』一八頁。
(246) 「内務省訓令第九九八号（一九二一年一二月二七日）」（《F》）。
(247) 『晨報』一九二一年一二月三一日、『申報』一九二二年一月四日。なお、『申報』の記事によれば、施存統は「於前日到滬」とあるが、日本の官憲側資料に見えるように、当時まだ上海に向かう途中にあった。
(248) 「外秘乙第一六二一号　支那人施存統追放処分ニ関スル本邦人ノ感想（一九二一年一二月二九日）」（《F》）。
(249) 「外秘乙第一六一九号　支那人施存統追放処分ニ対スル在留支那人ノ感想（一九二一年一二月二八日）」（《F》）。
(250) 同前。
(251) 『東京朝日新聞』一九二一年一二月三〇日。
(252) 「外秘収第四七九二号　退去受命者支那人施存統出発ノ件（一九二一年一二月二九日）」（《F》）。
(253) 「施存統の追放顚末」（『外事警察報』一〇号、一九二二年二月）。施存統が『民国日報』「覚悟」に発表を予定したという退去処分にかんする感想は、結局発表されないままに終わった。
(254) 「大阪商船配船記録」（大阪商船三井船舶株式会社所蔵）。

付録一　日中社会主義文献翻訳対照表

本表は一九一九年より一九二二年までに、中国国内で発表された雑誌論文、新聞記事の社会主義関連論文のうち、日本語より翻訳(必ずしも完訳であるとは限らない)された、あるいは日本語文献を多く引用して書かれたものを、日本語文献の原著者ごとにまとめて示したものである。翻訳、引用される頻度の高い河上肇、堺利彦、高畠素之、山川菊栄、山川均にかんしては、それぞれ項をたてて、発表時期順に論文名、書名を配列した。また、そのほかの日本人にかんしては、その他として、これも発表時期順に配列してある。本対照表を作成するにあたっては、でき得る限りの雑誌、新聞を参照したが、実際には五四時期に出された膨大な雑誌すべてに目を通すことは不可能であったため、主に同時代の日本における代表的社会主義研究者であった上記五人の著作の翻訳状況を中心にした。したがって、その他の項に含まれている者の翻訳状況にかんしては、決して完全かつ網羅的なものではないことを承知されたい。

中国語訳の中には、複数の日本語文献をまとめて翻訳したもの、あるいは参照したものもあるので、そのような中国語著作、論文には＊印を付した。また、新聞、雑誌、単行本の巻号、刊行時期(奥付の日付であり、実際の刊行時期とは異なる場合がある)の表示については、次のような原則にのっとっている。新聞、および新聞の副刊：発行年・月・日で表示。雑誌：巻–号(あるいは、刊行年–月)で表示。単行本：刊行年・(場合によって月も)で表示。

【河上　肇】

『貧乏物語』(一九一七・三)

楊山木訳「救貧叢談」(学藝　二–一〜二–八、一九二〇・四〜一一)

止止(李鳳亭)訳『貧乏論』(泰東図書局、一九二〇・七)

楊山木訳『救貧叢談』(商務印書館、一九二〇・一二)

「マルクスの『資本論』」（河上『社会問題管見』一九一八・九 所収）
淵泉（陳溥賢）訳「近世社会主義鼻祖馬克思之奮闘生涯」（晨報副刊 一九一九・四・一）
「共同生活と寄生生活」（河上『社会問題管見』一九一八・九 所収）
髯客訳「共同生活和寄生生活」（晨報副刊 一九一九・七・六）
筑山酔翁訳「共同生活及寄生生活」（解放與改造 一―一、一九一九・九）
「婦女問題漫談」（河上『社会問題管見』一九一八・九 所収）
陳望道訳「婦女労動問題底一瞥」（星期評論 四八、一九二〇・五）
「マルクスの社会主義の理論的体系」（社会問題研究 一、一九一九・一）
淵泉（陳溥賢）訳「馬克思的唯物史観」（晨報副刊 一九一九・五・五）＊
羅琢章、籍碧訳「馬克司社会主義之理論的体系」（学燈 一九一九・八・五〜一二・二四）
李大釗「我的馬克思主義観（上）」（新青年 六―五、一九一九・五）＊
范寿康訳「馬克思的唯物史観」（東方雑誌 一八―一、一九二一・一）
「思索の必要と研究の態度」（社会問題研究 一、一九一九・一）
無署名「思索之必要與研究之態度」（学燈 一九一九・一二・二五）
「マルクスの唯物史観」（社会及国体研究録 一―一、一九一九・三）
淵泉（陳溥賢）訳「馬克思的唯物史観」（晨報副刊 一九一九・五・五）＊
陳望道訳「馬克斯底唯物史観」（覚悟 一九二〇・六・一七）
「労働と資本」（翻訳、原著者：マルクス、社会問題研究 四、一九一九・四）
食力訳「労動與資本」（晨報副刊 一九一九・五・九）
「社会主義の進化」（社会問題研究 五、一九一九・五）
鄺摩漢訳「社会主義之進化」（学燈 一九一九・六・一一）

黄七五訳「社会主義進化談」(学燈 一九二〇・九・二)
施存統訳「社会主義底進化」(覚悟 一九二一・二・二七〜二八)
施存統編訳『社会経済叢刊』(泰東図書局、一九二二・一)＊
「利己主義と利他主義」(社会問題研究 六、一九一九・六)
東里訳「利己主義與利他主義」(学燈 一九一九・一二・九)
「資本家的思想の一例」(社会問題研究 九、一九一九・一〇)
黄七五訳「資本家思想底一例」(学燈 一九二〇・七・七)
「マルクスの唯物史観に関する一考察」(経済論叢 九―四、一九一九・一〇)
安体誠訳「河上肇博士関於馬可思之唯物史観的一考察」(学燈 一九一九・一二・六〜八)
「同盟怠業の道徳的批判に就て」(経済論叢 九―五、一九一九・一一)
戴季陶「『薩波達擧』的研究」(星期評論 三四、一九二〇・一)＊
「資本論に見はれたる唯物史観」(経済論叢 一〇―二、一九二〇・二)
蘇中訳「見於資本論的唯物史観」(建設 二―六、一九二〇・八)
『近世経済思想史論』(一九二〇・四)
鄺摩漢訳「馬克斯剰余価値論」(学燈 一九二〇・六・二七〜二九)
李培天訳『近世経済思想史論』(泰東図書局、一九二〇・九)
「脳味噌の問題」(翻訳、原著者：カークパトリック、社会問題研究 一五、一九二〇・五)
于樹徳訳「脳筋問題」(覚悟 一九二〇・六・一二)
「共産者宣言に見はれたる唯物史観」(社会問題研究 一六、一九二〇・六)
存統訳「見於『共産党宣言』中底唯物史観」(覚悟 一九二一・五・一五〜一九)
施存統編訳『社会経済叢刊』(泰東図書局、一九二二・一)＊

「科学的社会主義と唯物史観」(翻訳、原著者：エンゲルス、社会問題研究 一七、一九二〇・七)
蘇中訳「科学的社会主義與唯物史観」(建設 三―一、一九二〇・一二)
「社会主義の未来国」(翻訳、原著者：ブルクハルト、社会問題研究 二一、一九二一・三)
熊得山訳「社会主義的未来国」(今日 一―二、一九二二・三)
「断片」(改造 一九二一―四)
李茂斎訳「断片(見日本改造雑誌)」(曙光 二―三、一九二一・六)
「次の日の問答」(我等 三―五、六、一九二一・五、六)
CT(施存統)訳「馬克斯主義和労動全収権」(覚悟 一九二一・七・一九)
「マルクスの理想及び其の実現の過程」(社会問題研究 二七、一九二一・一一)
施存統訳「馬克思底理想及其実現底過程」(東方雑誌 一九―六、一九二二・三)
「マルクス主義に謂ふ所の過渡期について」(経済論叢 一三―六、一九二一・一二)
光亮(施存統)訳「馬克思主義上所謂〝過渡期〟」(覚悟 一九二二・一二・一八)
「唯物史観問答――唯物史観と露西亜革命」(我等 一九二二―一)
C・T(施存統)訳「俄羅斯革命和唯物史観」(覚悟 一九二二・一・一九)

【堺 利彦】
「共産党宣言」(翻訳、原著者：マルクス・エンゲルス、社会主義研究 一、一九〇六・三)
陳望道訳『共産党宣言』(社会主義研究社、一九二〇・八)
「科学的社会主義」(翻訳、原著者：エンゲルス、社会主義研究 四、一九〇六・七)
衡石訳「科学的社会主義」(覚悟 一九二〇・一・五～八)
『男女関係の進化』(一九〇八・五)

郭須静訳「男女関係的進化」(新潮 一―五、一九一九・五)

『社会主義倫理学』(翻訳、原著者：カウツキー、一九一三・一)

伯陽(李文範)訳「倫理與唯物的歴史観」(閩星 一―四、一九一九・一二)

秋明訳「倫理與唯物史観」(学燈 一九二一・七・七)

董亦湘訳「倫理與唯物史観」(覚悟 一九二二・九・七)

『自由社会の男女関係』(翻訳、原著者：カーペンター、一九一五)

哲父訳「自由社会的男女関係」(星期評論 二八、一九一九・一二)

『自由社会の自由恋愛』(翻訳、原著者：カーペンター、一九一六)

厚庵訳「男女関係論」(晨報副刊 一九一九・六・二九)

「ボリシエキキの建設的施設」(新社会 五―六、一九一九・二)

寿凡訳「広義派之建設」(解放與改造 一―四、一九一九・一〇)

「唯物史観概要」(翻訳、原著者：ブディン、社会主義研究 一―一、一九一九・四)

無署名(陳溥賢)「馬氏唯物史観概要」(晨報副刊 一九一九・七・一八)

「マルクス説とダアキン説」(翻訳、原著者：パンネクック、社会主義研究 一―一、一九一九・四)

施存統訳『馬克思主義和達爾文主義』(商務印書館、一九二二・一)

「フーリエーの社会主義」(社会主義研究 一―三、一九一九・七)

祝枕江訳「福利耶之社会主義」(解放與改造 一―三、一九一九・一〇)

「道徳の動物的起源及び其の歴史的変遷」(堺『唯物史観の立場から』所収、一九一九・八)

李大釗「物質変動與道徳変動」(新潮 二―二、一九一九・一二)＊

「宗教及哲学の物質的基礎」(堺『唯物史観の立場から』所収、一九一九・八)

李大釗「物質変動與道徳変動」(新潮 二―二、一九一九・一二)＊

「欧州戦争の経済的原因」(堺『唯物史観の立場から』所収、一九一九・八)
李大釗「物質変動與道徳変動」(新潮 二―二、一九一九・一二)＊
「マルクス主義の分化」(翻訳、原著者：ラーキン、社会主義研究 一―五、一九一九・九)
戴季陶編訳「英国的労動組合」(星期評論 双十節紀念号、一九一九・一〇)＊
『労働者の天下』(『新社会』パンフレット、一九一九・一〇)
晋青(謝晋青)訳「労動者底天下」(覚悟 一九二一・一二・一六)
『女性中心と同性愛』(山川菊栄と共訳、原著者：ウォード、カーペンター、一九一九・一一)
丏尊(夏丏尊)訳「女性中心説」(婦女評論 一九二一・八・三)
李達訳『女性中心説』(商務印書館、一九二二・一)
『唯物史観解説』(翻訳、原著者：ホルテル、新版、一九二〇・一)
李達訳「唯物史的宗教観」(少年中国 二―一一、一九二一・五)
李達訳『唯物史観解説』(中華書局、一九二一・五)
「社会主義の淵源及び其発達」(堺『恐怖・闘争・歓喜』一九二〇・四 所収)
丹卿訳「社会主義発達的経過」(東方雑誌 一七―二四、一九二〇・一二)
「女の演説」(改造 一九二一―六)
暁風(陳望道)訳「女性底演説」(覚悟 一九二一・五・二九)
『婦人問題』(無産社パンフレット、一九二一・一〇)
伯焜(唐伯焜)訳「恋愛自由説」(婦女評論 一九二一・一〇・一九)
伯焜訳「婦女底天職」(婦女評論 一九二一・一一・二)
伯焜訳「我們的家庭主義」(婦女評論 一九二一・一一・一六)
伯焜訳「女子国有麼？」(婦女評論 一九二一・一一・三〇)

伯焜訳「男女結合底目的」（婦女評論 一九二一・一二・七）
伯焜訳「婦女與経済的平等」（婦女評論 一九二一・一二・一四）
伯焜訳「婦女問題概観」（婦女評論 一九二一・一二・二八）
唐伯焜訳『婦女問題』（民智書局、一九二二・六）
「「女天下」の社会学的解説」（新小説 一九二二―七）
丏尊訳「『女天下』底社会学的解説」（婦女評論 一九二二・八・二）

以上のほかに中国語のために書き下ろしたものに次のものがある。
訳者無署名「太平洋会議」（新青年 九―五、一九二一・九）

【高畠素之】
「個人主義と社会主義」（新社会 二―五、一九一六・一）
暁風（陳望道）訳「個人主義與社会主義」（覚悟 一九二一・八・二六）
『社会主義と進化論』（一九一九・三）
張光煐訳「社会主義與進化論」（新中国 二―七、一九二〇・七）
夏丏尊、李継楨訳「社会主義與進化論」（覚悟 一九二一・三・一〇）
夏丏尊、李継楨訳『社会主義與進化論』（商務印書館、一九二二・三）
『マルクス資本論解説』（翻訳、原著者：カウツキー、一九一九・五）
淵泉（陳溥賢）訳「馬氏資本論釈義」（晨報副刊 一九一九・六・二～一一・一一）
戴季陶訳「商品生産的性質」（覚悟 一九一九・一一・二）
戴季陶訳「馬克斯資本論解説」（建設 一―四、一九一九・一一）

陳溥賢訳『馬克斯経済学説』(商務印書館、一九二〇・九)
『社会問題総覧』(一九二〇・二)
李達訳『社会問題総覧』(中華書局、一九二一・四)
盟西訳『社会問題詳解』(商務印書館、一九二一・四)
陳望道訳「社会主義底意義及其類別」(東方雑誌 一八―一一、一九二一・六)
『社会主義的諸研究』(一九二〇・一一)
施存統訳『馬克斯学説概要』(商務印書館、一九二三・四)
「マルサス人口論の盛衰と資本主義」(高畠『社会主義的諸研究』一九二〇・一一 所収)
陳昭彦訳「馬爾塞斯人口論之盛衰與資本主義」(学藝 三―一、一九二一・五)

【山川菊栄】
「一九一八年と世界の婦人」(中外 一九一九―一)
李大釗「戦後之婦人問題」(新青年 六―二、一九一九・二)
「社会主義の婦人観」(翻訳、原著者：ラッパポート、社会主義研究 一―一、一九一九・四)
衡訳「社会主義的婦人観」(覚悟 一九一九・六・二〇)
鶴鳴(李達)訳「社会主義底婦女観」(婦女評論 一九二一・一〇・五)
「五月祭と八時間労働の話」(解放 一九一九―六)
李大釗「〝五一〟May Day 運動史」(新青年 七―六、一九二〇・五)
『婦人の勝利』(一九一九・六)
藹廬訳「欧美近代婦女解放運動」(解放與改造 一―四、一九一九・一〇)
K訳「山川菊栄女士婦女解放的意見」(北京大学学生週刊 五、一九二〇・二)

Y・D訳「日本婦女状況」（婦女雑誌 七―一、一九二一・一）
李漢俊訳『婦女之過去與将来』（商務印書館、一九二一・七）
黄芬訳「原始社会的男女関係」（学燈 一九二一・九・二二）
嬰彦訳「男女争闘之過去現在及将来」（婦女雑誌 八―二、一九二二・二）

「世界思潮の方向」（解放 一九一九―八）
金剛、李漢俊訳「世界思潮之方向」（覚悟 一九一九・九・五）

「婦人論に序す」（ベーベル著、村上正雄訳『社会主義と婦人』、一九一九・八 序文）
戴季陶訳「現代女子問題的意義」（星期評論 二三、一九一九・一一）

「婦人労働運動の大勢」（『労働年鑑（大正九年版）』一九一九・五 所収）
呉文菴訳「各国婦女労動運動的大勢」（労動界 一、一九二〇・八）

「労農露国の結婚制度」（解放 一九二〇―一〇）
李達訳「労農俄国底結婚制度」（新青年 八―六、一九二一・四）

「労農露西亜に於ける婦女の解放」（社会主義研究 三―一、一九二一・二）
徐増明訳「労農俄国底婦人解放」（学燈 一九二一・五・二六）
李達訳「労農俄国底婦女解放」（新青年 九―三、一九二一・七）

「労農露国の代表的三婦人」（社会主義研究 三―一、一九二一・二）
徐逸樵訳「労農露国代表的三婦人」（学燈 一九二一・三・二）

「労農露国婚姻法」（社会主義研究 三―一、一九二一・二）
慟生訳「俄国婚姻律全文」（覚悟 一九二一・六・一七）

「レニンの婦人解放論」（社会主義研究 三―一、一九二一・二）
李達訳「列寧底婦人解放論」（新青年 九―二、一九二一・六）

「紳士閥と婦人解放」(解放　一九二一―三)
李達訳「紳士閥與婦女解放」(婦女雑誌　七―六、一九二一・六)
「産児制限論と社会主義」(社会主義研究　三―五、一九二一・六)
味辛訳「産児制限與社会主義」(婦女雑誌　八―六、一九二二・六)
「労働婦人の解放」(堺為子編『無産社リーフレット』一九二一・九　所収)
Y・D訳「労動婦女底解放」(婦女評論　一九二一・一二・二一)
『リープクネヒトとルクセンブルグ』(水曜会パンフレット、一九二一・一一)
李特(李達)訳「李卜克内西伝」(覚悟　一九二二・一・一五)
李特等訳編『李卜克内西紀念』(パンフレット、一九二二・一)
「回教国の婦人問題」(女性改造　一九二二―一一)
祁森煥訳「回教国的婦女問題」(晨報副鐫　一九二二・一一・一四)

以上のほかに、次のものがある。
鄭伯奇「訪問日本婦女問題女論客山川菊栄女士之談話」(少年世界　一―八、一九二〇・八)
黄芬訳「山川菊栄特集(一二篇)」(学燈　一九二一・一〇・三〜一一・一九)

【山川　均】
「労働運動戦術のサボタージュ」(改造　一九一九―九)
戴季陶「『薩波達擧』的研究」(星期評論　三四、一九二〇・一)＊
「現代文明の経済的基礎」(山川『社会主義者の社会観』一九一九・一一　所収)
施存統訳「現代文明底経済的基礎」(覚悟　一九二一・二・二三〜二四)

「フランス労働総同盟の研究」(改造　一九二〇－四)
　鄒敬芳訳『労働総同盟研究』(泰東図書局、一九二一・五)
「労農露国の経済組織」(社会主義研究　二－七、一九二〇・九)
　陳国榘訳「蘇維埃俄国底経済組織」(国民　二－四、一九二一・五)
「産児調節と新マルサス主義」(改造　一九二〇－一〇)
　平沙(陳望道)訳「生育節制和新馬爾塞斯主義」(婦女評論　一九二二・五・一七)
「労農露国の労働組合」(解放　一九二〇－一〇)
　陳望道訳「労農俄国底労動聯合」(新青年　八－五、一九二一・一)
「ソヴィエット露国の農業制度」(社会主義研究　二－九、一九二〇・一一)
　周佛海「労農俄国底農業制度」(新青年　八－五、一九二一・一)
　陳国榘訳「蘇維埃俄国底新農制度」(国民　二－四、一九二一・五)
「カウツキーの労農政治反対論」(社会主義研究　三－二、一九二一・三)
　施存統訳「考茨基底労農政治反対論」(覚悟　一九二一・四・二三～二九)
　施存統編訳『社会経済叢刊』(泰東図書局、一九二二・一)＊
「労農治下のクロポトキン」(社会主義研究　三－二、一九二一・三)
　鳴田抄訳「由英帰俄後的克魯泡特金」(覚悟　一九二一・四・七)
「労働組合運動と社会主義」(日本労働新聞　四五、一九二一・三)
　光亮(施存統)訳「労動組合運動和階級闘争」(覚悟　一九二一・八・一九)
「社会主義国家と労働組合」(改造　一九二一－四)
　周佛海訳「社会主義国家與労動組合」(新青年　九－二、一九二一・六)
「労農ロ国無政府主義の人々」(社会主義研究　三－四、一九二一・五)

施存統訳「労農俄国底安那其主義者」(覚悟 一九二一・六・一)
「ソヴィエトの研究」(改造 一九二一—五)
均「労農制度研究」(共産党 五、一九二一・六)
王文俊訳『蘇維埃研究』(北京知新書社、一九二一・八)
『レーニンとトロツキー』(一九二一・六)
張亮訳『列寧伝』(人民出版社、一九二二・一)
「梅雨時期の日本」(改造 一九二一—七)
羅豁訳「梅雨節的日本」(覚悟 一九二一・七・一二)
『労農露西亜の研究』(山川菊栄と共著、一九二一・九)
李達編訳『労農俄国研究』(商務印書館、一九二三・八)
『労農革命の建設的方面』(山川菊栄と共訳、原著者:レーニン、一九二一・九)
象予訳「労農俄国底建設事業」(晨報副鐫 一九二二・二・一五)
『農村問題』(堺利彦と共著、無産社パンフレット、一九二一・一〇)
Y・D訳「農民為甚麼苦呢?」(覚悟 一九二一・一二・六)
『タンクの水』(一九二一・一一)
晋青(謝晋青)訳「奴隷和鉄鎖」(覚悟 一九二一・一一・一四)
長庚訳「水槽底水」(覚悟 一九二二・五・一)
「インタナショナルの歴史」(社会主義研究 一九二二—九)
熊得山訳「国際労動同盟的歴史」(今日 二—三、一九二二・一〇)
以上のほかに、中国語のために書き下ろしたものとして次のものがある。

李達訳「従科学的社会主義到行動的社会主義」（新青年　九―一、一九二一・五）
訳者無署名「対於太平洋会議的我見」（新青年　九―五、一九二一・九）

【その他】

志津野又郎訳「マルクス伝」（原著者：Ｗ・リープクネヒト、社会主義研究　一、一九〇六・三）
　戴季陶訳「馬克斯伝」（星期評論　三一、一九二〇・一）
福田徳三『続経済学講義』（一九一三・五）
　李大釗「我的馬克思主義観（下）」（新青年　六―六、一九一九・一一）＊
福田徳三『続経済学研究』（一九一三・一一）
　李大釗「我的馬克思主義観（下）」（新青年　六―六、一九一九・一一）＊
宮崎龍介訳「地底の露西亜」（原著者：ステプニャック、東方時論　三―一、一九一八・一）
　可叔訳述「地底的俄羅斯」（晨報副刊　一九一九・二・二七）
北沢新次郎『労働者問題』（一九一九・一）
　李漢俊訳「ＩＷＷ概要」（星期評論　三三、一九二〇・一）
　施存統訳「労動問題」（覚悟　一九二一・一・六〜一八）
　施存統編訳『社会経済叢刊』（泰東図書局、一九二二・一）＊
米田庄太郎「デモクラシーと我国――社会学的考察」（大阪朝日新聞　一九一九・二・二三）
　微訳「民主主義與社会主義」（晨報　一九一九・四・二）
米田庄太郎『輓近社会思想の研究』（一九一九・四）
　劉震訳「法的社会主義之研究」（法政学報　二―五、一九二〇・五）
吉野作造「民本主義・社会主義・過激主義」（中央公論　一九一九―六）

晨曦訳「民主主義——社会主義——布爾塞維克主義」(晨報副刊　一九一九・七・一)
尾崎士郎、茂木久平『西洋社会運動者評伝』(一九一九・六)
筑山酔翁(陳光壽)訳「西洋之社会運動者」(晨報副刊　一九一九・八・一)
河田嗣郎『社会問題及社会運動』(一九一九・六)
李大釗「我的馬克思主義観(上)」(新青年　六－五、一九一九・一一)＊
賀川豊彦「唯心的経済史観の意義」(改造　一九一九－七)
無署名「馬氏唯物史観的批評」(晨報副刊　一九一九・七・二五)
久留弘三『労働運動』(一九一九・七)
周佛海訳「労工運動」(覚悟　一九一九・九・一八～二九)
陳望道訳「労動運動通論」(労動界　一九～二三、一九二〇・一二～一九二一・一)
佐野学「労働者運動の指導倫理」(解放　一九一九－八)
大悲、漢俊訳「労動者運動之指導的倫理」(覚悟　一九一九・九・九～一四)
寿凡訳「労動運動之倫理的指導」(解放與改造　一－二、一九一九・九)
「露国の片面　レーニン語る」(大阪毎日新聞　一九一九・九・七)
戴季陶訳「李寧的談話」(星期評論　一六、一九一九・九)
室伏高信「ギルドソーシアリズム及び其の批判」(批評　七、一九一九・九)
戴季陶編訳「英国的労動組合」(星期評論　双十節紀念号、一九一九・一〇)＊
遠藤無水訳『通俗マルクス資本論　附マルクス伝』(原著者：マーシー、一九一九・一一)
李漢俊訳『馬格斯資本論入門』(社会主義研究社、一九二〇・九)
中目尚義訳『マルクス派社会主義』(原著者：ラーキン、一九一九・一一)
李達「馬克思派社会主義」(新青年　九－二、一九二一・六)

李鳳亭訳『馬克斯派社会主義』（商務印書館、一九二二・六）
室伏高信『社会主義批判』（一九一九・一一）
紹虞訳「布爾塞維克的批判」（解放與改造　二―一六、一九二〇・八）
李培天訳「社会主義批評」（学燈　一九二二・一・六）
小泉信三「学問芸術と社会主義」（三田学会雑誌　一三―一一、一九一九・一一）
劉歩青訳「科学芸術與社会主義」（学燈　一九二〇・二・五）
売文社編『労働経済論』（一九一九・一二）
施存統訳「労動経済論」（覚悟　一九二二・三・二七〜四・四）
売文社編『現時の労働問題概論』（一九一九・一二）
馮飛訳述『労動問題概論』（華星印書社、一九二〇・七）
吉野作造「唯物史観の解釈」（中央公論　三四―一三、一九一九・一二）
陳望道、張維祺訳「唯物史観底解釈」（浙江省立第一師範学校校友会十日刊　一〇、一九二〇・一）
遠藤無水訳『科学的社会主義　附エンゲルス伝』（原著者：エンゲルス、一九二〇・一）
鄭次川訳『科学的社会主義』（群益書社、一九二〇・八）
森戸辰男「クロポトキンの社会思想の研究」（経済学研究　一、一九二〇・一）
于樹徳訳「克魯泡特金社会主義思想之研究」（建設　二―三、一九二〇・四）
枕江（祝枕江）訳「克魯泡特金之社会思想研究」（解放與改造　二―九、一九二〇・五）
村上正雄「社会主義と個人主義」（社会主義研究　二―三、一九二〇・四）
明権訳「社会主義與個人主義」（学燈　一九二〇・八・一六）
茅原退二郎訳『露西亜革命実記』（原著者：トロツキー、一九二〇・四）
周詮訳『俄国革命紀実』（人民出版社、一九二二・一）

浅野護訳『過激主義の心理』（原著者：スパーゴ、一九二〇・五）
陳国榘訳『布爾什維主義底心理』（商務印書館、一九二一・五）
中目尚義訳述『過激派の本領』（一九二〇・五）
孫範訳『過激党真相』（泰東図書局、一九二一・三）
櫛田民蔵「マルクス学に於ける唯物史観の地位」（我等 一九二〇―一〇）
施存統訳「唯物史観在馬克思学上底位置」（東方雑誌 一九―一一、一九二二・六）
佐野学「露西亜農民史論」（解放 一九二一―一）
李達訳「俄国農民階級闘争史」（新青年 八―六、一九二一・四）
王兆枏訳「俄国農民史論」（時事月刊 一―三、一九二一・四）
横田千元『労農露西亜問答』（水曜会パンフレット、一九二一・一一）
光亮（施存統）訳「労農俄国問答」（先駆 一三、一九二二・一一）

付録二　中国社会主義関連書籍解題（一九一九～一九二三年）

本付録は、中国（香港を含む）において、一九一九年一月から一九二三年一二月までに刊行された社会主義に関連する単行本の解題である。本付録は、できるかぎり正確に当時の出版状況を把握することを目的としている。当然、可能なかぎり中国、および日本の図書館、資料館を利用し、現物の確認に基づいて作成したが、中にはどうしても現物を確認することができなかったため、目録、図書カードに依拠したものも含まれている。その場合にも、できるだけ当時の雑誌、新聞等によりながら、確実に刊行されたことを確認した。また、この時期の社会主義関連書籍の多くが翻訳であることに鑑み、原著、あるいは重訳の際のもとのテキストを確定することに意を注いだ。

【本付録で扱う書籍の分野について】

一口に社会主義関連書籍といっても、それに付随する労働問題、社会問題、女性問題、ロシア革命、コミンテルンの関連書も多く、すべてにわたって考察を加えることは現実的に不可能であるため、本付録では扱う書籍の範囲を、マルクス主義（当然にマルクス、エンゲルス以外の著書、およびそれへの反対論も含む）を中心とし、その見地から書かれた労働問題、女性問題、ロシア革命等の書籍に限定した。したがって、同じく当時の流行思潮の一翼を担ったギルド社会主義、協同組合（合作社）主義、無政府主義等の書籍は、基本的には収録していない。

【本付録で扱う書籍の時期について】

期間を一九一九～一九二三年と限定したのは、ひとつには個人的になしうる作業の限界による。また、一九一九年が辛亥革命前とならぶ社会主義思潮流行の年であったこと、そして一九二四年一月に国共合作の象徴ともいうべき国民党一全大会が開催され、以後共産党員の活動の焦点が社会主義学説の学習、紹介から、実際の政治活動に移っていく傾向が見受けられることによる。つまり、一九一九年に始まった社会主義の紹介、伝播が、一九二四年以降、国民革命を主眼とする政治運動に転化していったと考えられるからである。

【説明】

本付録では、中国で刊行された書籍を、A（実際に刊行されたことが確認できるもの）、B（一九二三年以前に刊行されてはいるが、刊行の詳細時期が確定できないもの）の二つに分けて記述した。

凡　例

1　Aの配列は刊行時期順である。
2　書名を見出し項目とし、その下に著者、訳者、出版社、刊行年月を該書、および関連資料等によってわかるかぎり記した。
3　目睹本の所蔵場所を解題文頭に掲げた（近代所＝中国社会科学院近代史研究所、人文研＝京都大学人文科学研究所、歴史所＝中国社会科学院歴史研究所の略称を用いている）。
4　原著が洋書（ロシア語を含む）の場合は、英語版からの翻訳が多数を占めるので、基本的に英語をもちいて表記した。
5　書誌説明に付した記号（①〜⑦）は、それぞれ以下の同時代の書目リストで言及されていることを示す。

①　文化書社（長沙）での一九二〇〜一九二一年の取り扱い書目（湖南省新聞出版局出版志編写組『文化書社——中国早期伝播馬克思主義的書刊発行機構』湖南出版社、一九九一年、八〜九、二一〜二三、三七〜四七頁）

②　イルクーツクのロシア語雑誌『極東の諸民族』（*Народы Дальнего Востока*）第二号（一九二一年六月二三日）に掲載された「中国における社会主義書籍」リストに収録されているもの

③　陳独秀のコミンテルン宛報告（「中共中央執行委員会書記陳独秀給共産国際的報告（一九二二年六月三〇日）」『中共中央文件選集』第一冊、中共中央党校出版社、一九八九年、四八〜五〇頁）で言及されているもの

④　北京のマルクス学説研究会の一九二二年時点での蔵書書目(「馬克思学説研究会通告(四)」『北京大学日刊』一九二二年二月六日)
⑤　李漢俊が一九二二年時点でマルクス主義学説研究の書籍として推薦したもの(李漢俊「研究馬克思学説的必要及我們現在入手的方法」『民国日報』「覚悟」一九二二年六月六日)
⑥　冰冰「一個馬克思学説的書目」(『中国青年』二四期、一九二四年三月)で紹介されているもの
⑦　施存統「略談研究社会科学——也是一個書目録」(『中国青年』二六期、一九二四年四月)で参考図書としてあげられているもの

A　実際に刊行されたことが確認できるもの

A一　**『社会主義平議』**　南海譚荔恒、香港劉鑄伯合著　東興毛澄宇、南海潘孔言同校　香港華商総会報社　一九一九年八月

近代所所蔵。著者譚荔恒、劉鑄伯の経歴は未詳であるが、孔教の立場よりする社会主義糾弾の姿勢が貫かれている。「平議」と銘打ってはいるが、社会主義の特色を「共産妻、殺人」、「社会主義之流毒且千万倍於楊墨仏老」として、これを攻撃する内容である。世界思潮としての社会主義というイメージとはまったく別の、儒教的観点に支えられた社会主義イメージがこの時期の中国に同時に存在しており、華商総会という商会によって反社会主義宣伝がつとに開始されていることは興味深い。

A二　**『総合研究各国社会思潮』**　邵振青編著　商務印書館　一九二〇年四月

邵振青は進歩的ジャーナリストとして知られる邵飄萍のこと。邵飄萍は五四運動当時、北京の新聞『京報』の主幹であったが、一九一九年八月に過激言論をもって発行停止処分を受けたため、北京を逃れ、同年冬より『大阪朝日新聞』の招請をうけて嘱託として日本に滞在していたから、日本滞在中に執筆したものと考えられる。A八の『新俄国之研究』と同様に、日本滞

在中に広く渉猟した海外思潮の動向、とりわけ社会主義運動、労働運動の状況を翻訳、紹介したものであり、山川均「社会主義の定義」(『社会主義研究』一九一九年六月号)等を引用している。また、ロシア革命およびその指導者(レーニン、スターリン)にかんする記述もある。

A三 **『社会主義與中国』** 馮自由著 社会主義研究所 一九二〇年四月

近代所所蔵。第一章 中国社会主義之過去及将来、第二章 従社会主義解決中国之政治問題、第三章 中国社会主義宣伝方法の三章からなる。中国における社会主義思想(民生主義を含む)の伝播史を振り返ったものであるが、社会主義学説の簡単な紹介もなされている。第一章の「中国社会主義之過去及将来」は、『民国日報』「覚悟」(一九二〇年一月一六～一九日)に連載(ただし、『香港晨報』新年増刊からの転載)されたものである。発行元の「社会主義研究所」については未詳。

A四 **『一九一九旅俄六週見聞記』** 蘭姆塞著 兼生訳 北京晨報社 一九二〇年四月

原著は Arthur Ransome, *Six weeks in Russia in 1919*, 1919 である。一九一九年一一月一二日～一九二〇年一月七日にかけて『晨報副刊』に連載された兼声訳「一九一九年旅俄六週見聞記」を単行本にしたものであろう。訳者の「兼生」は、無政府主義者として知られた黄凌霜である。(①②)

A五 **『労農政府與中国』** 張冥飛輯訳 漢口新文化共進社 一九二〇年六月

京都大学法学部図書館所蔵。『民国日報』一九二〇年九月一〇日の広告によれば、泰東図書局の発行とあり、泰東図書局からも同じものが刊行されていたらしい。著訳者である張冥飛は、『中国晩報』の一九二三年時点での主筆、『中国晩報』は上海で発行され、国民党に多少関係があると言われている。ロシア革命関係の文書(法令、布告)の翻訳を多数収録しており、この時期にまとまった形で出されたソビエト政権にかんする資料集としては出色のものである。英語からの翻訳を中心としていることは明白だが、出典は明記されていない。アメリカの雑誌『ネーション』(*The Nation*)が一九一八年から一九一九年にかけ

て、ソビエト政府の憲法、法令類の訳載や、その小冊子化をしていたので、あるいはそれらを翻訳したものか。（①）

A六　**『労動問題概論』**　売文社編　馮飛訳述　華星印書社（北京）　一九二〇年七月
近代所所蔵。原著は、高畠素之一派の出した実務指導のパンフレット、売文社編「労働問題叢書」のうちの『現時の労働問題概論』（売文社、一九一九年）である。同書は、労働組合運動をする活動家のためのハンドブックといったものであった。訳者馮飛の経歴等は未詳である。

A七　**『貧乏論』**　河上肇著　止止（李鳳亭）訳述　泰東図書局　一九二〇年七月
原著は、日本のベストセラー、河上肇『貧乏物語』（弘文堂、一九一七年）であるが、『新人』一巻六号の「新人社消息」によれば、訳者「止止君」によって削除された部分が多くあるというから抄訳であろう。第三版が李鳳亭訳であることから、止止君とは李鳳亭のことであると推測できる。李鳳亭の名前は、新人月刊社に批評の書簡を送ってきた人物の中に見える（「新人月刊社消息」『新人』一巻二期）が、経歴等は未詳。『貧乏物語』の中国語訳としては、このほかにA一九がある。（①）

A八　**『新俄国之研究』**　邵飄萍著　日本・東瀛編訳社（大阪南区）　一九二〇年八月
歴史所所蔵。大阪南区の東瀛編訳社の詳細は不明であるが、巻末には泰東図書局の広告を付していること、『評論之評論』創刊号（一九二〇年一二月）の広告でも泰東図書局の発行とあることからして、実際には泰東が出版にあたったものと考えられる。邵飄萍の経歴にかんしては、A二を参照。主に邵が日本で収集したロシア革命にかんする記事の翻訳からなるが、巻末に「列寧與紐約世界報特派員林康阿耶談話」と「美国派使勃列脱（William C. Bullitt）之報告」を付録としてつけている。付録部分は「嘉定呉定九」の翻訳になる。（①②）

A九　**『共産党宣言』**　馬格斯、安格爾斯著　陳望道訳　社会主義研究社　一九二〇年八月

北京図書館、上海図書館所蔵。原著は K. Marx / F. Engels, *Communist Manifesto*, 1848 であり、中国史上最初のマルクス、エンゲルス著作の完訳書である。陳望道が翻訳するにあたって依拠した日本語版テキストの考証は、本書第一章第三節「4 中国語訳『共産党宣言』」参照。一九二一年に人民出版社の「馬克思全書」の第一種として重印された時には、「陳佛突訳」になっている。(①②③④⑤⑥⑦)

A一〇 **『科学的社会主義』** 恩格児著 鄭次川編訳 王岫廬校訂 群益書社 一九二〇年八月

「エンゲルス伝」を付す。原著は F. Engels, *Socialism: Utopian and Scientific*, 1883 であるが、その第三章のみの抄訳である。翻訳は、書名が酷似していること、「エンゲルス伝」を附していること、そして第三章のみの翻訳であることからして、遠藤無水訳『科学的社会主義』(文泉堂、一九二〇年――原著の第三章のみの抄訳でカウツキーの「エンゲルス伝」を付す)を参考にしていることはまちがいない。エンゲルス『空想より科学へ――社会主義の発展』はこれ以前にも、衡石重訳「科学的社会主義」(『民国日報』「覚悟」一九二〇年一月五～八日、同じく第三章のみ)が出ていたが、こちらは堺利彦訳「科学的社会主義」(『社会主義研究』四号、一九〇六年七月)からの翻訳であり、本書とは直接の関係はないとみられる。(①②)

A一一 **『馬克斯経済学説』** 柯祖基著 陳溥賢訳 商務印書館 一九二〇年九月

近代所所蔵。原著は K. Kautsky, *Karl Marx' Oekonomische Lehren*, 1887 であるが、翻訳は高畠素之訳『マルクス資本論解説』(売文社出版部、一九一九年五月)からの重訳である。同書は当時、マルクス『資本論』第一巻のもっとも的確な紹介書と呼ばれた名著であった。中国語訳は、もともと『晨報』の副刊に一九一九年六月二日から一一月一一日まで連載された(題名は「馬氏資本論釈義」、淵泉訳)ものに手を加えて単行本として刊行されたものである。訳者の陳溥賢については、本書第一章参照。陳溥賢は刊行に際して、日本語版で削除された箇所を補うべく、高畠に該当箇所の日本語訳を送ってくれるよう依頼したが、返事はなかったという。『東方雑誌』一七巻一四号(一九二〇年七月)の近刊広告に拠れば、淵泉訳注の『資本論解説』が近日刊行とある。当初は日本語訳題名を踏襲した『資本論解説』として刊行予定であったらしい。カウツキーの同書は、戴季陶によっても『建設』誌上に「馬克斯資本論解説」として連載(一九一九年一一月〜、ただし未完)されているが、それも高畠訳からの重訳である。なお、李達訳の同名書があるとされているが、誤りである。(①②④⑤⑥⑦)

A一二　**『馬格斯資本論入門』**　馬爾西著　李漢俊訳　社会主義研究社　一九二〇年九月

中共一大会址紀念館所蔵。原著はMary E. Marcy, *Shop Talks on Economics*, c. 1911であるが、翻訳は遠藤無水訳『通俗マルクス資本論　附マルクス伝』(文泉堂、一九一九年)からの重訳である。同書は、日本では遠藤訳のほかに、岡野辰之介訳(『マルクス主義と労働者』)と島田保太郎訳(『マルクス経済学入門』)がほぼ同時に出版されるほどもてはやされたものだった。原著は正確に言えば『資本論』の解説書ではなく、社会主義の平易な入門書である。中国でもこの本は広く読まれたようで、包恵僧や、張国燾、劉弄潮らが読んだと回想している。『北京大学日刊』一九二二年二月六日の出版部代售書籍目録に見える『馬格斯資本論』や、『新青年』九巻五号(一九二一年九月)の「人民出版社通告」に見える李漱石(李漢俊)訳『資本論』とは、これを指すと思われる。(①②④⑤⑥⑦)

A一三　**『近世経済思想史論』**　河上肇著　李培天訳　泰東図書局　一九二〇年九月

北京図書館所蔵。原著は、河上肇『近世経済思想史論』(岩波書店、一九二〇年)であり、アダム・スミスからマルクス、エンゲルスに至る西洋経済学思想を解説したものであるが、⑦では、訳文が「理解できないほどひどい」と酷評されている。訳者の李培天は字子厚、雲南省賓川人、一八九五年生まれ、早年より日本に留学し、明治大学に学ぶ。『新人』一巻六号の広告によれば、かれは同じく「学術研究会叢書」として、エンゲルス『科学社会主義』の翻訳出版を予定していたが、そちらは実際には刊行されなかったと見られる。(②⑤⑥⑦)

A一四　**『社会主義史』**上下　克卡樸著　李季訳　新青年社　一九二〇年一〇月

人文研所蔵。原著はT. Kirkup, *A History of Socialism*, 1906である。同書は空想的社会主義からマルクス主義に至る社会主義運動の歴史を概観したもので、日本でも堺利彦が雑誌『社会主義研究』三号(一九〇六年五月)のなかで、この本によりながら欧州の社会主義を紹介している。訳者である李季は、上海共産主義小組のメンバー、一九二〇年前後には陳独秀との関係が密接で、主に英書から社会主義関係の著作の翻訳に従事していた。自伝に『我的生平』(亜東図書館、一九三二年)がある。毛沢東が共産主義者となるにあたって影響を受けた三冊の本のひとつである。(①②④⑥)

A一五 **『経済史観』** 塞利格曼著 陳石孚訳 陶孟和校 商務印書館 一九二〇年一〇月

北京図書館所蔵。原著は **Edwin R. A. Seligman,** *The Economic Interpretation of History,* 1903である。同書は歴史を経済の視点で解釈する点でマルクス主義に近いものであるが、「唯物史観」という呼称を嫌って「経済史観」なる見方を提示しているように、決してマルクス主義の解説ではない。⑦が「多くの誤解曲解がある」と批判するように、ほぼ経済一元主義であった。中国語訳は一九一二年版の原書からの翻訳であり、その注記には各国(日、露、西、仏)での翻訳状況を記している。日本では、河上肇訳『歴史之経済的説明　新史観』(昌平堂川岡書店、一九〇五年)として刊行されている。(①⑤⑥⑦)

A一六 **『社会主義総論』** 鄺摩漢著 北京 又新日報社 一九二〇年一一月

「世界改造叢書」の一冊として刊行された。社会主義の起源、定義、要素、分類、学説、政略、国家の七章よりなる。著者鄺摩漢は、本名鄺振翎、元同盟会会員で、当時外国留学からもどった直後であった。北京で雑誌『今日』を中心に活動し、『時事新報』「学燈」欄に河上肇の論文を翻訳したりしている。「世界改造叢書」が訳書中心の叢書であることからみて、「著」とは言いながら実質的に訳書である可能性もある。世界改造叢書は「馮飛、鄺摩漢、何海鳴」の三人が編集していた叢書であり、華星印書社が刊行していたものだが、同叢書の馮飛訳述『労動問題概論』(A六)の巻末広告では、『社会主義総論』も華星印書社の刊行となっている。又新日報社と華星印書社の関係は不明。

A一七 **『失業者問題』** 飄萍、吉人合著 泰東図書局 一九二〇年一一月

飄萍は邵飄萍のこと、吉人は未詳である。「合著」とはあるが、日本語文献の翻訳の多い邵飄萍のことであるから、売文社編集部編纂『失業問題』(売文社、一九一九年)あたりを参考にした翻案である可能性がある。(①)

A一八　**『社会問題概観』**上下　生田長江、本間久雄共著　周佛海訳　中華書局　一九二〇年一二月

原著は、生田長江、本間久雄著『社会問題十二講』(新潮社、一九二〇年)である。内容は、フランス革命、産業革命と資本主義の形成、社会主義諸学説、労働組合、普通選挙、婦人問題を平易に概説したもの。④に見える周佛海訳『社会問題概論』とは、恐らくこれの誤記。(①④)

A一九　**『救貧叢談』**　河上肇著　楊山木訳　商務印書館　一九二〇年一二月

北京図書館所蔵。原著は、日本のベストセラー、河上肇『貧乏物語』(弘文堂、一九一七年)であるが、雑誌『学藝』二巻一号(一九二〇年四月)から二巻八号(一九二〇年一一月)にかけて連載された楊山木訳「救貧叢談」(抄訳)をまとめて出版したものと見られる。『貧乏物語』の翻訳は、これより先、七月に李鳳亭訳『貧乏論』が出ている(A七)。

A二〇　**『階級争闘』**　柯祖基著　惲代英訳　新青年社　一九二一年一月

中共一大会址紀念館所蔵。原著はK. Kautsky, *Das Erfurter Programm*, 1892であり、翻訳は英語版*The Class Struggle*(*Erfurt Program*), trans. William E. Bohn, 1910からなされたと見られる。惲代英が翻訳にあたった時期については、本書第一章注145参照。毛沢東が共産主義者となるにあたって、影響をうけた三冊の本のひとつである。(①②④⑤⑥⑦)

A二一　**『工団主義』**　J・H・哈列著　李季訳　新青年社　一九二一年一月

中共一大会址紀念館所蔵。原著はJ. H. Harley, *Syndicalism*, 1912(?)であり、翻訳は英語版からであろう。サンディカリスムにかんする平明な入門書である。訳者の李季については、A一四参照。(①②④)

A二二　『**過激党真相**』　孫範訳述　泰東図書局　一九二一年三月

近代所所蔵。原著は、イギリスの雑誌 *The Round Table* に掲載された記事をまとめた The Macmillan Company, ed., *Bolshevik Aims and Ideals and Russia's Revolt against Bolshevism*, 1919 であるが、訳書名から推して、翻訳は日本語版の中目尚義訳述『過激派の本領』（大鐙閣、一九二〇年）からなされたとみられる。訳者孫範の経歴等は未詳。本書は「ボルシェヴィキの運動」と「反ボルシェヴィキ運動」の二篇からなり、ボリシェヴィキの解説をなす一方、ボリシェヴィキを「革命的暴君政治とも言うべき一種の暴君政治であって、民主主義をまったく拒否し、思想と行動の一切の自由を拒否したもの」と断じている。また、コルチャックらの反革命運動にたいしては、「かれらは国家を再び騒乱への道に陥らせることのないよう熱望している」としている。反ボリシェヴィキ色の濃厚な解説書である。（①）

A二三　『**社会問題総覧**』　全三巻　高畠素之著　李達訳　中華書局　一九二一年四月

原著は、高畠素之編『社会問題総覧』（公文書院、一九二〇年）である。当初は原著の章立てにしたがって、劉正江訳『社会政策』、李達訳『社会主義』、正樹訳『労働組合』、正格訳『婦人問題』の四冊にわけて出版される予定であったらしい（『解放与改造』二巻一三号の広告）が、結局は李達ひとりの翻訳となった。本書は表題のとおり、社会問題にかんする諸項目（社会政策、社会主義、労働組合、婦人問題）について、概論と各国の状況を通観したものである。とりわけ原著の「第二篇　社会主義」は平易な社会主義解説として、ほかにも抄訳されることが多かった。同書は商務印書館からも、盟西訳『社会問題詳解』という書名で出版されている（A二四）。

A二四　『**社会問題詳解**』　全三巻　高畠素之著　盟西訳　商務印書館　一九二一年四月

原著は、高畠素之編『社会問題総覧』（公文書院、一九二〇年）である。『中国青年』九号、一〇号（一九二三年一二月）の惲代英「研究社会問題発端」、「研究社会政策」によれば、前項（A二三）の李達訳『社会問題総覧』にくらべて、翻訳の面では盟西訳の方がやや正確であるという。④に、李季訳『社会問題詳解』という書名が見えるが、盟西訳の誤記と思われる。原著の詳細については『社会問題総覧』(A二三)を参照。(④)

A二五　**『労働総同盟(之)研究』**　山川均著　鄒敬芳(錦芳)訳述　泰東図書局　一九二一年五月

近代所所蔵。原著は、山川均「フランス労働総同盟(CGT)の研究」(『改造』一九二〇年四月号、五月号)である。内容はフランスの労働総同盟(CGT)の歴史、組織、現勢の研究からなるが、山川は、Pouget, Pawlowsky, Levine, Louis, Cole, Pelloutier, Esteyらの諸著を参考にしている。(①)

A二六　**『唯物史観解説』**　郭泰著　李達訳　中華書局　一九二一年五月

人文研所蔵。原著はH. Gorter, *Der Historische Materialismus*, 1909であるが、翻訳は日本語版の堺利彦訳『唯物史観解説』(大鐙閣、一九二〇年)から行われている。当時におけるマルクス主義の数少ない体系的解説書で、堺訳書の序文によれば「数年前まで類書中に殆んど唯一の通俗書と目されていた」ものであった。李達の訳者自序によれば、翻訳には日本語版のほかに、李漢俊の協力を得て独語版も参考にしたという。また、カウツキーの『倫理與唯物史観』(堺利彦訳の日本語版『社会主義倫理学』あり)とあわせて読むよう勧めている。同名書の近刊予告が『東方雑誌』一七巻一四号(一九二〇年七月)に掲載されている(郭泰著、淵泉訳『唯物史観解説』)が、こちらの方は広告だけで、実際には刊行されなかったと見られる。(⑤⑥⑦)

A二七　**『欧洲労傭問題之大勢』**　桑田熊蔵著　劉景訳　呉貫因校　内務部編訳処　一九二一年五月

原著は、桑田熊蔵『欧洲労働問題の大勢』(有斐閣、一九二〇年)である。労働運動、社会主義、社会改良主義を論述し、あわせて英、仏、独の労働組合の組織、沿革の紹介をしたものである。恐らくは、北京政府が社会運動への対策の資料として翻訳したものだろう。

A二八　『布爾什維主義底心理』　J・施罷戈著　陳国榘訳　商務印書館　一九二一年五月

原著はJ. Spargo, *The Psychology of Bolshevism*, 1919であるが、翻訳は日本語版の浅野護訳『過激主義の心理』（日本評論社出版部、一九二〇年）からなされていると思われる。訳者陳国榘（字は伯雋）は、広東省東莞人、当時北京大学の学生で『国民』雑誌社の同人。同誌に山川均の論文を翻訳紹介している。原著者のスパーゴは基本的にマルクス主義の立場に立ち、社会の社会主義化を高唱しながらも、ボリシェヴィキを「マルクスの真髄を去勢した幽霊」にして、「病的精神の所有者、理性の伴わない一種のヒステリーである」と批判している。

A二九　『社会主義與個人主義』　王爾徳著　袁振英訳　受匡出版部（香港）　一九二一年五月

原著はOscar Wilde, *The Soul of Man under Socialism*, 1919である。個人主義を近代のあらゆる思想の中心とし、社会主義がその個人主義のもっとも完全な実現形態であるとする。訳者の袁振英は、別名仲斌、震瀛、無夢青年など、広東省東莞県の人。無政府主義者として知られ、当時は陳独秀の招請を受けて『新青年』の編集に参加し、同誌の「ロシア研究」欄の主編をしていた。

A三〇　『共産主義與智識階級』　田誠著　漢口　一九二一年六月

中共一大会址紀念館所蔵。出版社、発行元は記されていない。表紙に記されている英語表題はThe Communism and Intellectual Classであるが、翻訳ではなく、中国の知識人にたいし、ロシア知識人のように科学的社会主義への信念を強め、社会主義運動へ参加するよう呼びかけるパンフレットである。上海革命歴史博物館編『上海革命史研究資料』（上海三聯書店、一九九一年）に翻刻掲載されている。同書に収められている任武雄「介紹建党時期的『共産主義與知識階級』」は、田誠を陳独秀の別名と推定している。

A三一　『婦女之過去與将来』　山川菊栄著　李漢俊編訳　商務印書館　一九二一年七月

原著は、山川菊栄『婦人の勝利』(日本評論社出版部、一九一九年)である。全五章(一章　緒論、二章　原始社会の男女関係、三章　文明社会の男女関係を論ず、四章　近代女子運動を論ず、五章　結論)からなり、ほぼ完訳である。原著の自序によれば、山川菊栄はこの書を執筆するにあたって、堺利彦『男女関係の進化』、ベーベル『過去、現在、及将来の婦人』、ゴーリカン『原始社会に於ける婦人の地位』、シルマッヘル『近代女権運動論』を多く参照したという。

A三二　『**蘇維埃研究**』　山川均著　王文俊訳　北京知新書社　一九二一年八月

原著は、山川均「ソヴィエトの研究」(『改造』一九二一年五月号――のち山川均、山川菊栄共著『労農露西亜の研究』アルス、一九二一年に収録)である。山川の論文は、革命後のロシア事情についての正確な研究としては、日本でほとんど唯一のものであった。山川均のソビエト研究は、李達によっても翻訳されている(A五四の『労農俄国研究』参照)。訳者王文俊は経歴等未詳。

A三三　『**工銭労動與資本**』　馬克思著　袁讓訳　人民出版社　一九二一年一二月

中共一大会址紀念館所蔵。原著は**K. Marx**, *Lohnarbeit und Kapital*, 1891である。中国語訳は一八九一年のドイツ語版、および一九〇二年の英語版をもとにしているという。訳者の袁讓は経歴等未詳。(③④⑤⑥⑦)

A三四　『**労農会之建設**』　列寧著　李立訳　人民出版社　一九二一年一二月

中共一大会址紀念館所蔵。原著はLenin, *The Immediate Problems of the Soviet Government*(*The Soviets at Work*)(「ソビエト権力の当面の任務」)であるが、翻訳は、**N. Lenin**/**L. Trotzky**, *The Proletarian Revolution in Russia*, 1918か、日本語版の山川均、山川菊栄共訳「社会主義革命の建設的方面　ソヴィヱットの当面の問題」(『社会主義研究』一九二一年八月号)、同『労農革命の建設的方面』(三徳社、一九二一年)からなされている可能性が高い。なお、山川夫妻の訳は、**N. Lenin**, *The Soviets at Work. The International Position of the Russian Soviet Republic and the Fundamental Problems of the Social-*

ist Revolution, 1918からの翻訳である。訳者李立は未詳だが、人民出版社の主編である李達の別名ではないかと思われる。(③④⑦)

A三五 『討論進行計画書』 列寧著 成則人訳 人民出版社 一九二一年一二月
北京図書館所蔵。原著はLenin, Letters on Tactics, Towards Soviet, On the Task of the Proletariat in the Revolutionである。翻訳は、N. Lenin/L. Trotzky, *The Proletarian Revolution in Russia*, 1918によったのではないかと推測される。訳者成則人とは沈沢民(茅盾〔沈雁冰〕の実弟)である。(③④)

A三六 『共産党底計画』 布哈林著 太柳訳 人民出版社 一九二一年一二月
原著はBukharin, *The Program of the Communists*(*Bolsheviki*), c. 1920であろう。『広東群報』一九二二年三月二日の「人民出版社通告」欄に目次が掲げられており、また同日の号には布哈林著、太柳訳「共産党底計画(続)」が掲載されている。④では『共産党底計画、政治理想、社会結構学』(太柳訳)という書名になっている。訳者太柳については定かではないが、「人民出版社通告」(『新青年』九巻五号、一九二一年九月)では、張空明訳『共産党計画』という訳者、書名になっていることからして、張空明すなわち張国燾(張特立)ではないかとも推測される。張国燾が張空明と呼ばれていたことについては、羅章龍『椿園載記』(生活・読書・新知三聯書店、一九八四年)一一三頁を見よ。また、A四三も見よ。(②③④⑥⑦)

A三七 『李卜克内西紀念』 李特等編訳 人民出版社 一九二二年一月
北京図書館所蔵。③によれば、一九二二年一月一五日に、全国のカール＝リープクネヒト記念会で「リープクネヒト伝、ルクセンブルグ伝、スパルタクス団宣言」を掲載するパンフレット五千部を配布したとあり、おそらくこのパンフレットを指すものだろう。李特は李達の筆名。『先駆』も一九二二年一月一五日の創刊号に「里布克奈西特紀念号」副刊をつけており、また同日の『民国日報』「覚悟」も、李特「李卜克内西伝」を掲載しており、このパンフレットと類似のものとみられる。山川

菊栄『リープクネヒトとルクセンブルグ』（水曜会パンフレット、一九二一年）を参考にしたものではないかと想像される。（③）

A三八　**『社会経済叢刊』**　施存統編訳　泰東図書局　一九二二年一月
上海図書館所蔵。日本語の社会主義関連論文の翻訳、合編であり、北沢新次郎『労働者問題』、河上肇「社会主義の進化」、同「共産者宣言に見はれたる唯物史観」、売文社編『労働経済論』、山川均「カウツキーの労農政治反対論」を収める。（⑥⑦）

A三九　**『馬克思主義和達爾文主義』**　派納柯克著　施存統訳　商務印書館　一九二二年一月
原著は **A. Pannekoek**, *Marxismus und Darwinismus*, **1914** であるが、施存統訳は日本語版の堺利彦抄訳「マルクス説とダアキン説」（『社会主義研究』一九一九年四～一〇月号、のちに堺利彦『恐怖・闘争・歓喜』聚英閣、一九二〇年に収録）からの重訳である。『東方雑誌』一九巻一〇号（一九二二年五月）に既刊の広告が出ているが、そこでは原著者は「班納柯克」と記載されている。一九二二年一月一二日から『晨報副鐫』に、班納哥克（**Pannekoek**）著、雁汀訳「達爾文主義與馬克斯主義」が連載されるが、本書との関係は不明。（⑤⑥⑦）

A四〇　**『俄国革命紀実』**　托洛次基著　周詮訳　人民出版社　一九二二年一月
北京図書館所蔵。原著は **L. Trotzky**, *From October to Brest-Litovsk*, **1919** であるが、トロツキーの同著は、日本語訳が茅原退二郎訳『露西亜革命実記』（日本評論社、一九二〇年）として刊行されており、中国語版の書名から推して日本語訳の重訳であろうと見られる。訳者周詮の経歴等は未詳。（③⑦）

A四一　**『共産党礼拝六』**　列寧著　王静訳　人民出版社　一九二二年一月
中共一大会址紀念館所蔵。原著は **Lenin**, *Great Initiative*（*including the Story of "Communist Saturday"*）, **1919** である。

レーニンの同著は、中国語よりさきに日本語版が山川均、山川菊栄共訳「共産党土曜日」(『社会主義研究』一九二一年一一月号)として発表されているが、中国語版がそれによっているかどうかは未詳。訳者王静の経歴等も未詳。(③⑦)

A四二 『**女性中心説**』 堺利彦編述　李達訳　商務印書館　一九二二年一月

翻訳は、レスター＝ウォード、エドワード＝カーペンター著、堺利彦、山川菊栄共訳『女性中心と同性愛』(アルス、一九一九年、原著は Lester Ward, *Pure Sociology*, Cap. 14, 1903 および、E. Carpenter, *The Intermediate Sex*, 1912)からなされているが、同書の堺訳部分(レスター・ウォード著の部分)のみの重訳である。なお堺翻訳の「女性中心説」は、これよりさき、『民国日報』副刊「婦女評論」に一九二一年八月から、夏丏尊訳、日本堺利彦達指、美国瓦特原著「女性中心説」として訳出されており、のちに民智出版社より単行本として刊行されたように、中国においてよく流布していた。なお、陳望道も、同書を亜東図書館の「社会経済叢書」として一九二〇年に出版する予定で、『少年中国』一巻一二期から二巻二期にかけて、広告まで出した(一九二〇年一二月刊行予定、書名は『女性中心與同性愛』)が、これは実際には出版に到らなかった。

A四三 『**俄国共産党党綱**』 俄国共産党著　希曼訳　人民出版社　一九二二年一月

中共一大会址紀念館所蔵。ロシア共産党(ボ)第八回大会で可決された種々の決議案の解説を翻訳したものである。訳者希曼は張西曼の別名。『広東群報』一九二二年三月二日の「人民出版社通告」に出版広告とその目次がある。「青年週刊」(『広東群報』付録)一九二二年三月七日の広告では、布哈林(ブハーリン)著になっており、もしそれが正しいとすれば、ブハーリン『共産主義者(ボリシェヴィキ)の綱領』(Bukharin, *The Program of the Communists (Bolsheviki)*, C. 1920)――すなわちのちに『共産主義ＡＢＣ』として知られるようになるもの――の翻訳で、A三六と同内容ということになるが、詳細は不明。(③⑥⑦)

A四四 『**国際労働運動中之重要時事問題**』 季諾維埃夫著　墨耕訳　人民出版社　一九二二年一月

北京図書館所蔵。原著は未詳であるが、ジノヴィエフがコミンテルンの大会を中心に行った報告、演説と思われる。墨耕は李梅羹の筆名である。李梅羹の経歴については、呉家林、謝蔭明『北京党組織的創建活動』(中国人民大学出版社、一九九一年)一六三〜一六四頁、ならびに上海革命歴史博物館(籌)編『上海革命史研究資料』(上海三聯書店、一九九一年)二〇五頁参照。『広東群報』一九二二年三月二日の「人民出版社通告」に出版広告と目次があり、コミンテルンへの加入条件が含まれていることが知れる。(③⑦)

A四五『**列寧伝**』　山川均著　張亮訳　人民出版社　一九二二年一月

近代所所蔵。原著は、山川均「レーニンの生涯と事業」(『社会主義研究』一九二一年四月号、のち山川均『レーニンとトロツキー』改造社、一九二一年に収録)である。ジノヴィエフのレーニンについての演説(一九一八年)をもとにして書かれた伝記であり、中国語訳は山川著をほぼ忠実に翻訳している。同書は、一九二二年四月に『広東群報』に転載されている(『広東群報』四月一二日の「列寧伝」)。訳者張亮の経歴等は未詳。(③⑦)

A四六『**労農政府之成功與困難**』　列寧著　墨耕訳　人民出版社　一九二二年二月

中共一大会址紀念館所蔵。原著はLenin, *The Achievements and Difficulties of the Soviet Government*, 1919(「ソビエト政権の成功と困難」)であるが、③では、**Erfolge und Schwierigkeiten der Sowjetmacht**と記されていることからみて、ドイツ語版(一九二〇年)からの翻訳と想像される。訳者墨耕(李墨耕)については『国際労働運動中之重要時事問題』(A四四)参照。(③)

A四七『**社会主義與進化論**』　高畠素之著　夏丏尊、李継楨訳　商務印書館　一九二二年三月

上海図書館所蔵。原著は、高畠素之『社会主義と進化論』(売文社出版部、一九一九年)であるが、高畠本自体がリュイス(**A. Lewis**)とカウツキーを大幅に参考にしているものであり、訳書に近いものであった。進化論の代表的論者と唯物史観の

関係を紹介したもので、マルクス主義とダーウィニズムの親近性を前提として書かれており、マルクス主義唯物史観が進化論と不可分とされた当時の状況を物語る。高畠の同書は、夏丏尊と李継楨により、これより先、一九二一年三月一〇日から『民国日報』「覚悟」に「社会主義與進化論」と題して連載されており、それを刊行したものと見られる。(⑤)

A四八 **『馬克斯学説概要』** 高畠素之著 施存統訳 商務印書館 一九二二年四月

上海図書館所蔵。原著は、高畠素之『社会主義的諸研究』(大鐙閣、一九二〇年)であるが、中国語訳はその第一編「マルクスに関する諸研究」のみの抄訳である。「マルクスに関する諸研究」は高畠が種々の雑誌に発表した論説をまとめたもので、唯物史観、マルクス経済学の基礎、資本主義の歴史的発展を手短に解説したものであった。(⑥⑦)

A四九 **『第三国際議案及宣言』** 第三国際編 成則人訳 人民出版社 一九二二年四月

北京図書館所蔵。「第三国際議案」「第三国際共産党第二次大会宣言」を収める。原著は未詳だが、アメリカの *Soviet Russia* や、*The Communist* などに掲載されたコミンテルン関係の資料を翻訳、編集したものであると見られる。訳者成則人とは沈沢民のことである。(③⑥⑦)

A五〇 **『労働運動史』** 施光亮編 中国労動組合書記部(労働学校教科用書) 一九二二年四月

中共一大会址紀念館所蔵。各国の労働運動の歴史的変遷、その中で得られた教訓を記した労働者教育用パンフレットである。施光亮は施存統の筆名。日本語書の翻訳の多い施存統のことであるから、高畠素之一派の出した実務指導のパンフレットである売文社編「労働問題叢書」のうちの『労働運動史』(一九二〇年五月頃)あたりを参考にしていることが想像される。

A五一 **『社会主義與社会改良』** R・伊利著 何飛雄訳 陶孟和校 商務印書館 一九二二年五月

北京図書館所蔵。原著は R. T. Ely, *Socialism and Social Reform*, 1894 である。これより先、『時事新報』の副刊「学燈」

に一九二〇年五月一二日から訳載されたもの（何飛雄訳「社会主義與社会改良」）を、刊行したものであろう。イリーの同著は日本においては、幸徳秋水『社会主義神髄』に引用され、安部磯雄訳『社会主義と社会改良』（『社会政策二論』大日本文明協会、一九〇九年所収）として翻訳されてはいるが、中国語訳がそれを参考にした形跡はない。

A五二　『**馬克思紀念冊**』　中国労動組合書記部編印　一九二二年五月

外務省外交史料館所蔵（「過激派其他危険主義者取締関係雑件　社会運動状況ノ部　支那国」分類項目　四―三―二―一―四―五）。マルクス生誕一〇四周年を記念して刊行されたもので、「馬克思誕生一〇四週紀念日敬告工人與学生」、W・リープクネヒト「馬克思伝」（戴季陶訳「馬克斯伝」『星期評論』三一号、一九二〇年一月、の再録）、「馬克思学説」（陳独秀「馬克思学説」『民国日報』「覚悟」一九二二年五月五日、および『新青年』九巻六号、一九二二年七月）の三つの文章からなっている。③によれば、共産党が全国の共産党所在地で合計二万部を散布したという。（③）

A五三　『**馬克斯派社会主義**』　W・P・拉爾金著　李鳳亭訳　商務印書館　一九二二年六月

原著は**W. P. Larkin**, ***Marxian Socialism***, **1917**であるが、訳者の李鳳亭は『貧乏論』（河上肇）の翻訳者である（A七）ことから考えて、日本語版の中目尚義訳『マルクス派社会主義』（日本評論社出版部、一九一九年）からの重訳だろう。内容は、マルクス学説の起源、発展の変遷を総合的に論じたものだが、ラーキンは労働が価値の源であるとするマルクスの観点には同意していない。ゆえに⑦は、この書を特色がなく、誤謬が多いと評している。『東方雑誌』一七巻一四号（一九二〇年七月）の近刊広告によれば、一湖（彭蠡）訳で「馬克思派的社会主義」（納肯著）が刊行予定とある。訳者が変わったものであろう。（⑥⑦）

A五四　『**労農俄国研究**』　山川均、山川菊栄共著　李達編訳　商務印書館　一九二二年八月

歴史所所蔵。原著は、山川均、山川菊栄共著『労農露西亜の研究』（アルス、一九二一年）である。ロシア革命の史実や経過よりも、革命後の建設にかんして、プロレタリア独裁、ソビエト組織、労働組合、農民、教育制度、婦女解放等の解説に重点

をおいたものである。当時、まとまった形でのソビエト・ロシア紹介の書としては、ほとんど唯一のものだった。山川均のロシア革命研究を中国語に翻訳したものとしては、これより先、一九二一年八月に、王文俊訳『蘇維埃研究』(A三二)が出ている。(⑦)

A五五　**『社会主義討論集』**　陳独秀、李達等著　新青年社　一九二二年九月

『新青年』を中心に発表された社会主義論戦、無政府主義論戦の論文二十五篇を収録する。日本の龍渓書舎より復刻本(一九七四年)が出ている。(⑥⑦)

A五六　**『婦女問題』**　堺利彦著　唐伯焜訳　上海民智書局　一九二二年六月

原著は、堺利彦『婦人問題』(無産者パンフレット、一九二一年)で、そのうちの六篇の文章を「自由恋愛説」「女子国有麼」「婦女的天職」「婦女與経済的平等」「我們的家庭主義」「婦女問題概観」として翻訳したものである。これより先に、『民国日報』「婦女評論」の一二期(一九二一年一〇月一九日)~二二期(一二月二八日)に連載されていたものをまとめて刊行したものであろう。原著は、堺得意のユーモアあふれる啓蒙書であった。堺の女性論はこのほかに、李達訳『女性中心説』(A四一)も翻訳されており、かれが当時の中国で、山川菊栄と並ぶ女性問題の大家としてみなされていたことを物語っている。訳者唐伯焜は、当時『民国日報』副刊「婦女評論」に投稿していたこと以外、経歴等未詳。

A五七　**『価値価格及利潤』**　馬克斯著　李季訳　陶孟和校　商務印書館　一九二二年一〇月

原著は **K. Marx**, *Value, Price and Profit*, 1898 であるが、どの版にもとづいて翻訳したのかは不明。(⑥⑦)

A五八　**『人生哲学與唯物史観』**　柯祖基著　郭夢良、徐六幾、黄卓共訳　商務印書館　一九二二年一〇月

北京図書館所蔵。原著は **K. Kautsky**, *Ethik und Materialistische Geschichtsauffassung*, 1906 であり、英語版(*Ethics* *and the Materialist Conception of History*, trans. John B. Askew, 1907)からの翻訳であるが、日本語版の堺利彦訳『社会主義倫理学』(丙午出版社、一九一三年)を参考にしている可能性がある。本書は、ギリシャ哲学、キリスト教倫理学からカント哲学にいたる倫理学説を唯物史観の立場より解説し、同時にマルクス唯物史観も説明したものである。李達はその訳書『唯物史観解説』(A二六)のあとがきで『倫理與唯物史観』、つまり本書を併せて読むことを勧めている。同書は、国民党系の李君佩によっても『社会主義倫理学』という書名で刊行予定があったが、結局は刊行されずに終わっている。⑦

A五九　**『資本主義與社会主義』**　塞里格門、尼林著　岑徳彰訳　商務印書館　一九二三年一月

近代所所蔵。原著はEdwin R. A. Seligman/S. Nearing, *A Public Debate "Capitalism vs. Socialism"*, 1921である。本書はセリグマンとニアリングの社会主義をめぐる論戦を収録したものである。訳者岑徳彰は広西省西林の人、一八九九年生まれ、アメリカのコロンビア大学で修士課程を修了ののち帰国している。経歴からみてアメリカで手にいれた英語版から翻訳したものらしい。ちなみに同書は、日本においても、河上肇によって翻訳(「一経済学者と一社会主義者との立合演説」『社会問題研究』第二八冊、一九二一年一二月)されている。

A六〇　**『社会主義之意義』**　格雷西著　劉建陽訳　商務印書館　一九二三年一月

武漢大学図書館所蔵。原著はJ. B. Glasier, *The Meaning of Socialism*, Leicester, 1919である。内容は、社会主義諸学説の解説からなる。訳者劉建陽の経歴等は未詳。

A六一　**『馬克斯経済学原理』**　恩脱門著　周佛海訳　商務印書館　一九二三年四月

上海図書館所蔵。原著はErnest Untermann, *Marxian Economics: a popular introduction to the three volumes of Marx's "Capital"*, 1913であるが、翻訳は日本語版の山川均訳『マルクス経済学』(大鐙閣、一九二一年)から行われている。本書はマルクス『資本論』全三巻の概説書であり、全編の三分の二を唯物史観による歴史的記述に割いており、唯物史観による資本主

義発達史ということもできる。また、ウンターマンの同書は人民出版社からも楊壽訳で刊行予定があったが、実際には出版には至らなかった。(⑥⑦)

A六二 『**唯物史観浅釈**』 劉宜之著 向警予校 上海書店 一九二三年四月

北京図書館所蔵。唯物史観の意味についての簡単な説明と階級闘争論の概要を記したもので、初学者用の解説書である。上海書店は中共系の書店であった。訳者の劉宜之の経歴等は未詳。(⑥⑦)

A六三 『**社会主義浅説**』 梅生編著 星五校 教育研究会 一九二三年四月

近代所、および中共一大会址紀念館所蔵。梅生の編著とあるが、実際は高畠素之『社会問題総覧』(公文書院、一九二〇年)の翻訳(「第二編 社会主義」だけの抜粋訳)である。社会主義の定義、共産主義と集産主義の相違、社会主義理論の解説、各国社会主義政党の動向、からなる。高畠素之『社会問題総覧』はこれより先、李達訳と盟西訳(A二三、A二四)とが刊行されていた。訳者の梅生、校訂者の星五ともに経歴等未詳。

A六四 『**社会主義與近世科学**』 安鋭戈佛黎著 費覚天訳 商務印書館 一九二三年五月

上海図書館所蔵。原著は Enrico Ferri, *Socialismo e scienza positiva : Darwin, Spencer, Marx*, 1894(英訳に、*Socialism and Modern Science*, tran. Robert Rives La Monte, 1909 がある)であるが、日本語版(蔭田三郎訳『近世科学と社会主義』一九二一年)からの重訳である。同書はダーウィン、スペンサー、マルクスの諸説を解説したもの。訳者の費覚天は本名費秉鐸、湖北省黄梅人。北京大学在学中に『国民』雑誌社の同人であった。一九二〇年一二月に結成された北京大学社会主義研究会の会員になっている(『北京大学日刊』一九二〇年一二月四日)。

A六五 『**資本的利潤及資本的発生**』 彭守樸訳 馬克思主義研究会 一九二三年五月

北京図書館所蔵。訳者の説明によれば、原著は、ロシアで刊行された『馬克斯学説』ということだが、それが具体的には何を指しているかは不明。『今日』二巻四号（一九二二年一二月）と三巻一号（一九二三年二月）に彭守樸訳で掲載された「資本的利潤」「資本的産生」を単行本の形で刊行したものと推測される。発行元である北京の「馬克思主義研究会」は、共産党系の「北京大学馬克思学説研究会」とは別組織で、雑誌『今日』に結集した胡鄂公らの「中国共産主義同志会」が一九二二年五月に結成した組織である（楊奎松、董士偉『海市蜃楼與大漠緑洲——中国近代社会主義思潮研究』上海人民出版社、一九九一年、一八五～一八七頁）。訳者の彭守樸の経歴は未詳だが、『今日』にしばしば執筆し、胡鄂公、彭岳漁らが組織した「中国共産主義同志会」の一員であった。

A六六　**『近世社会主義論』**　伊黎著　黄尊三訳　商務印書館　一九二三年六月

原著は **R. T. Ely**, *French and German Socialism in Modern Times*, 1883 であるが、中国語版は、書名からしても、訳者からしても、河上清訳、田島錦治補閲『近世社会主義論』（法曹閣書院、一九一九年復刻再版）を翻訳したものであろう。日本語版は、初版が一八九七年であり、一九二三年に翻訳されるにはやや時代遅れの感があったが、この手の旧書ですら黄尊三（『三十年日記』の著者として知られる。その経歴については、黄尊三著、さねとうけいしゅう、佐藤三郎訳『清国人日本留学日記』東方書店、一九八六年を見よ）によって翻訳紹介されてしまうところに、むしろ当時の社会主義の流行ぶりがしのばれる。

A六七　**『陳独秀先生講演録』**　中国社会主義青年団広東区執行委員会編　広州丁卜図書社　一九二三年九月

北京図書館所蔵。内容は「一、我們為什麼相信社会主義？」「二、我們相信何種社会主義？」「三、社会主義如何在中国開始進行？」の三篇と付録「社会之歴史的進化」からなる。題名のとおり、陳独秀の演説を編集したもので、もともと「社会主義批評——在広東公立法政学校演詞」として『広東群報』一九二一年一月一九日に発表されたものなどをまとめたものである。

（⑥）

A六八　『**社会主義神髄**』　幸徳秋水著　高労訳　商務印書館　一九二三年一二月

原著は、幸徳秋水『社会主義神髄』(朝報社、一九〇三年)である。明治時期の日本における社会主義研究の最高水準を示す著作であったが、大正デモクラシー期には後学の堺、高畠、山川均らによってより水準の高い研究が進んでいた。清末において中国に盛んに紹介された幸徳秋水の人気が、この時期にあってもなおある程度保たれていたことを示していよう。訳者の高労は、『東方雑誌』の主編者として著名な杜亜泉の筆名である。同書はこれより先、一九〇七年に、蜀魂遥訳『社会主義神髄』として刊行され、さらに高労訳「社会主義神髄」が『東方雑誌』(八巻一一号～九巻三号、一九一二年)に掲載されていた。本書は『東方雑誌』に連載された翻訳を単行本として刊行したものと見られる。

A六九　『**婦人和社会主義**』　山川菊栄著　祁森煥訳　商務印書館　一九二三年一一月

原著は、山川菊栄『女性の反逆』(三徳社、一九二二年)、および各種雑誌に掲載された山川菊栄の評論(「社会主義と婦人」「婦人運動の四潮流」「無産階級の婦人運動」など)十篇であり、そのうちの一部はこれよりさき、祁森煥訳として『婦女雑誌』に掲載されたものであった(祁森煥「無産階級的婦女運動」『婦女雑誌』九巻一号、一九二一年一月)。山川菊栄の伝を付す。祁森煥はこのほかにも山川菊栄の文章を中国語に翻訳している(例えば、「回教国的婦女問題」『晨報副鐫』一九二二年一一月一四日)が、経歴等未詳。

A七〇　『**社会主義之思潮及運動**』上下　列徳萊著　李季訳　陶履恭校　商務印書館　一九二三年一一月

近代所所蔵。原著は **Harry W. Laidler**, *Socialism in Thought and Action*, 1920 である。第一部「社会主義之思潮」(社会主義諸学説、資本主義にたいする社会主義の批判)と第二部「社会主義之運動」(国際主義の起源、各国社会党の第一次大戦にたいする態度、一九一四年から一九一九年に至る各国の社会主義運動の概要)からなり、巻末に十五頁にわたって、英文社会主義書籍解題を付す。李季は『社会主義史』(A一四)の続編の予定で翻訳し、一九二一年三月に脱稿、刊行予告も出していた

(『新青年』九巻一号、一九二一年五月)が、実際の刊行が遅れたのであろう。

A七一　『**俄国革命史**』　朱枕薪編訳　商務印書館　一九二三年一一月
原著未詳。『民国日報』一九二四年一月一八日の広告によればロシア革命の原因、結果を余すことなく詳述したものだという。朱枕薪は『労農俄国之考察』(A七五参照)にも「蘇維埃俄羅斯的過去與現在」を寄せており、本書の内容に関連すると思われる。

A七二　『**社会主義初歩**』　刻爾卡普著　孫百剛訳　中華書局　一九二三年一一月
人文研所蔵。原著は Thomas Kirkup, *A Primer of Socialism*, 1913 であるが、翻訳は日本語版の町野並樹訳『社会思想の変革』(下出書店、一九二一年)から行われている可能性が高い。カーカップ『社会主義史』(A一四参照)のダイジェスト版に、当時の社会主義思潮をつけ加えたもので、古代経済から社会主義学説の起源、社会主義諸派の概説(ボリシェビキを含む)を簡便にまとめたものである。訳者孫百剛は、日本文学関係の翻訳家で倉田百三著『出家とその弟子』等を翻訳している。

A七三　『**馬克思主義與唯物史観**』　范寿康、施存統等訳述　商務印書館　一九二三年一二月
『東方雑誌』に発表されたマルクス主義関係の論文、例えば一八巻一号(一九二一年一月)の范寿康「馬克思的唯物史観」(原著は、河上肇「マルクスの社会主義の理論的体系　其三」『社会問題研究』第三冊、一九一九年三月)や一九巻一一号(一九二二年六月)の施存統「唯物史観在馬克思学上底位置」(原著は、櫛田民蔵「マルクス学に於ける唯物史観の地位」『我等』一九二〇年一〇月号)などをあらためて刊行したものである。

A七四　『**近代社会主義**』　東方雑誌社編　商務印書館　一九二三年一二月
Louis Levine 著、銭智修訳「論工団主義之由来及其作用」、労人著「新組合主義之哲学」、昔塵著「辺悌之社会主義」、同

「柯爾和基爾特社会主義」など、『東方雑誌』に発表された七篇の文章をまとめて刊行したものである。

A七五 **『労農俄国之考察』** 東方雑誌社編 商務印書館 一九二三年一二月

近代所所蔵。朱枕薪「蘇維埃俄羅斯的過去與現在」(原載『東方雑誌』一九巻一一号)、林可彝「俄国為什麼改行新経済政策」(『東方雑誌』一九巻一五号)、羅羅、錫琛合編「労農俄国之面面観」(原載未詳)など、『東方雑誌』に発表されたソビエト・ロシア関係の三篇の文章をまとめて刊行したものである。

B 一九二三年以前に刊行されてはいるが、刊行の詳細時期が確定できないもの

B一 **『両個工人談話』** 安利科馬賚特斯太著 李少穆訳 人民出版社

中共一大会址紀念館、北京図書館所蔵、奥付なし。『新青年』九巻六号(一九二一年七月)の広告によれば、人民出版社の出版で既刊とある。翻訳は Enrico Malatesta, *A Talk between Two Workers* から行われていると見られる。問答形式をとった啓蒙パンフレットで、無政府主義的傾向は持つものの、反資本主義という観点で貫かれている。訳者の李少穆にかんしては経歴等未詳。(①②)

付録三　施存統の供述

本供述は、施存統が一九二一年一二月に逮捕されたさい、警視庁の取り調べで行った供述であり、『外事警察報』(一〇号、一九二二年二月)所載の「施存統の追放顛末」に「附　警視庁に於ける施存統の陳述要領」として収録されているものである。なお、文中の(　)は原注、〔　〕は引用者注である。

附　警視庁に於ける施存統の陳述要領

イ　経歴

私(施存統)は浙江〔浙江〕省杭州第一師範学校第三学年を中途にて退学、直ちに北京騎河楼闘鶏坑七号所在北京工読互助団に加入し、約三箇月にして、上海白爾路三益里十七号所在星期評論社に事務員補助として入社したるも、肺患の為同社を辞し、大正九年七月十日本邦に渡来せり。

爾来、病気療養の傍、東京同文書院に通学せしが、客年〔一九二一年〕春同校を退学し、専ら社会主義の研究に没頭し居れり。

ロ　上海に於ける社会主義団体との関係

上海に於ける社会主義団体にして余と関係を有するは共産党、社会主義青年団及社会主義大学校なり。之等は何れも秘密結社なる関係上一定の事務所を有せず、各団体の主任又は委員の住所を通信所として各地同志と連絡を執り居れり。

上海に於ける共産党に二種あり。一は陳独秀の創立に係るものにして純マルクス主義を奉じ、他は黄界民〔黄介民〕一派の組織するものにしてマルクス主義に無政府主義を加味せるもの奉じ居れり。而して余の関係せるは前者なり。

社会主義青年団は大正九年八月の創立にして実際運動を以て目的とす。目下上海南成都路輔徳里六二五居住李達、専ら団務に当り、李人傑其牛耳を執り居れり。李達は又李鶴鳴と云ひ、李人傑は李漢俊と云ふ。何れも本邦に留学したることあり。

社会主義大学校は主義宣伝の所謂通信学校にして、大正九年五月陳独秀、兪秀松、呉明(無无)、李人傑、沈定(玄廬)、王仲甫(重輔)及余の七名にて設立したり。団員は社会主義青年団と同一なるも、前者が専ら実際運動を目的とするに対し、後者は主義宣伝を以て目的と為せり。

而して最初は在上海露国過激派代表者と関係を有し、毎月約千円の宣伝費を受け、役員等も毎月三十円宛の報酬を受け居たるが、一昨年〔一九二〇年〕中之との関係を断ち、現在同代表より何等の補助を受け居らず、目下学生約六十名あり。中、支那内地にては長沙十一名、武昌九名、済南十名、広州七名、北京五名、上海十八名あり。国外にては日本二名、仏蘭西二名、露西亜一名にして、日本に於ける学生は鹿児島第七高等学校生周佛海及余の二名なり。〔傍点ママ〕

之等団体の宣伝機関は新聞、雑誌、通信にして、社会主義大学校が通信を採用し居れる外は、多く、新聞、雑誌を利用し居れり。

其他主義宣伝学校としては仏租界にエスペラント学校あり。宣伝機関として雑誌『自由』を発行し、謝晋青と余は該誌の駐日代表なりしが、目下同誌は休刊し居れるを以て現在に於ては何等の関係を有せず。

日本に於て輸入禁止となり居れる雑誌『共産党』は発行所不明にして、前記共産党と関係を有するや否や判明せず。余は広州共和書局より購読し居れり。

現在日本に於ける支那留学生中には周佛海と余とを除きては他に同志は絶対に皆無なるが故に、余が假に上海共産党の駐日代表なりとするも、其は留学生に対する代表に非ずして、上海共産党と日本社会主義者との連絡の為なり。

ハ　本人と支那人主義者との関係

余が杭州師範学校在学中、儒教を排斥し、忠孝を否認せる『非孝』と題する論文を発表したることあり。而して該論文は可成支那青年に歓迎せられたるを以て、又主義者にも漸く存在を認識せらるるに至り、同志と接触するの機会を得交際を始むるに至れり。其主なる者は陳独秀、戴天仇、李達、張国燾、兪秀松、黄璧魂(女)、李漳、周佛海、謝晋青、李人傑、楊明齊〔楊明斎〕、李和明、哲民、李靈丹、邵力子等にして、余が日本に渡来後も互に文通し居れり。就中余の最も崇拝する人物は陳独秀、戴天仇の二人にして、此二人より従来余の生活費を送付し来れり。

謝晋青〔警視庁編入乙号要視察人にして目下上海に在り〕は余の友人なるも同志にあらずして羅豁、陳春培と共に無政府主義者なり。然れども大杉栄一派の主義とは聊か其の趣を異にせり。

黄璧魂は三十四五歳の婦人にして広東省香山縣の議員なり。上海及広州女学聯合会の重要人物にして、其夫は上海に於て会社員なりしが、目下広東省の官吏を為し居れりと。

兪秀松は余の同窓生にして、上海〔北京〕の工読互助団及上海の星期評論社にて行動を共にせしが、昨年〔一九二一年〕一月莫斯科に赴き爾来音信不通なり。

邵力子は上海民国日報附録『覚悟』の主筆にして上海在住当時余が『覚悟』に投稿し、又彼が余の関係せし週刊新聞『星期評論』に投稿せし関係上屢々往復したり。

二　本邦社会主義者との関係

余が今日迄交通したる日本社会主義者は堺利彦、高津正道、伊井敬〔近藤栄蔵の別号にして羅馬綴の頭字E・Kより転訛したるもの〕、宮崎龍介、山川均、高瀬清等なり。

堺と最初面会せしは一昨年〔一九二〇年〕の十二月頃にして、李達より堺が雑誌『改造』に寄稿せし論文中の〇〇の箇所照会の為堺に宛てし書翰の転達方を依頼せられし時にして、謝晋青の紹介に依り朝鮮人権某〔おそらく権熙国〕と同道、堺を訪問せり。

次は昨年〔一九二一年〕二月上海なる李人傑より当時未発行になりし売文社発行の『空想的及科学的社会主義』と云ふ書籍の購入方を依頼せられたる時及先日上海の露国過激派代表より特派せられし張太雷を紹介せし時なり。

高津正道とは三四箇月以前神田美土代町基督教青年会館及中国基督教青年会館に於て面会したるも、同人宅を訪問したることとなし。

宮崎龍介とは彼の父〔宮崎滔天〕が戴天仇と知人なる関係上、戴の紹介に依り彼父子を承知し、時々同人宅を訪問し居れり。

山川均とは昨年〔一九二一年〕九月頃、友人唐伯焜と同道彼の私宅を訪ひ、後雑誌『改造』に登載せられし同人の論文中の抹殺されたる○○に就き訪問、最後は十一月か十二月初旬頃、鹿児島に在る周佛海が上海に行きたる際。同地露国過激派の袖領《ママ》S（Semeshko ?・）より山川宛の信書を預り来りたるも、周の都合に依り上京し得ざる関係上、其交付方を余に依頼し来りたるを以て、該書翰を山川方に持参せり。

其時山川は余に『君も承知の通り今回多くの日本社会主義者が起訴せられイルクーツクより来れる日本人代表も亦起訴せられたるを以て此事を上海の君の友人より目下上海に在るイルクーツク代表日本人に通知し、帰国せぬ様御配慮を煩はし度し』と謂へり。其日本人は当時は記憶し居たるも、今は失念せり。

ホ　本人と張太雷との関係

張は張復とも云ひ、江蘇省人にして天津北洋大学を中途にて退学、目下上海社会主義青年団員なるも、其幹部にはあらず。而して十月五日当時上海に在りし周佛海の紹介状を持ち、在上海露国過激派員S君（セメシュコの如し）の使命を帯びて、余を訪問し来り、堺に紹介方を懇請したるを以て、翌日余は張と同道堺利彦を私宅に訪ね、同人及伊井（近藤）の二人に張を紹介せり。其時張は百円の朝鮮銀行券十枚を宣伝費と称して直接堺に交付したるに、伊井より該金の内五百円の両替方を依頼せられ、翌日朝鮮銀行支店に於て交換し、直ちに其足にて堺方に至り伊井に之を手渡しせり。

当時余は張より朝鮮銀行券にて金壹百円を貰ひ、該金にて延滞せる宿料を支払ひたり。

張は同月十三日頃東京駅発列車にて上海に向ひたるが、未だ同人より何等の通報に接せず。云々

参考文献

【日本語】（著者・編者　五十音順）

青谷政明「外国語学社（上海）ノート」『地域総合研究』二〇巻一号、一九九二
――「赤都へ――外国語学社とその学生が辿ったロシアへの道」鹿児島経済大学地域総合研究所編『近代東アジアの諸相』勁草書房、一九九五
青柳達雄「李人傑について――芥川龍之介『支那游記』中の人物」『国文学　言語と文芸』一〇三号、一九八八
芥川龍之介『芥川龍之介全集』第五、一一巻、岩波書店、一九七七、一九七八
味岡徹「「中国共産党小組」をめぐる若干の問題」『駒沢大学外国語部論集』三〇号、一九八九
飯倉照平「北京週報と順天時報」『朝日ジャーナル』一九七二・四・二
石川忠雄『中国共産党史研究』慶応通信、一九五九
石川禎浩「李大釗のマルクス主義受容」『思想』八〇三号、一九九一
――「東西文明論と日中の論壇」古屋哲夫編『近代日本のアジア認識』京都大学人文科学研究所、一九九四
――「中国「ニセ」共産党始末――近藤栄蔵の接触した中国の「共産党」」『飈風』三〇号、一九九四
――「施存統と中国共産党」『東方学報』（京都）六八冊、一九九六
――「吉野作造と一九二〇年の北京大学学生訪日団」『吉野作造選集』「月報」一四号、岩波書店、一九九六
――「中国「ニセ」共産党始末（続）――姚作賓は生きていた」『飈風』三二号、一九九七
石堂清倫「堺利彦と『共産党宣言』その他」『初期社会主義研究』一〇号、一九九七
伊藤秀一「十月革命後の数年間におけるソヴェト・中国・朝鮮勤労者の国際主義的連帯について」『歴史評論』一六二、一六三号、一九六四

――「第一次カラハン宣言の異文について」神戸大学文学会『研究』四一号、一九六八
――「コミンテルンとアジア(一)――第二回大会に関する覚書(一)」大阪市立大学中国史研究会『中国史研究』六号、一九七一
――「コミンテルンとアジア(二)――第二回大会に関する覚書(二)」神戸大学文学会『研究』四七号、一九七一
――「バクーの東方諸民族大会について」『神戸大学文学部紀要』一号、一九七二
――「二〇世紀のアジアとコミンテルン」『アジア歴史研究入門』第五巻、同朋舎、一九八四
犬丸義一『第一次共産党史の研究　増補　日本共産党の創立』青木書店、一九九三
岩村登志夫『コミンテルンと日本共産党の成立』三一書房、一九七七
上杉一紀『ロシアにアメリカを建てた男』旬報社、一九九八
上田秀明『極東共和国の興亡』アイペックプレス、一九九〇
宇野重昭『中国共産党史序説』全二冊、日本放送出版協会、一九七三―一九七四
江田憲治『五四時期の上海労働運動』同朋舎、一九九二
――「孫文の上海機器工会における演説」『孫文研究』一四号、一九九二
大島清「日本語版『共産党宣言』書誌」櫛田民蔵著、大内兵衛補修『『共産党宣言』の研究』青木書店、一九七〇
大杉栄著、飛鳥井雅道校訂『自叙伝・日本脱出記』岩波書店、一九七一
大塚令三「中国共産党の成立期に就て」『満鉄支那月誌』第七年一号、一九三〇
――『支那共産党史』全二巻、生活社、一九四一
小野信爾「五四時期の理想主義――惲代英のばあい」『東洋史研究』三八巻二号、一九七九
――「三一運動と五四運動」飯沼二郎、姜在彦編『植民地期朝鮮の社会と抵抗』未来社、一九八二
――「労工神聖の麺包――民国八年秋・北京の思想状況」『東方学報』(京都)六一冊、一九八九
――「五四運動前後の王光祈」『花園大学研究紀要』二二号、一九九〇
片岡一忠『天津五四運動小史』同朋舎、一九八二

片山政治編『日本共産党史(戦前)』公安調査庁、一九六二、現代史研究会復刻版、一九六二
カピッァ「ソ・中関係史の重要文書」『極東の諸問題』八巻四号、一九七九
河上肇『河上肇全集』全三六巻、岩波書店、一九八二―一九八六
川端正久『コミンテルンと日本』法律文化社、一九八二
――「極東諸民族大会と中国」『思想』七九〇―七九一号、一九九〇
木下義介『上海ニ於ケル過激派一般(大正十一年六月)』内務省警保局、一九二二
金原左門『昭和への胎動』小学館、一九八八
小関信行『五四時期のジャーナリズム』同朋舎、一九八五
後藤延子「李大釗における過渡期の思想――『物心両面の改造』について」『日本中国学会報』二二集、一九七〇
――「李大釗資料拾遺、並びに覚書」信州大学『人文科学論集』二一号、一九八七
――「日本における中国近代思想史研究」『中国研究月報』四九一号、一九八九
――「李大釗と日本文化――河上肇・大正期の雑誌」『信州大学人文学部特定研究報告書』一九九〇
――「李大釗とマルクス主義経済学」信州大学『人文科学論集』二六号、一九九二
近藤栄蔵『コムミンテルンの密使』文化評論社、一九四九
斎藤道彦訳「私のマルクス主義観」桜美林大学『中国文学論叢』二号、一九七〇
――訳「物質変動と道徳変動」桜美林大学『中国文学論叢』五、六号、一九七四、一九七六
嵯峨隆「劉師復死後の『民声』について」『法学研究』六八巻二号、一九九五
――「陳炯明支配下の新文化運動――閩南護法区を中心に」小島朋之、家近亮子編『歴史の中の中国政治――近代と現代』勁草書房、一九九九
――等編訳『中国アナキズム運動の回想』総和社、一九九二
坂井洋史「山鹿泰治と中国――『たそがれ日記』に見る日中アナキストの交流」『猫頭鷹』二号、一九八三

――「五四時期の学生運動断面『陳昌標日記』に見る「一師風潮」」『言語文化』二六号、一九八九
シェヴェリョフ「孫文の知られないインタビュー」『極東の諸問題』四巻一号、一九七五
――「中国共産党成立史のひとこま」『極東の諸問題』一〇巻二号、一九八一
塩田庄兵衛編『日本社会主義文献解説』大月書店、一九五八
――「『共産党宣言』の日本語訳をめぐって」『季刊　科学と思想』六九号、一九八八
清水賢一郎「革命と恋愛のユートピア――胡適の〈イプセン主義〉と工読互助団」『中国研究月報』五七三号、一九九五
清水安三『支那新人と黎明運動』大阪屋號書店、一九二四
――「回憶魯迅――回想の中国人(一)」桜美林大学『中国文学論叢』一号、一九六八
社会文庫編『社会主義者・無政府主義者人物研究史料(一)』柏書房、一九六四
末次玲子「五・四運動と国民党勢力」中央大学人文科学研究所編『五・四運動史像の再検討』中央大学出版部、一九八六
砂山幸雄「「五四」の青年像――惲代英とアナーキズム」『アジア研究』三五巻二号、一九八九
関忠果等『雑誌『改造』の四十年』光和堂、一九七七
関口安義『特派員芥川龍之介』毎日新聞社、一九九七
単援朝「上海の芥川龍之介――共産党の代表者李人傑との接触」『日本の文学』八集、一九九〇
ソ連科学アカデミー極東研究所編著、毛里和子、本庄比佐子共訳『中国革命とソ連の顧問たち』日本国際問題研究所、一九七七
孫安石「一九二〇年代、上海の中朝連帯組織――「中韓国民互助社總社」の成立、構成、活動を中心に」『中国研究月報』五七五号、一九九六
平記念事業会『平貞蔵の生涯』平記念事業会、一九八〇
高瀬清『日本共産党創立史話』青木書店、一九七八
竹内実『毛沢東』岩波書店、一九八九
田中真人『高畠素之――日本の国家社会主義』現代評論社、一九七八

朝鮮総督府警保局『大正十一年　朝鮮治安状況』第二巻、高麗書林、一九八九復刻
同志社大学人文科学研究所編『近藤栄蔵自伝』ひえい書房、一九七〇
遠山茂樹等編『山辺健太郎・回想と遺文』みすず書房、一九八〇
徳田球一「わが思い出」『徳田球一全集』第五巻、五月書房、一九八六
仁木ふみ子『震災下の中国人虐殺』青木書店、一九九三
『日本外務省特殊調査文書』第二八巻、高麗書林、一九八九復刻
日本国際問題研究所中国部会編『中国共産党史資料集』第一巻、勁草書房、一九七〇
野村浩一『近代中国の思想世界――『新青年』の群像』岩波書店、一九九〇
萩野脩二「「支那通」について」『中国研究月報』五五四号、一九九四
――「ある「支那通」の軌跡――澤村幸夫について」『中国文学会紀要』一五号、一九九四
狭間直樹『中国社会主義の黎明』岩波書店、一九七六
――「五四運動の精神的前提――惲代英のアナキズムの時代性」『東方学報』(京都)六一冊、一九八九
――「『民声』解題」『民声』原本復刻版、朋友書店、一九九二
――等『データでみる中国近代史』有斐閣、一九九六
――編『共同研究　梁啓超――西洋近代思想受容と明治日本』みすず書房、一九九九
――編『資料集成　中国共産党史』第一巻、時事通信社、一九六一
波多野乾一「中国共産党の成立」『最近支那年鑑(昭和一〇年版)』東亜同文会、一九三五
蜂屋亮子「中国共産党第一次代表大会文献の重訳と、大会会期・代表についての論考」『お茶の水史学』三一号、一九八八
原暉之「ロシア革命、シベリア戦争と朝鮮独立運動」菊地昌典編『ロシア革命論』田畑書店、一九七七
――『シベリア出兵――革命と干渉　一九一七―一九二二』筑摩書房、一九八九
平野正『中国の知識人と民主主義思想』研文出版、一九八七

藤井昇三「中国革命と第一次カラハン宣言」『アジア経済』一〇巻一〇号、一九六九
藤井正「日本社会主義同盟の歴史的意義――「大同団結」から「協同戦線」へ」増島宏編『日本の統一戦線』上、大月書店、一九七八
藤田正典「中国共産党の初期全国代表大会関係文書について」『東洋学報』四五巻三号、一九六二
――「中国共産党第一次全国代表大会の参加代表、会期について」『近代中国』第八巻、一九八〇
布施勝治『ソウエート東方策』燕塵社、一九二六
朴慶植編『在日朝鮮人関係資料集成』第一巻、三一書房、一九七五
堀江則雄『極東共和国の夢』未来社、一九九九
本庄比佐子「上海共産主義グループの成立をめぐって」『論集 近代中国研究』山川出版社、一九八一
松尾尊兊『大正デモクラシーの研究』青木書店、一九六六
――「創立期日本共産党史のための覚書」『京都大学文学部研究紀要』一九号、一九七九
――編『続・現代史資料 2 社会主義沿革』2、みすず書房、一九八六
――「解説・三浦銕太郎小論」松尾編『大日本主義か小日本主義か――三浦銕太郎論説集』東洋経済新報社、一九九五
――『民本主義と帝国主義』みすず書房、一九九八
――「コスモ倶楽部小史」『京都橘女子大学研究紀要』二六号、二〇〇〇
丸山昏迷『北京』大阪屋號書店、一九二一
丸山松幸「中共一全大会存疑」『中国研究月報』五二六号、一九九一
丸山松幸、斎藤道彦『李大釗文献目録』東京大学東洋文化研究所附属東洋学文献センター、一九七〇
水野直樹「コミンテルンと朝鮮――各大会の朝鮮代表の検討を中心に」『朝鮮民族運動史研究』一号、一九八四
水羽信男「施復亮の「中間派」論とその批判をめぐって」今永清二編『アジアの地域と社会』勁草書房、一九九四
南博、社会心理研究所『大正文化 一九〇五―一九二七』新装版、勁草書房、一九八七

村田雄二郎「陳独秀在広州（一九二〇―二一年）」『中国研究月報』四九六号、一九八九
村田陽一「最初に日本へ紹介されたレーニンの文献」『経済』七二号、一九七〇
――「資料　日本共産党準備委員会の宣言・規約（一九二一年四月）」労働運動史研究会編『日本の統一戦線運動』労働旬刊社、一九七六
――編『コミンテルン資料集』第一巻、別巻、大月書店、一九七八、一九八五
森時彦「旅欧中国共産主義青年団の成立」『東方学報』（京都）五二冊、一九八〇
――「中国における勤工倹学運動研究の動向」『東洋史研究』四〇巻四号、一九八二
――「中国共産党旅欧支部の成立」『愛知大学国際問題研究所紀要』八〇号、一九八五
山下恒夫「薄倖の先駆者・丸山昏迷」『思想の科学』一九八六・九―一二
山内昭人「片山潜の盟友リュトヘルスとインタナショナル（Ⅶ）」『宮崎大学教育学部紀要（社会科学）』七五号、一九九三
――『リュトヘルスとインタナショナル史研究――片山潜・ボリシェヴィキ・アメリカレフトウィング』ミネルヴァ書房、一九九六
――「日本社会主義者とコミンテルン・アムステルダム・サブビューローとの通信、一九一九―一九二〇年」『大原社会問題研究所雑誌』四九九号、二〇〇〇
――「ボリシェヴィキ文献と初期社会主義――堺・高畠・山川」『初期社会主義研究』一〇号、一九九七
山辺健太郎「パリ・コミューン百年と日本」『図書』一九七一―八
湯本国穂「五四運動状況における戴季陶――「時代」の方向と中国の進む道」『千葉大学教養部研究報告』B―一九、一九八六
吉野作造『吉野作造選集』全一六巻、岩波書店、一九九五―一九九七
〔同時代の新聞・雑誌〕『大阪朝日新聞』『外事警察報』『改造』『解放』『国民新聞』『時事新報』『社会主義研究』『社会問題研究』『新社会』『新社会評論』『先駆』『東京朝日新聞』『東京日日新聞』『北京週報』『読売新聞』『労働運動（第二次）』

【中国語】（著者・編者　ピンイン・アルファベット順）

安志潔、兪壽臧「珍蔵七十一載　重現在党的紀念日――兪秀松烈士部分日記被発現」『上海党史』一九九一―七
包恵僧「回憶武漢共産主義小組」『党史研究資料』一九七九―九
――「懐念李漢俊先生」『党史資料叢刊』一九八〇―一
――『包恵僧回憶録』人民出版社、一九八三
抱朴（秦滌清）「赤俄遊記」『晨報副鐫』一九二四・八・二三―九・八
北京大学図書館、北京李大釗研究会編『李大釗史事総録』北京大学出版社、一九八九
北京図書館編『列寧著作在中国（一九一九―一九九二年文献調研報告）』書目文献出版社、一九九五
北京図書館馬列著作研究室編『馬克思恩格斯著作中訳文総録』書目文献出版社、一九八三
蔡国裕『一九二〇年代初期中国社会主義論戦』台湾商務印書館、一九八八
――『中共党史』第一冊、国史館、一九八八
蔡和森『蔡和森文集』人民出版社、一九八〇
曹仲彬「党的〝一大〟閉幕日期考」『近代史研究』一九八七―二
――「党的一大八月五日嘉興閉幕考辨」『中共党史研究』二〇〇〇―四
曹仲彬、杜君「論中国共産党是馬克思列寧主義同中国工人運動相結合的産物――與王学啓、張継昌商権」『中共党史研究』一九九一―六
陳登賢、巫忠『譚平山伝』広東高等教育出版社、一九九九
陳独秀『陳独秀著作選』全三巻、上海人民出版社、一九九三
陳公博、周佛海『陳公博・周佛海回憶録合編』春秋出版社、一九六七
陳其尤「一九一九年蘇聯派第一個代表到漳州」『文史資料選輯』二四輯、一九六一

陳紹康「党的〝一大〟後陳独秀回滬時間考」『党史研究資料』一九八二―一一
――「上海外国語学社的創建及其影響」『上海党史』一九九〇―八
――「対「一篇重要報告的作者考」之補証」『党史研究資料』一九九一―一一
陳紹康、蕭斌如「介紹『新時代叢書』社和『新時代叢書』」『党史研究資料』一九八三―九
陳望道『陳望道文集』全四巻、上海人民出版社、一九七九―一九九〇
――「関於上海馬克思主義研究会活動的回憶――陳望道同志生前談話紀録」『復旦学報（社会科学）』一九八〇―三
陳小枚、齊得平「対「中国共産党第一次代表大会」的考証」『中共党史研究』一九九八―四
陳永発『中国共産革命七十年』全二巻、聯経出版事業公司、一九九八
成綱「李大釗同志抗日闘争史略」『新中華報』一九四一・四・二七
程天放「李公祠四年」『伝記文学』一巻七期、一九六二
崔忠植『三均主義與三民主義』正中書局、一九九二
戴季陶『孫文主義之哲学的基礎』民智書局、一九二五
――訳『資本論解説』民智書局、一九二七
鄧明以『陳望道伝』復旦大学出版社、一九九五
鄧文光『現代史攷信録――研究現代史的甘苦（初稿）』東風出版社、一九七四
――『中共建党運動史諸問題』青驄出版社、一九七六
鄧中夏『中国職工運動簡史（一九一九―一九二六）』人民出版社、一九四九
丁則勤「関於張太雷去蘇聯的次数問題」『北京大学学報』一九八四―五
董必武「董老的囑咐」『中国青年報』一九五六・九・一五
――『董必武選集』人民出版社、一九八五
董鋤平「回憶中国労動組合書記部」『党史資料叢刊』一九八二―一

董庭芝、章祖蓉「関於中共〝一大〟代表人数的幾種説法」『党史研究資料』一九七九—一
范体仁「孫中山先生在全国学聯第五届代表大会上」『江蘇文史資料選輯』七輯、一九八一
方暁編『中共党史辨疑録』全二冊、山西教育出版社、一九九一
方行「新民主主義革命史上的第一個新聞通信社——上海〝中俄（華俄）通信社〟」『上海党史研究』一九九二—九
仿魯（袁振英？）「清算陳独秀」『陳独秀評論』北平東亜書局、一九三三
馮自由『社会主義與中国』社会主義研究所、一九二〇
高軍「広東党組織的建立」『党史研究』一九八〇—二
——等編『無政府主義在中国』湖南人民出版社、一九八四
高興亜「五四前後的北京大学俄語系」『文史資料選輯』一三五輯、一九九九
高一涵「和大釗同志相処的時候」『工人日報』一九五七・四・二七
——「李大釗同志護送陳独秀出険」『文史資料選輯』六一輯、一九七九
耿雲志編『胡適遺稿及秘蔵書信』全四二冊、黄山書社、一九九四
耿雲志、欧陽哲生編『胡適書信集』全三巻、北京大学出版社、一九九六
共青団中央青運史研究室編刊『中国社会主義青年団創建問題論文集』一九八四
共青団中央青運史研究室、中国社会科学院現代史研究室編『青年共産国際與中国青年運動』中国青年出版社、一九八五
関海庭、陳坡「関於柏烈偉和伊凡諾夫的若干材料」『党史通訊』一九八三—一九
関山復「関於柏烈偉和伊凡諾夫的幾点情況」『党史通訊』一九八四—三
広東省哲学社会科学研究所歴史研究室編『朱執信集』全二巻、中華書局、一九七九
郭恒珏『俄共中国革命秘檔（一九二〇—一九二五）』東大図書公司、一九九六
海豊人文資料編輯組編『海豊人文資料』一七、海豊人文資料編輯組、一九九六
海隅孤客（梁冰絃）「解放別録」沈雲龍主編『近代中国史料叢刊』一九輯、文海出版社、一九六八

韓一徳、姚維斗『李大釗生平紀年』黒龍江人民出版社、一九八七
何錦洲、沙東迅「広東最初共産党組織之研究」『学術研究』一九八〇―四
侯志平『世界語運動在中国』中国世界語出版社、一九八五
胡喬木『中国共産党的三十年』人民出版社、一九五一
胡慶雲「何謂社会主義者同盟」『党史研究資料』一九九三―一〇
胡慶雲、肖甡「関於湖南共産主義小組問題的商榷」『近代史研究』一九八四―二
華徳韓『邵飄萍伝』杭州出版社、一九九八
華羊「瞿秋白與張太雷早年事」『中共研究』一〇巻七期、一九七六
黄紀陶「黄介民同志伝略」『清江文史資料』一輯、一九八六
黄平『往事回憶』人民出版社、一九八一
黄修栄『共産国際與中国革命関係史』全二巻、中共中央党校出版社、一九八九
『回憶李大釗』人民出版社、一九八〇
『回憶張太雷』人民出版社、一九八四
江亢虎『江亢虎新俄遊記』商務印書館、一九二三
姜沛南、陳衛民「中国労動組合書記部成立於〝一大〟以後」『近代史研究』一九八七―二
蔣俊、李興芝『中国近代的無政府主義思潮』山東人民出版社、一九九一
蔣永敬輯『北伐時期的政治史料――一九二七年的中国』正中書局、一九八一
金安平「近代留日学生與中国早期共産主義運動」『近代史研究』一九九〇―二
金立人「中共上海発起組成立前後若干史実考」『党的文献』一九九七―六、一九九八―一
葵聞、李志春「対「〝七一〟的由来」一文提点不同看法」『党史研究』一九八〇―五
李達「李達自伝(節録)」『党史研究資料』一九八〇―八

——『李達文集』全四巻、人民出版社、一九八〇―一九八八
李大釗『李大釗文集』全五巻、人民出版社、一九九九
李丹陽「朝鮮人〝巴克京春〟来華組党述論」『近代史研究』一九九二―四
——「在滬紅色俄僑——李沢洛維奇」(未刊稿)一九九九
——「英倫航稿　最早與李大釗接触的蘇俄代表——伊万諾夫」『中共党史研究』一九九九―四
李丹陽、劉建一「英倫航稿——早期来華的蘇俄重要密使考」『中共党史研究』一九九八―五
——「早期来華的蘇俄重要密使——波波夫」(未刊稿)二〇〇〇
——「霍多洛夫與蘇俄早期在華通訊社」(未刊稿)二〇〇〇
李国継「関於中共一大預定開会時間的探究」『党的文献』一九九三―一
李漢俊訳『馬格斯資本論入門』社会主義研究社、一九二〇
李季『我的生平』亜東図書館、一九三二
李嘉谷『中蘇関係(一九一七―一九二六)』社会科学文献出版社、一九九六
李玲「「中国共産党第一個綱領」俄文本的来源和初歩考証」『党史研究』一九八〇―三
——「中国共産党第一次全国代表大会幾個問題的考証」『党史研究』一九八三―五
——「関於「張太雷致共産国際第三次代表大会的報告」的作者——與葉孟魁商榷」『中共党史研究』一九九二―三
李龍牧『五四時期思想史論』復旦大学出版社、一九九〇
李権興等編『李大釗研究辞典』紅旗出版社、一九九四
李新、陳鉄健編『偉大的開端』中国社会科学出版社、一九八三
李興耕等『風雨浮萍——俄国僑民在中国(一九一七―一九四五)』中央編訳出版社、一九九七
李玉貞「関於参加共産国際第一、二次代表大会的中国代表」『歴史研究』一九七九―六
——編『馬林與第一次国共合作』光明日報出版社、一九八九

――「参加中共〝一大〟的尼科爾斯基」『党史研究資料』一九八九―七、八
――『孫中山與共産国際』中央研究院近代史研究所、一九九六
――訳『聯共、共産国際與中国（一九二〇―一九二五）』第一巻、東大図書公司、一九九七
――「旅俄華僑與孫中山先生的革命活動」張希哲、陳三井編『華僑與孫中山先生領導的国民革命学術研討会論文集』国史館、一九九七
李雲漢『従容共到清党』中国学術著作奨助委員会、一九六六
柳建輝「陳為人幇助建立中共山東党組織的時間問題」『党史研究』一九八六―四
――「魏経斯基一九二〇年四月到過済南嗎？」『党史研究』一九八六―五
――「〝済南共産主義小組〟成員新探」『党史研究資料』一九八六―一一
柳建輝、鄭雅茹「中共一大前召開過三月会議嗎？――與王述観商榷」『中共党史研究』一九八九―四
劉徳喜「蘇俄、共産国際與陳炯明的関係」『孫中山研究論叢』六集、一九八八
――『両個偉人和両個大陸』中国檔案出版社、一九九五
劉仁静「回憶我在北大馬克思学説研究会的情況」『党史研究資料』一九七九―一六
劉廷暁、馬鴻儒「董必武同志為什麼放棄一大代表是十三人的意見？」『党史通訊』一九八四―八
劉維舟「我的回憶」『中共党史資料』一輯、一九八二
劉以順「参加共産国際〝一大〟的両個中国人」『党史研究資料』一九八六―六
――「参加共産国際一大的張永奎情況簡介」『革命史資料』一九八六―四
劉永明『国民党人與五四運動』中国社会科学出版社、一九九〇
劉玉珊等『張太雷年譜』天津大学出版社、一九九二
劉沢栄「回憶同偉大列寧的会晤」『工人日報』一九六〇・四・二二
――「十月革命前後我在蘇聯的一段経歴」『文史資料選輯』六〇輯、一九七九

呂芳上『革命之再起』中央研究院近代史研究所、一九八九
呂芳文『陳為人伝』人民出版社、一九九七
羅章龍「羅章龍談北京団及『先駆』」『青運史資料與研究』一集、一九八二
――『椿園載記』生活・読書・新知三聯書店、一九八四
馬貴凡「維経斯基第一次来華時的身分不是共産国際代表」『党史通訊』一九八五―一一
――「赴蘇査閲共産国際檔案情況述略」『中共党史通訊』一九九一―一六
――「独欺冰雪挺蒼松――兪秀松在蘇聯的坎坷歳月」『中共党史研究』一九九九―四
馬連儒『中国共産党創始録』中国社会出版社、一九九一
『馬林在中国的有関資料』増訂本、人民出版社、一九八〇
茅盾『我走過的道路』上冊、生活・読書・新知三聯書店香港分店、一九八一
毛沢東『毛沢東選集』全四巻、人民出版社、一九九一
――『毛沢東文集』一―八巻、人民出版社、一九九三―一九九九
――『建国以来毛沢東文稿』一―一三冊、中央文献出版社、一九八七―一九九八
沐濤、孫科志『大韓民国臨時政府在中国』上海人民出版社、一九九二
裴桐「一九五六年赴蘇聯接収檔案追憶」『党的文献』一九八九―五
彭煥才「留日学生與中国共産党的創立」『湘潭大学学報』一九九二―四
彭述之著、程映湘訳「被遺忘了的中共建党人物」『争鳴』(香港)六八期、一九八三
彭沢湘「自述」『党史研究資料』一九八三―一
齊衛平「施存統著「非孝」引起一場軒然大波」『民国春秋』一九九〇―一
――「施復亮伝」『中国各民主党派史人物伝』一、華夏出版社、一九九一
銭听濤「也談一九二一年〝三月代表会議〟――與蘇開華商榷」『中共党史研究』一九九三―一

――「関於張太雷如何加入中共及與此有関的一些問題」張太雷研究会編『張太雷研究学術論文集』南京大学出版社、一九九三
――「我対一九二一年〝三月代表会議〟的看法」『中共党史通訊』一九九四―六
――「張太雷在一九二一年」『北京党史研究』一九九六―三
邱捷「〝路博将軍〟及其同孫中山、陳炯明的会見」『学術研究』一九九六―三
瞿秋白『瞿秋白文集（文学編）』第一巻、人民文学出版社、一九八五
――『瞿秋白文集（政治理論編）』全七巻、人民出版社、一九八七―一九九六
任建樹『陳独秀大伝』上海人民出版社、一九九九
任武雄「一篇重要報告的作者考――兼談中国社会主義青年団中央成立時間」『党史研究資料』一九九一―六
――編『中国共産党創建史研究文集』百家出版社、一九九一
――「一九二〇年陳独秀建立的社会主義研究社――兼談上海〝馬克思主義研究会〟的問題」『党史研究資料』一九九三―四
――「対〝社会主義者同盟〟的探索」『党史研究資料』一九九三―六
――「建党時期的中俄通訊社和華俄通訊社」『党史研究資料』一九九四―一一
――「中共創建史上両個問題的探索」『上海党史研究』一九九六―三
任武雄、陳紹康「『共産党宣言』陳訳本出版時間補証」『党史資料叢刊』一九八一―三
任止戈（任武雄）「読史劄記」『党史研究資料』一九八三―七
沙健孫編『中国共産党的創建』湖南教育出版社、一九九五
上海革命歴史博物館（籌）編『上海革命史研究資料』上海三聯書店、一九九一
――編『上海革命史資料與研究』一輯、開明出版社、一九九二
邵維正「関於中国共産党第一次全国代表大会召開日期的初歩考証」『党史研究資料』一九七九―九
――「中国共産党第一次全国代表大会召開日期和出席人数的考証」『中国社会科学』一九八〇―一
――「〝七一〟的由来」『党史研究』一九八〇―一

――『中国共産党創建史』解放軍出版社、一九九一
――「板凳需坐十年冷　文章不写一句空――対中共一大考証的回憶」『中共党史研究』二〇〇〇―四
沈徳純、田海燕「中国共産党〃一大〃的主要問題――訪問第一次代表大会代表董必武同志」『人民日報』一九六一・六・三〇
沈海波「任弼時首次赴蘇時間考」『中国青運』一九九〇―四
――「中共〃一大〃八月一日閉幕考」『上海党史』一九九〇―七
――「中国社会主義青年団一九二二年五月解散的問題――兼論外国語学社結束的時間」『党史研究資料』一九九〇―八
――「外国語学社学生赴俄時間考」『上海党史』一九九二―九
――「試論社会主義者同盟」『党史研究與教学』一九九八―一
沈以行等編『上海工人運動史』上巻、遼寧人民出版社、一九九一
沈雲龍『中国共産党之来源』中国青年党党史委員会、一九八七
沈之瑜「〃一大〃会址是怎様找到的」『上海灘』一九八八―一〇
施復亮（施存統）「中国共産党成立時期的幾個問題」『党史資料叢刊』一九八〇―一
「十月革命影響及中蘇関係文献檔案選輯」『近代史資料』一九五七―五
石川禎浩「中共創建史研究述評」曾慶榴、洪小夏主編『中国革命史研究述論』華星出版社、二〇〇〇
石克強「孫中山與遠東電訊社（一九二〇―一九二二）」中国孫中山研究学会編『孫中山和他的時代』中華書局、一九八九
舒懐「深切地懐念敬愛的董老」『人民日報』一九七七・四・二
司馬璐『中共的成立與初期活動』自聯出版社、一九七四
蘇長聚「関於『陳独秀伝』（上）一書中幾処史実的訂正與商榷」『中共党史通訊』一九九一―六
蘇開華「関於中国共産党創立幾個問題的辨正」『中共党史研究』一九九二―四
――「一九二一年〃三月代表会議〃性質辨析」『党史研究與教学』一九九五―五
『蘇聯陰謀文証彙編』京師警察庁、一九二八

索特尼科娃「負責中国方面工作的共産国際機構」『国外中共党史研究動態』一九九六―四
唐宝林編『馬克思主義在中国一〇〇年』安徽人民出版社、一九九七
唐宝林、林茂生『陳独秀年譜』上海人民出版社、一九八八
唐徳剛編『胡適口述自伝』華東師範大学出版社、一九九二
陶水木「施存統対馬克思主義早期伝播的貢献」『杭州師範学院学報』一九九一―四
田保国『民国時期中蘇関係』済南出版社、一九九九
汪佩偉『江亢虎研究』武漢出版社、一九九八
汪之成『上海俄僑史』上海三聯書店、一九九三
王迪先「関於上海外国語学社和赴俄学習的幾個問題」『党史研究資料』一九八五―一
王国栄「中共〝一大〟結束日期新探」『浙江学刊』一九八四―三
王会悟「我為党的〝一大〟安排会址」『革命史資料』一、文史資料出版社、一九八〇
王健民『中国共産党史稿』第一編、正中書局、一九六五
王聿均『中蘇外交的序幕』中央研究院近代史研究所、一九六三
王炯華『李達與馬克思主義哲学在中国』華中理工大学出版社、一九八八
王覚源『中国党派史』正中書局、一九八三
王明哲「做好革命歴史文件資料的徴集工作」『党史資料通訊』一九八一―二三
――「中央檔案館一九八一年徴集工作簡況」『党史資料通訊』一九八二―三
王其彦「陳独秀没出席中共〝一大〟的原因」『齊魯学刊』一九九一―四
王奇生「取径東洋、転道入内――留日学生與馬克思主義在中国的伝播」『中共党史研究』一九八九―六
王若飛「関於大革命時期的中国共産党」『近代史研究』一九八一―一
王述観「中共一大前曾召開過三月代表会議」『中共党史研究』一九八八―四

――「関於張太雷致共産国際〝三大〟報告的幾個問題」『党史研究資料』一九九一―八
王文彬編『中国報紙的副刊』中国文史出版社、一九八八
王暁秋「李大釗與五四時期的中日文化交流」『李大釗研究論文集――紀念李大釗誕辰一百周年』北京大学出版社、一九八九
王学啓、張継昌「対中国共産党是馬克思列寧主義同中国工人運動相結合的産物的再認識」『杭州大学学報(哲社版)』一九八九―三
王章陵『中国共産主義青年団史論(一九二〇―一九二七)』国立政治大学東亜研究所、一九七三
王政明『蕭三伝』北京図書館出版社、一九九六
『維経斯基在中国的有関資料』中国社会科学出版社、一九八二
呉家林、謝蔭明『北京党組織的創建活動』中国人民大学出版社、一九九一
呉相湘「陳炯明與俄共中共関係初探」『中国近代現代史論集』二七編、台湾商務印書館、一九八六
伍仕豪「陳望道翻訳的『共産党宣言』初版時間略考」『党史資料叢刊』一九八一―一
向青『共産国際與中国革命関係論文集』上海人民出版社、一九八五
――等編『蘇聯與中国革命』中央編訳出版社、一九九四
蕭勁光「赴蘇学習前後」『革命史資料』三、文史資料出版社、一九八一
蕭三「毛沢東同志的初期革命活動」『解放日報』一九四四・七・一―二
――「対「毛沢東故事選」的幾点重要更正」『北方文化』一巻六号、一九四六
――『毛沢東同志的青少年時代』新華書店、一九四九
――『毛沢東同志的青少年時代和初期革命活動』中国青年出版社、一九八〇
謝覚哉『謝覚哉日記』人民出版社、一九八四
謝蔭明「布爾特曼・繆勒爾與中国早期馬列主義者的聯係」『光明日報』一九九一・六・一二
謝英伯「人海航程」『革命人物誌』一九集、中央文物供応社、一九七八
徐万民「伊文與伊鳳閣辨」『中共党史研究』一九九三―五

徐相文「従蘇俄的亜洲戦略看中共「一大」以前的建党活動」『国史館館刊』復刊第二三期、一九九七
徐有礼「五四前後中国報刊対共産国際的介紹」『党史研究資料』一九八六―一一
許玉林、蔡金法「党的紀念日〝七一〟的由来」『党史資料叢刊』一九七九―一
旭文『邵飄萍伝略』北京師範学院出版社、一九九〇
薛承、封春陽「十年来党的創立時期研究述評」『中共党史研究』一九九一―二
薛銜天「関於旅俄華工聯合会機関報『大同報』」『近代史研究』一九九一―三
――等編『中蘇国家関係史資料彙編（一九一七―一九二四年）』中国社会科学出版社、一九九三
薛銜天、李玉貞「旅俄華人共産党組織及其在華建党問題」『近代史研究』一九八九―五
楊福茂「兪秀松対創建中国共産党和社会主義青年団的貢献」『中共党史研究』二〇〇〇―五
楊紀元「毛沢東不可能在北京看到陳訳本『共産党宣言』」『党史研究資料』一九八一―二
楊奎松「李大釗與河上肇――兼談李大釗早期的馬克思主義観」『党史研究』一九八五―二
――「有関中国早期共産主義組織的一些情況」『党史研究資料』一九九〇―四
――「『中間地帯的革命――中国革命的策略在国際背景下的演変』中共中央党校出版社、一九九二
――「遠東各国共産党及民族革命団体代表大会的中国代表問題」『近代史研究』一九九四―二
――「従共産国際檔案看中共上海発起組建立史実」『中共党史研究』一九九六―四
――『中共與莫斯科的関係（一九二〇―一九六〇）』東大図書公司、一九九七
楊奎松、董士偉『海市蜃楼與大漠緑洲――中国近代社会主義思潮研究』上海人民出版社、一九九一
楊匏安『楊匏安文集』中央文献出版社、一九九六
楊世元「一九二〇年的〝重慶共産主義組織〟析解」『重慶党史研究資料』一九九六―一
楊雲若、楊奎松『共産国際和中国革命』上海人民出版社、一九八八
葉蠖生「対「関於中共〝一大〟代表人数的幾種説法」一文的質疑」『党史研究資料』一九七九―一四

葉孟魁「一篇有重要歴史意義的文献」『中共党史研究』一九九〇―五
葉明勲、黄雪邨「追憶陳博生先生」『伝記文学』三九巻一期、一九八一
葉永烈『紅色的起点』上海人民出版社、一九九一
――『葉永烈採訪手記』上海社会科学院出版社、一九九三
『一大回憶録』知識出版社、一九八〇
遊人『新俄回想録』軍学編輯局、一九二五
余敏玲「蘇聯境内出版的中文期刊　一九一八―一九三七」『前進報』中央研究院近代史研究所、一九九六
余世誠「参加共産国際〝三大〟的另一名中国共産党人是楊明斎」『党史研究資料』一九八四―一
余世誠、劉明義『中共山東地方組織創建史』石油大学出版社、一九九六
余世誠、張升善『楊明斎』中共党史資料出版社、一九八八
虞崇勝「〝南陳北李、相約建党〟的時間和地点」『江漢論壇』一九八六―五
曾長秋「対中国共産党成立時期幾個史実的考証」『史学月刊』一九九二―四
翟作君等「新民主主義革命時期中華全国学生聯合会歴次代表大会介紹」『青運史研究』一九八四―一～一九八五―二
翟作君、蔣志彦『中国学生運動史』学林出版社、一九九六
張国燾『我的回憶』第一冊、明報月刊出版社、一九七一
張恵芝『〝五四〟前夕的中国学生運動』山西教育出版社、一九九六
張景「安那其主義在中国的伝播活動断片」『文史資料選輯』九〇輯、一九八三
張静廬輯注『中国現代出版史料』甲編、中華書局、一九五四
張静如等編『李大釗生平史料編年』上海人民出版社、一九八四
張朋園『梁啓超與民国政治』食貨出版社、一九七八
張太雷『張太雷文集』人民出版社、一九八一

――『張太雷文集(続)』江蘇人民出版社、一九九二
張西曼『歴史回憶』済東印書社、一九四九
張小曼編『張西曼紀念文集』中国文史出版社、一九九五
張允侯等編『五四時期的社団』全四冊、生活・読書・新知三聯書店、一九七九
張召奎『中国出版史概要』山西人民出版社、一九八五
張鍾、陳志瑩「包恵僧出席中共一大身份問題考証」『江漢論壇』一九八二―三
鄭佩剛「無政府主義在中国的若干史実」『広州文史資料』七輯、一九六三
鄭学稼『中共興亡史』全四冊、帕米爾書店、一九八四再版
中共北京市委党史研究室『北京青年運動史料』北京出版社、一九九〇
中共党史人物研究会編『中共党史人物伝』一―六〇巻、陝西人民出版社、一九八〇―一九九六
中共広東省委党史研究室『中国共産党広東地方史』一、広東人民出版社、一九九九
中共広東省委党史研究委員会辦公室、広東省檔案館編刊『〝一大〟前後的広東党組織』一九八一
中共上海市委党史研究室『中国共産党上海史』全二冊、上海人民出版社、一九九九
中共上海市委党史資料徴集委員会編『上海共産主義小組』知識出版社、一九八八
中共一大会址紀念館編刊『上海地区建党活動研究資料』一九八六
――編『紅旗飄飄』三一集、中国青年出版社、一九九〇
中共中央党史研究室『中国共産党歴史』上巻、人民出版社、一九九一
――『光輝歴程――従一大到十五大』中共党史出版社、一九九八
中共中央党史研究室第一研究部編『蘇聯、共産国際與中国革命的関係新探』中共党史出版社、一九九五
――編訳『聯共(布)、共産国際與中国国民革命運動(一九二〇―一九二五)』北京図書館出版社、一九九七
中共中央党史研究室一室『『中国共産党歴史(上巻)』若干問題説明』中共党史出版社、一九九一

――『中国共産党歴史（上巻）』注釈集』中共党史出版社、一九九一
中共中央党史資料徴集委員会編『共産主義小組』全二冊、中共党史資料出版社、一九八七
中共中央党校科研辦公室『社会主義思想在中国的伝播（資料選輯）』全六冊、中共中央党校科研辦公室、一九八五―一九八七
中共中央馬克思恩格斯列寧斯大林著作編訳局馬恩室編『馬克思恩格斯著作在中国的伝播』人民出版社、一九八三
中共中央馬克思恩格斯列寧斯大林著作編訳局研究室編『五四時期期刊介紹』全六冊、生活・読書・新知三聯書店、一九七九
中共中央文献研究室編『毛沢東年譜』全三巻、人民出版社・中央文献出版社、一九九三
――編『劉少奇伝』中央文献出版社、一九九八
――編『任弼時伝（修訂本）』中央文献出版社、二〇〇〇
中国第二歴史檔案館編『中国無政府主義和中国社会党』江蘇人民出版社、一九八一
中国人民大学図書館編『解放区根拠地図書目録』中国人民大学出版社、一九八九
中国人民大学中共党史系中国近現代政治思想史教研室編刊『中国無政府主義資料選編』一九八二
中国社会科学院近代史研究所編『五四運動回憶録』上、下、続、中国社会科学出版社、一九七九
――編『白堅武日記』全二冊、江蘇古籍出版社、一九九二
中国社会科学院近代史研究所、中国第二歴史檔案館史料編輯部編『五四愛国運動檔案資料』中国社会科学出版社、一九八〇
中国社会科学院近代史研究所翻訳室編訳『共産国際有関中国革命的文献資料』全三冊、中国社会科学出版社、一九八一―一九九〇
中国社会科学院文献情報中心編『俄蘇中国学手冊』全二冊、中国社会科学出版社、一九八六
中国社会科学院現代史研究室、中国革命博物館党史研究室編『〝一大〟前後』全三冊、人民出版社、一九八〇―一九八四
中華民国留俄同学会編『六十年来中国留俄学生之風霜踔厲』中華文化基金会、一九八八
中央檔案館編『中国共産党第一次代表大会檔案資料』人民出版社、一九八二
――編『中共党史報告選編』中共中央党校出版社、一九八二
――編『中共中央文件選集』第一冊、中共中央党校出版社、一九八九

中央研究院近代史研究所編『中俄関係史料　一般交渉　民国九年』中央研究院近代史研究所、一九六八
鍾鳳「金侶琴――最早中訳列寧著作的人」『人物』一九八四―六
鍾復光「鍾復光同志談施存統（一九八〇年二月九日）」（未刊稿）
周恩来『周恩来選集』全二巻、人民出版社、一九八四
周佛海「我的奮闘」『古今月刊』二期、一九四二
周文琪、褚良如『特殊而複雑的課題――共産国際、蘇聯和中国共産党関係編年史』湖北人民出版社、一九九三
周永祥『瞿秋白年譜新編』学林出版社、一九九二
周子信「〝一大〟時張太雷不是馬林的翻訳」『党史研究資料』一九八一―一二
――「党的〝一大〟閉幕日期是八月二日」『革命史資料』一九八六―二
朱枕薪「中国共産党運動之始末」『新国家雑誌』一巻八号、一九二七
荘福齢編『中国馬克思主義哲学伝播史』中国人民大学出版社、一九八八
荘有為「試述〝南陳北李、相約建党〟」『中共党史論叢』上海交通大学出版社、一九八八
〔同時代の新聞・雑誌〕『北京大学日刊』『晨報』『晨鐘報』『共産党』『広東群報』『広州民国日報』『漢口民国日報』『建設』『解放与改造』『今日』『労働』『労動界』『労働者』『毎週評論』『民国日報』『民声』『青年週刊』『少年中国』『申報』『時事新報』『先駆』『新潮』『新青年』『新中国』『星期評論』『益世報』『中国青年』『中央副刊』

【韓国語】

金俊燁、金昌順『韓国共産主義運動史』全五巻、高麗大学校亜細亜問題研究所、一九六七―一九七六
金昌順『韓国共産主義運動史』北韓研究所、一九九九
孫春日「上海臨時政府와 中国共産党창건의초기활동（一九一九년九월～一九二一년七월）」『白山学報』四二号、一九九三

【西洋語】

Andréas, Bert, *Le Manifeste Communiste de Marx et Engels, Histoire et Bibliographie 1848-1918*, Milano, 1963

Bernal, Martin, *Chinese Socialism to 1907*, Ithaca, N. Y., 1976

Bing, Dov, Sneevliet and the Early Years of the CCP, *China Quarterly*, No. 48, 1971

——The Founding of a Comintern Bureau in the Far East, *Issues & Studies*, Vol. 8, No. 7, 1972

Cadart, Claude/Cheng Yingxiang, *L'Envol du communisme en Chine: Mémoires de Peng Shuzhi*, Paris, 1983

Carr, E. H., *The Bolshevik Revolution: 1917-1923*, 3 vols., London, 1959-1961（邦訳：原田三郎、宇高基輔等訳『ボリシェヴィキ革命 ソヴェト・ロシア史 一九一七―一九二三』全三巻、みすず書房、一九六七―一九七一）

——*1917: Before and After*, London, 1969（邦訳：南塚信吾訳『ロシア革命の考察』みすず書房、一九六九）

Chapman, H. O., *The Chinese Revolution, 1926-27: a record of the period under communist control as seen from the nationalist capital, Hankow*, London, 1928（邦訳：岡虎一訳『支那革命の本質』亜細亜出版協会、一九二九）

Chen, Joseph T., *The May Fourth Movement in Shanghai*, Leiden, 1971

Comintern Archive, 1917-1940; Cogresses, microfiches, Leiden, 1994

Dirlik, Arif, *The Origins of Chinese Communism*, New York, 1989

Draper, Theodore, *The Roots of American Communism*, New York, 1957

Eudin, Xenia J./North, Robert C., *Soviet Russia and the East, 1920-1927*, Stanford, 1957

Gouldner, Alvin W., *The Future of Intellectuals and the Rise of the New Class*, New York, 1979（邦訳：原田達訳『知の資本論』新曜社、一九八八）

Isaacs, Harold R., Documents on the Comintern and the Chinese Revolution, *China Quarterly*, No. 45, 1971

Kasanin, Marc, *China in the Twenties*, Moscow, 1973

Kriukov, M., The Winding Road to Alliance: Soviet Russia and Sun Yatsen（1918-1923）, *Far Eastern Affairs*, 1999, No. 2-3

Lenin, N./ Trotzky, L., *The Proletarian Revolution in Russia*. Edited, with an Introduction, Notes and Supplementary Chapters by Louis C. Fraina, New York, 1918

Luk, Y. L. Michael, *The Origins of Chinese Bolshevism: An Ideology in the Making 1920-1928*, New York, 1990

Meisner, Maurice, *Li Ta-chao and the Origins of Chinese Marxism*, Cambridge, Mass., 1967（邦訳：丸山松幸、上野恵司訳『中国マルクス主義の源流』平凡社、一九七一）

North, Robert C., *Moscow and Chinese Communists*, 2nd ed., Stanford, 1963（邦訳：現代史研究会訳『モスクワと中国共産党』恒文社、一九七四）

Norton, H. K., *The Far Eastern Republic of Siberia*, London, 1923

Pantsov, Alexander, *The Bolsheviks and the Chinese Revolution: 1919-1927*, Honolulu, 2000

Protokoll des III. Kongresses der Kommunistischen Internationale（*Moskau, 22. Juni bis 12. Juli 1921*）, Hamburg, 1921

Reinsch, P. S., *World Politics at the End of the Nineteenth Century: as influenced by the Oriental Situation*, New York, 1900（邦訳：高田早苗抄訳『帝国主義論』東京専門学校出版部、一九〇一）

Revolutionary Radicalism. Report of the Joint Legislative Committee Investigating Seditious Activities, filed April 24, 1920, in the Senate of the State of New York, Vol. 2, Albany, New York, 1920

RKP（*B*）, *Komintern und die national-revolutionäre Bewegung in China: Dokumente. Band 1.*（*1920-1925*）, München, 1996

Saich, Tony, *The Origins of the First United Front in China: The Role of Sneevliet*（*Alias Maring*）, 2 vols., Leiden, 1991

——*The Rise to Power of the Chinese Communist Party: documents and analysis*, New York, 1994

Scalapino, R. A., *The Japanese Communist Movement, 1920-1966*, Berkeley, 1967

Scalapino, R. A./ Yu, G. T., *The Chinese Anarchist Movement*, Berkeley, 1961（邦訳：丸山松幸訳『中国のアナキズム運動』紀伊国屋書店、一九七〇）

Scalapino, R. A./Lee, Chong-sik, *Communism in Korea*, 2 vols. Berkeley, 1972

Schwarcz, Vera, *Time for Telling Truth is Running out: Conversations with Zhang Shenfu*, New Haven, 1992

Schwartz, Benjamin I., *Chinese Communism and the Rise of Mao*, Cambridge, Mass., 1951（邦訳：石川忠雄、小田英郎訳『中国共産党史』慶応通信、一九六四）

Smith, H. D., *Japan's First Student Radicals*, Cambridge, Mass., 1972（邦訳：松尾尊兊、森史子訳『新人会の研究——日本学生運動の源流』東京大学出版会、一九七八）

Smith, S. A., *A Road is Made: Communism in Shanghai 1920-1927*, Richmond, 2000

Snow, Edgar P,. *Red Star over China*, New York, 1961（邦訳：松岡洋子訳『中国の赤い星（増補決定版）』筑摩書房、一九七五）

Suh, Dae-Sook, *The Korean Communist Movement: 1918-1948*, Princeton, N J, 1967（邦訳：金進訳『朝鮮共産主義運動史 一九一八—一九四八』コリア評論社、一九七〇）

Trotzky, L., *The Bolsheviki and World Peace*, New York, 1918（邦訳：室伏高信訳『過激派と世界平和』上田屋、一九一八）

van de Ven, Hans J., *From Friend to Comrade: the Founding of the Chinese Communist Party 1920-1927*, Berkeley / Los Angeles, 1991

Wales, Nym, *Red Dust: Autobiographies of Chinese Communists*, Stanford, 1952（邦訳：陸井三郎訳『紅い塵　新中国の革命家たち』新評論社、一九五三）

Whiting, A. S., *Soviet Policies in China: 1917-1924*, Stanford, 1968

Wilbur, C. M., *The Communist Movement in China: An Essay written in 1924 by Ch'en Kung-po*, New York, 1966

——*Sun Yat-sen: Frustrated Patriot*, New York, 1976

Wilbur, C. M./How, J. L., *Missionaries of Revolution: Soviet Advisers and Nationalist China, 1920-1927*, Cambridge, Mass., 1989

Yeh, Wen-Hsin, *Provincial Passages, Culture, Space, and the Origins of Chinese Communism*, Berkeley, 1996

〔同時代雑誌〕

The Class Struggle

The Communist（Organ of the Communist Party of Great Britain）

The Communist（Organ of the Communist Party of America）

The Communist（Organ of the United Communist Party of America）

The Communist International

Die Kommunistische Internationale

The Fortnightly Review

The International Socialist Review

The Nation

The One Big Union Monthly

The Liberator

Soviet Russia

【ロシア語】

Адибеков, Г. М. / Шахназарова, Э. Н. / Шириня, К. К., *Организационная Структура Коминтерна : 1919-1943*, Москва, 1997

ВКП（*б*）, *Коминтерн и Национально-Революционное Движение в Китае : Документы, Т. I.*（*1920-1925*）, Москва, 1994 ; *Т. II.*（*1926-1927*）, Москва, 1996

Гарушянц, Ю. М., Борьба Китайских Марксистов за создание Коммунистической Партии Китая, *Народы Азии и Африки*, 1961, No. 3

Горбунова, С. А., Съезд народов Дальнего Востока и революционное движение в Китае, *Проблемы Дальнего Востока*, 1987, No. 4

Далин, С. А., *Китайские Мемуары : 1921-1927*, Москва, 1975

Дальневосточная Политика Советской России : 1920-1922 гг., Новосибирск, 1996

Ефимов, Г. В., *Сунь Ятсен. Поиск пути : 1914-1922*, Москва, 1981

Картунова, А. И., Профинтерн и профсоюзное движение в Китае (Из истории их взаимоотношений), *Народы Азии и Африки*, 1972, No. 1

——Интернациональная помощь рабочему классу Китая (1920-1922 гг.), *Проблемы Дальнего Востока*, 1973, No. 1

——К вопросу о контактах представителей Китайской секции РКП(б) с организациями КПК : По новым документам 1921-1922, *Проблемы Дальнего Востока*, 1988, No. 2

——Забытый участник I съезда КПК, *Проблемы Дальнего Востока*, 1989, No. 2

Ковалев, Е. Ф. / Картунова, А. И., Новые материалы о первом съезде Коммунистической Партии Китая, *Народы Азии и Африки*, 1972, No. 6

Коминтерн и Восток, Москва, 1969(邦訳：国際関係研究所訳『コミンテルンと東方』協同産業KK出版部、一九七一)

Кучко, В. Н., Н. Г. Буртман—революционер, интернационалист, *Опыт и уроки истории КПК. К 60-летию образования партии*, Москва, 1981

Мамаева, Н. Л., *Коминтерн и Гоминьдан : 1919-1929*, Москва, 1999

Мухачев, Б. И., *Александр Краснощеков*, Владивосток, 1999

Мюллер, А. А., *В пламени революции* (*1917-1920 гг.*), Иркутск, 1957

Персиц, М. А., *Дальневосточная республика и Китай*, Москва, 1962

——Из Истории Становления Коммунистической Партии Китая, *Народы Азии и Африки*, 1971, No. 4

——О характере записки《Конгресс Коммунистической Партии в Китае》, *Народы Азии и Африки*, 1973, No. 1

Сибирское бюро ЦК РКП(б), 1918-1920 гг.: сборник документов, ч. 1, Новосибирск, 1978

Устинов, В. М., Китайские коммунистические организации в Советской России (1918-1920 гг.). *Вопросы Истории КПСС*, 1961, No. 4

Шевелев, К. В., К датировке 1 сьезда Коммунистической Партии Китая, *Народы Азии и Африки*, 1973, No. 1

——Предыстория единого фронта в Китае и учредительный съезд КПК, *Китай: традиции и современность*, Москва, 1976

——Из истории образования Коммунистической партии Китая, *Проблемы Дальнего Востока*, 1980, No. 4

〔同時代雑誌〕

Бюллетени Дальне-Восточного Секретариата Коминтерна

Народы Дальнего Востока

Революционный Восток

あとがき

本書はこの十年ほどの間に積み重ねてきた研究のひとつの集大成である。わたしが中国共産党の成立史に関心を持つようになったそもそものきっかけは、京都大学大学院文学研究科に進学して間もない一九八八年に、現代史大学院演習で「中国マルクス主義と日本」なる報告をしたことだった。その報告は、中国でさかんになされていたマルクス主義の受容史研究に、日本からの影響という文化交流史の視点から何らかのアプローチはできないか、といったごく単純な思いつきで、いくつかの中国社会主義文献の来源を調べて発表しただけのものにすぎなかった。一九八四年から二年間、中国の北京大学に普通進修生として留学したとはいえ、中国共産党史にとくに関心を持っていなかったわたしは、報告一回分の責務を果たせればそれでよいというぐらいの軽い気持ちでその報告をしたのだが、その場で思いがけない指摘を受けた。中国での通説に依拠して、北京の『晨報』でマルクス主義紹介をした「淵泉」なる人物を李大釗だと述べたことにたいする松尾尊兊先生（現京都橘女子大学教授）からの異論である。松尾先生の指摘や関連文献の紹介を受けて調べてみると、確かにそのとおりであった。先生はもちろん中国近現代史を専門に研究しておられたわけではないが、吉野作造と李大釗との五四時期の交流を調べていく中で、「淵泉」の存在に注目されていたのであった。

中国の通説を鵜呑みにした自らの不明を恥じて、その「淵泉」を調べていくことからわたしの研究のすべては始まったといってよい。その後、当時の中国雑誌や新聞を調べていくと、「淵泉」が李大釗ではなく、『晨報』の記者・陳溥賢であることがわかった。かの李大釗よりも早くにマルクス主義紹介をしたらしい人物を見つけたわたしは、さらにその陳溥賢が中国の学界でもほとんど知られていないことを知って、それこそ欣喜雀躍し、中国マルクス主義と日本との連環、中共の創立史をおりまぜて修士論文「五四時期におけるマルクス主義の受容」をまとめることができた。今から十年ほど前のことであり、それは本書第一章の骨格となっている。

いうまでもなく、中国におけるマルクス主義の受容は中共創立史と不可分の関係にあるが、修士論文作成時点から、わたしには、誰もが知っているはずの中共創立史が、研究量のわりには意外に解明されていないことが気がかりであった。爾来、幸いにも研究ポストに恵まれたわたしは、この十年間、研究の重点をマルクス主義の受容から中共創立史に移してそれに没頭することになった。本書の内容の一部は、この十年間におりに触れて発表したものである。参考までに、既発表論文と本書の内容の大まかな対応関係を示せば、次のようになる。

「李大釗のマルクス主義受容」(『思想』八〇三号、一九九一年)→第一章第二節

「マルクス主義の伝播と中国共産党の結成」(狭間直樹編『中国国民革命の研究』京都大学人文科学研究所、一九九二年)→第一章第二〜四節

「陳望道訳『共産党宣言』について」(『飈風』二七号、一九九二年)→第一章第三節

「若き日の施存統――中国共産党創立期の「日本小組」を論じてその建党問題におよぶ――」(『東洋史研究』五三巻二号、一九九四年)→第四章第三節

「中国「ニセ」共産党始末――近藤栄蔵の接触した中国の「共産党」――」(『飈風』三〇号、一九九四年)→第二章第三節

「魏金斯基與馬列主義在中国的初期伝播渠道」(ヴォイチンスキーとマルクス・レーニン主義の中国における初期伝播ルート)(『湖北大学学報』一九九七年第四期)→第一章第四節
「「中国共産党宣言」と「中共三月会議(一九二一年)」に関する一考察」(『神戸大学史学年報』一四号、一九九九年)→第三章第三節

ただし、本書にまとめるにあたっては、中国共産党成立史として体系性をもたせるために、これら旧稿に大幅に加筆、訂正をおこなったり、構成がえをしたりしているので、初出論文と比べると原形をとどめていない部分も相当にある。したがって、この一年半ほどの間に執筆した部分(全体の約三分の二)を加えれば、本書の四分の三ほどは全くの書き下ろしと言ってよい。

京都大学在学以来、わたしの勉強の条件は極めて恵まれたものであった。在学時から文学部現代史研究室の先生方の指導を受け、同窓の諸氏と切磋琢磨できたことはいうまでもなく、修士課程修了とともに助手として採用された京都大学人文科学研究所では、七年にわたる在職中、豊富な資料を存分に利用してひたすら研究に打ち込む最良の環境を与えていただいた。そこには、狭間直樹(現京大人文研教授)、森時彦(同)、江田憲治(現京都産業大学教授)ら先学諸氏が苦労して収集した多くの中共党史関係資料(日本国内では最も豊かなコレクション)があり、いつでも好きなときに好きなだけ利用することができた。加えて、そこで毎週開催される中国近代史関係の共同研究班は、時に貴重な学術情報交流の場として、時に事柄の詮索のみに片寄りがちなわたしの眼を開いてくれる啓蒙の場として、実に道場そのものであった。その在職中、くりかえし「机に向かって勉強しさえすればそれでよい」と言ってくださった狭間直樹先生の叱咤と激励によって、わたしは何不自由なく研究に専念することができた。

わたしにとって、歴史学の恩師が松尾先生だとすれば、狭間先生は中国近代史学の恩師である。両先生は専門分野こそ違え、ともに史料の厳密な扱いをむねとするという歴史学者の矜恃を教えて下さった。そしてそれは、今日にいたるまで続いている。お二人の指導がなければ、本書はおろか、わたしが研究者のはしくれとなることすらなかったであろう。また、助手時代には、直接に中国近代史の教えを賜ったわけではないが、島田虔次先生には、『梁啓超年譜長編』の翻訳会読での指導などを通じて、目には見えない治学の姿勢と中国近代知識人の思惟のあり方について、多大な学恩をこうむった。島田先生は昨年三月に永眠されたため、今となっては本書を先生に献じることのできないことだけが悔やまれる。

感謝ということであれば、一九九七年以来在職している神戸大学が与えてくれた研究環境にも言及しないわけにはいかない。七年間の研究所助手時代に、時おり大学の授業を担当したものの、基本的に学生に親しく接して指導したことなどなかったわたしにとって、教育と研究の両責務を負う大学文学部での体験は新鮮なものであった。もちろん、助手時代に比べれば、研究だけに打ち込める時間は減ったけれども、授業の準備や講義を通じて自分の研究成果を熟成させることができたのは、大きな喜びであった。同僚の諸氏、とくに東洋史専攻の森紀子、濱田正美の両教授には、校務を怠りがちなわたしの不甲斐なさを常に支えられ、本書執筆にも惜しみない援助を与えていただいた。中共党史という、現代日本ではおよそ関心をひきそうにない授業に耳を傾けてくれる神戸大学文学部の学生諸君ともども、感謝の言葉を贈りたい。また、神戸大学に伊藤秀一氏(現日本大学教授)が集められたロシア語関連文献がかなり残っていたことは、研究の進展の結果、それを使わざるを得なくなったわたしにとって僥倖であった。

中共の成立がソビエト・ロシア、コミンテルンの活動と不可分の関係にあることは、本書で大きな紙幅をさいて検討したように、疑問の余地のない事実であり、また実際にも近年のいわゆるモスクワ・アルヒーフの公開によって、原文書による事実解明がすすみつつある。ロシア語の資料や先行研究を使わなければ解明困難なそうした領域は、ほとんどロシア語を解しないわたしにとっては最大の難物であったが、その点にかんして得難い教示を与えてくれたのは、一九九九年以来、有志の勉強会として続いている「初期コミンテルンと東アジア研究会」の諸氏、とりわけ水野直樹氏（現京大人文研教授）と山内昭人氏（現宮崎大学教授）である。朝鮮を中心にした東アジアの社会運動の相互関係に詳しい水野氏と、国際共産主義運動に造詣の深い山内氏のそれこそ同志的励ましと資料提供や教示がなかったら、本書のコミンテルン関係の記述はなかったことであろう。また、同研究会の一員であり、京大文学部以来の学友である寺山恭輔氏（現東北大学助教授）には、ロシア語文献の翻訳やロシア語表記にかんして、とくにお世話になった。あつく御礼申し上げたい。むろん、それらの翻訳や表記について誤りがあれば、その文責はすべて筆者であるわたしが負うものである。

このほかにも、本書執筆にさいし、その資料収集も含めてお世話になった方々は多い。その全てを記すことはとてもできないが、あえてお名前を挙げさせてもらえば、本書で紹介した施存統にかんする外交史料館資料の存在を教示して下さった小野信爾氏（現花園大学教授）、かつての中共党史研究から中国近代社会経済史研究へ転じたあともおりに触れてアドバイスをして下さる森時彦氏、今や日本での数少ない中共党史研究者であり、つねに研究上の相談に乗って下さる江田憲治氏には、深甚の謝意を表したい。

また、国外について言えば、日本国内では手に入らないものがまだまだ多い中共党史関係の資料を収集するにあたって、中国の研究者から受けた援助は大きかった。党史関係の刊行物は概して発行部数自体が少なく、全国的な流通に乗らないものも多い（必然的に日本では購入できない）ため、中国のしかるべき地方の知人に宛てて、直接にその検索、送付を依頼せざるを得ないこともしばしばだったからである。電子メールの普及によって格段に連絡がとりやすくなった近年ではその面倒は相当になくなったが、それ以前にあっては、中国に資料や文献の送付を依頼する手紙を書くことが研究時間のかなりの部分を占めたことは事実である。そうした資料収集をはじめとするわたしの面倒な求めにたいして、北京では楊天石、楊奎松、唐宝林、李玉貞(いずれも中国社会科学院近代史研究所)の諸氏が、上海では徐有威氏(東華大学)、任武雄氏(中共一大会址紀念館)、齊衛平氏(華東師範大学)が、武漢では田子渝氏(湖北大学)が、快くそれを引き受けてくれるのみならず、しばしば有益な助言と激励を与えてくれた。

他方、ロシア語の資料(例えば、本書で紹介した『コミンテルン極東書記局通報』)にかんしては、M・クリューコフ氏(淡江大学、台湾)からの提供を受け、またA・パンツォフ氏(キャピタル大学、アメリカ・オハイオ州)、A・I・カルトゥノワ女史(ロシア科学アカデミー極東研究所)からは、コミンテルン関係の資料について貴重な助言を頂戴した。さらに、本書の冒頭で紹介した李漢俊の孫で、ロンドン留学中の李丹陽女史(前中国社会科学院近代史研究所)からは、来華ロシア人にかんする研究論文(未刊稿)を送ってもらい、多くの新知見を得た。李女史の研究は、その主旨が現在の中共公認の党史史観とは異なるため、その論考の多くが発表の場を得られないままになっており、それらの一日も早い公表が待たれる。

お世話になった諸氏の名前をこうして書き出すだけでも、本書の執筆が関心を同じくする内外の多くの研究者の支援によってようやく可能になったことがわかる。中国における社会主義思想の伝播やそれに引き続く中国共産党の結成は、本書でもくりかえし述べたように、中国一国の中で完結するものではなく、世界規模の思想流通や国際共産主義運動の展開の中でくりひろげられたものだったが、それを解明するためには、いわばそれに対応するように、世界に散らばる研究者との相互交流、相互協力が必要だったというわけである。かれら研究上のインターナショナリストに、心からの感謝をおくりたい。

さて、今年(二〇〇一年)は奇しくも中共第一回大会の八〇周年にあたる。中華人民共和国では、七〇周年の一九九一年にそれを記念して多くの研究書や論文集が刊行されたように、今年も七月をピークに恒例の記念行事がさまざまに行われるであろう。中国国内では、この十年間の研究の進展を示すための関連の学術書の刊行もいくつか予定されている。本書の上梓は、はからずもその八〇周年の節目に合わせるものとなったが、これはたまたまそうなっただけで、別に意図してそれに合わせたわけではない。また、わたし自身、別段強い反感を持つわけでもないが、中国共産党には、「党史」を国内の枠に押し込めて独占的に把持せんとするその宿命的傾向に大きな違和感を持っている。

中共成立史は、本書がそこに主眼をおいて検討したように、思想的にも、政治的にも、組織的にも、さまざまな国際的契機をうけて展開したものであった。これは本書が「創立史」ではなく、あえて「成立史」と題するゆえんである。にもかかわらず、中国の党史学界は今日にいたるまで、それら国際的契機への目配りを欠くままに研究をすすめている。例えば、雑誌『新青年』の性格変化を示す「ロシア研究」欄の開設とその情報源となった『ソビエト・ロシア』(*Soviet Russia*)について、それへの胡適の言及(「今や『新青年』は、ほとんど *Soviet Russia* の漢訳本となってしまった」)はしばしば引用され、それが胡適の「反動性」を示す証拠とされることはあっても、肝腎のその『ソビエト・ロシア』の実物を探索してひもとく研究者は一人としていなかった。また、雑誌『共産党』にアメリカ共産党やイギリス共産党の綱領的文書が翻訳されていても、それは中共建党の機運の高まりを示すものとして扱われるだけで、それがアメリカやイギリスのいかなる共産党の文書で、いかなるルートでもたらされたのかを調べようとする者は皆無であった。本書でも紹介したように、それらの原載を少し調べれば、『新青年』や『共産党』の図案や体裁の来源すら容易に判明するにもかかわらずである。他方、ソビエト・ロシア側の動向についても、例えばシュミャーツキーの回想録(張太雷への追悼)は、その中国語訳もあって中国の研究者なら誰しもが全面的に信用して引用するものだが、そこで典拠として言及されているロシア語雑誌『コミンテルン極東書記局通報』などにさかのぼってその回想の真偽を確かめようとする者はついに現れなかった。肝腎のその信憑性のほどは、すでに本書で詳しく検討したように、大きな疑問符のつくものであった。

国外に散らばる一次資料へのこうした無関心、あるいはある記述の典拠や淵源の探求をおこたる代わりに中国で重視されたのは、回想録資料であった。一九四九年以降には、第一回大会を特別視する中共の意向に沿う形で多くの回想録が書かれたが、それはいわば都合のよい「史実」――例えば、中共の創立は中国人共産主義者の奮闘の賜物である――を生みだしてくれる打出の小槌であった。コミンテルンからの接触以前に中国初期共産主義者は結党を日程に上らせていたという、いわゆる「南陳北李、相約建党説」などはその典型的事例であるが、それが根拠のない回想にもとづくことは第二章で述べたとおりである。回想録にしか根拠を求められない事象をくつがえすことは難しい。回想録執筆の具体的過程（執筆にあたってどのような資料を参考にし、いかなる配慮をしたかなど）は通常開示されないからである。本書が第四章で、とくに中共一大出席者数の通説変遷と董必武回想の作成過程を紙幅をさいてとりあげたのは、こうした見えない回想録作成過程を何とかあきらかにして、中国における回想録なるものが所詮どれほどのものかを照らし出すためであった。この作業は、今なお回想録偏重のきらいのある中共創立史研究へのわたしなりの回答である。

そして、回想録偏重に代わる中共成立史研究の対案として、わたしが提示したのは、徹底的な内外文献の相互対照、相互比較という手法である。少々たとえは悪いかもしれないが、考古学を引き合いに出そう。例えば、遠く離れたあるふたつの場所で類似の土器なり青銅器なりが発掘されれば、常識的にいってそのふたつの場所の間には人的交流なり文化交流があったと考えられる。本来は孤立的と考えられたある古代文化が、他地域と類似した出土物が発掘されることによって、より広い文化圏に属していたことがあきらかになることもしばしばである。また、同一地点の違う地層から類似の出土物が現れ、新しい地層の出土物が古い地層のそれより洗練されていれば、新しい地層の文化はそれ以前の文化を継承してそれに上積みをしていったと考えるのが常識というものである。

不思議なことに、中国の近現代史、とくにマルクス主義伝播史や中国共産主義運動史の研究で、こうした当たり前のアプローチがとられることは――マルクス主義や共産主義が普遍性を旗印にし、世界規模の共通言説体系をもつにもかかわらず、また種々の回想録が相互に継承と上積みを重ねていることは明白であるにもかかわらず――極めてまれであった。いったん発見されたものの比較・対照はまだ容易でも、それに先だつ発見・発掘には膨大な時間と労力が必要で、さらにそれは多くの場合、掘っても何も出てこなかったり、掘り出したものが継承や伝播とは無縁であったりするからである。その意味では、この十年という歳月を通じて、後顧の憂いなく書庫で充分に発掘作業をする時間を与えられたわたしは幸せであった。そして、投じた時間に見合うだけの発見があったことは、さらに幸運であった。わたしは、こうした考古学的アプローチが、中共成立史を当時の現場に立ち返って再構築するための必要欠くべからざる方法だと確信している。

一九八〇年代初頭に中国で実証的な中共創立史研究に先鞭をつけた邵維正氏は最近、その先駆的研究に着手したころをふりかえる文章(「板凳需坐十年冷　文章不写一句空――対中共一大考証的回憶」『中共党史研究』二〇〇〇年第四期)で、面白いエピソードを披露している。かれらがそうした実証的研究を開始するにあたっては、台湾の中共党史研究者が一九七三年に投げかけた「中共はもう五十二歳になるが、一体いつ生まれたのかもハッキリさせていない。それはちょうど、親もわからぬ私生児がかってに誕生日を教えられたようなものである」という「中傷的言辞」が奮起の引き金になったというのである。むろん、本書には中国共産党を誹謗する意図は微塵もないが、史実の考証をはじめとして、かの党の公式党史に抵触する見解が多く含まれている。例えば、党の実質的成立を一九二〇年一一月とし、翌年七月の中共一大は党の第一回大会ではあっても「成立大会」ではないとするような見解（第三章第三節）は、以前中国の学術雑誌に初出論文が訳載されたさいに、その部分だけを削除するよう要求されたことがある。こうした公式見解の枠は、国内の研究者だけでなく、海外の研究論文であっても自国で発表される場合には適用されるのだということを思い知らされたのであった。

わたしは、本書が中共創立八〇周年を記念して今年一斉に刊行されるであろう中国の最新の中共創立史研究を凌駕するものであることを確信している。少なくとも、歴史の現場に立ち返るという史実の考証においては、人後に落ちない自信がある。本書を奇しくもその八〇周年に合わせて刊行することに何らかの意図を込めるとするならば、それはかつて台湾の研究者の一言が中国の研究者に実証的研究の開始を決意させたのとは別の意味で、つまり誹謗ではなく本格的研究をこの年に提示することによって、閉塞しがちな中国での党史研究に刺激をあたえたいということになろう。それは、かつての中国留学を実り多いものにし、中国という世界に目を開いてくれた中国の多くの人々へのわたしなりの恩返しである。その意味では、本書の刊行が無事にすんだあかつきには、その中国語版の刊行がわたしの責務となるはずである。

一方、我が国においては、本書は中国共産党成立史研究の専門書としては、最初のものである。日本ではこの方面にはまとまった研究成果が乏しいことに配慮して、章立てをはじめとする構成において、中共成立の全貌を事象ごとにうかがえるよう意を用いた。したがって、索引とあわせれば、ある意味では党成立期の百科事典的機能を持たせてある。中共成立史を中国一国史の枠組みから解き放ち、日本や欧米、さらには国際共産主義運動との関係においてとらえることが本書の大きな眼目のひとつであってみれば、本書が中国近現代史の専門家だけでなく、日本近代史や欧米社会主義史に関心を持つより広い人たちに読まれることを望みたい。そして、それを通じて多くの教示に接することができれば、筆者としてこれに過ぎる喜びはない。

最後に、学術出版不振の昨今の状況にもかかわらず、本書の刊行をこころよく引き受けてくださった岩波書店、編集にさいしてお世話になった沢株正始、佐藤司の両氏にあつく御礼申し上げる。

二〇〇一年二月

石川禎浩

■岩波オンデマンドブックス■

中国共産党成立史

2001年 4月26日　第1刷発行
2015年 9月10日　オンデマンド版発行

著　者　石川禎浩《いしかわよしひろ》

発行者　岡本　厚

発行所　株式会社 岩波書店
〒101-8002 東京都千代田区一ツ橋 2-5-5
電話案内 03-5210-4000
http://www.iwanami.co.jp/

印刷／製本・法令印刷

ISBN 978-4-00-730283-1　　Printed in Japan

人名索引

1）必ずしも網羅的ではない．2）配列順は，カタカナ名を先行させ，漢字は50音順を原則とした．3）数字のあとにf，またはffとあるのは，それぞれ，次のページまたは次の2ページ(もしくはそれ以上)にもその項が出ていることを示す．

ア 行

カ 行

サ 行

ナ 行

ハ 行

マ 行

ヤ 行

ラ 行

事項索引

1）必ずしも網羅的ではない．2）字面のわずかな相違は無視して，合併して一項目にまとめたものもある．3）読みは日本語読みを基本としたが，上海＝シャンハイ，北京＝ペキンなど，中国語読みが慣例となっているものは，それに従った．4）数字のあとに f，または ff とあるのは，それぞれ，次のページまたは次の 2 ページ（もしくはそれ以上）にもその項が出ていることを示す．

ア 行

カ 行

サ 行

タ　行

ナ 行

ハ 行

マ 行

ヤ 行

ラ 行

書籍・雑誌索引

1）必ずしも網羅的ではない．2）読みは日本語読みを基本としたが，上海＝シャンハイ，北京＝ペキンなど，中国語読みが慣例となっているものはそれに従い，馬克思＝マルクス，蘇維埃＝ソビエトなど外国の固有名詞は，日本語読みにした．3）数字のあとに f，または ff とあるのは，それぞれ，次のページまたは次の2ページ（もしくはそれ以上）にもその項が出ていることを示す．4）A○○，B○○とあるのは，本書付録二「中国社会主義関連書籍解題」の番号を示す．

ア行

カ行

サ 行

タ 行

ナ 行

ハ 行

マ 行

ヤ 行

ラ 行

ワ 行